지은이

한형조 한국학중앙연구원 교수
김명석 연세대학교 철학과 교수
양일모 서울대학교 자율전공학부 교수
이원석 전남대학교 철학과 교수
정종모 부산대학교 철학과 조교수
이해임 상산고등학교 철학 교사
정원재 서울대학교 철학과 교수
홍창성 미네소타주립대학교 철학 교수
이규완 서울대학교 인문학연구원 선임연구원
이길산 경남대학교 교양교육연구소 조교수
최성호 경남대학교 교양교육연구소 연구원
이상엽 서울대학교 철학과 조교수
고승학 금강대학교 로터스칼리지 교수
조윤경 안동대학교 동양철학과 부교수
이수미 덕성여자대학교 철학전공 교수
조은수 서울대학교 철학과 명예교수
허우성 경희대학교 철학과 명예교수

『철학과 현실, 현실과 철학』 기획편집위원

백종현(대표), 강상진, 김도식, 김양현, 양일모, 이종환, 이진우, 정원섭, 조은수, 허우성, 백두환(간사)

(주)북이십일 경계를 허무는 콘텐츠 리더

21세기북스 채널에서 도서 정보와 다양한 영상자료, 이벤트를 만나세요!
페이스북 facebook.com/jiinpill21   **포스트** post.naver.com/21c_editors
인스타그램 instagram.com/jiinpill21   **홈페이지** www.book21.com
유튜브 youtube.com/book21pub

당신의 일상을 빛내줄 탐나는 탐구 생활 〈탐탐〉
21세기북스 채널에서 취미생활자들을 위한 유익한 정보를 만나보세요!

인간 교화의 길

일러두기
- 이 책에 등장하는 고유명사의 표기는 국립국어원 외국어 표기법을 원칙으로 하되 저자의 요청이 있는 경우 원어의 발음으로 표기했다.
- 따옴표 등 약물의 사용은 가독성을 높이는 방향으로 표기법을 통일했다.

3

인간 교화의 길

참인간을 향한
유불도 삼교의 진의

한형조 이길산 백종현
김명석 최성호 엮음
양일모 이상엽
이원석 고승학
정종모 조윤경
이해임 이수미
정원재 조은수
홍창성 허우성
이규완 지음

21세기북스

석양의 강 언덕에 앉아 흐르는 강물을 물끄러미 바라보면서 상념에 젖는다. '나는 어디서 와서 어디로 가고 있는가?', '태어나서[生] 살다가 늙고[老], 병 들어[病] 마침내 죽는 것[死]이 생애 전부인가?', '누구는 만물이 물이라 하니, 나 또한 물에서 나서 물로 돌아가는가? 아니면, 흔히 말하듯 흙에서 나서 흙으로 돌아가는가? 아니면, 깨달았다는 내 친구가 말하듯, 빛에서 일어나서 한 줄기 빛으로 지나가는가?'

사소한 일상에서 시작된 상념이 깊어져 사변으로 발전하면 철학이 된다. 숱한 철학적 논변들의 발단은 철학자의 생활 환경과 현실 체험이다. 이 책 『철학과 현실, 현실과 철학』은 한 철학자 또는 한 철학 학파의 어떤 사상이 그 철학자의 어떤 생활 세계, 어떤 현실 인식에서 발생했는지를 이야기하는 글 모음이다. 이 책의 공저자들은 단지 '현실'에 관한 철학 이야기뿐만이 아니고, '이상'에 관한 철학이라도 그것의 발단은 철학자의 현실 기반임을 이야기하고 있다.

이 이야기 글 모음에는 한국 철학계 동료 74인이 동참하고 있는데, 공저자 대부분이 전문 논문을 작성하는 일이 습성화한 전문 학자이다 보니, 어떤 글 꼭지는 논문식으로 서술되기도 했다. 그렇지만 공저자 일동은 가능한 한 다루고 있는 철학자, 철학 주제를 일상에서처럼 이야기해보고자 하였다. 또 어떤 글 조각은 이 책을 위해 처음으로 쓴 것이라기보다는 필자의 옛 글을 이 책의 발간 취지에 맞춰 고쳐 쓴 것이다.

공저자 74인이 서로 의논한 바 없이 각자 자기 방식으로 써낸 철학 이야기들임에도, 그 이야기들에는 일정한 맥락이 있어 이를 네 권에 나누어 담고, 각각에 다음과 같이 표제를 붙였다. 제1권 인간의 자각과 개명(開明), 제2권 인간 문명의 진보와 혼란, 제3권 인간 교화의 길, 제4권 현대 문명의 향도(嚮導).

우리 공저자 일동이 함께 뜻을 모아 이런 책을 펴내는 바는 줄곧 '철학과 현실'을 주제로 활동해 오신 현우(玄愚) 이명현(李明賢, 1939~) 교수님의 85세수(八十伍歲壽)를 기리기 위한 것이다. 우리는 이 책으로 이명현 교수님이 오늘날의 한국 철학계를 형성하는 데, 특히 한국 철학계의 국제적 위상을 높이는 데 기여한 빛나는 공적을 후학들이 오래오래 기억하고, 우리 학계를 더욱더 발전시키고자 다짐하는 계기를 마련하려 하였다.

이명현 교수님의 일생을 되돌아보는 것은, 한국 현대사 85년을 되돌아보는 일이나 다를 바 없다. 이 교수님은 공식 기록에는 1942년 6월 16일생으로 되어 있으나, 실제로는 1939년 8월 1일 평안북도 신의주에서 아홉 형제 중 일곱째로 탄생하였다. 고향에서 8년을 살고 부친 별세 후에 1947년 모친과 함께 이남으로 피난하여 1949년 제주도에 정착, 열 살이 되어서야 초등학교에 2학년으로 입학했는데, 당시에 동급생들이 대개 1942년생이어서 그에 맞춰 1942년생으로 비로소 호적 정리를 했다고 한다. 그렇게 입학한 초등학교는 제대로 졸업했지만, 가정 형편상 중고등학교 정규 교육 과정을 이수하지 못하고 검정고시를 거쳐 1960년에 서울대학교 철학과에 입학하였다. 이후로는 당시의 인재들이 보통 선택할 수밖에 없었던 '학자 되는 길'을 걸었다. 장학금을 얻어 미국 대학(Brown Univ.)에 유학하고, 1973년에 귀국하여 한국외국어대학교에서 교수 활동을 시작하였다. 1977년에 서울대학교 철학과 교수로 전임하여, 2007년에 정년 퇴임하였다.

이명현 교수님은 그사이 1980년 신군부 치하에서 4년여 강제 퇴직을 당하기도 했고, 복직 후 1994~1996년 간에는 대통령 자문 교육개혁위원회 상임위원을 맡아 이른바 '5·31 교육개혁안'(1995)을 마련, 현행 교육 3법(교육기본법, 초·중등교육법, 고등교육법)의 제정을 주도하였다. 그리고 그는 그 후속으로 짧은 기간(1997. 8.~1998. 3.)이지만 교육부 장관직을 맡아 교육 3법에 부수하는 제도 정비 작업을 수행하였다. 그리고 이와 관련해 이 교수님은 자신이 철학하는 취지와 사회 혁신, 특히 교육 개혁의 필요성과 방향을 두 권의 웅혼한 저술, 곧 『신문법 서설』(철학과현실사, 1997)과 『교육혁명』(철학과현실사, 2019)을 통해 밝혔다.

1945년 이후에야 한국의 철학계는 비로소 현대 한국어로 철학하기를 시작했는데, 일제 강점기의 여파로 초기 1950~1970년대는 독일 철학적 주제들이, 이어지는 1980~1990년대는 사회철학이 학계의 주류를 이루었다. 이러한 환경에서 이명현 교수님은 이른바 영미 철학의 분위기를 일으킨 선도자였다. 학사 논문 「Tractatus의 중심 사상」(서울대학교, 1966), 석사 논문 「Wittgenstein에 있어서 언어의 의미 문제 – 후기철학을 중심으로」(서울대학교, 1968), 박사 논문 "The later Wittgenstein's Reflection on Meaning and Forms of Life"(Brown Univ., 1974)을 통해 이 교수님은 비트겐슈타인을 천착하였고, 이로써 한국 철학계에 새로운 학풍을 조성하였다. 이때 김준섭(서울대), 이한조(서강대), 이초식(서울교대, 고려대) 교수님 등 몇 분으로 겨우 구색을 갖추고 있던 영미 철학 분야가 이 교수님을 비롯해 김여수(성균관대, 서울대), 소흥렬(계명대, 이화여대), 엄정식(서강대), 정대현(이화여대) 교수님 등이 등장함으로써 차츰 한국 철학계의 큰 줄기로 발전하여, 2000년 이후는 학계의 대세가 되었는데, 그러한 학계의 형성에 이명현 교수님은 초석을 놓았다.

'한국 철학계'라는 학계의 형성에는 탁월한 연구와 교육뿐만 아니라, 이를 위한 기관 설립과 학자들의 교류의 장을 확대하는 일이 긴요한데, 이명현 교수님은 '서울대학교 철학사상연구소'(1989)와 '사단법인 한국철학회'(1996)의 기틀을 잡았고, 한국철학회가 주최한 두 차례의 세계적 학술대회였던 '한 민족 철학자 대회'(서울대, 1991)와 '제22차 세계 철학 대회(World Congress of Philosophy)'(서울대, 2008)를 주관하였다. 이와 같은 물적·가시적 업적을 넘어 이명현 교수님의 최고 미덕은 일에 대한 거시적인 안목과 통찰력, 미래 지향적 사고, 업무 처리에서의 공명정대함과 주변 인사들의 허물은 덮고 장점을 높이 사서 저마다의 역량을 널리 펼 수 있도록 눈에 띄지 않게 배려하는 품성이다. 오늘날 한국 철학계라는 '학계'는 그의 이러한 미덕에서 많은 자양분을 얻었다.

여기에 더해 이명현 교수님은 이 책의 표제가 그에서 비롯한 계간지

《철학과 현실》(철학문화연구소)의 창간 시기부터 편집인(1989~1997)으로, 나중에는 발행인(2009~현재)으로 활동하면서 철학과 현실의 접목에 진력하고 있다.

우리 공저자 일동은 각자 관심 있는 철학자(철학 학파)의 철학 이야기를 여기에 펼쳐내면서 이명현 교수님의 높은 학덕에 경의를 표하고, 그 노고에 깊은 감사를 표하는 바이다.

『철학과 현실, 현실과 철학 3 : 인간 교화의 길』은 17편의 철학 이야기를 2부로 나누어 담고 있다.

철학은, 진리의 의미와 원리를 밝히는 일 못지않게, 인간을 인간이 되도록 하는 일을 과제로 갖는다. 전통적인 유가 사상이나 노장학 그리고 불교 사상 또한 '철학'이라고 한다면, 그러한 사상들은 자기 교화를 통해 성인(聖人)이 되고, 자연과 하나가 되고, 마침내 해탈(解脫)에 이르는 길을 교설한다.

제1부 일곱 편의 이야기는 '노장(老莊)과 유가(儒家)의 진실'을 말하고, 제2부 열 편의 이야기는 '불가(佛家)의 진의(眞義)'를 말한다. 터득하고 제시하는 방식의 차이로 인하여 종파가 갈린다 해도, 최종 지향점은 '참사람이 되자!'이니, 이들 전통 사상은 외면은 자연주의이나, 내면은 지고의 가치를 '참인간'에 두는 휴머니즘이다.

이렇듯 다양한 철학 이야기를 한 권의 책으로 묶어내는 데는 많은 시간과 비용이 들어가는데, 이러한 책의 발간 기획 취지에 선뜻 응하여 공저자들이 독자들을 만날 수 있게 호의를 베풀어 준 북이십일 출판사 김영곤

대표님과 결코 쉽지 않았던 교열과 교정 작업을 인내와 포용으로 맡아 해
준 편집 담당자님께 깊은 사의를 표한다.

이명현 교수님과 함께 공저자 일동은 이렇게 책을 엮어냄으로써 철
학도들끼리 주고받던 철학 이야기를 일반교양인 독자들과도 나누게 될 수
있기를 소망한다. 그리고 마침내는 한국의 교양인들 사이에서 철학 이야
기꽃이 만발하기를 소망한다.

2024년 7월
『철학과 현실, 현실과 철학』 기획편집위원회를 대표해서
백종현

차례

2부 불가(佛家)의 진의(眞義)

노장(老莊)과 유가(儒家)의 진실

장자의 꿈,
이성의 그늘

한형조(한국학중앙연구원 교수)

현대인들은 경쟁적이고, 고립되어 있다. 경제적 필요와 본능의 충족을 위해서만 관계를 맺는다. 삶의 목표를 묻는 것은 곤혹스럽다. 자유는 환상이고 우리는 남의 욕망을 대리하고 있다. "역사상 처음으로, 인류(지구)의 생존 자체가, 정신의 근본적인 변화에 의존하고 있다."

옛적 바닷새 한 마리가 노나라 교외에 앉았다. 제후는 그를 모셔다 연회를 베풀었다. 술잔을 따르고 음악을 연주하고, 산해진미가 낭자했다. 놀란 새는 눈을 끔벅일 뿐, 고기 한 점도 못 삼키고, 술 한 잔도 입도 대지 못하다가, 사흘 만에 죽고 말았다. 이것은 '나의 기준으로 새를 대접한 것[以己養養鳥]'이지, '새의 본성에 맞게 그를 대접한 것[以鳥養養鳥]'이 아니었기 때문이다. 새는 어떻게 길러야 하는가. 깊은 숲속에 그를 풀어주고 모래톱에서 놀게 하며, 강과 호수에서 떠다니며, 미꾸라지, 피라미를 먹게 하고, 저들끼리 어울려 오가게 해주는 것, 그것이 진정 그 새를 '기르는' 법이다.(『莊子』「至樂」)

우리네 삶은 건전한가? 그리고 진정 자신으로 살고 있는가? 이 물음 위에 장자가 있다.

1. 부와 귀에 대하여

황제 마르쿠스 아우렐리우스는 말한다.

삶의 열매는 좋은 품성, 그리고 공동체의 선의 증진이다(The fruit of this life is good character, and acts for the common good).

이 둘을 다루는 기술을 동양에서는 도(道)라고 불렀다. 현대적으로는 성숙과 질서의 기술로 번역할 수 있겠다.

유교와 노장의 도는 부의 추구를 적극 고취하지 않는다. 그래서 유교는 우활(迂闊)한(?) 복고적 이상으로, 노장은 도피적 몽상으로 평가받고 있다.

1)

공자의 제자들은 남다른 바가 있었다. 자로는 부와 권력을 지닌 유력자 옆에서 다 떨어진 솜옷을 입고도 태연했다. 공자는 그 의연함을 이렇게 재래의 시(詩)로 칭찬했다.

시샘하지도 않고, 열망하지도 않아. 훌륭하지 않은가[不忮不求, 何用不臧]?(『논어』「자한」)

으쓱한 자로가 날마다 외우고 다니자 기어코 공자에게서 한소리를 듣고 만다. "당연한 일을, 무에 그리 자랑이냐?"

자공은 흙수저였다. 가난에 비굴하지 않고, 당당히 부를 일구었다. 스승에게 이렇게 자부했다.

"저는 가난했어도 비굴하지 않았고, 부자가 되었어도 교만하지 않았습니다. 대단하지 않습니까?" 공자는 슬몃 미소지으며, 조용히 타일렀다. "훌륭하다. 하지만 가난 속에서 즐거움을 잃지 않고, 부자가 되어도 공동체에 헌신하면 더 좋겠지[子曰 可也. 未若貧而樂, 富而好禮者也]."(『논어』「학이」)

공자는 자신의 제자로 단 한 사람, 안회를 꼽았다. "현자로다, 안회여… 도시락 하나에, 물 한 그릇. 누추한 골목에 살면서도 '그 즐거움'을 고치지 않는구나."(『논어』「옹야」)

가난의 한복판에서 안회는 대체 무엇을 그토록 즐거워했을까. 여기 유교의 비밀이 있다. 송대의 유학은 모두 달려들어 이 수수께끼와 씨름했다.

스승 공자는 어떤 스탠스를 취했을까? 그는 부와 귀에 대한 욕구가 당연하다고 인정한다. 그렇지만 "가난을 벗어나고, 부를 일구는 것은 정당한 방법에 의존해야 한다. 이를 잊지 마라."

공자 자신은 우리가 짐작하듯 실제 부의 추구를 자기 삶의 최종 목표라고 생각하지는 않았다.

부가 진정 추구할 만한 가치라면, 말고삐라도 잡겠지만, 그렇지 않다면, 나는 내가 좋아하는 가치를 추구하련다[子曰, 富而可求也, 雖執鞭之士 吾亦為之. 如不可求, 從吾所好].[1]

이것이 유가의 태도이다.

2)

장자는 한걸음 더 나아간다. 부는 위태롭다(?)고 강조한다. 왕관을 쓰려는 자는 기요틴을 각오해야 한다. 장자는 그렇게 다치고 목숨을 잃은 사람 여럿을 보여준다. 더군다나 그 외적 가치는 본질이 아닌 지엽 아닌가? 노나라 교외에 불시착한 새처럼, 그것은 행복과 성장에 도움이 되기보다 물화와 소외로 너를 해칠지도 모른다.

부를 얻기 위해서는 힘든 수고와 벅찬 노력을 해야 한다. 쌓아놓은 재물은

---

1   『논어』 「술이」. 여기 '추구할 만한(可求)'의 의미에 대해서는 의견이 갈린다. 주자는 철학자답게 운명(노력해도 된다는 보장이 없다)으로 읽었고, 다산은 실학자답게 시절(하 수상한 혼란에 섣불리 뛰어들지 마라)을 지적했다. 나는 좀 달리 진정 삶의 최종 목표의 뜻으로, 즉 '가치'의 측면에서 읽는다. 그래야 '從吾所好', 내 가슴의 목표를 위해 헌신하겠다가 분명하고 자연스럽지 않은가.

다 쓰지 못하고 죽으니, 재물이란 결국 '외적 가치'라 아니할 것인가. 관직과 출세를 위해서는 밤과 낮을 이어 머리 짜내야 하니, 그건 진정 육신을 괴롭히는 것이 아닌가. 사람이 산다는 것이 근심을 떠날 수 없는데, 흐릿한 정신으로 죽지도 않고 오래 살면 무슨 재미인가. 그 또한 육신을 위하는 길이 아닐 터. 명예를 위해 죽는 자들은 세상의 칭송을 얻을지 모르나, 그 또한 죽으면 무슨 소용인가. 나는 이들 세상이 '가치 있다'고 생각하는 것이 진정한 가치인지를 모르겠다.(『장자』「지락」)

2. 유교, 사회성의 완성

다시 본래의 질문으로 돌아가 보자.

어떻게 좋은 삶을 살 것인가? 그리고 어떻게 정의로운 사회를 만들 것인가?

공자의 『논어』는 학습(學習), 학이시습지로 시작한다. 학(學)을 거치지 않으면 "인간이 될 수 없다"고까지 으름장을 놓는다. 현대의 수많은 지식과 기술, 그리고 대학의 커리큘럼이 연상되겠지만, 여기 학(學)은 '철학'을 가리킨다. 고대적 개념에서 철학은 지혜의 사랑이고, 지혜란 삶의 기술을 가리키지 않는가. 철학자들은 오직 신이 가진 이 지식과 기술을 열망하는 자들이다. 유교는 이 기술을 일상의 학습을 통해서 누구나 습득 가능하다고 말한다.

왜 이 기술이 필요한가? 목표는 행복이다. 유교는 이들 현자를 따라, 이 행복이 감각적 쾌락의 충족, 그 변덕에서가 아니라 덕(德)의 축적과 더불어 깊어지고 확장되는 것으로, 내적 기쁨의 원천이자 바람보다 빨리 전염되는 외적 감화의 신비라고 생각했다.

정치의 성패는 군주의 덕에 달려 있다. 마키아벨리나 오규 소라이(荻生徂徠)와 다르게 유교는 실제 군주의 덕이 없다면 '진정 공동체를 위해' 현자를 등용하거나 좋은 정책을 펼칠 가능성이 전무하다고 강조한다.

의사결정은 결국 하나의 손에서 나온다. 군주의 품성과 언행, 그리고 행동은 정치적으로뿐만 아니라 광범위한 도덕적 영향력을 끼치지 않는가. 사람들은 이 덕의 감화의 측면을 너무 우습게 보는 것은 아닌가.

통치자는 현자를 등용하고, 무능한 아첨꾼을 내치며, 관료들의 기강을 잡고, 사농공상의 생산자들을 격려하며, 세금과 부역을 가볍게, 제후들 간의 평화와 교역, 그리고 전쟁의 방지를 감당한다. 유교는 이 정치적 유능의 관건이 통치자의 수신(修身), 즉 덕의 유무에 달려 있다고 전 역사를 통해 강조해왔다.

이 취지를 『대학』이 잘 집약하고 있다.

첫걸음은 이 모든 것이 나의 덕성에 달려 있다는 근본 통찰[格物]에서 시작한다. 덕의 기초는 건전한 동기(誠意)에 달려 있고, 외적 자극에 대한 정신의 평정[正心]이 잇따른다. 이 자기 내적 훈련을 특별히 강조한 것이 심학(心學), 즉 마음의 공부이고 송대 이후, 그리고 조선 유학의 핵심 분야가 되었다. 사단칠정론은 이 훈련의 이론적 토대, 형이상학적 근거를 둘러싼 논란이다.

이렇게 훈련된 마음은 비로소 타자와의 관계로 향한다[修身]. 나의 호오, 두려움과 공포, 시기 질투나 편향, 또 때로는 동정심 등이 일을 처리하고 사람을 대하는 것[處事接物]을 방해하지 않도록 유의해야 한다. 제발 마음속에 '무엇인가'를 미리 쌓아두지 마라. 공자는 말했다.

사람들은 내가 뭘 잘 안다고 하는데, 그렇지 않고 아무것도 모른다네. 다만 누가 문제를 갖고 오면 장단점을 비교, 최선의 솔루션을 제언할 뿐이지.[2]

가까이는 가족 간에서부터, 회사와 조직, 국가, 그리고 나아가 국제 간 외교와 평화에 이르기까지 이 '비움'의 자세를 흩트리지 말 것이다.

이것이 유교의 도의 강령이고 키노트이다. 윌 듀란트가 말했듯이 이 완전에 대한 권고는 그야말로 이상적이고, 인간이 먹이를 뜯는 짐승임을 간과한 것인지도 모른다. 그러나 이 선포는 완전한 삶의 가이드이며, 기독교의 이상처럼 우리가 나아가야 할 목표, 올라야 할 사다리를 제공해주고 있다.

---

2   子曰 吾有知乎哉? 無知也. 有鄙夫問於我，空空如也，我叩其兩端而竭焉 (『논어』「자한」)

그런 점에서 『대학』은 철학이 보유한 황금의 텍스트 중 하나이다.[3]

다시 유교의 기본 기획을 더듬어보자.

인간의 자연 상태는 홉즈의 이리떼를 닮았다. 배가 고프면 남의 목줄을 뜯고, 성적으로 거리낌이 없으며, 수컷이 지배하는 힘이 곧 정의인 세상을 유교는 무도(無道), 즉 인간적 질서가 결여된 자연 상태의 세상이라고 불렀다.

음식과 남녀는 인간의 큰 욕구이다. 사망빈고는 사람들이 그토록 싫어하는 바이다. 이 욕망과 거부가 인간 정신의 근본 동기이다. 이들은 그러나 잘 드러내지 않고 숨겨져 있기에, 열 길 물속은 알아도 사람 속은 모른다는 속담도 있다. 사회적 질서와 규범들[禮]은 바로 이들을 합리적으로 조정하려는 장치이다.

희로애락은 인간의 자연적 욕구이다. 이 본능을 규율하는 사회적 장치가 필요하다. 각자의 자연적 충동[情]을 다스리고, 사회성[義]을 개발하는 장치가 […] 여기 실패하면 투쟁과 살상을 피할 수 없고, 공동체는 와해될 것이다. 위대한 통치자(성인)들은 사회적 규율[禮]을 통해 서로 사양하고 쟁탈을 막는 장치를 세우는 데 성공한 사람들이었다.(『예기』「예운」)

조선 유학의 오래된 논쟁을 기억할 것이다. 이기론(理氣論)은 인간의

---

3   월 듀란트(왕수민 옮김), 『문명이야기, 동양 문명 1-2』(민음사, 2019), 중국편.

자연적 욕구[氣]를 어떻게 이성적으로 제어[理]할 것이냐를 둘러싼 실천이성적 논의이다. 유교의 목표는 도덕 이성을 어떻게 최고도로 발휘할 것이냐로 집약된다. 이 점에서 스피노자나 칸트의 문제와 기획을 공유하고 있다.

그러나 건전하고 소박한 것이 언제나 옳은 것은 아니다. 개인이든 국가든 너무 지나치게 지각이 깊고 참을 수 없이 올바를 수 있다. 그때 억압된 개인들은 반항하고, 도덕에 눌렸던 감성과 예지들이 자신의 권리를 아우성치게 된다.

3. 이성의 그늘

노장은 바로 이 억압된 목소리를 대변하고 있다. 고전주의에 대한 낭만주의의 반발로 읽을 수도 있다. 유교의 한편에 노장이 없었다면 지식은 도덕가의 딱딱한 설교로 고착되고, 삶이란 관습에 대한 복종으로 고착되고 말았을 것이다.

인터넷에서 본 어느 여중생의 시가 기억난다.

밥 먹고 학교 가라는 엄마의 잔소리가 지겨워질 때쯤, 사춘기가 시작된다.

노장은 이 반항의 목소리에 섞여 있다. 노장은 유교가 설파하는 과도한 유용성의 위험과 협소로부터 삶을 해방시키려는 거대한 시도이다.

『장자』의 첫머리를 열면 거대한 붕새의 이야기가 시작된다. 수천 리 바람을 날개에 싣고 바다의 끝을 향해 비상하는 새는 '유용성'의 새장에 갇힌 삶의 유한성을 벗어나려는 삶의 극적 변환을 상징한다.

다시 이기론의 용어를 빌리면, 그동안 이(理)에 억압되었던 기(氣)가 기지개를 켜기 시작한 것이다. 현대적 대비를 하자면, 가족을 부양하느라 청춘을 다 바친 가장이 은퇴하고 나서, 주위에 아무도 없는 것을 발견하며, "내 인생은 어디 갔지?"라고 묻는 회한을 닮았다. 혹은 회사 안의 경직된 문화, 수직의 구조, 일과 효율을 묻는 분위기를 견디지 못하고, 봉급은 적지만 자유로운 목공이나, 인간과 대치하기보다 자연과 대화하기를 택한 귀농인의 삶을 떠올릴 수도 있다.

노장은 유교나 법가가 구축해나간 사회적 제도와 기술을 전복하고 그 너머에서 삶을 말하기 시작한다. 그 파괴는 너무나 과격해서, 도무지 이게 현실적 제안인지를 어리둥절하게 한다.[4]

자상호 등 세 은자가 '어울림 없이 어울리고, 하는 일 없이 행동했다.' 그들은 하늘에 오르고 안개 속을 노닐며, 저 무한의 끝으로 도약했다. 삶을 잊고 죽음도 의식하지 않았다.
그러다가 자상호가 죽었다. 공자가 제자 자공을 시켜 조문을 보냈다. 친구

---

4   혜시는 탄식한다. "지금 그대의 말도 스케일은 거창한데 현실성이 없어. 당연히 사람들의 반응이 냉담할 밖에."

들은 가야금 줄을 고르며, 노래를 부르고 있었다. "자상호여, 친구여, 너는 지금 고향으로 돌아가 쉬고 있는데, 우리는 아직 이곳을 헤매고 있구나…" 자공은 놀라서 "친구가 죽었는데, 이것이 대체 예에 합당한 일입니까?"라고 항의하니, 친구들은 의아히 서로 돌아보며 말했다. "이 친구가, 진정 예가 무엇인지 아는가…"

자공이 돌아와 보고하자, 공자는 "내 잘못이다. 너를 조문 보낸 것은…. 우리는 이 지상에 처형된 존재들이다[天之戮民也]. 너와 내가 이 '지상의 안쪽[方內]'을 벗어나지 못하고 있다면, 그들은 이를테면 '지상의 밖[方外]'에서 노니는 사람들이다."

그들은 우주의 생명과 더불어 호흡하며, 삶을 종기로, 죽음을 그것을 터트리는 것으로 생각한다. 삶과 죽음은 그저 스치는 시간의 과정일 뿐. 어디서 왔다가 다만 어디로 지나간다. 그들은 욕망을 잊고, 감각을 떠난다. 지상의 먼지를 털고 '아무것도 하지 않는 일'을 소풍처럼 놀다 간다. 그들의 삶은 이 지상에 속해 있지 않다[畸人]. 지상에서 잘났다고 뻐기는 자들은 천상의 관점에서는 자잘한 소인들일 뿐이다.(『장자』「대종사」)

4. 산다는 것, 축복 혹은 곤고

유교는 이 땅의 삶을 축복이라고 생각했다. 개똥밭에 굴러도 이승이 좋다[雖臥馬糞, 此生可願]. 부모에게 효도하고, 돌아가심에 삼년상을 고집하는 것은 적절한 보상이고, 쓰지 않는 계약이라 할 법하다. 너무 길다고 1년으로 줄이자는 제자에게, 공자는 혀를 끌끌 찬다. "저놈도 엄마 품에서

3년을 지냈겠건마는…, 그러고도 편안하다는 말이냐."(『논어』 「양화」)

돌아가시면 입던 옷을 들고 지붕에 올라가 "제발 돌아오시라[復]"고 외친다. 나흘이 되면 상복을 입는다. 이때 비로소 죽 한술을 뜰 수 있다. 아침저녁으로 울다가 석 달이 되는 날에 "그만 곡을 그친다[卒哭]." 그때에야 거친 밥에 국을 뜬다. 그래도 간간이 터져 나오는 곡을 어쩌지 못한다. 1년이 지나서야[小祥] 채소와 과일을 먹는다. 이것도 성에 차지 않아 3년 내내 제대로 음식도 입에 대지 않는 사람들도 있었다.

율곡은 '남에게 보여주기 위해' 이런 퍼포먼스를 하는 사람들을 경계했다. 그렇지만 누가 이 둘을 구별할 것인가. 『어우야담』에는 어느 현명한(?) 재상의 당부가 들어 있다. "아들아, 너는 절대로 효도할 생각하지 마라." 효도를 다하다가는 훼성(毁性), 즉 건강을 다치고 때로 목숨을 잃을 수도 있었다. 『가례』의 매뉴얼을 지킬 수 있는 사람은 산골 출신들뿐이었다. 늘 먹던 대로 먹으면 되니까. 서울 사람은 그러나 기름진 것이 익숙해 도저히 이 박채의 극단적 다이어트 식단을 감당하지 못한다고 썼다.

각설, 노장은 그러나 이 '지상의 삶'을 축복이라고만 생각하지 않았다. 그의 인식은 도저한 실존주의적 분위기를 풍긴다.

육신의 탈을 일단 뒤집어쓰면 생명은 지쳐 쓰러질 때까지 앞으로 나아간다. 이리 부딪치고 저리 부대끼며 고삐 다잡을 수 없이 내몰리는 삶! 참으로 슬프지 아니한가. 일평생을 수고하고도 그 열매를 누리지 못하고, 정신없이 뛰어다니면서도 무엇을 위해서인지 모른다. 애달픈 노릇이 아니랴. 사람들은 영원[不死]을 말한다만 그것은 쓸데없는 떠들썩. 육신은 해체되고 그에 따라 정신도 흩어진다. 참으로 애달프지 아니한가. 삶이란 이렇게 곤고한 것일까. 다른 사람은 아무렇지도 않은데 나만 이리 곤고히 여기는 것인가. […] 잠들었을 때 막혀 있던 정신은 깨어나면 활동을 시작한다. 주어지는 상황과 얽혀 날마다 이어지는 씨름질. 어떤 이는 설렁설렁, 어떤 이는 노련하게, 어떤 이는 음험하게. 자잘한 걱정거리에 잠 못 들다 거대한 공포에 질리는 우리네 인생. 시비를 가릴 땐 시위를 떠난 화살처럼 주저 없이 나르다가, 붙잡은 것을 지킬 땐 하늘에 맹세라도 한 듯 꿈쩍도 않는다. 그렇게 하루하루 시들어간다. 가을과 겨울, 쇠퇴와 소멸의 어두운 그림자에 덮여, 돌이킬 수 없는 길을 따라 점점 빠져드는 늪. 마침내 지치고 눌려, 낡은 하수구처럼 막힌 죽음 가까이의 정신은 떠오르는 빛을 다시 보지 못한다.(『장자』 「제물론」)

1) 불교

삶을 고통과 곤고의 시선으로 바라보는 것은 불교와 닮았다. 불교 또한 이 세계는 질펀한 고통의 세상이며, 아라한의 목표는 잠깐 다시 한번 왔다가, 다시는 이 지상에 오지 않는 일이었다.

생로병사는 말할 것도 없다. 원하는 것을 얻지 못하고, 끔찍한 것과 대면해야 하는 세상. 의지가 있는 곳에 고통이 있다. 모든 것은 찰나로 무상하게 흘러가고, 세상은 불완전하고 불만족스럽다(일체개고). 사바(娑婆)라, 삶은 축복이 아니라 견뎌야 할 시지프스의 짐이다.

2) 서교(西敎)

이런 비관적 인식은 대체로 '종교'에 깔린 보편 정서인 듯하다. 한역 가톨릭 서학서 가운데 대표적인 『천주실의』 3장을 들려드릴까 한다. 너무 길어 앞부분은 축약했다.

중국 선비[中士]는 묻는다. "짐승보다 사람이 귀하다는데, 저들은 털과 발톱을 갖추고, 유유자적 음식을 찾으며, 상하존비 빈부귀천이 없이 한가롭다. 우리네 사람은 오호라, 곤고하도다. 온갖 질병에 고된 노역이라니. 과시 오순(50년)의 목숨은 오순의 고통이라!"

사람들이 서로 해치는 것은 또 어떻고. 흉기를 만들어 손발을 자르고, 몸뚱이를 찢는다. 제 명에 못 죽는 건 죄다 인간들 탓. 살육은 그치지 않고 시체들이 들판을 메우고 있다.

태평의 세상도 있다고? 글쎄…. 창고가 그득하면 자식이 없고, 자식이 있으면 재능이 없고, 재능이 있어도 생활이 안 되고, 여유가 있다 싶으니 권세가 없네.

이 '외고(外苦, 환경적 물질적 제약)'를 건넌다 해도, '내고(內苦, 정신의 실존적 곤고)'를 어찌 감당할까. 이 세상의 신고는 리얼한데 쾌락은 일시적 해소일 뿐. 하루의 환난을 적자 해도 10년의 붓이 모자라는데, 일생의 통고를 어찌 한 생으로 읊어낼 수 있으리.

인간의 마음은 이처럼 사랑, 증오, 분노, 두려움이라는 네 가지 정[四情]의 침공을 받는다. 흡사 산 높이에 있는 나무가 사방에서 불어오는 바람에 두들겨 맞는 것처럼. 여기 누가 고요를 누릴 수 있겠는가. 혹은 주색에 빠지고, 혹은 공명에 혹하며, 혹은 재물에 눈이 머는 등 각각의 욕망에 요동친다. 누가 외물에 끌려가지 않고 자신의 존재에 충만할 수 있을 것인가. 사해의 땅을 주고 온 나라 백성을 다스려도 도무지 만족할 줄 모르나니, 어리석도다!

그런즉, 사람들은 저 한 몸의 도(道)도 모르는데, 하물며 그 밖의 도를 어찌 알겠는가. 혹은 석가씨(釋迦氏)를 따르고 혹은 노자씨(老子氏)를 밟으며, 혹은 공자씨(孔子氏)를 본받는다. 이 셋이 천하의 마음을 다 휘어잡을 수 있겠는가. 다들 자신이 "정도(正道), 정도(正道), 바른길이다"라고 떠들면서 천하의 도(질서)는 날로 삐걱거리고 혼란에 빠졌다. 윗사람은 아랫사람을 밟고, 아랫사람은 윗사람을 치받으며, 폭력적인 아버지에 망나니 아들! 임금과 신하는 서로를 엿보고, 형제는 서로 다투며, 부부는 각자 딴생각이고, 친구들은 서로를 속인다. 온 세상이 모두 거짓과 기만, 사특 망상에 빠져 있어 도무지 '진실의 마음(眞心)'이 없게 되었다.

오호라, 진실로 세상 사람들을 볼작시면, 그 모습이 흡사 대양에서 큰 풍랑을 만나, 선박은 부서지고 사람들은 파도에 잠겨 꼬륵거리는데, 각자 제 살길을 찾느라 다른 사람 돌아볼 겨를이 없는 듯하다. 손에 닿는 대로 부서진 널빤지를 잡고, 혹은 썩은 돛대를 붙들고, 혹은 부서진 광주리를 안고, 한사코 붙들고 있지만 사람들은 속절없이 죽어나간다. 정말 애석하도다.

모를레라. 천주께서는 왜! 사람을 이런 환난 가운데 던지셔서, 그 사랑이 도리어 짐승에게만도 못한 듯하게 하셨을꼬.

서양 수도사[西土]는 이 물음에 이렇게 답변한다.

　세상이 이처럼, 환난으로 낭자한데, 우리는 지상의 애착을 끊어내지 못하고, 편안할 날이 없다. 어째 그런고? 세상의 곤고가 이리 극심하거늘, 세상 사람들은 어리석고 무지해 이곳에다 왕국[大業]을 세우려 한다. 토지와 건물을 사들이고[闢田地], 이름과 지위를 도모하며[圖名聲], 오래 살겠다고 바득이며[禱長壽], 자식 경영에 골몰한다[謀子孫], 이 과정에서 사람을 죽이고, 불의한 침탈도 서슴지 않는다. 위태로운 삶이여!

　옛적 서쪽 나라[西國]에 유명한 두 현자가 있었으니, 하나는 헤라클레이토스(黑蠟), 하나는 데모크리토스(德牧)라 했다. 흑납은 언제나 웃고 다녔고, 덕목은 늘 통곡에 목이 메었다. 세상 사람들이 헛된 물건[虛物]을 좇아 헤매는 것을 보고, 한 사람은 한심해서 놀렸고, 또 하나는 불쌍해서 울어주었던 것이다.

　또 이런 이야기도 들은 적이 있다. 옛적 어느 나라의 풍습으로, 지금도 그런지는 모르겠으나, 그곳에는 자식을 낳으면 친구 이웃들이 몰려가서 목을 놓아 통곡했다고 한다. 이 괴롭고 곤고한 세상을 견뎌나가야 할 것이 가슴 아파서였다. 반대로 누군가가 죽으면 그 문에 몰려가서 악기를 퉁기며 축하해주었다 한다. 이제 그 고통과 수고로부터 자유하게 되었기 때문이다. 그들은 삶은 재앙이고, 죽음은 축복이라 여겼다. 그렇지? 좀 심했지. 그러나 이 세상의 실제를 환상 없이 들여다본 통찰이 아닌가?

그러한바, 인간은 금세(今世), 즉 이 세상에 속한 것이 아니다. 진정한 삶은 후세(後世), 죽음 이후에 열린다!

3) 장자의 이야기를 들어보자

장자가 초나라로 가는 길에 굴러다니는 해골을 발견했다. 전쟁과 형벌이 일상화된 사회에서 임자 없는 해골은 낯설지 않은 것이었다. 앙상하게 삭아가는 해골을 채찍으로 툭툭 치면서 장자는 예의 그 장난기를 발동시켰다.

삶을 지나치게 탐해 절제를 잃어 이리 되었는가, 아니면 나라를 위해 애쓰다가 창칼에 쓰러졌는가. 나쁜 짓을 저지르고 부모처자 볼 면목이 없어 목숨을 끊었는가. 먹을 것도 입을 것도 없어 배고픔과 추위에 떨다가 이리 되고 말았는가. 아니면 이 험한 세상 다행히 온전한 수명을 누리다가 생을 마쳤는가.

해골이 대답할 리가 없다. 그걸 끌어다가 베개 삼아 누워 한숨을 청했다. 그런데 장자의 꿈속에 해골이 나타났다.

변사처럼 말도 잘하더만. 자네가 짚은 것은 인간 세상의 괴로움일 뿐, 죽음의 세계에서는 그런 것이 없다네. 어디 이 동네 얘기를 들어볼 텐가. 여기서는 군주도 없고 신하도 없다네. 여기는 시간의 한계도 없어. 하늘과 땅을 무대로 영원의 시간을 산다네. 제왕의 즐거움도 죽은 자의 그것과는 비교할 수 없지.

장자는 아무래도 믿기지 않아 다시 물었다.

"만약 염라대왕에게 부탁해서 다시 한번 그대에게 살과 피를 주어 그대가 살던 고향으로 돌려보내 준다면 어쩌겠나?" 해골은 눈살을 찌푸리며 대답했다. "내 어찌 이 지고의 행복을 버리고 인간 세상의 노역을 다시 겪으리."(『장자』「지락」)

장자는 죽음을 '현해(縣解)', 이 세상 고통으로부터의 해방이라고 단적으로 정의했다.

이 셋을 보니, 다들 유교와는 다르게, 지상의 삶에 환멸을 느낀 것을 알 수 있다. 다음 질문은, '그래서 어떻게?'일 것이다. 불교는 윤회를 통해 다음에 오는 삶을 준비할 것. 그렇게 가벼워지다가 다시는 오지 않기를 기약하라고 권했다. 서교는 주지하다시피, 이 지상의 삶이 아닌 영원의 천국을 믿고 신의 은총을 갈구하라고 권고했다.

유교와 장자는 좀 다르게 말한다. 이들은 다음 생 혹은 죽음 이후의 삶을 믿지 않았다. 정도전은 『불씨잡변』에서 이렇게 반문했다. "샘에서 퍼온 물로 밥을 짓는데, 그 증기가 다시 우물 속으로 들어가는 것은 아니지 않느냐?"
생명을 다하면 원래 왔던 곳으로 되돌아갈 것이다. 인간은 다만 이 지상의 생명을 허여받은 동안 주어진 사회적·가족적 책무를 다할 뿐이다. 장횡거의 서명은 이렇게 끝난다. "살아서는 책무, 죽어서는 평온, 다만 그것뿐

[存吳順事, 沒吳寧]!"

장자는 이 셋 모두에 고개를 흔들었다. 그는 사후에 대한 기대가 없었고, 살아서 져야 하는 책무도 번거로워 했다. 그럼, 장자는 무슨 대책을 권고하고 있는 것인가?

장자는 놀랍게도 '웃음'을 권한다. 그는 웃음과 노래야말로 죽음에 보내는 가장 큰 예배요 축송이라고 생각한다.

장자는 아내가 죽었을 때도 두 다리를 뻗고 앉아 질그릇을 두들기며 노래를 불렀다. 논리학자인 친구 혜시(惠施)가 문상을 갔다가 놀라서 물었다. "아니, 이 사람아, 살을 섞고 자식을 낳아 함께 늙어온 아내가 죽었는데, 울기는커녕 깡깽거리며 노래를 부르다니 이건 좀 심하지 않은가." 장자는 이에 대해 이렇게 말했다.

그렇지 않네. 처음 죽는 것을 보고 나라고 어찌 슬프고 아득한 마음이 없었겠나. 그러나 생명[生]의 시원을 돌아보니 그게 본래는 없었던 게 아닌가. 더 거슬러 가보면 생명은커녕 아무런 형체[形]도 없었던 시절이 있었고, 형체는커녕 그걸 구성하는 기[氣]도 없었던 때가 있었네. 그 혼돈의 흐릿함 속에서 어쩌다가 기가 생겼고, 기가 변해서 형체가 되었으며, 형체가 변해서 생명이 있게 되었네. 지금 그게 또 변해서 죽음이 된 게 아닌가. 이건 봄 여름 가을 겨울이 번갈아 진행되는 것과 같은 거야. 아내는 지금 천지라는 거실에 편안히 누워 있다네. 그런 걸 울고불고 곡을 해서 시끄럽게 해야겠나. 그건 운명에 대한 무지의 소치라 생각되어 그만둔 것일세.(『장자』「지락」)

웃음과 노래가 죽음에 보내는 축송이라면, 삶을 대하는 태도는? 장자는 '놀이'를 권했다. 『장자』의 첫 장이 「소요유」, 아무것도 하지 않고 놀기임을 기억하자. 여기서 니체를 떠올리는 사람도 있을 것이다. 차라투스트라는 삶의 진화로, 낙타와 사자, 그리고 어린아이를 말한다. 장자는 여기 어린아이를 최고의 경지로 고취했다.

5. 이름[名]이라는 함정

토크빌은 『미국의 민주주의』라는 글에서 미국의 노동자가 유럽인들보다 더 나은 물질적 조건에도 불구하고 더욱 불행하다고 느끼고 있다고 보고한 바 있다. 그들은 록펠러나 최상층의 부자들과 자신들의 처지를 직접 비교하기 때문이라고 했다.

노자는 말한다.

현자를 우대하지 마라. 그러면 사람들 사이의 경쟁이 줄어들 것이다. 희귀한 재화를 자랑하지 마라. 시샘과 투기가 판치지 않도록. 물질적 가치를 앞세우지 마라. 그렇지 않으면 사람들의 마음에 평온의 불길이 사그라질 것이다.[5]

---

5   不尙賢, 使民不爭；不貴難得之貨, 使民不爲盜；不見可欲, 使心不亂. 是
     以聖人之治, 虛其心, 實其腹, 弱其志, 強其骨. 常使民無知無欲. 使夫知者
     不敢爲也. 爲無爲, 則無不治.(『노자』 3장)

노장은 이들 물질적 가치의 추구가 위험하며, 진정한 만족을 주지 못한다고 역설한다.

장자는 평생을 가난과 궁핍 속에서 보냈다. 부와 권력에 대한 질시와 경멸 또한 신랄하기 그지없었다. 한 상인이 진나라 왕으로부터 수레 100대를 하사받고 장자에게 자랑을 늘어놓았다. 장자는 예의 그 치언의 독설로 이렇게 대꾸했다.

진나라 왕이 병에 걸려 의원을 불렀다. 종기를 터뜨려 고름을 짜내는 사람에게는 수레 1대를 주고, 치질 난 항문을 핥아서 고름을 짜내는 자에게는 수레 5대를 주었다. 치료하는 곳이 추잡할수록 수레의 수도 늘어났다. 당신이 그만한 수레를 받은 걸 보니 틀림없이 치질을 빨아준 모양이구먼.(『장자』「열어구」)

초나라 또한 장자의 명성을 듣고 그를 초빙했다. 장자는 거절했다.

초나라에는 신령스러운 거북이 한 마리가 있다고 들었습니다. 죽은 지 3,000년, 비단에 써서 종묘에 보관되어 있다더군요…. 물어봅시다. 그처럼 죽어서 귀한 대접을 받고 싶소, 아니면 살아서 진흙탕에 꼬리를 끌며 휘젓고 다니고 싶소?(『장자』「추수」)

물질적 가치와 함께, 인간을 움직이는 또 다른 가치가 있다. 장자가 名이라고 부르는 이것은 사회적 인정, 명예, 정치적 업적 등을 포괄하는 말이다. 장자는 앞의 實에서 초연하기는 비교적 쉽지만, 名의 유혹에서 자유롭기는 정말 어렵다고 말한다.

　　최근 어떤 수도승이 식욕과 색욕은 어떻게 떨쳤으나, 명예욕은 끈질기게 자신을 괴롭힌다고 토로하는 것을 들은 바 있다.

　　장자는 유교가 떠받드는 '영웅들'을 탄식하기 시작한다. 공자가 인륜의 이상[仁]을 성취했다고 인정한 극소수의 사람들 가운데 은나라 말의 현자들이 있다. 기자는 감방에 갇혔고, 왕자 비간은 폭군에 한사코 맞서다가 그 분노로 심장이 갈라지는 비운을 맞았다.

　　장자는 이 '의거'조차 명예를 의식한 불순한(?) 행동으로 평가한다. 장자는 인간 행동의 바닥에 깔려 있는 동기에 더 깊이 메스를 들이댄다.

　　자선이나 선행의 이면에 세금 문제나 자랑이 있을 수 있고, 목숨을 걸고 적진에 뛰어드는 행동에 용병의 보상이, 아니면 주변의 환호에 취한 무모함이, 또는 삶이 지겨워졌을 수도 있지 않은가?

　　장자는 특히 공자와 그 제자들이 갖고 있는 '소명' 의식을 위태롭게 생각한다. 특히나 군주를 교화하겠다는 턱없는(?) 자신감과 만용에 어이없어한다. 군주는 교화되지 않는다. 나날이 말에게 밥을 주고, 큰 조개로 오줌을 받아주는 베테랑 말 전문가도 자칫 날파리에 놀란 말의 뒷발굽에 목숨을 잃을 수도 있다.

　　그리고 무엇보다 네가 알고 있다는 '진리[道]'가 진짜라고 어떻게 확신하는가?[6]

　　유교가 그렇게 강조하는 정치적 참여, 관료적 책임은 이처럼 위태롭고, 그리고 또한 유효하지 않다. 그것을 장자는 「인간세(人間世)」에서 안회와 공자와의 가상 대화를 통해 극명하게 보여주고 있다.

안회가 인사를 오자 공자가 물었다. "어디로 가려고?" "위나라 군주가 포악한 독재자라 사람들이 나날이 죽어나간다기에 그를 교화시키러 갑니다." 공자는 아직 공부가 덜 익은 그가 우려스러웠다. "네게 그를 감화시킬 덕(德)과 그를 설득할 지식[知]이 있느냐? 조심해라, 덕은 명예에 오염되고, 지식은 투쟁의 도구이다. 이 둘은 흉기임을 잊지 마라." 그러면서 다시 물었다. "그를 만나면 어떻게 설득하겠느냐?" 안회는 세 가지의 기술을 제시했다. "누구나 본심을 갖고 있으니, 그 '하늘'을 기초로 하고, 다른 사람들처럼 적절한 '예의'와 존경을 보이며, 설득은 옛 '선현들의 지식'을 빌려오면 탈이 없지 않겠습니까?" 공자는 이들이 너무 번잡하고 또 겉돌 것이라고 고개를 저었다. 안회는 손을 들었다. "그럼, 어찌해야 합니까?" 공자의 대답이 단호했다. "마음을 비워라[心齋]! 네 마음을 대청소해야 한다. 지혜는 그 빈 공간에서 빛난다[虛室生白]."

6   이쯤에서 노자의 첫머리 경구, "도가도 비상도"가 떠오를 것이다. 도(道) 또한 형이상학적 원리를 가리키지만, 다른 모든 고안된 개념들처럼 역사성을 갖고 있다는 것을 잊지 말자.

6. 나비의 꿈

누가 우리네 삶을 이렇게 내모는가. 흡사 바람이 불어 수많은 크고 작은 구멍들이 우우 소리치듯이, 무엇이 우리네 마음을 뒤흔들어 희로애락에 울게 웃게 하고, 성취와 실패, 시기와 질투에 잠 못 들게 하는가. 이 인간세를 초탈할 수 있을까?

'유용성'의 지평을 떠나면, 우리는 사물에 대해 아무것도 알 수 없다. 그렇지 않은가. "아는 자는 말하지 않고, 말하는 자는 알지 못한다." 장자 또한 소크라테스처럼 "나는 모른다"를 거듭 반복한다.

그동안 지식은 내 욕망의 전사들이었고, 논리와 설득이란 그 이해를 관철시키기 위한 도구였음을 깨닫는다. 베이컨의 네 가지 '우상'을 떠올리면 좋겠다. 인간은 종족, 자아, 언어, 권위의 우상을 통해서 세상을 보고, 행동을 선택해왔다. 플라톤의 유명한 비유처럼, 우리의 지식은 동굴 속에 어른거리는 자신의 그림자에 불과했다.

장자는 말한다.

너와 내가 논쟁을 벌이고 있다 하자. 네가 이기고 내가 졌다 하여 네가 옳고 내가 그르다 하겠느냐. 반대로 내가 이기고 네가 졌다 하여 내가 옳고 네가 그르다 하겠느냐. 도대체가 둘 중 하나는 옳고 하나는 그르냐, 아니면 둘 다 옳거나 둘 다 그르냐.(『장자』「제물론」)

대체 시비와 선악의 기준은 있는가?

　설결(齧缺)이 왕예(王倪)에게 물었다. "스승께서는 시비의 객관적 준거[同
是]를 알고 계십니까?" "어떻게 알겠느냐." "그럼 모르신단 말씀이군요." "그
또한 내가 어찌 알겠는가. 허나 가령, 내가 안다는 것이 정녕 모르는 것이 아
님을 어찌 알며, 내가 모른다는 것이 정녕 아는 것이 아님을 어찌 알겠는가.
물어보자꾸나. 습기 있는 곳에서 잠을 자면 요통에 걸리기 십상인데 어디 미
꾸라지도 그렇던가. 나무 꼭대기에 서면 다리가 후들거리고 가슴이 떨리는데
어디 원숭이도 그렇던가. 이 셋 가운데 누가 올바른 거처를 아는가. 또 사람
은 고기를 먹고 사슴은 풀을 뜯고 지네는 뱀을 맛있어하고 올빼미는 쥐를 즐
기는데, 이 넷 중 누가 참맛을 아는가. 또 성성이는 원숭이와 짝하고 고라니는
사슴과 어울리며 미꾸라지는 고기들과 노닌다. 사람들이 모장과 여희를 예쁘
다 여기지만 그들을 보면 고기는 물속으로 깊이 숨고 새는 하늘로 푸드덕대
며 사슴은 꽁무니가 빠지도록 도망치니 이 넷 중 누가 천하의 올바른 아름다
움을 아는가. 내가 보건대 인간성[仁]과 정의[義]의 단서와 옳고 그름[是非]
의 갈래는 이렇게 엉클어지고 혼란되어 있으니 그 다툼을 어찌 제대로 가려
내겠는가."(『장자』「제물론」)

　이해관계를 무시할 때 사물은 더이상 호오(好惡), 즉 싫고 좋고의 지평
위로 떠오르지 않는다. 부서진다고 슬퍼할 것 없고, 얻었다고 기뻐할 것이
없게 된다. 문둥이라 고개 돌릴 것 없고, 스타를 쫓아 성형에 중독될 일이
없다. 어디 미추(美醜)뿐인가. 매 순간 거의 자동으로 작동시키던 시비(是
非)를 더이상 가동치 않게 된다. 시비가 없다면? 사물들 사이의 차이가 희

미해지고, 너와 나 사이의 경계가 허물어지기 시작한다. "천지(天地)는 나와 더불어 함께 살고, 만물(萬物)은 나와 더불어 일체이다."

예를 들어보자. [세상에는 가로놓인] 들보와 [세로 놓인] 기둥이 있고, 읽은 추녀와 쭉 빠진 서시(西施, 춘추전국기 최고의 미인)가 있다. 뿐인가, 기괴하고 불거진 것들이 잡다하게 널려 있다. 그러나 길[道]은 이들 모두를 한자리에 세운다. 부리는 생성이요, 생성은 곧 소멸이라, 자연에는 생성도 소멸도 없다.

자연은 '하나' 속에 녹아 있는 것이다. 이치를 꿴 사람만이 [다양한 사물들이] 차별 없이 한 얼굴임을 안다. 그리하여 그는 사물의 다양한 외관을 넘어, 있는 그대로의 자연에 깃들인다. 거기에는 각각 나름의 우주적 기능들이 숨 쉬고 있고, 이 우주적 기능들이 자연의 전체적 통일을 구성한다. 이 통일성에서야 진정한 앎이 가능하고, 그 앎을 통해 인간은 길로 다가선다. 여기서 '나'의 주관적 관점은 활동을 그친다. 그렇더라도 의식은 그 소식을 감지하지 못한다. 길이란 그런 것이다.

자연이 본래 한 얼굴임을 모른 채, 사물의 개별성을 고집하여 헛되이 지력을 소모하는 것을 '아침에 세 개[朝三]'라 한다. 무슨 말인가. 사육사가 도토리를 "아침에 세 개, 저녁에 네 개를 주겠노라"고 하자 원숭이들이 벌컥 성을 냈다. "그렇다면 아침에 네 개, 저녁에 세 개를 주겠다"고 하자 다들 흡족해했다.

종류와 개수에 변함이 없는데도 희로(喜怒)가 엇갈린 것은 주관적 감정의 장난이다. 이런 까닭에 그 크신 분[聖人]은 시비와 대립을 하나로 녹여 '자연의 균형[天鈞]'에 몸을 의탁하신다. 이를 일러 '두 길을 함께 간다[兩行]'고 한다.(『장자』「제물론」)

　　장자의 독설은 지독하다. 종류와 개수에 변함이 없는데도 일희일비하는 원숭이는 다름 아닌 우리 모두의 얼굴이다. 우리는 아직 충분히 진화하지 못한 것이다. 조삼모사는 자연의 궁극적인 통일, 무분별의 혼돈을 바라보지 못하고 사물을 구분하고 가치를 매기는 인간의 어리석음을 풍자하고 있다.

　　장자는 '감각'에 속지 말라고 경계한다. 소크라테스의 경구처럼 "눈과 귀는 나쁜 증인이다." 감각은 감정을 뒤흔들고 평정을 다친다. 장자는 말한다. "귀로 듣지 말고 마음으로 들어라." 앞으로 끼어드는 차는 아마도 급한 일이 있을지도 모른다. 외부의 자극에 감정적으로 반응하지 마라. 상류에서 배가 내려오더니 내 배를 박았다. "어느 놈이…" 하고 일어섰더니, 이런, 배 안에 아무도 타고 있지 않았다.

　　장자는 다시 한 걸음 더 나아간다. "마음으로 듣지 말고 기(氣)로 들어라." 즉, 너의 지성도 믿지 마라. 그것은 의지의 도구일 뿐이니. 제발 무엇인가를 하려고 하지 마라. 호오를 개입시키지 않으면 판단이 멈출 것이고, 그때 놀라워라, 모든 일이 제자리를 찾고, 막힌 숨통을 틔울 것이다.

　　『장자』 제6편 「대종사(大宗師)」는 그 길[道]을 체득한 이상적 인간의 모습을 그리고 있다. 대략 적어보면 이렇다.

그는 부족하다 억지 쓰지 않고, 성취를 자랑하지 않는다. 지나간 것을 후회하지 않고, 얻은 것은 우연이라고 생각한다. 생사에 연연치 않기에, 나무 꼭대기에서도 떨지 않고, 물에 들어가도 젖지 않고, 불에 들어가도 타지 않는다. 잠에 들면 꿈이 없고, 눈을 떠도 근심에 파먹히지 않는다. 음식을 탐하지 않으며, 그의 숨은 고르고 깊다. 그는 발뒤꿈치로 숨을 쉰다. 보통 사람은 목구멍으로 헉헉대고 다급하면 꽥꽥 대지만, 옛 진인(眞人)들은 떠나는 것 잡지 않고, 들어오는 것 막지 않았다. 삶을 기뻐하지도 않았고, 죽음을 미워하지도 않았다. 문득 왔다가, 문득 때가 되면 갔을 뿐이다. 자기가 온 곳을 잊지 않았고, 마지막 가는 길을 버티지 않았다. 다만 수용함으로써 기뻐했고, 잊음으로써 새로워졌다. 요컨대 마음의 활동이 도(道)를 손상시키지 않게 해고, 인위로 하늘의 일을 간섭하려 하지 않았던 것이다.

모쪼록 기(氣)의 '혼돈(混沌)'을 되찾아라. 거기 삶과 마찬가지로 죽음 또한 자연의 축복이다. 그 운명의 신성한 긍정 속에서 비로소 관조와 웃음이 피어난다. 이때 삶은 더이상 노역이 아니라 놀이가 될 것이다.

이 아득한 교설 앞에서 다들 놀라 입을 다물지 못할 듯하다. 더이상 말(言)이 설 자리가 없고, 지식은 무의미해진다. 장자는 익숙한 집을 뒤흔들고 막막한 불안을 몰고 온다. 이 혼돈에 박수를 치는 사람이 있을까?

더이상 아무 이름도, 어떤 의미 있는 논의도, 어떤 가치도 발붙일 수 없는 막막한 땅, 사람이 살지 않는 무하유(無何有)의 땅으로 들어서는 흥분과 두려움이 밀려올 것이다. 그 끝에, 삶도 죽음도 결국 나의 정신의 심층을 뒤흔들지 못한다는 것을 안다. 이 세상에 우리가 얻는 것도 없고, 잃는 것도 없다. 삶과 죽음은 물화(物化), 그저 오고 가는 것일 뿐, 호들갑 떨지 말라.

한형조

동해안의 바닷가에서 태어나 자랐다. 서울대학교 철학과 졸업, 한국정신문화 연구원 박사. 현재 한국학중앙연구원 교수. 띠풀로 덮인 동아시아 고전의 옛길을 헤쳐왔다. 쓴 책으로『성학십도, 자기 구원의 가이드맵』(2018),『붓다의 치명적 농담』(2011),『허접한 꽃들의 축제』(2011),『조선 유학의 거장들』(2008),『왜 조선 유학인가』(2008),『왜 동양철학인가』(2000) 등이 있다. 콘즈(Conze)의『불교(Buddhism)』와, 카마타 시게오(鎌田茂雄)의『화엄의 사상』을 번역했다.

장자가 말한 성인의 '정 없음[無情]'의 의미에 관하여:

『장자(莊子)』「덕충부(德充符)」편의 정(情) 개념을 중심으로[1]

김명석(연세대학교 철학과 교수)

1. 머리말

인간의 바람직한 삶 또는 행복한 삶과 관련하여, 감정이 차지하는 지위나 역할은 무엇인가? 또 장자는 이러한 물음에 어떻게 대답하는가? 감정에 대한 장자의 생각을 탐구하기 위해서는 호오희로애락 등 구체적 감정들에 대한 논의를 담고 있는 구절들에 대한 분석도 중요하지만, 만일 장자가 '감정' 자체에 대해 논의한 구절이 있다면 그에 대한 논의도 필요할 것이다. 흔히 『장자』 「덕충부」편에 보이는 장자와 혜시의 대화에서 언급된 정(情) 개념이 감정을 의미한다고 간주되며, 장자의 감정론을 다루는 거의 모든 연구가 이 점은 별다른 의심 없이 명백한 것으로 받아들이고 논의를 시작

---

[1] 이 글은 필자의 논문 「『장자(莊子)』「덕충부(德充符)」편의 정(情) 개념에 대한 새로운 해석」,《철학논집》제70집(서강대학교 철학연구소, 2022)을 축약한 것이다.

한다.[2]

필자는 이러한 학계의 경향에 대한 의문에서 출발하여, 감정에 대한

2   이강수·이권 옮김, 『장자 I』(길, 2005), 295쪽; 안병주·전호근 공역, 『譯註 莊子 1』(전통문화연구회, 2001), 238쪽, 242쪽; 박소정, 「악론(樂論)을 통해 본 장자(莊子)의 예술철학」(연세대학교 철학과 박사 학위 논문, 2001), 80쪽, 104~107쪽; 王先謙, 『莊子集解』 제2판(北京: 中華書局, 2012), 71쪽; 陳鼓應, 『老莊新論』(香港: 中華書局, 1991), 190~191쪽(최진석 옮김), 『老莊新論』 제2판(소나무, 2013), 290~291쪽; 王博, 『莊子哲學』(北京: 北京大學出版社, 2004), 68~71쪽(김갑수 옮김), 『왕보의 장자강의』(바다출판사, 2021), 191~193쪽; Burton Watson, *The Complete Works of Chuang Tzu*(New York: Columbia University Press, 1968), 75쪽; Victor Mair, *Wandering on the Way: Early Taoist Tales and Parables of Chuang Tzu*(Honolulu: The University of Hawai'i Press, 1994), 49쪽; Fung Yu-lan, *Chuang-Tzu: A New Selected Translation with an Exposition of the Philosophy of Kuo Hsiang*(Heidelberg: Springer, 2016), 39쪽 등을 참조.
    김충 충(Kim-chong Chong, 莊錦章)의 연구는 중요한 예외이다. 그는 존 써얼(John Searle)의 구성적 규칙(constitutive rules)과 제도적 사실(institutional facts)의 개념을 차용하여, 「덕충부」편의 '정(情)'자가 감정이 아니라 체스 게임, 결혼제도, 화폐 제도 등과 같이 사회적으로 구성된 사실(socially constituted facts)을 의미한다고 주장한다. 그에 따르면 「덕충부」편의 장자와 혜시의 대화에서 혜시는 유가적 규범과 제도가 인간의 삶을 영위하는 데 필수불가결하다고 본 반면, 장자는 이를 부정하고 자연에 따르는 것만으로 충분하다는 견해를 제시한 것이 된다. Kim-chong Chong, *Zhuangzi's Critique of the Confucians: Blinded by the Human*(Albany: State University of New York Press, 2016), 제5장 참조. 한편 김형중은 『장자』에 나타난 '정(情)'자 용례들에 대한 심도 있는 고찰을 거쳐, 비록 빈도수가 높진 않지만 『장자』에서 '정(情)'자가 호오 및 기타 감정들을 의미하는 용례가 있음을 밝히고, 나아가 이러한 '정(情)'자의 의미가 「덕충부」편의 '정(情)'자에도 적용될 수 있다고 주장한다. 김형중, 「도가적 감정 이해의 전형(典型): 장자(莊子)의 '성인무정(聖人無情)' 논의를 중심으로」, 《동양철학》 제42집(한국동양철학회, 2014), 제II절 참조.

장자의 생각을 본격적으로 탐구하기 전에 먼저 감정에 대한 장자의 일반적 견해를 담고 있다고 여겨져온 「덕충부」편의 관련 구절들을 면밀히 분석하여, 해당 구절들에 등장하는 '정(情)'자가 감정이라기보다는 인간을 다른 존재들로부터 구별하게 해주는 인간만의 고유한 '특질'을 의미한다는 점을 주장하고자 한다.

아래에서는 우선 「덕충부」편에 등장하는 '정(情)'자가 감정을 의미한다는 기존 해석의 문제점들을 살펴보고, 이러한 해석에 의문을 제기할 것이다(제2절). 이어서 「제물론」 조삼모사(朝三暮四) 우화의 분석을 통해, 「덕충부」편의 '정(情)'자는 시비 판단 및 호오의 감정을 핵심 내용으로 하지만, 시비 판단은 개념적으로 호오의 감정과 구별되어야 하므로 「덕충부」편의 '정(情)'을 '감정'으로 번역할 수 없다는 점을 주장할 것이다(제3절). 나아가 대안적 해석으로서 「덕충부」편의 '정(情)'자는 시비 판단과 호오가 다양한 방식으로 결합되어 인간을 구속하는 질곡이자 인간을 인간이게끔 하는 '특질'로 보아야 한다는 점을 밝히고(제4절), 구체적으로 시비 판단과 호오가 어떠한 방식으로 결합되어 인간을 도(道)로부터 멀어지게 하는지를 세 가지 경우로 나누어 살펴볼 것이다(제5절). 그리고 마지막으로 장자의 현해(縣解), 즉 이러한 속박에서 벗어나는 길을 '바른 인식'과 '자신을 잊음'이라는 두 측면에서 논의할 것이다(제6절).

2. 「덕충부」편의 '정(情)'자는 감정을 뜻하는가

『장자』 「덕충부」편에 보이는 장자와 혜시의 대화에서는 '정(情)'자가 여러 번 등장하는데, 이 '정(情)'자는 흔히 '감정'으로 해석된다. 이러한 관점에 따르면 이 대화는 다음과 같이 번역될 수 있겠다.

[A] 혜자가 장자에게 말했다. "사람은 본래 감정이 없을 [수 있는가]?" 장자가 말했다. "그렇다네." 혜자가 말했다. "사람에게 감정이 없다면, 어찌 그를 사람이라 하겠는가?" 장자가 말했다. "도가 그에게 용모를 주고 하늘이 그에게 형체를 주었는데, 어찌 그를 사람이라 하지 않을 수 있겠는가?" 혜자가 말했다. "이미 그를 사람이라고 한다면, 어찌 [그에게] 감정이 없을 수 있겠는가?" 장자가 말했다. "시비 판단이 [곧] 내가 말하는 감정이네. 내가 말하는 '감정이 없음'은, 사람이 호오[의 감정]을 가지고 안으로 자기 자신을 다치게 하지 않고, 항상 자연스러움을 따르면서 삶에 [무언가를] 덧보태지 않음을 뜻하네." 혜자가 말했다. "삶에 [무언가를] 덧보태지 않으면 어떻게 자신[의 생명]을 유지할 수 있겠는가?" 장자가 말했다. "도가 그에게 용모를 주고 하늘이 그에게 형체를 주었으니, 호오[의 감정]을 가지고 안으로 자기 자신을 다치게 하지 않을 뿐이네. 지금 자네는 자네의 정신을 밖으로 향하게 하고 자네의 정력을 소모시키며, 나무에 기대어 중얼거리고 책상에 기대어 졸고 있네. 하늘이 자네의 형체를 선택해 [주었거늘] 자네는 견백[의 논설]로 쟁명하고 있구먼!"[3]

그러나 이러한 번역을 채택할 경우에는 ① 사람에게 어떻게 본래부터

---

3   『莊子』「德充符」. 郭慶藩, 『莊子集釋』(北京: 中華書局, 1961), 220~222쪽.

감정이 없을 수 있는지, 그리고 ② 시비 판단을 감정으로 보는 것이 적절한지 등의 물음들에 답해야 한다. ①번 물음에 답하는 한 가지 방식은, "人故无情"이라는 언명을 인간 일반에게 적용되는 것이 아니라 성인(聖人)처럼 특별한 수양을 거친 일부의 인간들에게만 적용되는 것으로 보는 것이다. 이러한 관점을 취하면 혜시의 질문은, '사람이라는 존재는 본래 감정을 갖지 않는가?'라는 의미가 아니라 '사람이라는 존재는 본래 (경우에 따라, 혹은 특별한 수양을 거칠 경우) 감정을 갖지 않을 수 있는가?'라는 뜻으로 이해할 수 있다.[4] 한편 ②번 물음에 대해서는, 인간의 시비 판단 또한 감정의 일종으로 볼 수 있다는 입장이 제시될 수 있다.

번역문 [A]에서 장자는 "시비 판단이 [곧] 내가 말하는 감정이네. 내가 말하는 '감정이 없음'은 사람이 호오의 감정을 가지고 안으로 자기 자신을 다치게 하지 않고…"라 하여 시비 판단을 명백히 호오의 감정과 연결시키고 있고, 또 맹자도 우리가 보통 도덕 감정이라 여기는 사단(四端) 중 하나로 시비지심(是非之心)을 들고 있으니, 장자가 말하는 인간의 시비 판단 또한 감정으로 볼 수 있다는 생각이다.[5]

그런데 ②번 물음은, 만일 원문의 "是非吾所謂情也"를 "이것은 내가 말하는 감정이 아니네"라고 번역할 경우에는 제기되지 않는다. 이 번역을

---

4   이강수·이권 옮김, 『장자 I』, 295쪽; Watson, *The Complete Works of Chuang Tzu*, 75쪽 등을 참조. 이를 좀 더 의역하여 아예 "성인은 본래 감정이 없는가?"로 번역하는 경우도 많다.

5   Brian Bruya, "*Qing* 情 and Emotion in Early Chinese Thought", *Ming Qing Yanjiu*(明清研究) 10, no. 1, 2001, 175쪽; 김형중, 「도가적 감정 이해의 전형」, 89쪽 및 제IV절의 논의 등을 참조.

채택하면 여기서 '시(是)'는 "누군가를 사람이라고 규정한 이상 어떻게 그에게 감정이 없을 수 있겠는가?"라는 혜시의 말을 가리키며, 이어지는 장자의 대답은 '내가 말하는 무정(无情)이란 그런 뜻이 아니라, 사람이 호오의 감정을 가지고 안으로 자기 자신을 다치게 하지 않는다는 뜻'으로 이해할 수 있겠다. 다시 말해 장자의 '무정(无情)'이란 사람이 감정을 완전히 결여한 상태가 아니라, 감정을 느끼긴 하지만 이를 통해 자기 자신을 다치게 하지 않는 상태나 경지만을 가리킨다는 것이다.[6] 그러나 이러한 해석은 두 가지 난점을 가진다.

첫째, 이러한 해석은 원문을 "이것은 내가 말하는 감정이 아니네[是非吾所謂情也]"보다 "이것은 내가 말하는 '감정 없음'이 아니네[是非吾所謂无情也]"라고 번역해야 더 자연스럽다. 텍스트의 전사(傳寫) 과정에서 '무(无)'자가 실수로 누락되었을 가능성을 지적하는 견해도 일리는 있으나,[7] 원문을 수정하지 않고도 뜻이 잘 통하는 해석이 있다면 그것을 채택하는 것이 좋다.

둘째, 장자와 혜시의 대화 직전에 나오는 도가적 성인들에 대한 묘사에서, 장자는 다음과 같이 말한다. "[이상적 인간은] 사람의 형체를 가지고 있으나, 사람의 특질은 없다. 사람의 형체를 가지고 있으므로 사람들과 무리 지어 [살지만], 사람의 특질이 없으므로 시비 판단을 용납하지 않는다

---

6   王博, 『莊子哲學』, 68~71쪽(김갑수 옮김), 『왕보의 장자강의』, 191~193쪽; 陳鼓應, 『老莊新論』, 190~191쪽(최진석 옮김), 『老莊新論』, 290~291쪽 등을 참조.

7   王叔岷, 『莊子校詮』제2판(臺灣: 臺灣商務印書館, 1994), 201쪽.

[有人之形, 无人之情. 有人之形, 故群於人; 无人之情, 故是非不得於身].”[8]

여기서 '특질'이라는 번역을 잠시 괄호 치더라도, '무정(无情)'과 '시비 판단을 용납하지 않음'이 동일시되고 있다는 점은 명백하다. 따라서, 이어지는 장자와 혜시의 대화에 나오는 "是非吾所謂情也"의 '시비(是非)'를 '이것은 ~가 아니다' 대신 '시비 판단'으로 번역하는 것도 충분히 근거가 있다.

이러한 점들에 근거하여 "시비 판단이 [곧] 내가 말하는 감정이네"를 해당 원문의 번역으로 잠정적으로 채택한 후, 위의 ②번 물음에 대한 논의를 좀 더 이어가 보도록 하자. 위에서 언급했듯이 번역문 [A]에 따르면 장자는 "시비 판단이 [곧] 내가 말하는 감정이네. 내가 말하는 '감정이 없음'은 사람이 호오의 감정을 가지고 안으로 자기 자신을 다치게 하지 않고…"라 하여 시비 판단을 일종의 감정으로 규정한 후, 이를 다시 호오의 감정과 유사한 것으로 보고 있는 듯하다.[9] 하지만 과연 시비 판단을 일종의 감정이라고 볼 수 있을까? 번역문 [A]에 무언가 오류가 있는 것은 아닐까? 아니면, 시비 판단도 해석하기에 따라서는 감정으로 볼 수 있는 여지가 있는 것일까?

---

8   郭慶藩, 『莊子集釋』, 217쪽.
9   「우언(寓言)」편에 나오는 장자와 혜시의 또 다른 대화에서도 장자는 "좋음과 싫음, 옳고 그름[의 구분]만으로는 단지 사람들의 입만을 복종시킬 수 있을 따름 [好惡是非直服人之口而已矣]"이라고 하면서 '호오'와 '시비'를 병칭한다. 郭慶藩, 『莊子集釋』, 953쪽.

3. 시비 판단과 호오의 감정

'시비 판단'은 말 그대로 자신 또는 다른 이의 생각이나 관점, 이론 등이 옳은지 그른지를 판단하는 것이다. 상식적으로 생각할 때 누군가의 견해가 옳다거나 그르다는 판단을 내릴 때는 분명한 근거가 있어야 하며, 이러한 판단에 감정이 개입되어서는 안 될 것이다. 이러한 상식적 견해를 견지한 전형적 인물은 묵자였다. 예컨대 그는 『묵자(墨子)』 「겸애(兼愛)」편에서 겸애가 천하에 이익을 가져오는 반면 별애(別愛)는 해악을 가져온다는 점을 근거로 "겸애는 옳고[兼是] 별애는 그르다[別非]"는 입장을 제시하였고,[10] 「귀의(貴義)」편에서는 "반드시 여섯 가지의 치우침을 제거하라. 잠자코 있을 때는 생각하고, 말할 때는 가르치며, 움직일 때는 일을 하라. 기쁨, 분노, 쾌락, 슬픔, 사랑, 미움을 자기 마음에서 제거하고 인의(仁義)를 따르라"는 내용의 가르침을 남기기도 하였다.[11] 이렇게 볼 때, 묵자는 인간이 감정적 치우침이 없는 사고 활동 및 사태에 대한 관찰 등을 통해 올바른 시비 판단에 도달할 수 있다고 생각했으며, 따라서 묵자에게 있어 시비 판단은 감정으로 환원될 수 없는 것이었다고 하겠다.

묵자의 이러한 입장을 장자는 어떻게 평가했을까? 「제물론(齊物論)」편

---

10   『墨子』 「兼愛」 下. 孫詒讓, 『墨子閒詁』(北京: 中華書局, 2001), 115쪽.

11   『墨子』 「貴義」. 孫詒讓, 『墨子閒詁』, 442~443쪽. 『莊子』 「刻意」편에도 이와 비슷한 생각이 보인다. "슬픔과 즐거움[을 느낀다는 것]은 덕이 비뚤어진 [결과이고], 기쁨과 노여움[을 느낀다는 것]은 도가 지나친 [결과이며], 좋아함과 싫어함[이 있다는 것]은 덕을 잃어버린 [결과이다]. 그러므로 마음에 근심과 즐거움이 없어야 덕이 지극한 것이다." 郭慶藩, 『莊子集釋』, 542쪽.

에 나오는 조삼모사(朝三暮四)의 우화를 통해 이 문제에 대한 장자의 생각을 살펴보기로 하자.

정신을 혹사시켜 [만물이] 하나라고 여기지만 그것들이 원래 동체 [즉 한 몸]임을 모르는 것, 이를 일컬어 '아침에 셋'이라고 한다. '아침에 셋'이란 무엇을 말하는가? 원숭이 사육사가 [원숭이들에게] 도토리를 나누어 주면서 말했다. "아침에 세 개, 저녁에 네 개[를 주겠다]." [그러자] 여러 원숭이들이 모두 화를 냈다. [원숭이 사육사가 다시] 말했다. "그러면 아침에 네 개, 저녁에 세 개[를 주마]." [그러자] 여러 원숭이들이 모두 기뻐했다. 명칭과 실제에 아무런 변동이 없었는데도 기쁨과 분노가 [두 가지 제안에] 의해 [번갈아] 일어났으니, [이] 또한 이렇게 [정신을 잘못 부린 데]서 기인한 것이다. 그러므로 성인은 '옳음'과 '그름'[을 적절히 사용함]으로써 그것 [즉 사람들의 잘못된 반응]을 누그러뜨리고, [자신은] 자연의 물레 위에서 쉰다. 이를 일컬어 '두 길로 나아간다'고 하는 것이다.[12]

여기에서 어리석은 인간들에 대한 비유로 사용된 원숭이들은 사육사가 도토리를 아침에 세 개, 저녁에 네 개씩 주겠다고 하자 화를 냈는데, 이는 그들이 도토리를 가능한 한 더 빨리, 더 많이 받기를 원했고[欲], 따라서 가까운 미래인 아침에 도토리를 적게 받는 것을 나쁜 일[惡]이라고 여겼기 때문일 것이다. 그리고 반대로 사육사가 도토리를 아침에 네 개, 저녁

---

12   『莊子』「齊物論」. 郭慶藩, 『莊子集釋』, 70쪽.

에 세 개 주겠다고 하자 그들이 기뻐한 까닭도, 도토리를 가까운 미래인 아침에 많이 받는 일이 도토리를 가능한 한 더 빨리, 더 많이 받기를 원하는 그들의 욕망을 충족시켜 주는 좋은 일[好]이라 여겼기 때문일 것이다. 이를 좀 더 일반화하여 서술하면 원숭이들은 먹이를 가능한 한 더 빨리, 더 많이 얻고자 하는 욕망[欲]과 그 반대의 사태에 대한 혐오[惡]의 태도를 가지고 있었다고 할 수 있고, 먹이의 획득과 관련된 원숭이들의 이러한 욕망과 혐오는 먹이를 가까운 미래에 더 많이 받는 것은 좋은 일이며 그 반대의 사태는 나쁜 일이라는 생각과 깊이 결부되어 있다.

한편, 고대 중국의 문헌들에서 이러한 욕망과 혐오는 종종 '호오(好惡)'라는 말로 지칭되기도 한다. 즉 '호(好, hào)'와 '오(惡, wù)'는 각각 좋다[好, hǎo]고 생각되는 대상과 나쁘다[惡, è]고 생각되는 대상에 대해 인간이 보이는 좋아함과 싫어함이라는 감정적 반응을 가리키기도 하지만, 때로는 그러한 대상에 대한 욕망과 혐오의 태도를 가리키기도 한다는 것이다.[13] 고대 중국의 이러한 어휘 사용 양상에 근거할 때, 위에서 언급한 것처럼 장자에게 있어 특정 대상(또는 사태)에 대한 누군가의 호오는 그 대상(또는 사태)에 대한 가치 평가—즉 그것이 좋은지 나쁜지—와 밀접하게 연관되어 있다고 할 수 있다.

이에 더하여, 앞에서 필자는 시비 판단이 자신 또는 다른 이의 생각, 관점, 이론 등이 옳은지 그른지를 판단하는 일이라는 상식적 견해를 소개한 바 있는데, 이를 조삼모사의 우화에 적용해보면 원숭이들은 도토리를

---

13   김명석, 「선악, 호오, 가치판단 —『논어』를 중심으로」, 송영배·신정근 외, 『제자백가의 다양한 철학흐름』(사회평론, 2009), 234~243쪽 참조.

가까운 미래인 아침에 더 많이 받는 것은 좋은 일이고 그 반대의 사태는 나쁜 일이라는 자신들의 생각이 옳다[是]는 믿음 또한 암묵적으로 가지고 있었을 것이다. 왜냐하면 만일 그들이 이러한 믿음 또는 판단을 가지고 있었다면, 도토리를 아침에 세 개, 저녁에 네 개 주겠다는 사육사의 제안에 의해 먹이를 더 빨리, 더 많이 얻고자 하는 자신들의 욕망이 좌절된다고 생각한 원숭이들이 화를 냈다는 사실이 더 쉽게 설명되기 때문이다.

그렇다면, 이러한 원숭이들의 시비 판단은 번역문 [A]에서와 같이 일종의 감정으로 보아야 하는가? 도토리를 가까운 미래에 더 많이 받는 것은 좋은 일이고 그 반대의 사태는 나쁜 일이라는 생각이 각각 도토리를 더 빨리, 더 많이 받고 싶은 그들의 욕구[好] 및 그 반대의 사태에 대한 혐오[惡]와 긴밀히 연결되어 있다면, 이러한 정서적 태도와 긴밀히 연결된 가치 평가를 옳은 것[是]이라고 판단하는 일 또한 일종의 정서적 활동으로 보아야 하는가?

필자는 그렇지 않다고 본다. 이 우화에서 장자는 명칭과 실제, 즉 사육사가 하루에 주기로 제안한 도토리의 총 개수와 원숭이들이 실제로 받은 도토리의 총 개수에는 모두 변동이 없었는데, 이에 대해 원숭이들은 기쁨과 분노라는 상반된 반응을 번갈아 보였다는 점을 지적하고 있다. 즉 도토리를 아침에 세 개 받는 것과 네 개 받는 것 사이엔 사실상 아무런 차이가 없음에도 불구하고 원숭이들은 동일한 사태에 대해 모순되는 정서적 반응을 보였고, 이를 통해 우리는 사육사의 제안에 대한 원숭이들의 가치 평가와 그것을 참으로 인정한 시비 판단이 모두 잘못되었음을 알 수 있다는 것이다.

여기서 우리가 주목해야 할 점은, 원숭이들의 가치 평가와 시비 판단에 오류가 있다는 장자의 지적 또한 하나의 시비 판단이며, 원숭이들의 경우와 달리 장자의 이러한 시비 판단은 호오의 정서적 태도 또는 감정에 전혀 기반을 두고 있지 않다는 점이다. 물론 『장자』의 종지(宗旨) 중 하나는 시비 판단을 멈추라는 것이고, 이 우화에서 원숭이 사육사로 비유되는 성인도 무엇이 원숭이들에게 가장 좋은 선택인지, 무엇이 자신이 따라야 할 올바른 행위 방식인지 등에 대한 적극적 판단은 유보하고 있다. 하지만 그럼에도 불구하고 한 가지 분명한 점은, '사태의 진상을 반영하지 못하는 변덕스런 호오에 기초한 가치 평가와 그것을 옳다고 승인하는 판단은 배격되어야 한다'는 또 다른 판단이 내려지고 있다는 것이다. 이는 소극적 판단이긴 하지만 동시에 당시 대중들의 잘못된 시비 판단의 관행을 비판하는 메타적 판단이며, 장자의 이상적 인간이 지니는 지혜의 일부를 이룬다는 점에서 참된 판단이다. 또 원숭이들로 비유되는 어리석은 인간들조차도 이 점을 깨달으면 '진실을 왜곡하는 부적절한 호오에 기초한 (가치 평가와 이러한 가치 평가를 옳다고 믿었던) 자신들의 예전 판단이 잘못된 것이었다'는 새로운 판단을 내릴 수 있다는 점에서, 시비 판단은 개념적으로 호오의 감정과 구별된다. 따라서, "시비 판단이 [곧] 내가 말하는 감정이네"를 비롯하여 장자와 혜시의 대화에 나오는 '정(情)'자를 모두 '감정'으로 해석하는 번역문 [A]는 채택할 수 없다.

4. 대안적 해석: 특질로서의 정(情)

번역문 [A]에 대한 대안으로 필자는 다음과 같은 번역을 제안하고자 한다. 달라진 부분만 인용하면 아래와 같다.

[B] 혜자가 장자에게 말했다. "사람은 본래 [사람으로서의] 특질이 없는 가?" 장자가 말했다. "그렇다네." 혜자가 말했다. "사람에게 [사람으로서의] 특질이 없다면, 어찌 그를 사람이라 하겠는가?" 장자가 말했다. "도가 그에게 용모를 주고 하늘이 그에게 형체를 주었는데, 어찌 그를 사람이라 하지 않을 수 있겠는가?" 혜자가 말했다. "이미 그를 사람이라고 한다면, 어찌 [그에게 사람으로서의] 특질이 없을 수 있겠는가?" 장자가 말했다. "시비 판단이 [곧] 내가 말하는 [사람으로서의] 특질이네. 내가 말하는 '[사람으로서의] 특질이 없음'은, 사람이 호오[의 감정]을 가지고 안으로 자기 자신을 다치게 하지 않고, 항상 자연스러움을 따르면서 삶에 [무언가를] 덧보태지 않음을 뜻하네."

여기서 필자는 원문의 '정(情)'을 '특질(characteristic features)'로 번역하였는데, 이는 쾽로이 순(Kwong-loi Shun)의 견해를 따른 것이다. 그의 분석에 따르면 고대 중국 문헌에서 '정(情)'자의 용례는 크게 두 가지로 나뉘는데, 첫째는 특정 상황 또는 특정 대상과 관련된 사실들의 집합을 가리키는데 사용되는 경우이고, 둘째는 '정(情)'이 특정 대상에 대해 'X之情'이라는 문법적 구조로 사용되어, 그 대상을 특정한 집합 또는 종류에 속하는 것으로 분류할 수 있게 하는 그 대상의 주요 특질들을 가리키는 경우이다.[14]

첫 번째 경우의 예로는, 송사에서의 판단은 문제의 상황과 관련된 사

---

14   Kwong-loi Shun, *Mencius and Early Chinese Thought*(Stanford: Stanford University Press, 1997), 183~187쪽.

실들[情]에 근거해 내려야 한다는 노(魯) 장공(莊公)의 말,[15] 그리고 위정자들이 나라를 다스릴 때는 아랫사람들의 실정[情], 즉 백성들 가운데 누가 선하고 누가 그른가를 알아야 한다는 묵자의 말 등이 있다.[16] 한편 두 번째 경우의 예로는, 여러 감관의 특질[情]은 개별 감관이 지각하는 대상에 대한 욕구를 그 내용으로 하며,[17] 인간의 특질[情]은 장수, 안전, 영예, 안락을 소망하고 요절, 위험, 모욕, 곤란을 혐오하는 것이라는 『여씨춘추(呂氏春秋)』의 주장 등이 있다.[18]

'정(情)' 개념의 이러한 두 가지 의미 가운데 위 인용문에서의 '정(情)'자는 명백히 두 번째 의미로 쓰였다고 할 수 있다. 앞에서 언급한 것처럼 이 대화 직전에 나오는 도가적 성인들에 대한 묘사에서 장자는 "[이상적 인간은] 사람의 형체[人之形]를 가지고 있으나, 사람의 특질[人之情]은 없다. 사람의 형체를 가지고 있으므로 사람들과 무리 지어 [살지만], 사람의 특질이 없으므로 시비 판단을 용납하지 않는다"고 말하여 '인지정(人之情)'이라는 표현을 명시적으로 사용하고 있고,[19] 이어지는 대화에서도 장자와 혜시는 "사람을 사람이게 만들어주는 특질이 없어도 사람을 사람이라고 부를 수 있는가"라는 문제로 논쟁을 하고 있기 때문이다.

15 『國語』「魯語」上. 徐元誥, 『國語集解』修訂本(北京: 中華書局, 2002), 144쪽.

16 『墨子』「尙同」下. 孫詒讓, 『墨子閒詁』, 90쪽.

17 『呂氏春秋』「適音」. 陳奇猷, 『呂氏春秋校釋』(上海: 學林出版社, 1984), 272쪽. 이와 유사한 구절은 『莊子』「盜跖」편에도 보인다. 郭慶藩, 『莊子集釋』, 1000쪽.

18 『呂氏春秋』「適音」. 陳奇猷, 『呂氏春秋校釋』, 272쪽. 이 단락은 김명석, 「『논어(論語)』의 정(情) 개념을 어떻게 이해할 것인가」, 《동양철학》 제29집(한국동양철학회, 2008), 152쪽의 내용을 바탕으로 작성하였음.

19 『莊子』「德充符」. 郭慶藩, 『莊子集釋』, 217쪽.

여기서 필자가 '특질'로 번역한 '정(情)'을 감정으로 볼 수 없는 한 가지 이유는 앞에서 설명했듯이, '인간의 정[人之情]'의 핵심 내용으로 제시되고 있는 시비 판단을 감정으로 간주할 수 없다는 것이다. 또 만일 누군가가 번역문 [A]에서처럼 '감정이 없는 인간은 인간이라고 할 수 없다'는 상식적 입장이 혜시의 견해라고 주장한다면, 그는 궤변론자로 이름난 혜시가 어째서 인간의 본질과 관련해서는 이러한 상식적 입장을 취했는지,[20] 또 혜시가 그러한 입장을 취한 철학적 근거는 무엇인지 등을 설명해야 할 것이다.

한편, 앵거스 그레이엄(Graham)이 지적했듯이 해당 대화에서 혜시의 역할은 장자의 논리적 허점을 파고드는 데 있었다고 보는 것이 훨씬 더 자연스럽다. 즉 '人之情'을 '인간의 특질'로 번역하면[21] 장자는 '인간의 특질이 없어도 인간을 인간이라고 부를 수 있다'는 주장을 한 것이 되고, 혜시는 '특질[情]'이라는 개념의 정의상 일정한 특질이 없는 X를 'X'라고 할 수 있는가 하는 물음을 던진 것이 된다. 이것이 필자가 번역문 [B]에서 '정(情)'을 '특질'로 번역한 또 다른 이유이다.

그런데 장자는 여기서 과연 혜시가 주장하는 것처럼 논리적 혹은 개

---

20   Angus C. Graham, "The Background of the Mencian [Mengzian] Theory of Human Nature", in *Essays on the Moral Philosophy of Mengzi*, ed. Xiusheng Liu and Philip J. Ivanhoe(Indianapolis: Hackett, 2002), 52쪽.

21   그레이엄은 '특질' 대신 아리스토텔레스주의를 연상시키는 '본질(essence)'이라는 번역을 취하지만, 현재 우리의 논의와 관련하여 이 점이 큰 문제가 되지는 않는다. 사실 순(Shun)의 '특질'이라는 용어도 그레이엄의 생각에서 출발하여, '본질'이라는 번역에 함유된 형이상학적 위험성을 덜어내는 방향으로 발전시켜 낸 결과이다.

넘적 오류를 범하고 있는가? 즉 장자는 예컨대 어떤 대상이 우리가 알고 있는 사과라는 과일의 특질을 결여하고 있더라도 그 대상을 '사과'라고 부를 수 있으며, 나아가 글을 쓸 수 없는 펜, 지워지지 않는 지우개 따위를 각각 '펜'과 '지우개'라고 부를 수 있다는 주장을 하고 있는 것인가? 필자가 보기에, 장자는 '특질[情]이라는 개념의 정의상, 일정한 특질이 없는 X는 X라고 부를 수 없다'는 혜시의 생각이 필연적 참은 아니라고 여겼을 것이다. 왜냐하면 글을 쓸 수 없는 펜이나 지워지지 않는 지우개 등과 달리, 인간은 노력 여하에 따라 자신을 다른 존재들로부터 구별시켜주는 특질을 탈각할 수 있으며, 또 그렇게 하는 것이 인간에게 좋다고 장자는 생각했을 것이기 때문이다. 마치 땅을 기어 다니던 애벌레가 마침내 자신의 추한 허물을 벗어던지고 아름다운 나비가 되어 꽃과 나무 사이를 자유롭게 날아다니듯이 말이다.[22]

---

22 다만 애벌레가 형태의 변화를 겪은 이후에는 더이상 애벌레가 아닌 것과 달리, 장자의 말대로 인간의 특질을 탈피한 인간은 여전히 인간의 형태를 지닌다. 그러나 인간의 형태를 유지하는 것이 장자에게 그다지 중요한 일은 아닌 것 같다. 『장자』에서 나비의 이미지가 열등한 것에서 우월한 것으로, 낡은 것에서 새 것으로, 추한 것에서 아름다운 것으로, 덜 발전된 것에서 더 발전된 것 등으로의 변화를 상징한다는 해석에 대해서는 Robert E. Allinson, *Chuang-Tzu for Spiritual Transformation: An Analysis of the Inner Chapters*(Albany: State University of New York Press, 1989), 제5장을 참조.

5. 인간의 특질: 시비와 호오의 질곡

그렇다면, 장자가 말하는 '인간의 특질'이란 정확히 무엇이며, 어째서 장자는 인간이 인간으로서의 특질을 탈피해야 한다고 말하는 것인가? 앞에서 살펴보았듯이 장자는 자신이 생각하는 이상적 인간이 "인간의 특질을 결여하고 있기에 시비 판단을 용납하지 않는다[无人之情, 故是非不得於身]"고 말하고, 또 "시비 판단이 곧 인간의 특질이며, 누군가에게 인간의 특질이 없다는 것은 그가 호오의 감정을 가지고 안으로 자기 자신을 다치게 하지 않고, 늘 자연스러움을 따르면서 삶에 무언가를 덧보태지 않음을 뜻한다[是非吾所謂情也. 吾所謂无情者, 言人之不以好惡內傷其身, 常因自然而不益生也]"고도 말한다.

장자에게 있어 시비 판단이 개념적으로 호오의 감정과 구별된다는 점은 앞에서 이미 확인하였으므로, 우리는 장자가 인간의 특질로 간주하는 시비 판단과 호오의 관계가 정확히 어떤 것인지 밝혀야 한다. 그래야만 우리는 장자가 어째서 인간의 특질을 버리라고 하는 것인지, 그리고 인간의 특질을 버리기 위해서는 정확히 무엇을 해야 하는지, 어떤 조건들이 요구되는지 등을 알 수 있을 것이다.

인간이 본성적으로 다양한 대상들에 대해 호오의 반응을 보이는 존재라는 생각은 고대 중국의 여러 문헌에서 확인된다. 예컨대 앞에서 인용한 『여씨춘추』 「적음」편 이외에도, 『순자(荀子)』 「정명(正名)」 및 『예기(禮記)』 「예운(禮運)」편에서는 각각 다음과 같이 말한다. "인간의 본성[性]이 좋아함, 싫어함, 기쁨, 분노, 슬픔, 즐거움[으로 발현된 것]을 감정[情]이라고 한다. […] 본성은 [인간이] 생래적으로 타고난 경향성이고, 감정은 [본성을 짐작케 하는] 바탕이 된다."[23] "무엇을 감정[情]이라고 하는가? 기쁨, 분노, 슬픔, 두려움, 사랑, 증오, 욕망—이 일곱 가지[를 경험하는 일]은 배우지 않고도 가능한 것이다."[24]

또 『예기』「악기(樂記)」편에서는 다음과 같이 말한다. "사람이 태어나면서부터 고요한 것은 하늘[로부터 부여받은] 본성이고, 외부의 대상에 반응하여 [사람의 마음이] 움직이는 것은 본성의 욕구[에 따른 것]이다. 외부의 대상이 지각의 범위 안에 들어오면 지각이 이를 감지하고, 그런 후에는 좋아함과 싫어함이 형성된다. 좋아함과 싫어함이 안에서 절제되지 못하고 지각이 밖으로 이끌렸는데도 자신을 [본래의 상태로] 돌이키지 못한다면, 하늘의 이치는 파괴되고 말 것이다."[25]

그러나 다양한 대상에 대한 호오의 반응은 인간뿐만 아니라 동물에게서도 발견된다. 따라서 호오만으로는 인간의 특질을 온전히 설명할 수 없다. 그럼에도 불구하고 장자가 인간의 특질 가운데 호오를 포함시킨 까닭은, 호오가 인간만의 특별한 활동인 시비 판단과 다양한 방식으로 결합하여 인간의 삶에 부정적인 영향을 끼칠 수 있다고 생각했기 때문일 것이다. 호오가 인간의 시비 판단과 부정적인 방식으로 결합하는 첫 번째 양태는, 앞서 살펴본 조삼모사의 우화에서처럼 사태의 진상을 반영하지 못하는 그릇된 호오가 특정한 대상을 좋은 것으로, 혹은 나쁜 것으로 잘못 판단하

23   『荀子』「正名」. 李滌生, 『荀子集釋』(臺北: 學生書局, 1979), 506쪽, 529쪽.

24   『禮記』「禮運」. 孫希旦, 『禮記集解』(北京: 中華書局, 1995), 606쪽.

25   『禮記』「樂記」. 孫希旦, 『禮記集解』, 984쪽. 이와 매우 유사한 구절이 『회남자(淮南子)』「원도훈(原道訓)」에도 보인다. 何寧, 『淮南子集釋』(北京: 中華書局, 1998), 24쪽.

게 함으로써 인간을 그릇된 행위로 이끄는 것이다.

「대종사(大宗師)」편에는 도를 깨달아 생사(生死)를 초월한 네 명의 벗 이야기가 나오는데, 그들 중 한 명인 자래(子來)가 병이 들어 죽게 되자 그의 가족들이 슬퍼서 눈물을 흘렸다는 이야기도 어떻게 그릇된 호오가 잘못된 판단과 행위로 이어질 수 있는지를 보여준다.[26] 인간은 대체로 자신뿐 아니라 자기가 사랑하는 이들도 행복하게 오래 살길 바라는데, 이러한 욕구는 사랑하는 이들이 예컨대 병으로 고통스럽게 죽어가는 것을 나쁜 일이라고 여기는 가치 평가와 밀접히 연관되어 있고, 또 이는 많은 경우 그러한 가치 평가가 옳다[是]는 믿음을 자연스럽게 동반한다. 나아가 조삼모사의 우화에서와 같이, 사랑하는 이들이 불행을 겪고 있다는 생각은 인간을 깊은 슬픔으로 몰아넣어 자신의 내면을 해칠 뿐 아니라, 인위적인 제도와 예식을 통해 주변인들까지 도(道)로부터 멀어지게 만든다.

호오가 인간의 시비 판단과 부정적인 방식으로 결합하는 두 번째 양태는, 인간이 내린 온전치 못한 판단이 그 판단을 내린 사람의 자의식(自意識)이나 자기애(自己愛)와 결합하여 특별한 종류의 애착과 고집, 미움 등을 형성하는 것이다. 「제물론」편의 다음 구절을 보자.

옛사람은 그 지혜가 지극한 바가 있었다. 어떤 점에서 지극했는가? 일찍이 아무것도 존재하지 않았다고 여기는 자가 있었으니, [그의 지혜는] 지극하고 완전해서 더 보탤 것이 없었다. 그다음 단계[의 사람]은 무언가가 있긴 하지

---

26   『莊子』「大宗師」, 郭慶藩, 『莊子集釋』, 258~261쪽.

만, 일찍이 [이쪽과 저쪽의] 경계는 있지 않았다고 여겼다. 그다음 단계[의 사람]은 [이쪽과 저쪽의] 경계가 있긴 하지만, 일찍이 옳고 그름[의 구분]은 있지 않았다고 여겼다. 옳고 그름의 드러남은 도가 훼손되는 이유이고, 도가 훼손되는 이유 [즉 옳고 그름의 드러남]은 [곧] 애착이 형성되는 이유이다.[27]

상당히 어려운 구절이긴 하나, 그 대의는 사물을 이쪽[此]과 저쪽[彼]으로 자의적으로 구획 짓지 말고, 나아가 '이쪽', 즉 자기에게 익숙하거나 그럴듯해 보이는 것들을 옳은 것[是]으로 받아들이고 '저쪽', 즉 자기에게 생소하거나 잘못되어 보이는 것들을 그른 것[非]으로 배척하지 말라는 뜻으로 보인다.[28] 왜 그래선 안 되는가?

[모든] 사물엔 진실로 그렇다고 여길 만한 [점]이 있고, [또] 진실로 긍정할 만한 [점]이 있다. 그렇다고 여길 만한 [점]이 없거나, 긍정할 만한 [점]이 없는 사물은 없는 것이다. 그러므로 이 [뜻을 밝히기] 위해 [작은] 풀줄기와 [큰] 기둥, 문둥이와 서시를 [예로] 들어보자. [이뿐만 아니라 나아가] 매우 큰 것, 돌연변이, 사기꾼, 괴상한 것[에 이르기까지] 도는 [이것들을 모두] 통하게 하여 하나로 여긴다. 분화는 [보는 관점에 따라] 형성이기도 하고, 형성은 [보는 관점에 따라] 훼손이기도 하다. [하지만] 모든 사물은 생성된 것이든 훼손된 것이든 [할 것] 없이, 다시 통해서 하나가 된다. 오직 깨달은 사람만이 [만물

---

27   『莊子』「齊物論」. 郭慶藩, 『莊子集釋』, 74쪽.
28   여기서 '사물(物)'은 현대적 의미의 사물(objects) 및 다른 인간, 그리고 다양한 의견이나 교설 등을 모두 포함한다.

을] 통하게 하여 하나로 여길 줄 아니, 이런 까닭에 [그는 사람들의 상대적 기준을] 쓰지 않고 그것 [즉 자신의 판단을] 변치 않는 것에 의지하게 한다.²⁹

즉 모든 사물엔 사태에 부합하는 특정한 속성들이 있고(예컨대 풀줄기는 상대적으로 작고 가늘며 잘 휘어지고, 기둥은 크고 굵으며 튼튼하다), 이러한 속성들은 인간의 필요나 목표, 선호 등에 따라 긍정적으로 취할 만한 점이 있다(예컨대 풀줄기로는 광주리를 만들 수 있고, 기둥으로는 건물을 지지할 수 있다). 이러한 점에서 사물들은 모두 하나이며, 인간의 자의적 기준에 따라 특정한 사물들을 못생긴 것, 쓸모없는 것 등으로 분류하여 배척하는 것은 잘못된 일이다. 장자에 따르면 옳고 그름이 드러나는 순간, 즉 사물들을 제한된 관점에서 평가하고, 자신의 평가는 옳으며 남의 의견은 그르다고 배척하는 순간 자신의 견해에 대한 애착과 고집, 자신의 생각에 반대하는 상대에 대한 미움이 생겨난다. 이는 상호적인 것이며, 끝없는 시비 논쟁 속에서 사람들은 서로 반목하며 돌이킬 수 없는 죽음을 향해 하루하루 시들어간다. 이 점은 「제물론」편의 다음 구절에 잘 묘사되어 있다.

큰 지혜는 너그럽고 여유가 있으나, 작은 지혜는 구분하고 나눈다. 훌륭한 말은 담담하지만, 보잘것없는 말은 수다스럽다. 잠잘 때는 혼이 이리저리 쏘다니고, 깨어나면 몸이 열려 접촉하는 이들과 얽혀서 날마다 마음으로 싸운

---

29   『莊子』「齊物論」. 郭慶藩, 『莊子集釋』, 69~70쪽. '寓諸庸'의 의미에 대해서는 여러 견해가 분분하나, 이 글의 논의와 큰 관련은 없으므로 여기에선 다루지 않는다.

다. [어떨 때는] 늘어지고, [어떨 때는] 음흉하며, [어떨 때는] 치밀하다. 작은 두려움엔 벌벌 떨지만, 큰 두려움엔 넋이 나가버린다. 그것 [즉 마음]이 발출될 때 마치 쇠뇌나 활[을 쏘듯] 한다는 것은, 그것이 시비를 가리려 함을 말하는 것이다. 그것이 맹세를 하듯이 굳건하다는 것은, 그것이 기필코 이기려 함을 말하는 것이다. 그것이 시들어감이 마치 가을이나 겨울과 같다는 것은, 그 것이 날로 쇠퇴해감을 말하는 것이다. 그것이 자신이 하는 바에 빠지면, 그것 [의 예전 모습]을 다시 회복하게 할 수 없다. 그것이 [욕망에] 빠져들 때 마치 [물건을] 봉하는 것 같다는 것은, 그것이 늙을수록 더함을 말하는 것이다. 죽음에 가까워진 마음은 아무도 다시 살려낼 수 없다.[30]

호오가 인간의 시비 판단과 부정적인 방식으로 결합하는 세 번째 양태는, 앞의 두 가지가 미묘하게 착종된 형태라고 할 수 있다. 유명한 「인간세(人間世)」편 심재(心齋) 이야기에서, 자신의 뛰어난 학문과 수양을 바탕으로 폭군인·위나라 군주를 교화시키려 하는 제자 안회에게 공자는 다음과 같이 경고한다.

너는 덕이 유실되고 지혜가 생겨나는 까닭을 아느냐? 덕은 명예에 의해 유실되고, 지혜는 싸움에서 생겨난다. 명예란 서로 불화하게 [하고], 지혜란 [서로] 다투는 도구이다. [이] 두 가지는 흉기이니, [자신의] 품행을 빼어나게 할수 있는 수단이 아니다. 또한 [네가] 덕이 두텁고 신의가 굳어도 [위나라 군주

---

30   『莊子』「齊物論」. 郭慶藩, 『莊子集釋』, 51쪽.

가 그러한] 남의 기운을 헤아리지 못하고, 또 [네게] 자자한 명성으로 [남과] 다투려는 마음이 없어도 [위나라 군주가 그러한] 남의 마음을 헤아리지 못하는데, 억지로 인의법도의 말을 흉포한 자 앞에서 읊어댄다면 이는 남의 악함을 가지고 자신의 미덕을 뽐내는 꼴이니, 그런 것을 일컬어 [남에게] 재앙을 끼치는 [행위]라고 한다. 남에게 재앙을 끼치면 남도 반드시 그에게 재앙을 돌려줄 것이니, 너는 아마도 남에게서 재앙을 받게 될 것이다!³¹

장자에 의하면 아무리 훌륭한 덕을 쌓아도, 혹은 덕을 쌓으면 쌓을수록, 그 덕에 따르는 명예 때문에 덕을 잃어버리고 몸까지 망칠 가능성은 오히려 커진다. '유덕하다', '의롭다'는 등의 세간의 평판이 어느 정도 명실상부한 것일 경우 (즉 그러한 칭송을 들을 만한 유덕함이 실제로 자신에게 있을 경우), 인간은 그렇지 못한 상대에게 우월감을 느끼며 자만심으로 부풀어 오른다. 또 이러한 명성으로 남과 다툴 마음이 없더라도 실제 행동은 그렇지 않다면, 우리는 그가 정말로 '유덕하다'는 명성에 관심이 없는지, 자신을 속이고 있지는 않은지 의심하게 된다. 이러한 사람은 공자가 예견하듯이 결국 자신의 도덕적 우월함을 뽐내다가 유력자의 미움을 사 불행한 최후를 맞이하게 되는데, 이는 진실로 추구할 만하지 않은 대상을 좋은 것, 가치 있는 것으로 보는 잘못된 평가가 그 대상에 대한 욕구를 부추기고, 한편으로는 자신과 남을 구분하는 자의식, 좋은 것을 남보다 더 많이 가지려는 자기애, 유덕함을 지닌 자신이 옳은[是] 길을 가고 있다는 확신, 그리고 자신이 남

---

31   『莊子』「人間世」. 郭慶藩, 『莊子集釋』, 135~136쪽.

보다 더 훌륭하다는 우월감 등이 종합적으로 작용하여 인간을 불행에 빠뜨리는 경우이다.

6. 속박에서 벗어나는 길

이렇게 인간의 호오와 시비 판단이 다양한 양태로 결합하여 형성하는 심리적 질곡으로부터 벗어난 상태를 장자는 현해(縣解), 즉 '속박에서 풀려남'이라고 부른다. 앞에서 언급한 네 명의 벗 이야기에서, 자여가 병이 들어 온몸이 심하게 뒤틀리자 자사가 문병을 오고, 이어서 두 사람은 다음과 같은 대화를 나눈다.

자사가 말했다. "자네는 [자네의 몸이] 그렇게 [된 것이] 싫은가?" [자여가] 말했다. "아닐세! 내가 어찌 싫어하겠는가! [조물자가] 만일 내 왼팔을 점차로 변화시켜 닭이 되게 한다면 나는 그 김에 밤 시간을 알려 할 것이고, [조물자가] 만일 내 오른팔을 점차로 변화시켜 탄환이 되게 한다면 나는 그 김에 올빼미 구이를 구할 것이네. [또 그가] 만일 내 엉덩이를 점차로 변화시켜 수레바퀴가 되게 하고 내 정신을 말이 되게 한다면, 나는 그 김에 그것을 타고 [다닐] 것이니, 어찌 [다시] 탈 것을 바꾸겠는가! 또 [생명을] 얻음은 때[를 만나서]이고 [생명을] 잃음은 [순리에] 따르는 것이니, 때를 편안히 여기고 순리대로 처신하면 슬픔과 기쁨이 침범하지 못하네. 이것이 옛날의 이른바 '속박에서 풀려남'이라고 하는 것이니, 스스로 풀지 못하는 자는 외물이 그를 얽어매고 있어서일세. 그리고 저 사물들이 자연을 이기지 못함이 오래되었는데, 내가 또 무엇을 싫어하겠는가!"[32]

성현영(成玄英)이 정확히 지적했듯이, 자여가 기쁨과 슬픔의 침범을
받아 내상(內傷)을 입지 않을 수 있었던 까닭은 그가 삶을 좋아하고[欣生]
죽음을 싫어하는[惡死] 일반인들의 정서적 태도를 공유하고 있지 않았기
때문이다.[33] 또 앞서 살펴보았듯이 대중들의 삶에 대한 욕구와 죽음에 대
한 혐오는 각각 삶은 좋은 것이고 죽음은 나쁜 것이라는 가치 평가와 밀접
히 연관되므로, 자여가 삶에 집착하지 않고 죽음을 혐오하지도 않은 까닭
은 그의 삶과 죽음에 대한 가치 평가가 대중들과는 달랐기 때문이라고 할
수 있다. 즉 인간은 사태에 대한 올바른 이해를 통해, 자신의 관점을 왜곡시
키는 잘못된 호오 및 그로부터 파생되는 부적절한 감정들, 그리고 이러한
감정들이 유발하는 어리석은 행위들로부터 해방될 수 있다는 것이다.

현해, 즉 속박에서 풀려나기 위한 두 번째 조건은 자기를 잊는 것[忘
我]이다. 앞에서 살펴보았듯이 인간은 사물을 자의적으로 구획지어 자신에
게 가깝고 익숙한 것만을 옳은 것이라 보고 나머지 것들은 배척하며, 작은
지혜나 약간의 덕행만으로도 우쭐해하며 남을 멸시하고, 또 훌륭하다는
명성을 얻기 위해 남들과 끊임없이 다툰다는 것이 장자의 생각이다. 이렇
게 자기와 남을 구분하는 자의식, 자신의 견해에 대한 애착과 고집 및 (다른
의견을 지닌) 상대에 대한 반감, 자신의 '훌륭함'에 대한 도취와 '열등한' 상
대에 대한 멸시, 자신보다 뛰어난 이에 대한 시기와 질투 등은 모두 '자아

---

32   『莊子』「大宗師」. 郭慶藩, 『莊子集釋』, 260쪽.
33   郭慶藩, 『莊子集釋』, 261쪽.

[我]'의 관념에서 생겨난다. 장자가 불교에서처럼 이러한 관념이 허상이라고까지 여겼는지는 확실치 않으나, 「제물론」의 첫머리에서 남곽자기(南郭子綦)가 "나는 나를 잃어버렸다[吾喪我]"고 말한 대목,[34] 앞에서 부분적으로 인용한 「인간세」편의 심재(心齋) 이야기에서 안회가 마음의 재계를 통해 도달한 자신을 잊은 경지,[35] 또 「소요유(逍遙遊)」편에 보이는 "지극한 경지에 다다른 인간은 자기가 없다[至人无己]"는 말[36] 등은 모두 자아 관념 및 그로부터 생겨나는 잘못된 감정과 행위들이 인간의 특질[情]로서 탈피해야 할 것들임을 말하고 있다.

7. 맺음말

지금까지 우리는 『장자』 「덕충부」편에 보이는 '정(情)'자를 감정으로 해석하는 입장의 문제점들을 살펴보고, 「덕충부」편의 '정(情)'자는 '감정'으로 번역하기보다 시비 판단과 호오의 감정을 핵심적 내용으로 하는 인간의 '특질'로 보는 것이 더 적절하다는 점을 확인하였다. 시비 판단은 말 그대로 자신 또는 다른 이의 생각이나 관점, 이론 등이 옳은지 그른지를 판단하는 것으로, 호오나 희로애락과 같은 감정들과는 개념적으로 구별된다.

그러나 장자가 바라본 인간은 조삼모사 우화에 보이는 원숭이들과 마

---

34   『莊子』「齊物論」. 郭慶藩, 『莊子集釋』, 43~45쪽.
35   『莊子』「大宗師」. 郭慶藩, 『莊子集釋』, 147~148쪽.
36   郭慶藩, 『莊子集釋』, 17쪽.

찬가지로 사태의 진상을 반영하지 못하는 부적절한 호오를 바탕으로 그릇된 판단과 정서적 반응을 보이는 존재이며, 또 자의식과 자기애를 바탕으로 자신의 의견에 애착과 고집을 형성하고 다른 의견을 지닌 상대에게는 반감을 품는, 그리고 나아가 자신의 작은 지혜나 덕행에 자만하여 남들을 멸시하고 자신보다 뛰어난 이에게는 시기와 질투를 일삼는 존재이다.

「덕충부」편에서 장자는 이러한 인간의 '특질'을 탈각한 성인(聖人)의 가능성을 말하는데, 이러한 인간은 사태에 대한 올바른 이해 혹은 도(道)에 대한 깨달음을 통해 부적절한 호오 및 그로부터 파생되는 다른 감정들로부터 해방된 자이며, 또 왜곡된 자기애와 자만심, 남들에 대한 시기와 질투 등의 궁극적 뿌리인 자아의 관념에서도 벗어난 자이다.

김명석

연세대학교 철학과 교수. 서울대학교 철학과에서 학부 및 석사과정을 마치고, 미국 미시간대학교에서 철학석사 및 박사학위(중국 철학)를 취득하였다. 한국동양철학회 총무이사를 역임하였고, 동양 철학 분야 국제 학술지 *Dao: A Journal of Comparative Philosophy*의 편집위원을 맡고 있다. 인간의 바람직한 삶과 관련하여 감정이 지니는 의미와 역할을 탐구하고 있으며, 최근 논문으로 "Moral Extension and Emotional Cultivation in Mengzi", *Dao* 21, no. 3 (September 2022); 「不動心 획득을 위한 孟子의 심리적 메커니즘에 관한 고찰: 『孟子』「浩然之氣章」의 용기에 대한 논의를 중심으로」, 《동양철학》 제55집(한국동양철학회, 2021. 7) 등이 있다.

선한 행위는 복을 받는가?:
왕충의 무위자연론과 숙명론[1]

양일모(서울대학교 자율전공학부 교수)

1. 적선지가 필유여경?

사람들은 대체로 오래 살고 부자가 되고 높은 자리를 차지하고자 한
다. 오늘날은 장생불사를 위해 과학기술을 동원하고 부귀영화를 찾아 권
모술수를 마다하지 않는 세상이다. 수명을 늘릴 수 있다는 선전과 부귀를
누리기 위한 책략은 인류 역사상 끊임없이 이어져 왔다. 이와 더불어 착하
게 살아가면 복을 누릴 수 있다는 주장이 유가의 텍스트 속에서 오랫동안
통용되어왔다. "적선지가, 필유여경(積善之家, 必有餘慶)"이 대표적 사례이
다. 이 표어는 선행을 쌓은 집안에는 후손에게 더 많은 복이 온다는 뜻이
다.(『주역』 곤괘 「문언전」) 선한 행위에 보상이 따른다는 것을 전하고 있지만,

---

1   이 글은 2017년 성균관대학교 동양철학·문화연구소/유교문화연구소가 주최
     한 학술대회에서 발표한 「무위자연론에서 인간의 위치」를 토대로 대폭 수정한
     것이다.

작은 잘못이라도 점차 누적되면 더 큰 잘못으로 이어질 수 있으므로 곤괘의 미약한 단계에서 경계해야 한다는 의미였다. 『사자소학』과 같은 어린이를 위한 교과서에서는 이러한 표현을 통해 윤리적 행위를 권장하였다. 조선시대에는 경복궁 앞에 적선방과 여경방이라는 지명을 만들어 선행을 장려하는 사회적 장치를 만들었다.

"천도는 선한 행위를 하는 자에게 복을 주고 나쁜 행위를 하는 자에게 재앙을 내린다[福善禍淫]"(『서경』 「탕고」)는 구절 역시 유가에서 오랫동안 전해진 텍스트이다. 이러한 주장은 사람들에게 선한 행위를 권장하는 동기를 마련해주는 구호가 될 수 있다. 그렇지만, 보상을 바라면서 선한 행위를 한다는 것은 선한 행위 그 자체의 의미가 감소될 수 있다는 점에서 윤리학적 난제를 안고 있다. 또 다른 문제는 윤리적 행위에 대해 응당한 보상이나 처벌이 주어져야 한다는 것이 사람들의 희망에 불과하다는 것이다. 이러한 희망이 어떻게 정당화될 수 있는가 하는 문제도 있지만, 더 중요한 것은 이러한 주장이 실현 가능한지 증명하기 어렵다는 것이다. 문학 작품에서는 허구의 형식으로 권선징악을 소재로 삼는다. 착한 주인공은 파란만장한 과정을 거치더라도 결국 나쁜 사람을 물리치고 행복한 결말을 맞이한다는 허구의 세계를 구성한다.

사람들은 일상적으로 윤리적 행위에는 그에 비례해서 적절한 보상이나 처벌이 따라야 한다는 직관적인 믿음을 갖고 살아간다. 착한 주인공이 복을 받는 것은 당연한 일이라고 생각하며, 만일 나쁜 자가 성공하게 되면, 사람들은 그에게 "천벌을 받을 것이다"라고 저주하면서 위안으로 삼는다. 이러한 위안이 성립하기 위해서는 행위에 대한 응분의 보상과 처벌을 보증하는 어떤 장치가 필요하다. 이러한 장치로서 전지전능한 신을 상정하는 것은 종교의 영역이다. 절대적 존재로서 신을 상정하지 않았던 중국이나 한국에서는 나쁜 사람을 골라서 처벌할 수 있는 능력을 지닌 장치로 '천(天)'을 상정하였고, 천벌을 내리는 주체가 바로 이러한 의미의 천이었다. 만일 천이 그러한 능력을 갖고 있지 않거나, 능력을 갖고 있더라도 판단을 잘못한다면, 복선화음의 주장은 타당성을 잃게 된다. 그래서 『명심보감』과 같이 유가의 주장을 요약한 텍스트에서는 천의 능력을 계속해서 이야기한다. 즉 "착한 일을 하는 사람에게는 하늘이 복으로 갚아주고, 착하지 않은 일을 하는 사람에게는 하늘이 재앙으로 갚는다"(「계선편」)는 공자의 —『공자가어』의— 말이 첫 번째로 등장한다.

공자와 맹자를 중심으로 하는 원시 유가에서는 천이 선행과 그에 대한 보상을 보증하는 도덕적 장치로써 기능했다. 그렇지만 선한 행위에 복을 준다는 의미로 작동하는 도덕적 천 개념의 정당성은 시대적 변화와 더불어 점차 약화되어 갔다. 한나라 시대의 역사가 사마천은 역사적 기록을 통해 선한 행위에 복이 따른다는 주장을 입증하기는 어렵다고 주장했다. 그는 제왕의 지위를 계승하지 않고 수양산에 들어간 백이와 숙제가 선한 사람이었음에도 불구하고 굶어 죽었고 공자가 가장 아끼던 제자 안연은 지극히 가난하게 살다가 젊은 나이에 죽었고, 반면에 포악한 행동을 일삼았던 도척은 오래 살았다는 등의 역사적 사례를 들어가면서 천/천도의 역할에 의문을 제기했다. 따라서 그는 "천도는 공평하며 언제나 선한 사람을 돕는다"는 『노자』(79장)의 주장을 비판하면서 "천도는 옳은가 그른가"(『사기』「백이열전」) 하는 윤리적 고민을 토로했다. 전국 시대 제자백가들이 제시한 도덕성의 근원으로서 천/천도 개념은 일상적 경험과 어긋나는 경우가 적지 않았고, 결국 윤리적 행위의 정당화 작업은 새로운 논리를 요청하지 않을 수 없었다.

중국 철학사에서 이러한 문제는 천, 명(命), 혹은 천명(天命) 등의 개념을 통해 전개되었으며, 인간의 본성[性]에 관한 논의와 밀접하게 관련하여 다양하게 논의되었다. 이 글은 비판적 철학자이며 동시에 숙명론자로 평가되기도 하는 후한 시대의 사상가인 왕충의 『논형』에 나타난 주장을 중심으로 선한 행위와 그에 대한 보상과 관련된 문제를 논의해보고자 한다. 왕충을 설정한 까닭은 그가 지적 능력과 사회적 성공의 상관성, 도덕적 행위와 그에 대한 보상 사이의 연관성을 기본적으로 인정하지 않고, 선진 시대와 전한 시대 학자들의 주장을 비판하면서 새로운 주장을 제시하기 때문이다. 심지어 그는 사람의 빈천과 부귀, 생사와 수요(壽夭)가 태어날 때부터 정해져 있다는 숙명론적인 색채를 띠는 주장도 하고 있어, 허망을 비판하고 진실을 추구한다고 자부한 사상가로서의 관점과 어긋나는 면모를 보이기도 한다. 따라서 이글은 선한 행위와 그에 대한 보상이라는 문제를 중심으로 왕충의 사상을 정합적으로 이해해보고자 한다.

2. 잡가의 진리관

중국 사상은 대체로 유가 혹은 도가 등으로 크게 분류할 수 있다. 『논형』은 중국에서 『수서』 「경적지」 이래로 도서 분류에서 줄곧 유가 혹은 도가가 아니라 잡가로 분류되었다. 『한서』 「예문지」에서 잡가는 "유가와 묵가를 겸하고 명가와 법가를 합한 것으로서 국가 통치의 근본이 이들 유파의 종합에 있다는 것을 알고 제왕의 통치는 이들 유파를 관통하는 것이라고 본다. 이 점이 잡가의 장점이지만, 바르지 못한 자가 잡가를 취하면 산만하고 중심이 없게 된다"라고 설명했다. 왕충 역시 공자와 맹자, 한비자를 비판하면서 이들의 영향을 받고 있으며, 도가 사상으로부터의 영향 또한 적지 않다. 『논형』이 "잘못을 고치고 속설을 비판하는 것"(『사고전서총목제요』 권120)을 목표로 여러 학파의 주장을 비판하면서 진리를 추구하고 있는 것은 장점이라고 할 수 있지만, 내용이 산만하고 복잡하다는 비판으로부터도 자유롭지 않다.

왕충은 "참과 거짓의 기준을 밝히기 위해"(「대작」)[2] 『논형』을 저술하였으며, 이 책의 내용은 한마디로 말하면 "거짓을 비판하는 것"(「일문」)이라고 말했다. 따라서 그는 "이해할 수 없는 문제가 있다면 공자를 추궁한다고 해서 어찌 도리를 손상하겠는가? 성인의 학업을 전할 수 있는 지식이 있다면 공자의 주장을 논박하는 것이 어찌 이치에 어긋나겠는가?"(「문공」)라고 하면서 공자에게 질문했다. 맹자에 대해서는 언행이 일관되지 못하며 변변치 못한 속유와 다르지 않다고 평가하면서 신랄하게 비판했다. 인성론에서는 맹자와 순자의 주장이 일면적이라고 비판하면서 성유선유악론을 제시하였다. 그렇다고 해서 그가 유가를 비판한 것만은 아니었다. 오히려 그는 공자를 재능이 가장 뛰어났다고 평가하면서 "본받을 만한 사람으로서 공자만한 사람이 없다"(「자기」)라고 말했다. 그는 공자가 후대에 이르러 왜곡되고 심지어 신격화된 점을 비평하면서 공자의 참된 가르침을 계승하고자 했다. 따라서 그는 여러 경전을 두루 공부하고 국가 경륜을 위한 문장을 쓸 수 있

---

2   이하 『논형』의 인용은 黃暉 撰, 『論衡校釋』(中華書局, 1990)에 의거하며, 편명만 밝힌다.

는 훌륭한 유학자, 즉 홍유(鴻儒)를 이상적 인간으로 제시했다.

유가뿐만 아니라 제자백가에 대해서도 왕충은 비판적이었다. 묵자는 유가의 천명론을 비판하면서 인간의 주관적 능동성을 강조하였고, 유가의 장례 의식이 소비적이라고 비판하면서 검소한 장례를 주장하였다. 왕충은 묵자의 천명 부정을 비판하면서 또 다른 천/명론을 주장하였고, 묵자의 검소한 장례는 수용하면서도 박장(薄葬)과 귀신에 관한 그의 논의가 양립할 수 없다고 비판했다.(「박장」) 한비자는 유생을 국가의 통치에 도움이 되지 않는 좀벌레라고 비판했지만, 왕충은 한비자의 법치론을 수용하면서도 한비자가 유생과 예의의 역할을 이해하지 못했다고 비판했다.(「비한」) 공손룡의 논리학은 국가 통치에 도움이 되는 내용이 없고, 추연의 음양오행설은 경험적으로 논증되지 않는다고 비판하였다.(「안서」) 도교가 주장하는 방술과 장생불사는 인정하지 않았고,(「도허」) 도가에 대해서는 경험적 논증이 부족한 점을 지적하면서도 무위와 자연 개념을 수용하여 자신의 이론적 토대로 삼았다.(「자연」)

왕충이 제자백가에 대해 전반적으로 비판을 시도한 것은 결국 자신이 살고 있는 시대를 비판하기 위한 것이었다. 진시황이 구축한 법가적 정치 체제가 무너지고 한대에 이르러 유가적 사회 질서가 확립되었지만, 황제의 독존적 지위는 유가의 이론으로 재무장되었다. 동중서는 『춘추공양전』의 대일통(大一統)을 바탕으로 절대군주의 권력을 지지하면서, 한편으로 천인감응설과 재이설을 통해 군주권에 대한 견제를 시도하였다. 즉 자연의 재해와 이변은 국가의 정치적 실책에 의해 발생하는 것이며, 이는 군주에게 정치적 반성의 기회를 부여하는 하늘의 뜻이라는 이론이다.(『춘추번로』「필인차지」) 이러한 주장은 후한 시대에도 이어졌으며 하늘은 인간을 주재하는 의지적 천으로 이해되었다. 왕충은 천인감응설이 "난세의 언어"(「자연」)이며, "무도한 군주나 어리석고 겁많은 백성을 교화하기 위해"(「견고」) 만들어진 잘못된 주장이라고 비판했다. 그는 자연과 무위 개념을 통해 의지적 천을 부정하면서 새로운 천인 관계를 설정하고자 하였다.

선진 시대로부터 한대에 이르기까지 거의 모든 학파에 대해 비판적 태도를 지녔던 왕충이 스스로 잡가를 표방한 것은 아니었다. 잡가와 같은 분류는 한대 학자들의 분류 용어일 뿐이다. 왕충에 대한 평가는 잡가의 관점이 아니라 그가 제시한 다층적인 논의를 체계적으로 분석하면서 진행되어야 할 것이다. 그는 『논형』이 "공평한 논의"(「자기」)의 산물이라고 주장하면서, 제자백가와 그가 살았던 시대의 사상이 지닌 문제점을 적출하면서 참과 거짓을 구별하는 논의를 전개하고자 하였다. 그가 비판한 내용은 여러 방면에 걸쳐 있지만, 그중에서도 개인의 지적·도덕적 능력과 사회적 보상의 연관성을 주장하는 논의에 대한 비판은 『논형』의 기본 선율을 이루고 있다.

공자는 명(命)을 말했고 맹자는 천(天)을 말했다. 길흉과 안위는 사람에게 달린 것이 아니다. 옛사람은 이를 알고 명으로 돌리고 때[時]에 맡겨 편안한 마음으로 원망하지 않았다. 복이 와도 내가 받은 것으로 여기지 않고 재앙이 닥쳐도 나로 인한 것으로 여기지 않았다. 벼슬에 나가게 되었을 때도 의기양양하지 않았고, 물러날 때도 심지가 상하지 않았다. [⋯] 편안과 위험을 같게 보고 죽고 사는 것을 하나로 보았으며, 길흉과 성패를 하나로 보았다.(「자기」)

중국 철학사에서 천/명은 고대로부터 사용되어온 주요 개념이었으며, 전국 시대의 제자백가는 이러한 개념에 대한 서로 다른 해석을 통해 각각 자연 세계와 인간 사회를 설명하고자 하였다. 공자는 인간의 행위를 감독하는 천을 말했고, 사람의 역량으로서는 어쩔 수 없는 명을 인정했고, 나이 오십에는 천명을 알았다고 주장했다. 맹자 또한 공자의 사상을 이어받아 도덕성의 근원으로서 천을 말했고, 결과를 예측하기 어려운 명을 인정했고, 타고난 마음을 보존하고 선한 본성을 길러가는 것이 하늘을 섬기는 일이요[事天] 죽는 날까지 수신하면서 살아가는 것이 명에 따라 올바르게 살아가는 것[立命]이라고 주장했다. 왕충이 천/명과 관련된 공자와 맹자의 언설을 인용하면서 이러한 논의를 심화시켜 간 점에서는 유가의 전통을 이어받았다고 할 수 있다. 그렇지만 그는 공자와 맹자의 주장이 철저하지 못한 점을 비판하고, 한편으로는 유가의 명론을 정면에서 비판한 묵자의 비명론(非命論)도 비판하면서 독자적인 천/명론을 제기하였다.

사마담의 6가 분류나 유향의 10가 분류는 유가, 묵가, 법가, 도가 등의 분류를 통해 춘추전국 시대에 활동했던 각 학파의 특징을 드러내는 방식이었다. 그렇지만 제자백가의 사상은 다른 학파에 대한 비판을 통해 형성되었으며 학파 상호 간의 영향 또한 적지 않았다. 전국 시대 후기에 활동한 순자는 공자를 따르고 있다고 스스로 밝혔지만, 그의 사상에는 이미 도가의 천 관념이 농후하다. 법가인 한비자는 유가의 계승자라고 할 수 있는 순자의 영향을 받았다. 진한 시대를 거치면서 중국의 사상은 다양하게 변하였고 학파 사이의 영향은 강화되었다. 따라서 한대 이후의 사상에 대해 기존의 제자백가 분류 방식으로 해석하는 것은 시대적 변화를 고려하지 않은 도식적인 방법이라고 할 수 있다. 더구나 후한 시대를 살아간 왕충의 사상 또한 유가와 도가와 같은 기존의 분류 체계로 분석하기에는 사상적 다양성에 대한 이해가 쉽지 않다. 그가 제시한 천/명에 관한 논의는 제자백가로부터 한대에 이르는 다양한 주장에 대한 비판을 통해 성립된 것이라고 할 수 있다. 따라서 그가 제시한 천/명론을 이해하기 위해서는 그가 비판한 기존의 천/명론과의 비교를 통한 분석이 필요하다.

3. 천/명을 둘러싼 유가와 묵가의 논쟁

'명'이라는 글자는 구(口)와 령(令)으로 이루어져 상급자가 하급자에게 명령을 내리고 하급자가 경청하는 모습을 나타낸다. 갑골문에서는 나타나지 않고 서주 시대부터 사용되기 시작하였으며, 상급자는 군주뿐만 아니라 전통적인 종교관에 토대를 둔 천으로 확장되어 천명 개념이 형성되었다. 은나라를 멸망시킨 주나라가 권력의 정당성을 확보하기 위해 유신을 주장하는 정치적 이데올로기, 즉 "주가 비록 오래된 나라이지만 새로운 명을 받았구나[周雖舊邦, 其命維新]"라는 시구는 세상을 주재하는 천명 관념의 탄생을 보여주고 있다. 천명은 국가의 운명에서부터 개인의 운명에 이르기까지 세상만사를 주재하는 절대적인 힘 혹은 법칙을 의미하게 되었다. 공자의 언술에서 지천명(知天命)이 잘 알려져 있지만, 『논어』에는 운명/숙명이라는 의미의 명 개념이 이미 등장하고 있다.

① 백우가 병이 들었다. 공자가 문병을 가서 창문으로부터 그의 손을 잡고 말했다. "이런 병에 걸릴 리가 없는데, 숙명이로구나. 이 사람에게 이런 병이 생기다니."(「옹야」)

② 애공이 제자 가운데 누가 학문을 좋아하는지 물었다. 공자는 "안회가 배우기를 좋아했는데, 분노를 다른 곳으로 옮기지 않았고 잘못을 반복하지 않았습니다. 불행하게도 단명에 죽었습니다. 지금은 아무도 없으니 배우기를 좋아하는 자가 있다는 것을 듣지 못했습니다"라고 대답했다.(「옹야」)

③ 사마우가 근심스럽게 "남들은 모두 형제가 있는데, 저만 없습니다"라고 말하자, 자하가 말했다. "내가 선생님에게 듣기로 생사는 명에 달려 있고, 부귀는 하늘에 달려 있다. 군자가 매사에 집중하여 과실이 없고, 남에게 공손하면서 예의를 갖추고 일을 하면 세상 모든 사람이 다 형제일 것이니, 군자가 어찌 형제 없는 것을 염려하겠는가?"라고 말했다.(「안연」)

공자는 덕행이 뛰어난 제자 염백우가 불치의 병에 걸려 어찌할 수 없게 되자 숙명이라고 말하면서 탄식했다. 공자의 탄식에는 아쉬움과 원망이 깔려 있었다. 가장 아끼던 제자 안연이 젊은 나이에 죽자 불행한 죽음에 슬퍼했다. 염백우의 죽음을 숙명으로 돌릴 때, 안연의 죽음에는 불행이라고밖에 설명할 수 없었다. 뛰어난 제자가 오래 살고 자신의 능력을 충분히 발휘할 수 있어야 한다는 것은 스승으로서는 당연한 바람이다. 공자는 이러한 당위적 주장이 현실에서 실현되지 않을 수 있다는 것을 경험했다. 자하가 공자에게 들었다는 "사생유명, 부귀재천"은 인간의 삶과 죽음뿐만 아니라 경제적 부와 정치적 권력에서도 당위적 주장이 언제나 성립하는 것은 아니라는 것을 말해주고 있다. 『논어』에는 인간의 수명이나 부귀영화와 같은 외재적인 것을 규율하는 운명이 있고, 또한 도덕의 근거로서 천명이 있다. 유가의 처세술이라 할 수 있는 "낙천지명 고불우(樂天知命, 故不憂)"(『역경』「계사전」)는 개인의 도덕적 수양의 당위성과 현실적 운명의 우연성을 연결시키고자 하는 하나의 방법이었다.

선진 시대의 사상에서 천/명의 실재를 주장하는 유가의 주장에 정면으로 반론을 제기한 것은 묵자였다.

① 걸왕과 주왕 때에는 나라가 혼란스러웠고, 탕왕과 무왕 때에는 나라가 안정되었다. 천하가 안정된 것은 탕왕과 무왕의 노력 때문이며, 천하가 혼란에 빠진 것은 걸왕과 주왕이 잘못한 죄 때문이다. 그러므로 안위와 치란은 군주의 정치에 달려 있는 것이지 어찌 숙명이 있다고 하겠는가?(「비명 하」)

② 농부가 아침 일찍 나가고 저녁 늦게 돌아오며 농사일을 열심히 하고 게으름을 피우지 않는 것은 무슨 까닭인가? 열심히 하면 부유해지고 열심히 하지 않으면 가난해지고, 열심히 하면 배불리 먹고, 열심히 하지 않으면 굶기 때문에 게으름을 피울 수 없는 것이다.(「비명 하」)

③ 숙명이 있다는 주장을 따르게 되면, 위에 있는 정치가가 정사를 돌보지 않고 아래의 인민이 일을 하지 않게 된다. 정치가가 정사를 돌보지 않으면 형벌과 정치가 혼란해지고 인민이 일을 하지 않으면 재화가 부족해진다. (「비명 상」)

묵자는 공리주의 혹은 현실주의의 관점에서 숙명론을 부정하고자 했다. 그는 나라를 망친 걸왕과 주왕, 그리고 새 왕조를 창건한 은나라 탕왕과 주나라 무왕의 역성혁명을 사례로 들어 숙명론이 성립할 수 없다고 주장했다. 혁명이라는 개념은 유가가 고안한 작품이었다. 『주역』 혁괘에서는 "탕왕과 무왕의 혁명은 하늘에 따르고 인민에게 호응한 것이다"(「단전」)라고 했다. 그러나 묵자는 시대와 인민이 동일한 조건임에도 불구하고, 포악하고 부도덕한 통치자는 나라를 유지하지 못했고, 유덕하고 노력하는 정치가는 혼란에 빠진 나라를 구할 수 있었다는 점을 제시하면서 지도자의 역할을 강조했다. 유가는 국가의 안정과 혼란이 천명에 의해 결정되는 것이라고 주장했지만, 묵자는 정치의 성공 여부는 지도자의 노력에 달려 있다고 보았다. 마찬가지로 묵자는 농부의 사례를 들어 인간의 노동과 생산의 결과는 숙명의 문제가 아니라 투여한 노력의 문제라고 보았다. 그는 정치와 경제의 영역에서 인간의 의지와 결과 사이의 연관성이 인정되지 않는다면, 즉 노력에 비례하여 그 결과가 나타나지 않는다면, 정치가와 생산자가 모두 자신의 일을 소홀히 하게 되어 사회적 불안과 재화의 부족에 빠질 것이라고 진단하였으며, 노력과 보상이라는 당위의 규범을 파괴하는 숙명론이야말로 무용할 뿐만 아니라 폐기되어야 한다고 주장하였다.

유가가 천명을 인정한다고 해서, 정치가의 불성실과 생산자의 태만을 정당화한 것은 아니었다. 오히려 유가에서는 정치가의 성실과 생산자의 근면을 요청하였다. 걸왕과 주왕의 사례처럼, 포악하고 부도덕한 군주는 나라를 멸망에 이르게 한다는 것이 유가의 기본 원칙이었다. 왕조의 말기에 부도덕한 군주를 설정하고, 새 왕조의 창립을 도덕 군주의 역할로 상정하는 것이 유가의 도덕적 역사관이었다. "정치를 위해 필요한 것은 공정과 청렴이요 집안을 이루는 길은 검소와 근면이다"(『명심보감』「입교」)는 것이 유가의 강령이었다. 인간의 노력과 그 결과는 연관성이 있지만, 노력과 그에 대한 보상이 반드시 실현되지 않을 수 있으며, 유가에서는 이를 천명으로 규정하였다. 노력에 대한 보상이 주어지지 않았을 때도, 유가는 천명으로 돌리고 두려워하지 않는 의연한 태도를 유지한다. 묵자는 사람들에게 윤리적 행위를 권장하기 위한 장치로써 선한 행위에 대한 보상이 필요하다는 주장을 제시했지만, 보상을 위해 선행을 한다는 것은 기본적으로 유가의 윤리가 아니었다.

유가가 천명을 인정하는 점에서 낙천적이요 이상주의적이라고 할 수 있지만, 천명이 반드시 현실에서 구현된다고는 간주하지 않는 점에서, 그리고 도덕적인 사람이 반드시 부귀를 누리는 것이 아니라는 것을 인정하는 점에서는 현실적이다. 유가는 기본적으로 동기주의자이며 노력의 결과는 하늘에 맡긴다는 '진인사대천명'을 신조로 한다. 한편 묵자는 정치가의 성실과 생산자의 근면을 정당화하기 위해서 인간의 노력과 그 결과 사이의 연관성이 있어야 한다고 주장하면서 숙명론적 사고를 배제하고자 하였다. 노력에는 보상이 따라야 하고, 보상을 위해 노력한다는 것은 결과주의적 윤리관이며 현실주의적 사유이다. 현실주의적 관점에서 출발한 묵자는 유가의 천명론을 부정하면서 노력의 결과가 현실에서 당연히 보장되어야 한다는 당위적 주장을 제시하는 점에서 오히려 이상주의적이다. 결국 묵자는 서로 사랑하라는 겸애의 주장을 뒷받침하기 위해 종교적 제재라고 할 수 있는 하늘의 뜻[天志]을 요청하지 않을 수 없었다. 이처럼 천명론을 둘러싼 유가와 묵가의 논쟁은 서로 다른 주장을 제시하고 있지만, 다 같이 당위와 현실의 두 차원을 설명하고자 하고 있다.

4. 숙명과 우연

착한 사람은 복을 받아야 한다. 능력 있는 사람은 성공해야 한다. 사람들은 이러한 원칙이 관철될 때 희망이 있는 공정한 세상이라고 생각한다.

그렇지만 이러한 원칙이 현실 속에서 반드시 성립한다고 믿는 사람은 많지 않다. "적선지가, 필유여경"이라고 하지만 이때 '필(必)'자의 의미는 그러한 결과가 이루어지기를 기필한다는 희망을 나타내고 있다. 선한 행동과 이에 따른 보상은 필연적이라기보다는 반대의 결과도 초래될 수 있는 느슨한, 혹은 상관성이 성립하기 어려운 관계이다. 왕충은 좋은 세상의 조건이라고 할 수 있는 이러한 주장의 느슨함을 정면으로 파고들고 있다. 그는 『논형』 첫 편에서 개인의 지적·도덕적 능력과 개인의 사회적 성공 사이에는 필연적 상관관계가 성립하지 않는다고 주장했다.

> 품행으로 보면 항상 현자가 있지만 벼슬자리는 항상 주어지는 것이 아니다. 현자 혹은 현자가 아닌 것은 재질에 달려 있고, 벼슬자리가 주어지느냐 그렇지 않느냐 하는 것은 때가 있다. 현명함과 현명하지 않음은 재능이고, 등용되거나 안 되고는 때에 달려 있다. 재능이 뛰어나고 품행이 고결하다고 해서 반드시 존귀한 지위가 보장되지는 않는다. 능력이 보잘것없고 품행이 졸렬하다고 해서 반드시 비천해진다고 할 수도 없다. [⋯] 존귀한 자리에 있다고 해서 그가 반드시 현자인 것은 아니다. 군주를 잘 만났기 때문이다. 낮은 자리에 있더라도 그가 반드시 어리석은 자는 아니다. 군주를 잘못 만났기 때문이다.(「봉우」)

경험적 사실로부터 볼 때, 개인이 지닌 재능의 유무가 반드시 정치적 성공을 보장하는 것은 아니다. 높은 관직에 오른다는 것, 특히 왕충이 살았던 군주제 체제에서 군주의 뜻에 맞아 등용된다는 것은 개인의 능력만으로 이루어지는 것은 아니다. 그는 군주의 뜻에 맞아 등용되는 것을 '우(遇)'

로 설명하고 그렇지 못한 경우를 '불우(不遇)'라고 설명한다. 지적으로 우수하고 품행이 방정해도 때를 만나지 못하면 불운에 처할 수도 있다. 이 주장은 개인의 능력과 정치적 출세의 관계만을 설명할 뿐만 아니라, 역으로 고위 관직에 있다고 해서 반드시 지적·도덕적으로 우수하다는 평가가 성립할 수 없다는 측면까지 포함하고 있다. 그가 능력과 출세의 상관관계를 비판한 것은 정치적으로 출세한다는 것이 예측 가능하지 않다는 점이다. 그는 예측 가능한 일과 불가능한 일을 각각 '췌(揣)'와 '우(遇)'로 나누어 설명한다.(「봉우」) 봄에 씨앗을 뿌리고 가을에 수확하는 것은 예측 가능한 일이며, 길을 가다가 황금을 줍는 것은 예측 가능하지 않은 일이다. 전자는 두 사건 사이에 어느 정도 인과 관계를 설정할 수 있는 결정론에 속하지만, 후자는 그러한 관계가 성립하지 않는 우연에 속하는 일이다.

왕충은 이러한 논리를 정치의 영역에서 일상생활에까지 확대하여, 개인의 품성과 일상생활에서의 행/불행과는 연관성이 없다고 주장했다. 살아가면서 복을 받고 화를 당할 수가 있다. 이러한 사태의 발생에 대해, 그는 사람의 행동이 현명한가 어리석은 것인가 하는 개인의 지적·도덕적 능력과 관련이 없고 오로지 행운과 불행의 문제로 간주했다. 전쟁이나 재난에서 살아남거나 피해를 입는 것도 마찬가지로 행운과 불행의 문제로 간주했다.(「행우」) 그는 개인의 도덕적 품성과 사회적 행복 사이에 인과관계가 성립한다는 점을 부정하였고, 한 걸음 더 나아가 세상의 모든 일을 우연과 행운으로 설명하고자 하였다. 심지어 그는 인간의 탄생, 만물의 생성까지도 우연의 산물로 간주했다. 개인의 행위와 사회적 성공 사이의 관련성을 부정하면서, 정치적 성공, 재난으로부터의 안전 등 세상의 모든 일을 우연의 과정으로 설명하고자 했다.

하늘과 땅이 기를 합하여 인간은 우연히[偶] 스스로 생겨났다. 마치 부부가 기를 합하면, 자식이 저절로 생겨나는 것과 같다. 부부가 기를 합하는 것은 당시에 자식을 낳고자 한 것이 아니다. 정욕이 발동하여 기를 합한 것이고, 기가 합해져서 자식이 태어난 것이다. 부부가 의도적으로[故] 자식을 낳은 것이 아니라는 점으로부터 하늘이 의도적으로 사람을 만들지 않았다는 것을 알 수 있다. […] 하늘이 의도적으로 사람을 만들지 않았다고 한다면, 만물을 만드는 것 또한 의도적일 수 없다. 천기가 기를 합하면서 만물은 우연히 스스로 생겨난다. 땅을 갈고 김을 매고 씨를 뿌리는 것은 의도적 행위이다. 그것이 성장하고 열매를 맺는 것은 우연히 스스로 그러하게 된다. 어떻게 논증하겠는가. 만일 하늘이 의도적으로 만물을 생성하였다면, 서로 친애하도록 해야 할 것이며, 서로 해를 끼치도록 해서는 안 될 것이다.(「물세」)

그야말로 우연의 철학이다. 그렇지만 왕충이 세계를 전적으로 우연의 영역으로 설명한 것은 아니다. 그가 지적·도덕적 능력과 이에 대한 보상을 우연의 영역으로 설명한다고 해서, 자연의 세계에서 인과관계나 법칙적 질서를 부정하는 것은 아니다. 위의 인용문에서 주목할 점은 세계를 기의 운동으로 설명하고 있다는 점이다. 그는 세계가 기로 구성되어 있다는 일종의 기 철학의 관점에서 우연의 문제를 다루고자 했다. 세계는 양기와 음기로 구성되어 있으며, 양기와 음기의 교합으로 만물이 생성된다.(「자연」) 물론 기의 분화와 결합으로 세계를 설명하는 방식은 전국 시대 이래로 중국에서 오랫동안 유지되어왔으며, 우주와 인간의 발생을 설명하는 방식에서 왕충 또한 예외적 인물은 아니었다. 왕충이 기를 바탕으로 세계를 설명하는 다른 사상가와 다른 점은 자연의 질서를 넘어 사회적 영역에까지 기의 관점을 적용하고자 했다는 것이다.

세계를 기로 설명하는 방식에 따르면, 인간은 하늘로부터 기를 받아 사람이 되고, 동물과 식물 또한 마찬가지로 기를 받아 만들어진다. 사람과 다른 생물과의 종차는 기의 배합 정도의 차이에 불과하다. 인간과 동물, 심지어 사물은 기의 측면에서는 모두 동일하고, 이들의 구별은 기가 결합하는 과정에서 두터움과 얇음이라는 성질의 차이, 혹은 많고 적음이라는 양적인 차이에 불과하다. 인간의 지능과 성격의 차이 또한 기의 배합에 따라 결정된다. 날씨와 계절 등 자연의 운행 또한 기의 운동으로 설명된다. 자연의 질서와 인간의 특성을 기로 설명하는 점은 중국 철학의 역사에서 대체로 동일한 맥락이다. 왕충은 여기에서 한 걸음 더 나아가 사람의 귀천과 빈부 등 사회적 영역까지도 기의 관점에서 해석하고자 했다. 더구나 귀천과 빈부는 태어날 때 받은 기의 차이에 의해 결정된다는 것이다.(「행우」)

사물의 생성과 변화를 기의 집합과 분화로 설명하는 기의 철학은 세계를 어느 정도 법칙적으로 설명하고 있다. 물론 이 법칙은 근대 이후 자연과학의 법칙과는 비교하기 어려운 전근대적인 의미의 과학이겠지만, 비와 바람, 홍수와 가뭄, 일식과 월식 등의 자연계의 변화는 음기와 양기의 조합에 의해 결정되는 것으로 설명되었다. 왕충이 기의 관점에서 설명하는 자연의 질서 또한 어느 정도 결정론적이라 할 수 있다. 문제는 그가 자연의 영역뿐만 아니라 사회의 영역, 즉 우연이 작동하는 영역까지도 기의 관점에서 설명하고자 할 때 생겨나는 논리적 난점이다. 부귀와 빈천을 개인의 지적·도덕적 특성과 직접 연계시키는 것은 경험적으로 논증하기 어렵다는 점에서, 그는 부귀와 빈천을 우연의 영역으로 돌렸다. 부귀와 빈천 또한 부모로부터 기를 부여받을 때, 기의 배합 정도에 따라 결정된다는 것이다. 귀천과 빈부는 태어나면서부터 결정되었고, 어떤 사람이 부귀를 누리고 어떤 사람이 빈천에 처하게 되는 것은 우연의 영역으로 돌렸다.

왕충의 기 철학이 지니는 특징은 기가 운동하며, 그 운동은 자발적[气自为之]('자연」)이라는 것이다. 세계의 운행은 기의 운동성에 의해 자발적으로 전개되며, 이는 외부, 즉 하늘 또는 인간의 의도가 개입되지 않고 기계적으로 진행된다. 외부의 개입이라는 것은 어떤 목적이나 의도를 상정하는 것이므로, 기의 자발적 운행은 어떤 목적성도 지니고 있지 않다. 그는 하늘 혹은 만물이 스스로 운동하는 것을 '자연'이라고 하고, 기의 운동이 특별한 목적을 지니고 있지 않은 것을 '무위'라고 규정하였다.

> 하늘의 운행이 만물을 생성시키고자 한 것이 아니며, 만물이 스스로 생겨난 것이다. 이것이 자연이다. 기를 방출하는 것은 만물을 위해서가 아니며, 만물이 스스로 살아간다. 이것이 무위이다. 하늘을 자연과 무위라고 부르는 까닭은 무엇인가? 기는 담박하고 아무런 욕망이 없다. 작위도 없고 고의적인 사건도 일으키지 않는다.('자연」)

고대 유가의 텍스트에서 천은 인간 세계를 관할하는 주재적 능력을 지닌 것으로 설명되어왔으며, 도덕적 감시자의 역할을 도맡은 도덕적 천이기도 했다. 이러한 천의 주재성, 도덕성은 전한 시대 동중서의 체계화된 설명을 거쳐 후한 시대까지 이어져왔다. 왕충은 자연과 무위를 바탕으로 하는 기의 철학을 통해 천의 주재성과 도덕성을 부정한다. 그는 하늘이 인간을 위해 오곡백과를 만들어 먹게 했다는 동중서의 주장(『춘추번로』「구우」)을 비판하면서, 인간 세계에 미치는 하늘의 특별한 의도를 차단하고자 하였다. 나아가 그는 하늘이 통치자의 정치 행위에 개입할 수 있다는 동중서의 천인감응설과 재이설도 비판할 수 있었던 것이다.

왕충이 말하고 있는 무위와 자연은 전국 시대 도가 계열의 사상으로부터 받은 영향이라고 할 수 있다. 그는 무위자연의 개념을 사용하면서 세계의 무목적성을 강조하고 있으며, 기의 작용에 의해 만물이 생겨나는 과정에는 인간의 의지와 관련 없는 어떤 법칙이 있다고 보았다. 인간과 동물은 다 같이 하늘로부터 기를 받을 때 기의 두터움과 얇음의 차이로 서로 다르게 생겨난 것이다. 사물의 변화 과정을 기의 운동으로 설명하는 것은 일정 정도 결정론적 사유에 속한다고 할 수 있다. 그렇지만 기의 집합으로 만들어진 결과만을 볼 때, 왜 인간이 되고 동물이 되었는지 하는 문제는 우연으로 설명된다. 세계를 의도적으로 주재하는 역할을 맡은 존재를 인정하지 않기 때문에, 기계적인 기의 운동으로 생성되는 세계는 우연의 산물로 해석되었다. 이처럼 왕충의 사상은 결정론과 우연론이 혼재하고 있다.

인간의 본성[性]과 숙명[命]에 관한 왕충의 해석은 결정론과 우연론의 문제뿐만 아니라 지적·도덕적 능력과 사회적 보상과의 관계를 분명하게 보여준다. 그는 인간의 본성과 숙명이 타고나면서부터 결정되어 있다고 보았다. 본성은 지적·도덕적 속성을 말하고, 숙명은 수명, 부귀 빈천, 길흉화복 등을 의미한다.(「명의」) 타고난 본성은 교화를 통해 어느 정도 개선될 수 있지만, 숙명은 결정적이다. 물론 태어날 때 주어진 개인적인 수명이나 숙명이 일생 동안 그대로 유지되는 것은 아니다. 지능이 낮거나 부도덕한 통치자를 만날 수도 있고, 사회적 혹은 자연적 재난을 당할 수도 있다. 그는 결정론의 논리를 조정하기 위해 이러한 우연의 요소를 배제하지는 않았다. 오히려 시대적 조건 그리고 사회적 삶 속에서 주어지는 다양한 변수들을 고려한 것이다. 예를 들어, 어떤 국가나 지역에 대규모의 재해가 발생해서 수많은 사람이 동시에 죽는 사태가 발생한 경우를 상정해보면, 이때의 희생자가 모두 동일한 숙명을 갖고 태어났다고 볼 수 있을까? 이는 묵자가 숙명론을 비판하기 위해 제시한 논거이다. 이러한 주장에 대해 왕충은 국가의 명운이 개인의 명운에 앞선다고 해석하면서 묵자의 반론에 대응한다. 그는 우연의 요소를 해결하기 위해 국가의 영고성쇠, 정치와 역사의 방향에 더 큰 비중을 두는 결정론을 적용했다.

태어나면서부터 주어진 숙명은 결정론적 성격을 띠고 있다. 왕충은 인간의 본성과 숙명이 다 같이 부모로부터 기를 받으면서 결정된 것이지만, 본성과 숙명이 일치하지 않을 수 있다는 점을 강조한다. 즉 선한 본성을 타고 났지만 흉한 명을 받기도 하고, 반대로 악한 본성을 타고 났지만 길한 명을 받기도 한다.(『명의』) 이때 숙명이 본성보다 우위에 있다고 하면서, 그는 인간의 사회적 삶에서 숙명의 결정론적 성격을 강조했다. 즉 지적·도덕적 능력에 비례해서 사회적 행복이 달성되는 것이 아니며, 행복과 재난은 타고난 숙명 혹은 사회적·국가적 숙명에 의해 결정된다는 것이다. 세상의 모든 것이 크게는 명[命], 작게는 시운[時]에 달려 있다는 것이다.(『화허』) 그는 타고난 본성을 천성(天性)으로 지칭하면서 천성 또한 천명에 이해 결정된다고 규정했다. 그가 말하는 천명은 기의 관점에서, 기계적으로 —도덕성과 목적론이 배제된 채로— 세계의 흐름에 관여하는 천을 의미한다.

5. 유위의 인간과 무위의 자연

숙명의 사전적 해석은 태어날 때부터 정해진 운명이다. 왕충은 인간이 태어나면서 수명뿐만 아니라 부귀빈천 등 사회적 삶도 결정되어 있다고 주장했다, 숙명론 혹은 운명론(fatalism)이 인간의 의도나 행위와 상관없이 신의 의지나 예지력 또는 목적론에 의해 결정되는 것이며, 이는 인과율 혹은 자연법칙에 의해 사태가 전개된다는 결정론과는 구별된다고 하는 사전적 정의에 따르면(*Stanford Encyclopedia of Philosophy*, Causal Determinism), 왕충의 천/명론은 절대적 주재자를 인정하지 않고 세계의 목적을 설정하지 않는 점에서 숙명/운명론이라고 하기보다는 결정론에 가깝다고 할 수 있다. 그는 세계에 충만한 기, 즉 천기의 운행으로 만물의 변화, 인간의 본성과 숙명, 국가와 사회의 흥망을 해석하고자 하였다.

기의 운동을 자연 세계와 인간 사회에까지 확충함으로써 왕충은 일종의 결정론에 빠져들었다고 볼 수도 있다. 기의 운동은 스스로 그러하게 되며, 자율적이며 자동적이다. 이러한 기의 운동을 제어하는 어떤 원리가 기의 내부 혹은 외부에 있다고 가정한다면, 기는 그러한 원리에 따라 움직이는 필연의 세계 속에서 질료의 역할을 담당할 수 있다. 성리학에서 기를 제어하는 원리로서의 리(理)를 상정한 것은 기의 자율성이 갖고 있는 우연성을 배제하기 위한 방편이었다. 왕충은 기의 외부에서 작동하는 주재적 천을 인정하지 않았고, 내부에도 그러한 원리가 작동하지 않는다고 보았다. 기의 자율적 운동은 결정론으로 보이면서도 우연의 속성을 배제하지 못한 것이다. 이러한 기의 철학을 바탕으로 그가 상정한 천명과 천도는 세계를 주재하는 능력과 목적을 갖추고 있지 않았지만, 인간이 따라야 할 무위와 자연의 이상으로 간주되었다. 따라서 그는 숙명으로 점철된 세계 속에서도 인간의 역할을 찾아내고자 하였다.

어떤 사람이 물었다. 사람이 천지에서 생겼고 천지는 무위(無爲)이다. 사람이 천성을 받았으면 당연히 무위이어야 할 텐데 어째서 유위(有爲)인가? 대답해서 말한다. 최상의 덕을 지닌 사람은 천기를 많이 받았기 때문에 하늘을 본받아 자연무위의 상태이다. 받은 기가 엷고 적은 자는 도덕을 따르지 못하고 하늘을 닮지 않았다. 그래서 '불초(不肖)'라고 한다. 불초라는 것은 하늘을 닮지 못했다는 의미이다. 천지와 닮지 못하고 성현과 같지 않기 때문에 유위이다. 하늘과 땅이 용광로가 되어 조화의 작업을 하는데 기의 품수가 고르지 않기 때문에 모두 현자가 될 수는 없다.(「자연」)

보통 사람은 유위적 존재이며 숙명적 존재이다. 인간이 무위의 세계에 차지하는 위치를 왕충은 알묘조장의 예를 들어 설명한다. 즉 세계가 기의 운동으로 스스로 움직이는 자연이라고 할지라도, 인간의 작위가 보조적으로 작용해야 한다는 것이다. 쟁기나 보습 등 농기구를 이용하여 밭을 갈고, 봄이 되면 밭에 씨를 뿌리는 것은 인간의 작위이다. 곡물의 씨앗이 땅속으로 들어가 밤낮으로 성장하는 과정에 사람이 개입할 수는 없다. 만일 그렇게 한다면 망치는 일이다. 이것이야말로 송나라 사람이 싹이 자라지 않는 것을 보고 싹을 뽑아 올려서 말라 죽게 하는 고사와 마찬가지 일이다. 자연의 세계에서 인간의 지위는 결코 독보적이지 않다. 인간은 기의 관점에서 볼 때 다른 동물과 다르지 않다. 다만 인간은 만물 가운데 지혜를 가졌다는 점에서 만물의 영장이라는 지위를 차지하고 있지만, 결국 무위자연의 원리를 체화하며 살아갈 것을 요청하고 있다. 그 방법은 자연의 질서에 순응하여 쟁기 갈고 씨 뿌리는 노동이었다.

세계 속에서 인간의 역할, 유위의 영역을 확보하고자 한 점은 왕충이 결정론에서 비롯하는 허무주의에서 벗어날 수 있는 하나의 선택이었다. 왕충이 상정한 천명은 인간이 파악하기 어려운 것이다. 내가 부자의 운명으로 태어났는지 가난한 운명으로 태어났는지는 알기 어렵다. 따라서 그는 구해서 얻을 수 없을 수는 있지만 구하지 않고서 얻는 일은 없다고까지 말하고 있다.(「명록」) 인간은 자연을 보조하면서 노력하는 존재로 묘사되고 있다. 그렇지만 세계를 기의 운동으로 구성된 일종의 결정론의 관점에서 해석하고 있기 때문에 숙명이라는 신을 상정하고 있다. 숙명이라면, 시대적 조건이 허용하지 않는다면 구해도 구할 수 없다는 것이다. 그래서 지혜로운 자는 하늘의 작용을 이해하고, 관대하고 담박한 마음으로 살아간다고 주장한다. 지적인 연마, 그리고 도덕의 수양을 하더라도 그에 대한 보상이 주어진다는 보증은 없다. 그럼에도 불구하고 우연성으로 엮어진 부조리하게 보이는 결정론의 세계 속에서 인간은 무위자연의 원천인 천명을 본받아 노력해야 한다는 것이 그가 내린 결론이었다.

양일모

서울대학교 자유전공학부 교수. 서울대학교 철학과 박사과정을 수료하고, 도쿄대학에서 박사(동아시아 사상문화학 전공)를 취득했다. 경제인문사회연구회 인문특별위원장을 역임했으며, 현재 한국동양철학회 회장을 맡고 있다. 서양 철학을 수용하는 동아시아의 사상적 토대, 유교의 현대적 해석, 동아시아 개념사 등에 관심을 갖고 있다. 주요 저·역서로『옌푸: 중국의 근대성과 서양사상』,『천연론』(공역),『일본 학문의 근대적 전환』(공저),『성리와 윤리: 윤리 개념의 한국적 정초』(공저),『동서철학사상의 만남: 개념의 접변과 지평의 확대』(공저) 등이 있으며, 논문으로는「유교적 윤리 개념의 근대적 의미 전환」,「중국철학사의 탄생」, "Translating Darwins's Metaphors in East Asia" 등이 있다.

주희의 왕안석 비판과
그의 정치적 사유[1]

이원석(전남대학교 철학과 교수)

1. 주희는 왕안석의 계승자인가?

중국 사상사 연구자 위잉스(余英時)에 따르면, 왕안석은 이른바 '군신공치(君臣共治)'[2] 이념을 현실 정치에서 실현한 인물이었다. 그는 송대 '권상(權相)' 정치의 서막을 연 장본인이었고, 왕의 전폭적 신임을 얻어 국가 개혁을 진두지휘하여 '득군행도(得君行道)'의 표상이 되었고, 후대의 송대 사대부는 당파를 막론하고 왕안석을 하나의 역할 모델로 삼았다고 한다. 도

---

1   이 글은 필자가 《동양철학연구》 제116권(2023)에 발표한 "진관·진사석의 왕안석 비판과 주희의 비평"을 수정한 것이다.

2   '군신공치'는 본래 『주역정의(周易正義)』의 쾌괘(夬卦) 구삼효(九三爻)의 소(疏)에 대한 주석에 한 차례 나오는 말인데, 정이천이 『정씨경설(程氏經說)』 제2권에서 "제왕의 도란 현자를 선택·임명하는 것을 근본으로 삼는 것이니, 사람을 얻은 다음에 그와 함께 공동으로 천하를 다스린다[帝王之道也, 以擇任賢爲本, 得人而後與之同治天下]"라고 했다.

학파의 주희와 육구연도 예외는 아니었으니 바로 그 점에서 남송은 포스트 왕안석 시대였다고 할 수 있다고 위잉스는 주장했다.[3]

하지만 주희를 포스트 왕안석주의자 중 한 명으로 간주하는 것은 다소 성급한 판단인 것으로 보인다. 위잉스가 지적했다시피, "왕형공(왕안석)이 신종을 만났던 일은 천재일우"라고 한 주희의 말은 그가 왕안석의 '군신공치'적 이상을 인정했다는 하나의 증거가 될 것이다. 그러나 주희는 바로 이어서 "애석하게도 그(왕안석)의 학문이 옳지 않아서 나중에는 곧바로 그렇게 무너져 버렸다"[4]라고 부정적으로 평가하고 있는데, 위잉스는 이 부분을 간과했기 때문이다. 무엇보다도 위잉스는 주희의 문집과 어류에 수록된 왕안석 관련 언사에 대한 전면적 분석을 수행하지 않았다.

이 글은 주희의 「두 진씨가 간쟁한 의론의 유묵을 읽고(讀兩陳諫議遺墨)」를 분석하는 과정을 통해, 북송 말에서 남송에 걸쳐 산출된 왕안석에 대한 비판서, 이에 대한 주희의 비평, 그리고 주희 자신의 왕안석 비판과 그 대안을 살펴보고자 한다. 여기서 다룰 왕안석 비판서는 "두 진 씨"의 그것, 즉 진관(陳瓘)의 『일록변(日錄辨)』, 『합포존요집(合浦尊堯集)』, 『사명존요집(四明尊堯集)』과, 진사석이 진관에게 보낸 편지인 「진형중에게 보낸 편지(與陳瑩仲書)」이다. 이들 문헌은 종래의 연구에서 그다지 다루어지지 않았던 자료들이다.

이하에서는 이들 자료를 차례로 검토함으로써, 위에서 언급한 "애석하게도 그의 학문이 옳지 않아서 나중에는 곧바로 그렇게 무너져 버렸다"라

---

3   위잉스(이원석 옮김), 『주희의 역사세계 상권』(글항아리, 2015), 31쪽.
4   『朱子語類』卷130, 제2조목.

는 주희의 말이 어떤 의미를 지니는지 구체적으로 살펴보고, 이 과정에서 그의 왕안석 비판이 '격물치지(格物致知)' 중시의 한 배경이 되었다는 점도 간접적으로 밝혀보려 한다.

2. 왕안석『일록』의 진위 문제와 진관의 왕안석 비판

북송 말에서 남송초에 걸쳐, 왕안석의 사후 영향력을 차단하려고 한 이들은 왕안석이 남겼던『일록(日錄)』을 문제 삼았다.『일록』은 왕안석이 참지정사(參知政事)로서 신법을 추진하던 시절, 국정에 관한 자신과 신종의 대화 내용을 일기 형식으로 기록해놓은 글이다. 이처럼 조정의 대신을 지냈던 사람이 시정기(時政記)를 일기 형식으로 남기는 것은 하나의 관행이었다. 그것은 기록자 자신의 자기 성찰을 위해서, 더욱 중요하게는 조정에 상주(上奏)하여 공간(公刊) 사서인『실록』의 자료로 쓰이기를 바라서였다.[5]

신종 치세의 핵심 성과는 신법(新法)이고 그 입안자와 실행자는 왕안석이므로 신종 사후『신종실록』을 편찬할 때 왕안석의『일록』이 주요 사료가 되어야 했으나 그렇게 되지 못했다. 그 이유는 이렇다. 신종을 이어 철종이 즉위했으나 나이가 어려 수렴청정이 시행되었다. 그러자 왕안석의 정치적 반대파, 이른바 구법당이 정권을 잡고 자신들의 정파적 관점에 부합하는 실록을 편찬하려고 왕안석의『일록』을 1차 참고 자료 목록에서 빼버렸

---

5   孔學,「王安石『日錄』與『神宗實錄』」,『史學史硏究』, 2002年 四期, 40쪽.

다. 그래서 구법당의 사마광(司馬光), 여공저(呂公著), 여대방(呂大防), 황정견(黃庭堅), 범조우(范祖禹)가 주도하여 1091년 완성한 『신종실록』은 신법당 인사들이 보기에 날조된 역사서에 불과했다.

1094년, 철종이 친정(親政)을 시작하여 부친인 신종의 유지를 따라 신법을 추진하려 하자 자연스레 『신종실록』을 다시 편찬해야 한다는 주장이 신법당 인사들에 의해 제기되었다. 철종이 그 주장을 수용하여, 왕안석의 사위 채변(蔡卞)을 수찬(修撰)으로 삼고 『신종실록』의 중수(重修)에 착수하게 했다. 이 과정에서 왕안석의 『일록』이 1차 참고 자료로 활용되었다.[6] 하지만, 1100년 휘종(徽宗)이 즉위했을 때 신법당과 구법당의 대립을 완화해야 한다고 중론이 모임에 따라 『신종실록』을 재중수해야 하는 것 아니냐는 논의가 시작되었다.

이때, 진관(陳瓘)은, 신법당판 『신종실록』으로부터 왕안석의 『일록』에서 채록된 부분을 일괄적으로 삭제해야 한다고 주장했다. 진관에 따르면, 왕안석이라는 한 개인의 사적 기록인 『일록』을 공식 역사서의 사료로 쓰는 것은 부적절하기 때문이다.[7] 그러나 진관의 주장은 설득력이 없다. 앞서 설명했다시피, 중국 역대 왕조에서 실록을 편찬할 때 당대에 활약했던 대신들의 일기류를 활용하는 것이 일반적이었기 때문이다. 실제로 구법당 인사들이 『신종실록』을 편찬할 때 사마광의 『일기』를 1차 사료로 삼은 적이 있다.

마침내 1101년 『신종실록』의 재중수가 결정되자마자 진관은 『일록변

---

6   나중에 이 『일록』의 날조 여부가 문제 된다.
7   陳瓘, 「上徽宗乞別行刪修紹聖神宗實錄」, 趙汝愚 編, 『宋名臣奏議』 卷60.

(日錄辨)』을 상주했는데 그 주요 내용은 왕안석의 『일록』에 채변이 조작한 구절이 들어가 있으니 그것을 사료로 채택하면 안 된다는 한층 과격한 것이었다. 소백온(邵伯溫)에 따르면, 진관 주장의 근거가 되는 '채변 조작설'의 내막은 이렇다. 왕안석이 재상에서 물러나 『일록』을 지었으나 그것이 일으킬 풍파를 염려하여, 죽기 직전에 『일록』을 모두 불태워 없애버릴 것을 조카에게 부탁하였다. 하지만 조카는 몰래 다른 책을 불태우고 『일록』은 그대로 보관해 두었다가 왕안석의 사위인 채변에게 넘겨주었다. 그런데 채변은 스승이자 장인인 왕안석을 높이기 위해, 신종이 왕안석을 스승으로 섬겼다는 식의 내용을 『일록』에 몰래 써넣었다는 것이다. 그러므로 채변이 주도하여 중수한 『신종실록』은, 채변 자신이 조작한 왕안석의 『일록』을 토대로 편찬된 잘못된 역사서라는 것이 진관의 주장이었다.

진관은 1101년 이후에도 계속해서 같은 주장을 하다가, 신법당에 기울어져 있던 황제 휘종의 미움을 사서 1103년 폄적되기에 이르렀다. 그는 유배지인 합포에서 『합포존요집(合浦尊堯集)』을 지어, 『신종실록』에 수록된 것 중 신종이 자신을 낮추고 왕안석을 높였던 부분은 채변의 위조라고 여전히 주장했다. 그런데 이런 그의 주장을 뒤집어보면, 모든 잘못은 채변에게 있고 왕안석은 오히려 면죄부를 받을 수 있다. 그래서 1106년, 진관은 유배지에서 다시 『사명존요집(四明尊堯集)』을 지어, 『일록』 내에 들어 있던 '왕안석을 높이고 신종을 낮추는 언사'는 단순히 채변의 날조가 아니라 왕안석의 직접 기록이므로 모든 사단의 책임은 왕안석에게 있다고 단언하였다.

3. 진관에 대한 진사석의 비평

주희에 따르면, 진관이 『일록변』 및 『합포존요집』에서 개진된 자신의 의견을 바꾸어 다시 『사명존요집』을 짓게 된 데에는 진사석(陳師錫)의 영향이 컸다. 종래 학자들은 진관에 대한 양시(楊時)의 영향을 거론하였고 그것 역시 사실이기는 하나, 주희는 진사석이 진형중에게 보낸 편지인 「여진형중서(「與陳瑩仲書」)」를 기준으로 삼아, 진관의 『일록변』, 『합포존요집』과 그 후의 『사명존요집』을 상호 비교·검토함으로써 진사석이 진관에게 더 큰 영향을 끼쳤음을 발견한 것이다.[8] 그렇다면 왕안석에 대한 진사석의 견해는 어떤 것이었길래 진관이 그의 의견을 대폭 수용했던 것일까? 이 의문에 답하려면 우선 「여진형중서」의 내용을 검토해야 한다.

첫째, 진사석은 "[신법당 측 『신종실록』 편수관들이 왕안석의] 사적 기록물을 드높이느라 신종의 업적을 깎아내렸다"라는 세간의 주장을 비판한다. 진사석은 왕안석의 『일록』이 단지 "사적 기록물에 불과한 것이 아니라", 채변이 날조한 "왜곡과 허위의 책"이자 "비난과 비방의 책"이라고 단언한다.[9]

---

8   양시도 「신종일록변」을 지어, 16조목에 걸쳐 왕안석의 『일록』을 비판하고 있다.
     그 내용은 크게 왕안석의 사상에 대한 비판과 신법에 대한 비판으로 나뉜다.
     양시는 사상의 측면에서, 왕안석의 중(中), 명(明), 노자 이해, 상앙(商鞅) 이해를
     비판하고, 신법의 측면에서 정부의 변통재리(變通財利)에 대한 왕안석의 옹호,
     신법에 비판적인 여론을 억제해야 한다는 왕안석의 주장 등을 비판하고 있다.
     이런 내용은 진관의 『사명존요집』에 영향을 주었을 수는 있겠으나 직접 언급되
     지는 않았다. 양시의 「신종일록변」에 대해서는 후일 상세한 분석이 필요하다.

9   陳師錫, 「與陳瑩中書」, 呂祖謙, 『宋文鑑』 卷120.

둘째, 진사석은 '왕안석이 이윤과 동급의 성인이었다'라고 한 『일록변』 내 진관의 발언을 문제 삼았다. 현재 진관의 『일록변』이 남아 있지 않아 정말로 그런 말이 있었는지 직접 확인할 수 없지만, 진관이 조카에게 보낸 글인 「책침」을 통해 그 점을 간접적으로 확인할 수 있다.[10] 물론 진관이 젊은 시절 왕안석의 『삼경신의』를 공부하여 과거 시험에 합격했으므로, 왕안석을 존경하는 마음이 그에게 얼마간 있었을 것이다. 그러나 『일록변』은 휘종에게 바쳐지기 위해 작성된 것이므로 신종의 유지를 따르려는 휘종의 뜻을 거스르지 않기 위해 왕안석을 성인에 비긴 것이 아닐까 한다.

하지만 진사석은 이런 사정은 고려하지 않는다. 진사석은 왕안석을 성인으로 볼 수 없는 근거로서, 그가 『춘추』를 과거 시험 과목에서 뺀 사건을 들고 있다. 『춘추』는 천하 모든 사건의 판단 기준이자 의심 해결의 기준이며 그 핵심 내용은 군신 관계의 올바른 정립과 명분의 확정이라고 그는 말한다. 왕안석이 『춘추』를 제외했다는 것은 그가 올바른 군신 관계와 명분의 확정에 관심이 없다는 것을 함축한다. 바로 그래서 왕안석은 "도(道)가 높고 덕이 뛰어난 신하가 있다면 비록 천자라고 하더라도 북쪽을 향하여 서서 일시적이나마 신하의 예를 갖추어야 한다"라는 희대의 망언을 했다고 진사석은 비난했다. 이렇듯 『춘추』를 배제하고 그 대의에 어긋나는 망언을 일삼는 이를 성인에 비기는 일은 천부당만부당하다며 진사석은 주장한다.

셋째, 진관이 왕안석을 "신종의 스승"으로 표현한 것 역시 잘못이라고

---

10   陳瓘,「責沈文貽知黙姪」, 呂祖謙,『宋文鑑』卷127.

주희의 왕안석 비판과 그의 정치적 사유 ———— **100 / 101**

진사석은 비판했다. 일단 신종이 왕안석을 기용한 기간이 9년이 채 안 되고, 신종은 원풍 연간에 왕안석을 내치고 친정(親政)을 행했으므로 결코 왕안석을 신종의 스승으로 볼 수 없다고 진사석은 주장한다. 더구나 왕안석은 삼대(三代)의 이상적 정치 원리를 확고히 파악하여 체화함으로써 신종의 스승이 되었다는 신법당 측의 주장에 대해, 삼대 정치의 핵심 원리는 왕조 창업자의 유훈에 따라 통치하는 것인데 왕안석은 도리어 신종에게, 창업자의 유훈에 얽매이지 말고 삼대의 정치 원리를 지향하라고 촉구하였으므로, 그는 삼대를 명분으로만 생각하고 실제로는 그 실질에 어긋나는 행위를 한 셈이다. 게다가 삼대는 아득히 먼 옛날이므로 그 시대의 정치 원리를 실증해볼 수도 없다고 진사석은 말한다. 다시 말해, 왕안석은 삼대의 정치에 대한 자의적 이해에 근거하여 조종(祖宗)의 유훈을 무시했다는 것이다.

넷째, 진관이 『일록변』에서 "적폐를 일소하고 구태를 혁파한" 공로가 왕안석에게 있다고 말했다며 진사석은 문제 삼고 있다. 진사석에 따르면, 왕조 창업자들이 세운 조종의 법도는 최대한 보존되어야 한다. 그러나 시일의 흐름에 따라 현실 상황에 맞지 않는 법 조목이 있기 마련이다. 그럴 때는 법조문을 시의에 맞게 수정할 수 있다. 이는 진사석도 인정할 수 있는 점이다. 문제는, 폐단이 생겼다는 이유로 조종의 법도를 일거에 일소해버리는 데 있다고 한다. 이런 왕안석에게 "적폐를 일소하고 구태를 혁파한 공로"가 있다고 긍정적으로 평가하는 것은 사리에 맞지 않는다고 진사석은 지적한다.

다섯째, 왕안석의 경전 해석에 대한 진관의 긍정적 평가가 부당하다고 진사석은 주장한다. 왕안석은 형명도수(刑名度數)와 성명도덕(性命道德)의 설만 익혀 경전을 창의적으로 해석할 역량이 없고, 정현과 공영달의 설을 주로 참고하고 보조적으로 불교의 학설을 취하여 경전을 해석했던 것에 불과하다고 격하한다.

이제 진관의 「『사명존요집』을 바치면서 지은 표문[進四明尊堯集表]」을 살펴보면, 그가 진사석의 주장 다섯 가지 가운데 네 가지를 수용함으로써 기존의 『일록변』 및 『합포존요집』을 수정했다는 사실을 알 수 있다.

첫째, 진사석은 『일록』이 단지 개인의 기록물이 아니라 "왜곡과 허위의 책"이자 "비난과 비방의 책"이라고 비난했는데, 진관은 위 표문에서 왕안석의 『일록』을 "원망의 글", "허위의 언사"라고 표현하여 관점의 일치를 보여준다.

둘째, 진사석은 왕안석을 이윤과 비견한 진관의 발언을 문제 삼았는데, 진관은 표문에서 "처음에는 희녕 연간의 재상(왕안석)이 성탕 시기의 상나라 신하(이윤)에 부끄럽지 않다고 생각했던" 과거 자신의 견해를 반성하고 있어 역시 진사석의 주장이 수용되었음을 짐작할 수 있다. 또한, 진사석은 왕안석을 성인으로 볼 수 없는 근거로서, 왕안석이 『춘추』를 과거 시험에서 빼버린 것과, "군신존비"라는 『춘추』의 대의에 어긋나는 행위를 한 것을 들었는데, 진관은 표문에서 그 주장 내용을 그대로 수용하였다.

셋째, 진사석은 "왕안석이 신종의 스승이었다"라는 진관의 발언을 비판하였는데, 진관은 표문에서 "신종이 왕안석을 두 차례 재상에 임용한 기간은 총 9년에 불과했다"라는 진사석의 표현을 그대로 가져다 썼다.

넷째, 진사석은 왕안석이 조종의 법도를 수정하고 보완하는 대신 아예 일소해버렸다며 비판했다. 진관은 위 표문에서 왕안석이 "선대의 삼사법을 파괴하여 재정 낭비를 초래했다"라고 함으로써 진사석의 주장과 궤를 같이하고 있다.

다만, 왕안석의 경전 해석 방식에 대한 진사석의 주장은 위 표문에 수용되지 않았다.

4. 주희가 바라본 왕안석 학문 및 정치적 폐해의 근원

진관이 진사석의 주장을 대부분 수용했다는 것은 진관이 진사석의 왕안석 비판을 매우 적실하게 생각했다는 것을 간접적으로 보여준다. 하지만 주희는 진사석의 왕안석 비판이 적실하지 않은 것은 아니지만 내용이 소략한 데다가, 왕안석이 학문적으로 "병을 얻게 된 근원"과 정치적으로 "재앙을 일으킨 근본 원인"에 대해서는 천착하지 않았다고 아쉬워한다.[11]

주희는, 왕안석의 학문이 "병을 얻게 된 근원"에 대해 다음과 같이 파악한다. 일단, 그는 왕안석의 지향과 식견이 탁월했다는 점을 인정한다. 왜냐하면, 그는 한나라 문제(文帝)와 당나라 태종을 본보기로 삼았던 신종을 향해, 이들을 배울 것이 아니라 삼대의 성왕을 모범으로 삼아야 한다고 진언했으며, 제갈량이나 위징이 할 수 없었던 일을 스스로 자임했기 때문이다. 이처럼 지향과 식견이 남달랐지만, 왕안석은 포용력이 부족하다는 인격적 결함이 있었고 특히 학문에 결함이 있었다고 주희는 지적한다. 그의 학문적 결함이란 '격물치지'와 '극기복례'를 학문의 방법으로 삼지 않고, 감

---

11   『朱熹集』卷70,「讀兩陳諫議遺墨」.

각 경험과 이를 바탕으로 한 추론을 일삼은 결과, 진리 그 자체를 인식하지 못하고 그 그림자만 더듬는 수준에 머물렀다는 것이다.

왕안석의 학문에 대한 이런 평가는 이미 이정(二程)이 내린 바 있다. 정명도는 왕안석과 자신 사이의 학문적 차이를 얘기하면서, 왕안석은 가령 13층 목탑 꼭대기에 있는 상륜(上輪)을 설명할 때 멀리 떨어져서 그것을 바라보며 여러 가지 지식을 읊조릴 뿐이지만, 정명도 자신은 탑 내부 계단으로 직접 올라가서 상륜 속에 앉아 본다고 한다.[12]

주희는 정명도 이래의 학문 방법을 '격물치지'와 '극기복례'로 정리하고 있다. '격물치지'는 흔히 대상물에 대한 객관적 지식의 추구로 여겨지지만, 사실 주희의 사상 체계에서 그것은, 자신이 속한 개별 인간사와 인간관계를 가장 적절하게 규율할 원리를 인식하고, 더 나아가 그 원리가 자신의 본질임을 체험해나가는 것이라 할 수 있다. 여기서 '원리'는 바로 예(禮)이다. 그러므로 '격물치지'는 예를 파악하고 그것을 체득하는 수양이며 다름 아니라 '극기복례'이다. 주희가 '격물치지'와 '극기복례'를 병칭한 이유가 바로 여기에 있다.

그다음, 주희는 왕안석이 정치적으로 "재앙을 일으킨 근본 원인"으로 신종을 지목하고 있다. 진관과 진사석 모두 왕안석에게만 책임을 묻는 것과 비교하면 이는 현격한 차이이다. 아마도 주희는 『신종실록』의 중수(重修)를 둘러싸고 당쟁이 일어났던 시대로부터 약 90~100년 후에 「두 진씨가 간쟁한 의론의 유묵을 읽고」를 썼기 때문에 그만큼 객관적 태도를 보일 수

---

12   『程氏遺書』 卷1, 「二先生語一」.

있었을 것이다. 물론, 왕안석이 신종에게 부합하는 말을 하고 "삼대로 돌아가자"라는 지향을 피력하였으므로 왕안석에게도 책임이 없는 것은 아니지만, 그런 왕안석을 등용하여 중임을 맡겼던 것은 신종이었기 때문이다.

즉, 신종은 '이 사람이 없으면 안 되겠다'라고 생각하고, '[왕안석이] 하루아침에 나를 떠나서 내 사업을 함께 완성할 사람이 없어지면 어쩌지?'라며 두려워했으며 다른 신하의 말을 듣지 않고 오로지 왕안석의 말만 들었다고 한다. 급기야 신종은 왕안석이 제시한 신법과 자신을 동일시하는 지경까지 이르렀다. 이렇게 볼 때, 신종은 자신의 영혼까지 왕안석에게 사로잡혔다고 할 수 있다. 따라서 신종의 권력은 자연스럽게 왕안석의 수중에 떨어지게 되었다. 신종이 신법을 자신의 정체성으로 삼은 이상, 왕안석 개인의 출처와 진퇴는 더는 중요 요인이 아니다.

결국, 신종 시대 전체에 걸쳐 권원(權原)은 어느 한 인격이 아니라 왕안석 신법의 이념, 법조문, 이를 실현하기 위한 행정 시스템이었다고까지 말할 수 있는데, 주희는 이를 '기틀[機]'이라는 단어로 표현했다. '기틀'이란 일종의 자동 기계와 같은 것을 가리킨다. 사람이 한번 설치해 놓으면 별도의 조작을 가하지 않아도 정해진 방식대로 스스로 작동한다. 주희의 이런 견지에서 보면, 왕안석이 재상직을 그만둔 원풍 연간이 되어서 신종이 왕안석 없이 독자적으로 정사를 운영하게 되었다는 진관의 견해나, 왕안석이 재상직을 그만둔 후 다시는 기용되지 않았으니 원풍 연간에는 신종이 자기 생각대로 국정을 운용했다는 진사석의 발언은 현상의 이면을 보지 못한 단견에 불과하다.

신종이 자신과 신법을 동일시한 것의 더욱 심대한 문제점은, 왕안석의 신법이 결국 신종에 의해 시행되고 신종의 입으로 설파되어 그것이 『실록』

에 기록되어 영원히 남게 되었다는 점이다. 이런 상황에서 신법을 옹호하거나 왕안석을 칭송했던 신종의 발언을 추려내서 채변이나 왕안석의 날조라고 주장해보아야 별 의미는 없다는 것이 주희의 생각이다.

5. 진사석에 대한 주희의 비평

이상과 같이 왕안석 학문 및 정치적 폐해의 근원적 문제점을 밝혀낸 후, 주희는 진사석의 다섯 가지 견해에 대해 차례로 이의를 제기한다. 그 다섯 가지 견해란, "조종의 법도를 변경하면 안 된다는 것", "삼대의 법은 실증해낼 수 없다는 것", "왕안석이 『춘추』를 폐지함으로써 군주의 명분을 어지럽혔다는 것", "왕안석의 학문이 형명도수에만 능하고 성명도덕에는 부족했다는 것", "왕안석의 경전 해석에 특별할 것이 없다는 것"이다.

첫째, "조종의 법도를 지켜야 한다"라는 진사석의 주장에 대해 주희는 이의를 제기한다. 주희에 따르면 조종의 법도는 삼대의 법도처럼 만고불변의 가치를 지닌 것이 아니다. 그것은 당시의 구체적 상황에 따라 합리적으로 제정된 것으로서 편의를 도모하기 위한 것이며, 제정 경위를 보더라도 직전 조대(朝代)의 법제를 계승하거나 민간 풍속을 고려하여 제정된 것으로, 삼대의 법과 거리가 먼 것이었다. 이처럼 조종의 법도는 제정 당시의 시의에 따른 것이었으므로, 시간이 흐르면 그 시의성은 약해져 현실과 부합하지 않는 면이 많아지기 마련이다. 따라서 조종의 법도는 늘 엄수되어야 할 것이 아니라 변경되어야 할 대상이다. 진사석이 존경해 마지않았을 경력(慶曆) 연간의 범중엄(范仲淹), 한기(韓琦), 부필(富弼) 등이 조종 법도의 개혁을 추진했고, 한 세대 뒤의 인물인 이정(二程)과 소식(蘇軾) 역시 그러했다. 그러므로 "조종의 법도를 개혁했다"라고 해서 왕안석을 비난할 수는 없다고 주희는 말한다.

그렇다면 이대로 왕안석을 인정하고 말 것인가? 그렇지는 않다. 조종의 법도 대신 왕안석이 시행했던 법이 치밀하게 준비되지 않았음에도 그 무결성을 과신했던 데에 왕안석의 잘못이 있다고 주희는 말한다. 그런데 주희가 보기에 더 큰 문제는 다른 곳에 있었다. 그것은 신법의 이해득실을 따질 구법당 인사들의 역량이 왕안석에게 미치지 못했고, 또한 사상적·이론적 규모도 왕안석에게 도달하지 못했다는 점이다. 그래서 왕안석은 한층 더 자신 있게 신법을 밀어붙였다는 것이다. 만일 구법당 인사들이 실무 역량이 뛰어나고 사상이 심원했다면, 왕안석에게 신법을 더 치밀히 제정하고 더 신중하게 시행하도록 하여 조종의 법을 바람직한 방향으로 개혁할 수 있었을 것이라고 주희는 말한다.

둘째, 삼대의 법은 실증할 수 없으므로 왕안석이 그것을 개혁의 이유로 제시하면 안 된다는 진사석에 대한 주희의 이의 제기이다. 주희는 먼저 삼대의 법이 유가 경전에 서술되어 있으므로 실증될 수 있는 것이라고 본다. 그는 한걸음 더 나아가, 삼대는 아득한 옛날이므로 그 시대의 법제가 당대와 부합하지 않는다고 진사석이 회의하지 않았는지 의심하여, 삼대의 도는 영원불변의 가치가 있는 것으로써 어느 시대에나 통용될 수 있다고 한다. 하지만 삼대의 법이 경전에 수록되었다고 하더라도 후대인은 그 얼개만 알 수 있을 뿐 세부 조목까지 고증할 수는 없다.

그렇다면 "삼대의 법은 실증할 수 없다"라는 진사석의 주장이 옳을까? 주희는 다음과 같이 생각한다. 얼개이나마 삼대의 법은 경전에 수록되어 있다. 그 얼개를 바탕으로 당시 상황을 고려한 정책을 수립한다. 단, 수립 시 실상을 정확히 규정할 수 있는 분명한 조문을 만들고, 핵심 정책과 부가 정책의 순위를 확실히 정해두며, 정책 시행의 완급을 잘 조절함으로써 삼대의 도가 당대에 정책적으로 실현될 수 있다. 그렇다고 해서 주희가 왕안석의 삼대관(三代觀)을 추인했다는 얘기는 아니다. 왕안석은 『주례』에서 삼대의 이상 정치를 찾으려 했으나, 그가 찾았던 것은 재정, 병제(兵制), 형법이어서 삼대의 도의 핵심을 보지 못했다고 한다. 그 핵심이란 '임금을 선으로 이끌기', '현인을 친히 여기기', '백성을 길러내기', '풍속 교화하기' 이다.

셋째, "왕안석이 『춘추』를 폐지함으로써 군주의 명분을 어지럽혔다"라는 진사석의 주장에 주희는 이의를 제기한다. 주희도 진사석의 이 주장을 인정하지 않는 것은 아니다. 『춘추』 폐지와 이른바 '황제 북면설(北面說)'이, 왕안석의 지향과 견식이 지나치게 높았던 데 비해 그가 『춘추』의 이치를 궁구하지도 않고 자신의 사욕을 극복하지도 못했던 데서 비롯했다고 주희는 본다.[13] 주희의 이해에 따르면, 왕안석은 『춘추』에 대한 대표적 주석서, 즉 『좌전』, 『공양전』, 『곡량전』의 "범례와 조목이 너무 번쇄하고", 역대 주석가의 억측과 견강부회가 과도하다고 여긴 나머지 『춘추』의 대의를 못 보고 그것 자체를 폐기하는 지경까지 이르렀다.

『좌전』, 『공양전』, 『곡량전』 등 이른바 '춘추삼전'의 '범례'란, 『춘추』

---

13   앞에서 주희는, 왕안석이 '격물치지'와 '극기복례'의 학문 방법을 취하지 않은 것이 근원적 오류라고 지적했는데, 이 지적이 여기서도 그대로 반복되고 있다. 그것이 왕안석 비판의 핵심 기조라는 것은 뒤에서 다시 지적하겠다.

경문에서 특정 사건에 특정 글자가 사용되는 사례를 일반화하여 그 규칙성을 서술한 것을 말한다. 예를 들어, 국(國)의 장(長)인 공(公)이 세상을 떠나면 장례를 지냈다는 의미의 '장(葬)'자를 쓰는 것이 범례이다. 그런데 왕안석은 어째서 범례를 번쇄하다고 여겼을까? 그것은 범례에 맞지 않는 예외가 『춘추』 경문에 여기저기 보이는 데다가, 예외가 발생한 이유에 대한 춘추삼전의 설명이 제각기 다르기 때문이다.

예를 들어, 은공(恩公)의 사망에 대해 경문은 '공장(公葬)'이 아니라 '공훙(公薨)'이라고 기록했다. 『공양전』은 그 이유를 "은공의 시해 사실을 숨기기 위해 어쩔 수 없이 훙(薨)자를 썼다"라고 주석을 달았다. 한편, 『좌전』은 "정식 장례를 못 치렀기 때문에 장(葬)자를 쓰지 못했다"라고 주석을 달았다. 경문 자체에 더 자세한 설명이 없는 이상 어느 주석이 맞는지 확정할 수 없다. 그런데도 후대 주석가들은 범례와 예외 조목 사이의 정합성을 지나치게 추구한 나머지 견강부회를 일삼게 되었다는 것이다. 급기야 왕안석은 『춘추』를 '단란조보(斷爛朝報)', 즉 단편적 관보의 묶음에 불과하다고 보고 그것을 경전의 반열에서 제외하기에 이르렀다.

아마 주희도 춘추삼전의 '범례'와 '조목'이 번쇄하다는 것과 역대 주석가들이 견강부회를 일삼았다는 것에 관해 왕안석과 의견을 같이할 것이다. 하지만 그렇다고 하여 『춘추』의 경전적 지위를 박탈하는 것은 과도하다고 주희는 생각한다. 왜냐하면, 『춘추』의 핵심 사상은 그런 번쇄함에도 불구하고 누구나 알아볼 수 있을 정도로 분명하기 때문이다. 왕안석은 목욕물을 버리려다 아기까지 버리는 우를 범한 결과, 『춘추』의 핵심 사상 중 하나인 '발란반정(撥亂反正)'을 가슴에 새기지 않았고, 성왕들이 스승을 존중했던 예외적 사례에 지나치게 의미를 부여하여 이른바 '황제북면설'까지 내세웠다는 것이다.

여기까지는 주희의 논지가 진사석의 그것과 크게 다르지 않다. 주희가 진사석과 결정적으로 갈라지는 지점은, 왕안석이 군신(君臣)의 명분을 어지럽혔다고 하거나, 왕안석이 전거로 들었던 "[임금과 신하가] 번갈아 가며 손님과 주인이 되었다"라는 『맹자』의 구절까지 문제 삼는 것은 지나친 비판이라고 한 것이다.

넷째, 왕안석이 '형명도수'에만 능하고 '도덕성명'에는 부족하다고 본 진사석에 대한 주희의 비판이다. '형명도수'는 좁은 의미로 형벌[刑]·직위[名] 체계, 넓은 의미로 일반 행정과 예법을 포괄한 것이라 할 수 있다. 한편, '도덕성명'은 전체적 진리[道, 命]와 그것의 현실적 편재[德, 性]를 의미한다. 그렇다면 왕안석은 보편적 진리와 그 편재를 잘 모르되, 정부의 행정체계, 예법만 잘 안다는 것이 진사석의 판단이다.

그러나 주희는 '도덕성명'이 본(本)이고 '형명도수'가 말(末)이어서 중요도의 차이가 있다고 하더라도, 양자는 서로 표리를 이룬다고 본다. 그러므로 '형명도수'에 능하다면 '도덕성명'도 잘 알 수밖에 없고, 역으로 '도덕성명'을 잘 알면 '형명도수'에도 능한 것이 논리적이다. 그러면서 주희는, 그처럼 '도덕성명'과 '형명도수'를 분리해서 보는 것 자체가 왕안석의 사유를 자신도 모르는 사이에 내재한 결과라고 진사석을 비판한다.

더 나아가, 왕안석이 '형명도수'에 능하다고 한 진사석의 판단에도 문제가 있다고 주희는 보았다. 앞에서 '형명도수'는 행정 체계와 예법을 포함한다고 했다. 설사 왕안석이 행정 체계를 잘 안다고 하더라도 그가 예법을 중시했다고까지 말할 수는 결코 없다는 것이다. 주희에 따르면, 왕안석은 "승려와 함께 바닥에 누워서 손님을 돌아보며 옷을 풀어헤치는 행위"를 하는 등 예법에 어긋나는 행동을 많이 했기 때문이다.

주희는 왕안석의 『자설(字說)』에 대한 언급도 빠뜨리지 않았다. 『자설』은 회의(會意)의 원리로만 개별 한자의 의미를 재규정한 왕안석의 역작인데, 그것은 글자의 의미를 다루는 서적인 만큼 '형명'의 '명(名)'과 필연적 관계를 맺는다. 진관은, 신종이 왕안석의 『자설』을 좋아했으나 백성 교화용 서적은 아니라고 판단하여 온 나라에 그것을 반포하지 않았다고 한다.

주희는 진관의 이 견해에 이의를 제기한다. 『주례(周禮)』를 보면, 개별 한자의 구조를 '형성', '회의' 등 여섯 가지 원리로 분류한 까닭은 백성의 교화를 위해서라고 한다. 왕안석도 백성 교화를 위해 『자설』을 지었다. 따라서 『자설』이 백성 교화용 서적이 아니었다고 한 진관은 판단은 잘못이라고 주희는 지적한다. 물론 주희가 『자설』을 전적으로 인정했다는 말은 아니다. 내부에 견강부회한 곳이나 불교 전적에서 인용한 곳이 다수 있었기 때문이다. 바로 이 점에서 왕안석은 '형명도수'에 능하지 않았다고 할 수 있다.

다섯째, 왕안석의 경전 해석에 대한 주희의 견해이다. 앞서 진사석은, 왕안석이 경전의 새로운 의미를 밝혀낼 역량이 없어 정현과 공영달의 설을 주로 참고하고 보조적으로 불교의 설을 취했다고 비판했다. 왕안석의 경전 해석에 대한 주희의 비판은 다른 조목에 대한 비판과 궤를 같이한다. 즉, 왕안석은 자신의 견식이 높다고 자부하면서도 "이치를 밝히지도 않았고 사욕을 극복하지도 못했다"라고 한다. 달리 말하여, '격물치지'와 '극기복례'의 수양이 빠졌다는 것이다. '격물치지'의 결여란, 한편으로는 성현의 말을 묵상하고 다른 한편으로는 여러 학설의 시비를 치밀히 변별하면서 그 두 과정을 통해 체득된 내용을 일상에 직접 적용해봄으로써 진리성을 체험하려는 노력이 전혀 없었음을 뜻한다. 다음, '극기복례'의 노력이 없었기 때문에 그의 사의(私意)가 승하여, 선왕의 정치를 명분으로 내세우면서도 경전에 전거가 없는 독단적 주장을 펼쳤고, 이로써 여론과 공론을 탄압했다고 한다.

이상의 논의를 통해, 주희는 왕안석에 대한 비판은 물론이거니와 송대의 왕안석 비판사에 대한 종합적 비평을 달성했다고 할 수 있다. 즉, 왕안석에 대한 최종적 비판과 비판사에 대한 비평이라는 이중의 목적을 동시에 성취한 것이다. 특히 진관에게 끼친 진사석의 영향을 처음으로 강조한 것은 그의 성과이다. 그러나 주희는 이 점을 밝혀내지 못한 이전 학자들의 게으름을 질타하기보다, 진사석이 그동안 드러나지 않았던 까닭을 엄격한 문헌 비평에 근거해 잘 참작하는 여유를 보여주기도 했다. 그러면서 주희는 진사석이 진관에게 보냈던 편지를 재검토하는 방식을 취하면서 왕안석의 사상에 대한 최종 평가를 도출하였다.

6. 삶, 이념, 그리고 격물치지

맺음말을 대신하여, 주희가 「두 진씨가 간쟁한 의론의 유묵을 읽고」 말미에 남긴 일화를 분석하고자 한다. 1169년 8월, 그러니까 주희가 세상을 떠나기 1년 전, 그는 제자의 어떤 말을 계기로 문득 『장자』 「천하」편의 한 구절을 떠올렸다. "[전병(田騈)이] 설명했던 도는 참된 도가 아니고 그가 말했던 '올바름'은 '그릇됨'을 못 면했다." 주희는 이 논평이 왕안석에게도 그대로 적용된다고 생각했다. 마침 이틀 후, "형공(荊公, 왕안석)은 바로 '진리의 통일[一道德]'이라는 자기주장에 사로잡혀 오도되었다"라고 주희에게 의견 표명한 사람이 있었다.

'진리의 통일'은 북송의 개혁가 왕안석의 대표적 주장으로, 당시 분분했던 사상을 통일해야 한다는 의미를 담는다. 왕안석은 자기주장을 관철하기 위해 고등 교육 체계와 관리 선발 절차를 일원화하고, 과거 시험 교재를 단일화하기 위해 『삼경신의(三經新義)』, 『자설』 등을 짓는 노력을 하였다. 그 과정에서 『춘추』와 『예기』를 정규 교과에서 빼버렸는데, 그로 인해 왕안석은 당시는 물론 후대에도 숱한 비난을 받았다. 주희를 향해 왕안석을 비판했던 사람은 그 점을 염두에 두었음이 틀림없다.

뜻밖에도 주희는 그의 견해에 동의하지 않았다. '진리의 통일'은 왕안석이 멋대로 창안해 낸 사적 주장이 아니라 '선왕의 정치 행위'에 해당한다고 주희는 말한다. 이때 주희는 "천하가 매우 혼란스러워지고 현인과 성인이 모습을 감추자 진리가 통일되지 않았는데[道德不一], 천하 사람 대부분은 진리의 한 면모만 엿보고 스스로 좋아하였으니 […] 내성외왕의 도가 어두워지고 막혀버렸다"라는, 역시 『장자』 「천하」편의 한 구절을 생각했을 것이다. 내성외왕의 도가 실현되었을 때, 다시 말해 성왕의 정치가 이루어졌을 때는 도덕의 통일이 이루어지리라는 얘기이다.

따라서 "당신은 진리의 통일이라는 주장에 사로잡혀 일을 그르쳤다"라는 식으로 자신을 비판하는 사람과 만난다면, 왕안석은 필시 그를 향해 "당신은 진리를 잘 모른다"라고 면박할 것이라고 주희는 말한다. 그렇다면, 왕안석은 진리를 잘 알았기 때문에 진리의 통일이라는 선왕의 정치 행위를 주군인 신종(神宗)에게 촉구했던 현신(賢臣)이란 말인가?

하지만 위에서 주희는 왕안석을 전병과 같은 사이비라고 평했다. 곧, 왕안석이 설명한 '도'는 참된 '도'가 아니고 그가 말한 '올바름'은 '그릇됨'

이라고 하였다. 그래서 왕안석에 대한 주희의 평가는 모순인 것 같다. 그러나 꼭 그렇지는 않다. 왜냐하면, 진리에 대한 왕안석의 이해가 반드시 정확하지는 않으나, 진리의 통일이 정치적으로 지향해야 할 것임은 그가 잘 이해하고 있었다고 해석할 여지가 있기 때문이다.

다시 말해, 왕안석의 정치적 행태는 인정할 만한 것이지만 다만 그의 학문적 견해가 올바르지 못하다는 것이 주희의 입장이었을 것이다. 이는 "왕형공이 신종을 만났던 일을 얘기해보면 천재일우라 할 수 있지만, 애석하게도 그의 학문이 옳지 않아서 나중에는 곧바로 그렇게 무너져 버렸다"라는 주희의 발언과 일치한다. 그리고 이것은 다름 아닌 왕안석에 대한 주희 비판의 핵심 기조이다. 왕안석의 최초 지향 및 군주와의 관계 설정은 바람직했으나, 결국 개혁에 실패하고 말았던 까닭은 이념 실현 추구의 급진성 탓이었고, 이런 급진성이 생겨난 까닭은 그가 삶 속에서 '격물치지'를 통해 이념을 길어내지 않았기 때문이라는 것이 주희의 최종 결론이다.

이원석 ophil91@jnu.ac.kr

전남대학교 철학과 교수. 서울대학교 철학과를 졸업하고, 동 대학에서 중국 철학 전공으로 철학석사 및 박사를 취득했다. 석사 논문에서는 이정(二程)의 제자 중 한 명인 사량좌(謝良佐)의 지각 개념을 분석하여 주자학 이해의 지렛대로 삼고 자 했고, 박사 논문은 북송대(北宋代)에 펼쳐진 다양한 인성론과 관련 논쟁을 분석 하여 도학(道學) 성립의 사상적 배경을 탐구했다. 도학의 밖에서 도학의 안을 들여 다보는 작업에 매진하는 한편으로 호남 지역의 성리학자들을 연구하고 있다. 논문 으로 「북송대의 입양 습속에 대한 구양수의 견해 — 그의 복의(濮議)를 중심으로」 등이 있다.

1부   노장(老莊)과 유가(儒家)의 진실

심학적 도통론의 관점에서 본
퇴계의 출처관

정종모(부산대학교 철학과 조교수)

1. 들어가며

안동에 소재한 한국국학진흥원에는 유교문화박물관이 있고, 그와 연
계된 전시실이 마련되어 있다. 그 가운데 목판 전시실과 현판 전시실의 문
물은 박물관 자체의 개성과 특징은 물론 안동 유교 문화의 격조를 보여주
는 고급 컬렉션이라 할 만하다. 무엇보다 '한국의 유교책판'은 유네스코 세
계기록유산(2015)으로, '한국의 편액'은 유네스코 아시아·태평양 지역 기
록유산(2016)으로 등재되어 있다. 이 가운데, 개방형 구조의 현판 전시실 앞
에 서면, 유리창 너머로 한석봉(韓石峯)의 글씨가 새겨진 '도산서원(陶山書
院)' 편액 원본이 위용을 뽐내면서 방문객을 맞이하고 있다.

한석봉의 글씨는 누가 보아도 엄정하고 단정하다. 퇴계 선생 사후, 도
산서당을 확장하여 도산서원을 건립할 때, 선조(宣祖)는 현판 제작을 위해
석봉에게 '도산서원' 네 글자를 쓰도록 명하였다. 선조는 긴장과 중압감 때
문에 석봉의 붓끝이 긴장될 것을 염려하여 '원-서-산-도'의 순서로 글자를

불러줬다. '도(陶)' 글자에 이르러 붓놀림이 살짝 부자연스러운 것도 당시 석봉이 느낀 충격과 중압감의 흔적이라고 한다. 어쨌든 석봉의 글씨는 마치 중국의 공묘(孔廟) 안에 걸린 '만세사표(萬世師表)' 현판이 뿜어내는 위엄 못지않게 도산서원의 엄정한 가풍을 대변하고 있다.

한편, 흥미롭게도 같은 현판 전시실에는 예서체로 된 '도산서당(陶山書堂)'과 '농운정사(隴雲精舍)' 편액도 함께 수장되어 있는데, 퇴계의 글씨를 새긴 것으로서 글씨체가 엄정함과는 거리가 멀다. 붓글씨에 문외한인 필자가 보기에도 골기(骨氣)나 의식적 기교가 배제된 편안하고 자연스러운 느낌이다. 특히 '산(山)' 글자의 운필은 그림 놀이인 듯하여, 마치 유머가 배여 있는 듯하다. 이렇게 보니, 도산서원 현판의 엄숙함과 격조는 퇴계에 대한 존경을 드러내고 있기는 하지만, 퇴계의 정신과 내면에 대한 온전한 이해를 보여주는 것은 아니라는 의문이 든다.

물론 도산서원은 형식에 있어 도산서당의 확장으로서, 건축적으로는 도산서당과 농운정사를 품고 있다. 그러나 퇴계가 쓴 도산서당 편액 글씨와 석봉이 쓴 도산서원 현판 글씨의 이질감만큼 인간 퇴계의 내면 풍경과 성자(聖者)로서의 퇴계 간에는 거리와 단층(斷層)이 존재하는 것은 아닐까? 오히려 사단칠정론(四端七情論)과 리발설(理發說) 같은 퇴계 철학의 정수야말로 인간 퇴계의 진솔한 풍경을 차단하고 있는 장애는 아닐까?

이 글은 퇴계의 내면 풍경을 살짝 엿보고자 하는 시도이다. 퇴계 철학의 전공자가 아닌 입장에서 조심스럽기도 하지만, 『퇴계선생언행록』이나 시(詩)를 틈틈이 읽으면서 송대 도학(道學)에 대한 퇴계의 수용과 호응의 지점이 낯설지만은 않게 느껴졌다. 이러한 체험에 기대어 아래에서는 특히 그의 출처와 관련된 논의를 더듬으며, 그것이 상황적·현실적 맥락과 무관하지는 않지만, 보다 심층적으로는 송대 도학에 대한 나름의 이해의 반영이라는 점을 드러내고자 한다. 특히 퇴계가 이른바 '득군행도(得君行道)'나 '각민행도(覺民行道)'로 대표되는 적극적 구세 의식의 실천으로 나아가지 않고, 은거(隱居)와 학문에의 침잠을 고수한 데에는 정명도(程明道) 이래 양구산(楊龜山)과 이연평(李延平) 등으로 이어지는 이른바 도남학(道南學)의 철학과 출처관에 대한 공명(共鳴)이 적지 않게 작용했다는 점을 시론적으로나마 제시하고자 한다.[1]

2. 정치문화의 우선성을 넘어서

중국 사상사 분야의 대가 가운데 한 명인 여영시(余英時)는 『송명리학과 정치문화』[2]에서 주자학과 양명학의 정치 사상을 비교한다. 이 저술은 그의 대표작 가운데 하나인 『주희의 역사세계』[3] 서론에 「명대 리학(理學)과 정치문화 발미」 한 편을 덧붙여 편집한 책이다. 내용을 간추리면, 여영시가 보는 송대 정치 문화의 특징은 한마디로 "올바른 임금을 얻어 이상을 펼치

1　참고로 도남학과 퇴계의 철학 간의 상관성을 논의한 기존의 연구로 다음과 같은 성과가 있으며, 요긴한 참고가 된다. 안영상, 「퇴계가 도산에 은거하며 연평을 이었던 길」, 《퇴계학》 제15집(안동대 퇴계학연구소, 2005) 및 이봉규, 「『연평답문』 논의를 통해 본 퇴계학의 지평」, 《동방학지》 제144권(연세대 국학연구원, 2008).

2　余英時, 『宋明理學與政治文化』(允晨出版社, 2004).

3　余英時(이원석 옮김), 『주희의 역사세계(상, 하)』(글항아리, 2015).

고[得君行道]", "황제와 사대부가 공동으로 천하를 통치한다[共治天下]"
라는 이념을 기치로 지식인 사대부의 발언권과 정치 참여를 보장하는 것
이다. 이것은 단적으로 말해 맹자가 표방한 왕도정치와 유가적 이상주의의
부활이다. 왕안석(王安石)의 신학(新學)이건 이정(二程) 형제 이래의 도학(道
學)이건 모두 이 지점을 공유한다.

  여영시가 보기에, 이러한 사대부의 구세(救世) 의식과 이상주의는 명
대(明代)로 진입하면서 무너진다. 명대의 정치 환경은 지극히 열악했다. 감
옥에서 죽거나 형벌로 죽는 사대부가 즐비했다. 명대에 이르러 "사대부는
죽일 수는 있어도 모욕을 주지는 말아야 한다"라는 원칙이 폐기된 것이다.
결국 유가 지식인에게 남겨진 선택은 내성학(內聖學)에 침잠하여 '독선기신
(獨善其身)'의 소극적 행보에 머무는 것이었다. 호거인(胡居仁), 진헌장(陳獻
章) 등 명대 초기 유학자에게 '득군행도'의 패기를 찾아보기 어려운 이유가
여기에 있다.

  이러한 상황에서 왕양명(王陽明)이 등장한다. 그는 유배지인 용장(龍
場)에서 "성현의 도는 나의 본성에 이미 갖추어져 있으므로, 외물을 탐구
하는 것은 잘못이다"라는 깨달음을 얻는다. 여영시가 보기에 이러한 깨달
음은 정치 참여와 상향식 개혁의 길이 끊어진 상황에서 대두한 철학적 인
식의 전환이다. 이러한 왕양명의 인식 전환은 '독선기신'의 소극성에만 머
물지 않았는데, 다시 말해 그의 '양지교(良知敎)'는 새로운 정치 사상을 함
축하고 있었고, 그것은 바로 윤리적 실천의 공간을 조정(朝廷)이 아니라 지
방과 민중의 삶으로 전환함을 의미했다.[4]

  이상과 같은 해석에 따르면, 명대 정치 환경의 열악성을 왕양명은 '공
치천하'의 대상을 민중으로 바꾸고, 정치적 계몽의 공간을 향촌이나 백성

의 일상으로 전환함으로써 돌파한 셈이 된다. 예컨대 양명학 진영에서 성행했던 강학(講學) 활동은 민간의 풍속을 진작시키고, 지식인의 결속과 백성의 도덕적 각성에 결정적 영향을 주었다. 이로써 유가 지식인과 조정(朝廷)의 파트너십이 아니라, 유가 지식인과 민간 사회의 파트너십이 구축된 것이다. "길거리의 사람 누구나 성인이 될 수 있다"라는 양명학의 캐치프레이즈는 "백성 누구나 정치의 주체가 될 수 있다"라는 정치적 구호로 탈바꿈되는 것이다. 이렇게 보면, 맹자의 왕도정치는 거칠게 비교하면, 송대 주자학 전통에 와서는 '득군행도론'으로, 명대 양명학 전통에 와서는 '민도정치론(民道政治論)' 또는 '각민행도론'으로 분화, 발전했다고 말할 수 있다.

그렇다면, 주자학의 계승을 자임했고, 시대적으로는 왕양명과 한 세대 차이에 불과한 퇴계의 정치 사상과 출처관의 초점은 어디에 있을까? '득군행도'의 길이든 '각민행도'의 길이든 모두 내성외왕(內聖外王)과 수기안민(修己安民)의 방법에 속한다는 점에서는 같다. 그러나 만약 여영시의 도식

---

4   여영시는 청대(淸代) 학자 초순(焦循)의 다음과 같은 말을 인용한다. "나는 주자의 학문이 천하의 군자를 교육하는 것이고, 양명의 학문이 천하의 평범한 사람을 가르치는 것이라고 생각한다. […] 그러나 마땅한 도리를 실천하고, 근원적 이치를 돌이켜 고찰하며 경사(經史)의 문장을 익히고, 성명(性命)의 근본을 논하는 것은 일부 독서인에게나 가능한 일로, 어리석고 우둔한 이들에게 강제할 수 없다. 양지(良知)는 양심을 일컫는다. 비록 어리석고 불초한 사람, 독서인이 아닌 사람이라고 해도 그것에 감화를 받으면 실천하지 않음이 없다. […] 목민자(牧民者)가 진실로 인간의 양심을 일깨우면, 도둑도 없을 것이고, 서로 다투지도 않을 것이다. 농부는 농부대로, 상인은 상인대로 각자의 일에 자족할 것이다. 그런 연후에 일부 독서인이 궁리와 격물을 온전히 규명하는 역할을 하면 되는 것이다." 余英時, 앞의 책, 301쪽.

을 퇴계의 철학에 적용한다면 우리는 난점에 처하게 된다. 예컨대 정순우는 "율곡의 도통론은 퇴계와 달리, 일종의 군사적(君師的) 도통론의 성격을 띠면서, 치국(治國)과 치민(治民)에 깊이 연관되어 있다. […] 퇴계와 비교할 때, 율곡의 도통론은 치국이나 치인의 문제와 더욱 긴밀하게 연결된다. 율곡의 도통론은 왕권과 결합된 형태를 가장 이상적인 상태로 생각한다"[5]라고 하였다. 한편, 한형조 역시 퇴계의 주리(主理) 철학과 율곡의 주기(主氣) 철학의 면모를 그들의 출처에 연동시켜 논의하면서 다음과 같이 말한다.

> 율곡은 울고 웃는 현실을 떠나 어떤 순수도 어떤 절대도 없다고 생각했다. 인간은 기(氣)의 네트워크 속에서 기를 발현하면서 살고 있다. 고립된 영역은 없고, 관계란 존재의 운명이다. […] 인간은 자신의 유위(有爲)를 통해 사회 조직의 구조, 생산과 소비의 구조, 권력 배분의 구조, 규범과 법전의 구조를 합리화하고 조정 통제하는 '우주적 소명(cosmic responsibility)'을 안고 있다. 이 주기(主氣)의 철학적 확신이 그로 하여금 절망적 상황에서도 언제나 사회와 정치 속으로 나아가도록 이끌었다. 요컨대 율곡이 사회적이라면 퇴계는 종교적이다. 율곡이 정치가인데 비해, 퇴계는 수도사이다. 율곡은 활동적 삶(vita activa)을 지향했고, 퇴계는 명상의 삶(vita contemplativa)을 꿈꾸었다. 이 차이를 결정한 것은 둘이 처한 사회정치적 여건의 탓도 있지만, 나는 근본적으로 그들의 기질과 개성 탓이 아닐까 하고 생각한다.[6]

5   정순우, 『공부의 발견』(현암사, 2007), 154쪽.
6   한형조, 『성학십도, 자기 구원의 가이드맵』(한국학중앙연구원출판부, 2018) 463쪽.

퇴계와 율곡의 정치적 지향의 차이를 간명하게 대비시킨 내용인데, 달리 말해서 율곡은 명확하게 '공치천하'와 '득군행도'의 전략을 구사했다고 할 수 있다. 우리는 이를 『성학집요(聖學輯要)』나 그의 주차(奏箚)를 통해 확인할 수 있는데, 예컨대 『성학집요』는 수기(修己), 정가(正家), 위정(爲政)을 강령으로 하면서 내성외왕의 연속성을 명확하게 강조한다. 그러나 퇴계의 경우, 비록 『성학십도(聖學十圖)』를 통해 왕도(王道)의 실현을 촉구했지만, 아무래도 내성의 측면에 치우쳐 있다. 간단히 말해 퇴계의 출처는 정치 문화의 공간과 맥락에서 얼마간 거리를 지니고, 일관되게 '심성지학(心性之學)'의 건립 또는 '도체(道體)의 체인'에 집중하고 있다. 한편에서 보면, 주자학의 위를 향한 계몽이든, 양명학의 아래를 향한 계몽이든 양자 모두 사대부의 문제의식과 관련하여 외왕학이 내성학에 우선한다는 취지에 호응하고 있고, 그 점에서 여영시가 말하는 '정치 문화의 우선성' 명제를 이탈하지 않는다.

반면에, 퇴계의 철학과 출처론은 시종 정치 문화의 맥락과 일정한 거리를 둔다. 일찍이 퇴계는 "선생께서는 시사(時事)에 대해 한 말씀도 없으시니, 물에 빠진 사람을 보고도 구원하지 않는 사람이라고 의심하는 사람이 꽤 있습니다"라는 한 제자의 우려를 전해 듣고는 "나는 본래 사리에 밝지 못한 사람이자 병으로 못 쓰게 된 사람일 뿐이다. […] 나는 본래 고루하여 시골에 묻혀 사니, 취할 만한 조그마한 장점도 없고, 기억될 만한 말 한마디도 없다. 도리어 헛된 명성을 잘못 얻어 벼슬이 연이어 내려졌으니, 이미 부끄럽고 두려운 마음을 이겨낼 수 없다"[7]라고 응수하였다. 이처럼 그는 대체로 출사와 시무(時務)에 시종 소극적 태도를 보였다.

여기에서 간단히 퇴계의 출처에 대한 태도를 더듬으면, 그는 명종 4년

(1549) 49세 때 사직원을 올리면서 사실상의 은퇴를 도모했고, 이후 21년 동안 53회의 사퇴원을 내었다고 한다. 이상은의 분석에 따르면, 퇴계는 사퇴의 이유로 크게 신병(身病), 노쇠, 재능의 부족과 직책의 불감당, 염치의 존중 등 네 가지를 거론했다.[8] 또한, 퇴계의 출처에 관해 세밀한 연구를 진행한 전세영에 따르면, 퇴계의 출처에 영향을 미친 요소로 ① 직무 책임의 고저, ② 군신 간의 예와 의리, ③ 군주의 현부(賢否), ④ 천거자의 인품과 성향, ⑤ 부친의 건강과 부모의 희망 여부, ⑥ 세론(世論)과 조정 여론의 향배, ⑦ 어전 회의나 조정 내의 공격과 이간질 여부, ⑧ 왕의 허락 여부 등 여덟 가지 주요 요인과 ① 퇴계의 질환, ② 조선 중기의 정치적 상황과 정치적 트라우마, ③ 퇴계의 성격, ④ 주자의 영향 등 네 가지 부차적 요인이 있다.[9]

그러나 필자가 보기에 이러한 분석은 퇴계의 출처를 둘러싼 현실적·상황적 요인에 치중했다는 점에서 일면 아쉬움이 남는다. 이상은의 경우 "이렇게 사면을 고수하는 퇴계의 심정에 대해서는 그의 지우, 문인들도 잘 알지 못하여 그 당시 여러 가지 말이 많았거니와, 지금까지도 이것은 사람에 따라 이렇게 해석되기도 하고 저렇게 해석되기도 하는 하나의 역사적 수수께끼이다. 필자는 이 수수께끼를 그의 '학문애호열'로써 풀어볼까 한다"[10]라고 하여 현실적 판단보다는 내면적 이유에 눈을 돌렸다. 다만 이 또한 어쩌면 더욱 근원적인 요인이라 할 수 있는 형이상학적 요인 또는 철학

---

7   이덕홍, 『간재문집』, 권6, 「계산기선록하(溪山記善錄下)」.

8   이상은, 『퇴계의 생애와 학문』(예문서원, 2011), 38쪽.

9   다음의 논문을 참조. 전세영, 「퇴계의 출처와 정치적 고뇌」, 《한국정치학회보》 53집 4호(한국정치학회, 2019).

10   이상은, 위의 책, 44쪽.

적 배경을 자세히 다루지는 않았다.

만약 우리가 외적인 원인과 내적인 원인을 균형 있게 조망한다면, 퇴계의 출처에 대한 온전한 이해가 가능할 것이다. 후자의 요인과 관련하여 필자는 도체의 체인과 도통의 계승에 대한 퇴계의 지향이 그의 출처에 영향을 미치는 지속적 요인이었다고 생각한다. 특히 도학 내부의 주정적(主靜的) 철학에 대한 그의 강한 호응이 그를 더욱 은일자중(隱逸自重)하게끔 이끌었다고 말할 수 있다. 아래에서는 그의 도체에 대한 이해와 공부론이 주렴계와 정명도 이래의 주정(主靜) 철학에 커다란 영향을 받았으며, 그것이 재차 거경(居敬)의 공부론으로 이어졌음을 보이고자 한다.

3. 퇴계의 도체(道體) 이해와 정명도의 '정관자득(靜觀自得)'

앞서 말했듯이, 퇴계의 출처관을 이해하는 관건 가운데 하나는 도체(道體)에 대한 그의 이해이다. 단적으로 말해, 도의 존재 양식과 도와 마음의 관계에 대한 퇴계의 통찰은 그의 출처나 은거(隱居), 또는 산수벽(山水癖)과 긴밀하게 조응하고 있다. 그런데 도체에 대한 체인을 위한 자세로서 퇴계는 시종 '주정적(主靜的)' 태도나 내면적 관조를 강조한다. 거칠게 비교하면, 왕양명이 마음의 발동처에 대한 포착을 중시하고 사상마련(事上磨鍊) 등의 명제를 통해 마음의 유행(流行)이나 역동적 현실에서 도체의 초월성을 포착하는 길로 갔다면, 퇴계는 오히려 뒤로 물러난 상태에서 도체를 고요하게 관조하는 길을 선택했다.

양명의 도체는 양지(良知)의 현행으로 드러나는데, 공부란 결국 마음의 유행에 수반된 천기(天機)의 예봉(銳鋒)을 발휘하는 데 달려 있으며 그 정점에는 이른바 양명후학의 '현성양지(現成良知)'가 놓여 있다. 그러나 퇴계 철학에서 강조되는 천리나 도체는 그것이 리발(理發)과 리동(理動) 같은 개념으로 표현되기는 하지만, 마음의 능동성을 통해 발현된다기보다는 오히려 마음의 적정(寂靜)을 투과하여 감지되며, '발(發)'이나 '동(動)' 역시 주관적 마음 또는 세계에 투영된 초월적 실체의 권능과 묘용(妙用)을 가리킬 뿐, 왕양명이 말하는 양지의 유행이나 활동성과는 거리를 갖는다.

이렇게 본다면 퇴계의 철학이 분명 내면주의적 요소를 짙게 띠고, 그러한 경향을 반영하여 '퇴계 심학'이란 용어를 사용할 수 있다고 하더라도 그것은 '양명 심학'과 커다란 차이를 지닌다. 간단히 대비하면, 양명 심학의 공부론은 결국 마음의 능동성을 초점에 둔 '치양지(致良知)'로 귀결되지만, 퇴계 심학의 공부론은 이른바 '정관자득(靜觀自得)'을 지향하는 '거경론(居敬論)'으로 수렴된다. 우리는 퇴계의 이러한 노선을 정명도의 시 「추일우성(秋日偶成)」과 함께 논의할 수 있겠는데, 해당 시의 후반부는 다음과 같다.

> 한가로움에 아무 일에나 차분해지고[閑來無事不從容],
> 아침에 잠을 깨니 동창에는 해가 벌써 붉네[睡覺東窓日已紅].
> 만물을 고요히 살피니 제 분수대로 편안하고[萬物靜觀皆自得],
> 사계절의 아름다움은 인간의 삶과 다름이 없네[四時佳興與人同].
> 도는 천지간 형체 없는 것에까지 이르고[道通天地有形外],
> 생각은 온갖 자연의 변화 속으로 녹아드네[思入風雲變態中].
> 부귀해도 마음 빗나가지 않고, 빈천해도 즐겁기만 하니[富貴不淫貧賤樂],
> 남아가 이 경지에 이르면 호걸이 아니겠는가[男兒到此是豪雄]?[11]

「추일우성」은 성리학자의 대표적인 철리시(哲理詩) 가운데 하나로 평가받는다. 이 시에서 정명도는 천도(天道)와 인도(人道), 초월과 내재, 동(動)과 정(靜), 시간과 공간, 주관과 객관이 교차·합일되는 경지를 노래하고 있으며, 그러한 향유의 근거에는 천도의 보편성과 절대성, 그리고 마음과 세계의 합일이 자리하고 있다. 퇴계 또한 그의 철학과 수많은 시(詩)를 통해 유사한 경지를 강조하고 있다. 최진덕은 이러한 퇴계의 경향을 자연주의와 내면주의로 독해한다.

퇴계학에서는 자연주의 혹은 내면주의가 더욱 강화된다. 이황의 강화된 자연주의 혹은 내면주의는, 그가 수많은 매화 시를 포함해서 주희보다 훨씬 많은 수의 자연 시를 남기는 데에 직접적인 영향을 주었음에 틀림없고, 그가 세운 서원의 성격과 규모와 위치에도 상당한 영향을 주지 않았을까 짐작된다. 또한 강화된 자연주의 혹은 내면주의로 인해 철학 이론적 측면에서는 본체론의 주리적 경향이 더 강화되고, 공부론의 주정적 경향이 더 강화될 수 있다. 실제로 퇴계학의 본체론은 주자학의 본체론보다 더 주리적이고, 퇴계학의 공부론은 주자학의 공부론보다 더 주정적이다.[12]

퇴계 철학의 주리적 경향과 주정적 경향이 그의 내면주의와 자연주의와 결부된다는 위의 평가에 필자도 동의한다. 특히 자아와 자연에 대한 관

11   정호·정이, 『이정문집』, 권3.
12   최진덕, 「도산서원과 퇴계학의 꽃 매화」, 한형조 등 저, 『도산서원』(한국학중앙연구원출판부, 2018), 31쪽.

조 속에서 리의 보편성과 초월성에 침잠하는 것을 중시하는 퇴계의 입장은 자연스레 주정(主靜) 공부를 강조하는 방향으로 흐른다. 필자는 이를 자연과 내면, 그리고 동시에 천리와 마음의 합일을 지향하는 '정관자득의 합일론'이라 부르면 어떨까 생각한다. 도통론의 맥락에서 보면 이는 정명도 철학에 대한 그의 체득과 관련이 깊다. 다음과 같은 퇴계의 시는 「추일우성」의 주제와 조응하면서 정명도의 취지에 대한 그의 호응을 보여준다.

> 강가의 높은 곳 오를 때마다 홀로 탄식하였는데[每上江臺獨喟然],
> 지금 그대 또한 하늘과 깊은 못을 읊조리네[如今君亦詠天淵].
> 기공의 오묘한 곳을 백순이 발휘했으니[沂公妙處淳公發],
> 천년 사이 누가 과연 옛글을 이을 수 있겠는가[千載誰能續舊編]?[13]

여기에서 퇴계는 자연을 읊조린 기공(沂公)과 백순(伯純), 즉 자사(子思)와 정명도를 소환하고 있다. 위의 시에는 "자사의 '연비어약(鳶飛魚躍)'의 뜻을 정명도는 '반드시 일삼음이 있되 미리 예단하지 말라'라는 뜻과 같다고 생각했다. 이것을 알아야 천연(天淵)의 묘미를 알게 된다"라는 설명이 덧붙어 있는데, 시의 내용에서 "하늘과 깊은 못을 읊조린다"라는 말 자체가 이미 '연비어약'의 이미지를 달리 표현한 것이라 할 수 있다. 정명도는 일찍이 다음과 같이 말하였는데, 퇴계의 시는 분명 이를 의식하고 있다.

---

13   이황, 『퇴계문집』, 권5, 「삼가 김수가 내가 지은 천연대시에 화답한 시에 대해 다시 각운자를 써서 짓다[奉次金子·昻晬, 和余天淵臺韻]」.

『중용』에서 "솔개는 하늘에서 날고, 물고기는 연못에서 뛰논다'라고 했는데, 상하에 천리가 밝게 드러남을 말한 것이다"라고 하였다. 이 구절은 자사께서 절실하게 사람들을 위해 말한 것으로, 『맹자』에서 말한 "반드시 일삼음이 있되 미리 예단하지 말라"는 구절과 의미가 같으며 생동감이 넘친다. 이를 체득하면 생동감이 넘치겠지만, 체득하지 못한다면 정신을 낭비하는 데 불과하다.[14]

정명도는 『시경』과 『중용』에 언급된 '연비어약'을 천리의 생동적 전개와 투영으로 이해하면서 이를 체인하기 위한 마음의 공부로 맹자의 '물망물조'를 끌어들이고 있다. 여기에서 퇴계는 정명도의 「추일우성」과 위의 언설을 자기 철학의 핵심 화두로 삼고 있다. 흥미롭게도 주자는 위의 내용과 관련하여 '연비어약'과 '물망물조'를 직접 연결하는 것에 대해 조심스러워했으며, 심지어 천리의 오묘한 운행 및 그에 대한 직관을 강조하는 정명도의 관점이 자칫 선불교의 공부법을 조장하지 않을까 우려했다.[15] 다시 말해, 적어도 위의 구절을 대하는 데 있어서 퇴계는 주자의 관점에 온전히 동의하지 않는다. 예컨대 다음의 내용에서 보이듯이, 퇴계는 매우 적극적으로 정명도의 취지를 수용한다.

'물망물조'와 '연비어약'을 논하여 비유를 취하는 의미로 삼아서, 자연무위

---

14   정호·정이, 『이정유서』, 권3.
15   이에 대해서는 예컨대 『주자어류』 권63의 83조목 또는 권96의 17조목을 참조할 수 있다.

(自然無爲)의 기상만을 취하였는데 좋은 해석입니다. 그러나 옛사람들이 이를 논한 여러 설명을 보면, 이것은 비유를 취해서 그 기상을 말한 것이 아니라, 이를 통해 저것을 들어서 도체가 자연히 발현하고 유행하는 실상을 보인 것입니다. '물망물조' 같은 것은 도가 나에게 있어서 자연히 발현하고 유행하는 실상을 볼 수 있는 것이요, '연비어약'은 도가 사물에 있어서 자연히 발현하여 유행하는 실상을 볼 수 있는 것입니다.[16]

퇴계는 정명도의 언급이 도체의 발현과 묘용은 물론 그에 대한 주체의 자득과 체인을 함께 묘사하고 있다고 평가한다. 천리나 천도는 자아와 대상, 주체와 사물을 관통하고 있으며, '물망물조'로 대표되는 일종의 거경 공부는 그러한 도체의 활발발(活潑潑)한 주재와 관여를 체인하는 과정이라 할 수 있다. 퇴계는 일관되게 마음과 만물의 대립 구도를 해소하고 있으며, 천리에 의한 주체와 대상, 자아와 사물의 관통을 강조한다는 점에서 좁은 의미에서의 의지적(意志的) 심학을 벗어난다. 우리는 퇴계와 학봉(鶴峯) 김성일(金誠一)의 대화를 통해 재차 퇴계의 취지를 엿볼 수 있다.

내가 "'연비어약'이 『맹자』의 '반드시 일삼음이 있되, 미리 예단하지 말고 잊어버리지도 말고 조장하지도 말라'라는 것과 같은 뜻이라는 게 무슨 의미입니까?"라고 묻자 선생께서 말씀하셨다. "'연비어약'은 화육(化育)이 유행(流行)하여 위와 아래에 밝게 드러나 보이는 것이 모두 리(理)의 작용 아님이

---

16   이황, 『퇴계문집』, 권25, 「답정자중(答鄭子中), 별지(別紙)」.

없음을 나타낸 말이다. 리는 쉼이 없기 때문에 저절로 유행하여 한순간도 중단되는 일이 없다. 사람 역시 반드시 호연지기를 기르되, 미리 예단하거나 잊어버리거나 조장하려는 병통을 없게 한다면, 본체가 드러나고 묘용이 행해지게 되어 역시 한순간도 중단됨이 없게 되거늘, 그 모습이 이와 같은 것이다."[17]

이러한 퇴계의 해석은 주렴계의 '주정무욕(主靜無欲)' 또는 정명도의 '정관자득'의 경지와 일맥상통한다고 말할 수 있으며, 결과적으로 정적인 관조나 무위(無爲)의 실천을 강조하는 방향에서의 거경 공부로 수렴된다고 말할 수 있다. 예컨대 퇴계는 「도산잡영(陶山雜詠)」에서 '뜰 앞의 풀[庭草]'에 대해 "뜰 앞의 풀과 생각 매한가지이니, 누가 그 미묘한 뜻과 일치할 수 있을까? 그림과 글 천기를 드러내고 있으니, 다만 마음 가라앉혀 추구할 뿐이네[庭草思一般, 誰能契微旨. 圖書露天機, 只在潛心耳]"[18]라고 읊고 있는데, 이는 "주렴계가 창문 앞의 풀을 베지 않았는데, 그 이유를 물으니 '내 마음과 같다'라고 하였다"[19]라는 에피소드에 드러난 경지를 찬미한 것이라 할 수 있다.

그리고 퇴계가 말한 천기(天機)에 대한 '잠심(潛心)'도 결국 맹자의 '물망물조', 주렴계의 '주정무욕', 정명도의 '정관자득'의 또 다른 표현에 해당한다. 이러한 퇴계의 지향과 통찰은 형이상학적 측면에서는 천리나 천도가 주체의 마음에 내재할 뿐 아니라, 만물과 현상에도 편재하고 있음을 긍정

---

17   김성일, 『학봉속집』, 권5, 「퇴계선생언행록」.
18   이황, 『퇴계문집』, 권3, 「도산잡영(陶山雜詠), 정초(庭草)」
19   정호, 정이, 『이정유서』, 권3.

하는 것과 연결된다. 그리고 공부론 차원에서는 천지 만물에 대한 천리나 천도의 주재와 관여를 관조하고, 세계와 자연에 대한 경외(敬畏)와 내면의 침잠을 강조하는 거경의 공부론으로 수렴된다.

이러한 도체에 대한 이해와 공부론의 정립은 분명 주자학에 대한 심득(心得)과 무관하지 않지만, 그 연원과 맥락을 살펴보면, 주렴계와 정명도의 공부론에 더욱 밀착된 것이라고 말할 수 있다. 그리고 이는 무엇보다 그의 출처나 진퇴와 관련해서도 근원적 영향을 미치는 요소가 된다. 아래에서는 주렴계와 정명도의 철학이 재차 양구산과 이연평으로 흡수되어 도남학(道南學) 전통을 일구는바, 그러한 노선에 대한 퇴계의 경도(傾倒)가 결국 출처관에도 깊은 영향을 미쳤음을 보이고자 한다.

4. 심학적 도통론과 퇴계의 출처관

위에서 논의했듯이, 정치 사상이나 출처관의 측면에서 퇴계는 '득군행도'와 '각민행도' 두 노선 모두와 일정한 거리를 지닌다. 유학자로서 퇴계가 내성외왕의 이념 자체를 도외시했다고 말할 수는 없겠지만, 적어도 그의 심성지학에 대한 천착이 조정이나 민간에서의 계몽이나 교화를 직접 도모했다고 보기는 어려울 듯하다. 그렇다면 퇴계의 철학과 출처에는 구세적(救世的) 전망이 희미했다고 할 수 있는가? 위에서 보았듯이, 그는 본체의 묘용에 대한 마음의 자득을 공부의 본령이자 목적으로 삼았다. 이는 결국 천리의 자연스러운 주재(主宰)를 위기지학(爲己之學)이나 덕성의 최고 경지로 보았다는 뜻이다. 퇴계의 기상이 그에 상응한다는 점을 퇴계 후학은 다음과 같이 묘사한다.

선생의 학문은 사욕이 싹 사라지고 천리가 날로 밝아져서 나와 상대 사이에 피차의 경계가 있는 것을 볼 수가 없었다. 그 마음은 바로 천지 만물과 위아래로 함께 유행하여 모든 것이 각각 제자리를 얻는 신묘함이 있었다. 그러니 선생과 같은 분은 거의 무아(無我)의 경지에 이른 자이다.[20]

여기에서 말하는 '무아의 경지'란 마음이 천리와 합일하여 자아의 유한성을 초월했다는 의미일 터이다. 주렴계와 정명도의 '주정무욕', '정관자득'의 가르침은 양구산, 나예장(羅豫章), 이연평을 거치면서 '묵좌징심(默坐澄心)'과 '미발체인(未發體認)' 공부로 집약되는데, 퇴계는 특히 이것을 주자학의 혈맥으로 보았다. 이러한 이유로 퇴계는 "정(靜)을 위주로 하는 뜻은 공자, 맹자, 주자(周子), 정자가 모두 말했으며, 양구산 문하에서 요긴한 비결을 서로 전하여 주자에게까지 내려온 것도 역시 이 정(靜)에 있는 것입니다"[21]라고 하거나 "이연평이 말한 묵묵히 앉아서 마음을 맑히고 천리를 체인하였다는 주장은 배우는 자들이 글을 읽고 이치를 궁구하는 방법에서 가장 긴요한 것입니다"[22]라고 하여 주정 공부에 특화된 '심학적 도통론'을 강화하였다. 어렵지 않게 짐작할 수 있듯이, 양구산이나 이연평의 성취나 지위를 특히 강조하는 퇴계의 도통론과 내면으로의 관조와 침잠을 중시하

---

20 임영, 『창계집(습유)』, 「퇴계선생어록」.
21 이황, 『퇴계문집』, 권28, 「김이정에게 주다(與金而精)」.
22 임영, 위의 책, 「퇴계선생어록」.

는 그들의 공부론은 그 구조상 적극적 구세 의식이나 외왕학(外王學)과 연결되기 어렵다. 이 문제와 관련하여 정순우는 다음과 같이 말한다.

현실에서 성급하게 도의 왕국을 실현하려 하기보다는 우선 마음공부의 방법을 명확하게 드러내는 것이 순수한 리의 세계를 찾는 정도라고 생각하였다. 퇴계의 심학적 도통론은 남송 리학을 수용하는 과정에서 뚜렷하게 그 특징을 드러낸다. [⋯] 퇴계의 도통론은 순수 무잡한 리를 찾는 작업이었다. 그는 그 가능성을 경(敬) 공부론으로 이연평의 도남학과 장남헌(張南軒)의 호남학(湖南學)을 종합하는 것에서 찾으려 하였다. 일상에서 살아 움직이는 활경(活敬)을 체인하기 위하여 욕망을 다스리는 법을 역사 속의 인물로부터 배우고자 하였다. 이것이 퇴계 경 공부론의 지성사적 의미이다.[23]

위의 견해에 따르면, 퇴계의 심학은 경세학이나 사공학의 지향을 주저하면서 일차적으로 이정(二程) 이래의 내성학을 계승하고 회복하는 데 초점을 맞추었다. 퇴계는 일찍이 「성학십도를 올리는 차자」에서 "부지런히 힘써서 자신의 재주를 다하면, 안자(顔子)의 마음처럼 인(仁)을 떠나지 않게 되어 나라를 다스리는 일이 그 가운데 있게 될 것이며, 증자(曾子)처럼 충서일관(忠恕一貫)을 얻게 되어 도(道)를 전할 책임이 자신에게 있게 될 것입니다"[24]라고 말했는데, 결국 안회와 증자의 내성 공부에 이미 사업과 사공이 중첩되어 있다는 나름의 견해를 피력한 것이라 말할 수 있다. 사실 그의

---

23   정순우, 위의 책, 158쪽.
24   이황, 『퇴계문집』, 권7, 「성학십도를 올리는 차자[進聖學十圖箚]」.

이러한 관점은 예컨대 정명도의 "사람은 모름지기 안회를 배워야 한다. 안회의 덕(德)을 갖추면 맹자의 사공은 저절로 갖춰진다. 맹자는 우(禹)와 직(稷)의 사공에 해당한다"[25]라는 논지를 달리 표현한 것이다.

일찍이 맹자는 태평성대에 나랏일을 돌보는 데 헌신한 우임금과 후직, 그리고 가난 속에서도 자신의 즐거움을 잃지 않은 안회에 대한 공자의 칭송을 거론하면서 세 사람의 도가 같다고 평가했다. 정명도나 퇴계는 맹자의 관점을 보다 적극적으로 해석하여 안회의 내성학에 이미 사공의 가능성이 포함되어 있다고 평가한다. 다음과 같은 양구산의 언급도 퇴계의 관점과 같은 취지를 드러낸다.

> 안과 밖을 합일시키는 도를 알면 안자, 우임금, 후직의 같은 점을 알게 된다. 무릇 성의(誠意)와 정심(正心)으로부터 미루어 가면 평천하(平天下)를 이루는 경지에 도달하니, 이것이 바로 안과 밖의 도가 합일되는 까닭이다. 그러므로 성의와 정심을 살피면 천하가 그로써 평안하게 됨을 알게 된다. 천하가 평안해짐을 보게 된다면, 그것이 뜻이 성실하게 되고 마음이 바르게 되는 것을 통하지 않고서는 불가능함을 알게 된다. 이것이 바로 우임금과 후직, 안자가 동일한 까닭이다.[26]

양구산은 여기에서 표면적으로는 내성과 외왕의 연속성을 긍정하지만, 재차 내성의 우선성을 강조한다. 그의 논리는 심지어 내성의 완성이 전

---

25   정호·정이, 『이정유서』, 권11.
26   양시, 『구산어록』, 권1.

제되지 않는 한, 외왕의 실현은 유예될 수 있으며, 안회의 '불개기락(不改其樂)'과 같은 심법도 그 자체로서 독립된 의미와 가치를 지닌다는 의미를 함축한다. 양구산은 일찍이 지식인의 출처는 결국 도를 높이기 위한 목적에 부응해야 하며, 그러한 기준에 따라 관직에 나아갈 수도, 물러나 은거할 수도 있다고 보았으며,[27] 세상의 군자들이 마음에서 제대로 증험하지 못했기 때문에, 평소에 도를 분명하게 논하다가도 조정에 일단 들어가면 패도를 도모하고 이익을 탐하게 된다고 비판했다.[28] 양구산의 생각은 결국 '득군행도'의 지향에 대한 부담을 완화하는 효과를 낳는다. 역사적 맥락에서 본다면, 이는 왕안석의 구세 의식과 출처에 대한 양구산의 비판과 무관하지 않을 것이며, 그와 유사하게 퇴계의 의식 속에서는 조광조(趙光祖)의 실패에 대한 반성과 연동되어 있을 것이다. 실제로 퇴계는 「조광조행장」에서 조광조의 처신에 대하여 다음과 같이 아쉬움을 피력한다.

가령 선생이 애초에 성세(聖世)에 갑자기 등용되지 않고 집에서 한가히 지내며 궁벽한 마을에 숨어 살며 더욱 이 학문에 힘을 다하여 오랜 세월에 걸쳐 깊이 연구했더라면 연마한 것이 관철되어 더욱 고명해지고, 수양한 것이 높고 깊어 더욱 넓고 해박해져서 환하게 정자(程子)와 주자(朱子)의 근원을 찾고, 공자의 영향을 받을 수 있었을 것이다. 무릇 이처럼 되었더라면 당대에 받는 지우(知遇)는 받아도 좋고 못 받아도 괜찮았을 것이다. 그리하여 믿는 바는 다만 이 도와 그것을 추구하는 사람들을 위하는 것으로서, 교훈을 세워 후세

27   앞의 책, 권1.
28   앞의 책, 권1.

에 전하는 한 가지 일이 있었을 것이다.[29]

퇴계는 학문에의 침잠을 통한 자득의 묘미를 거치지 못했다는 점에서 조광조의 한계를 찾는다. 양구산은 일찍이 독서의 방법을 논하면서 "몸소 체인하고, 마음으로 증험하며, 한적하고 고요한 가운데에서 여유를 갖고 묵묵히 깨닫고, 책과 말과 형상과 뜻 언저리에서 초연하게 자득한다"[30]라고 하였고, 퇴계 또한 "독서의 요체를 살펴보면, 반드시 성현의 말과 행동을 마음에 새기고 깊이 탐구하며 묵묵히 완미한 다음에야 함양하여 학문이 진보하는 성과가 있게 된다"[31]라고 말하였다. 자임(自任) 의식과 구세 의식의 강렬함 면에서 조광조는 왕안석에 비견될 수 있다. 그러나 양구산과 퇴계의 관점에서 두 사람은 독서를 통해 성현의 심법을 더듬고 도체를 체인하며 '정관자득'의 경지에 이르는 데에는 실패했다. 그러한 경지는 위에서 한 차례 언급했던 '무아의 경지'라고 할 수 있는데, 다음에서 볼 수 있듯이 양구산과 퇴계는 안회나 도연명의 심법을 이상적 모델로 삼고 있다.

도연명의 시(詩)에서 미칠 수 없는 바는 그것이 질박하고 담담하며, 깊고 순수하여 자연(自然)에서 우러나왔다는 데 있다. 만약 누군가 일찍이 힘을 써서 시를 배워보았다면 도연명의 시가 힘을 써서 도달할 수 있는 경지가 아님

---

29 이황, 『퇴계문집』, 권48, 「정암조선생행장(靜庵趙先生行狀)」.
30 양시, 『구산어록』, 권3.
31 임영, 『창계집(습유)』, 「퇴계선생어록」.

심학적 도통론의 관점에서 본 퇴계의 출처관 ——— 136 / 137

을 깨닫게 될 것이다.[32]

순임금은 질그릇을 구워도 즐겁고 마음 편안했고[大舜親陶樂且安],

도연명은 몸소 농사지었으나 얼굴 역시 기뻤다오[淵明躬稼亦歡顔].

성현의 그 심사 내가 어찌 체득하겠는가[聖賢心事吾何得]?

늘그막에 돌아와 『시경』의 「고반」을 읊어보네[白首歸來試考槃].[33]

도를 듣고 천명을 즐김이 성인의 경지인데[聞道樂天斯聖域],

오직 안연만이 여기에서 멀지 않네[惟顔去此不爭多].

하늘이 두려움을 나는 이제 깨쳤다오[我今唯覺天堪畏].

즐거움 여기에 있으니 노래해 보련다[樂在中間可詠歌].[34]

위에서 「고반(考槃)」은 은거의 즐거움을 노래한 시로써, 예컨대 "악기를 두드리며 물가에 있으니, 대인의 마음 너그러움이여. 홀로 잠자고 홀로 일어나고 홀로 말하며, 영원히 맹세하네, 끝내 이 즐거움 잊지 말자고[考槃在澗, 碩人之寬. 獨寐悟言, 永矢弗諼]"라고 말하였다. 퇴계는 이러한 이상을 읊으며 재차 안회나 도연명의 경지에 빗대고 있다.

한편, 퇴계의 시에서 드러나듯, 도산서당의 명칭은 순임금이 시골에서 친히 질그릇[陶]을 구웠다는 고사 및 도연명의 성(姓)과 연계된다. 이상

32   양시, 『구산어록』, 권1.

33   이황, 『퇴계문집』, 권3, 「도산잡영[陶山雜詠], 도산서당[陶山書堂]」.

34   이황, 『퇴계문집』, 권3, 「임거십오영[林居十五詠]」.

으로 볼 때, 퇴계의 출처관의 근저에는 시종 주정(主靜), 정관(靜觀), 자득(自得), 무위(無爲), 자연(自然)과 같은 단어가 도사리고 있으며, 이는 동시에 마음을 통한 도체의 향유를 갈구하는 의지와 동전의 양면처럼 포개져 있다. 앞서 필자는 그러한 지향을 '정관자득의 합일론'이라 부를 수 있다고 말했다. 퇴계의 도체나 도통에 대한 이해는 주자의 지향과 일치하기보다는 오히려 주자학에 녹아 있는 도남학적 전통, 다시 말해 묵좌징심과 미발체인의 공부에 녹아 있는 주정적·무위적 경향을 돌출시키면서, 재차 이연평, 양구산을 거슬러 올라가 정명도의 철학과 맞닿아 있다.

퇴계가 "내가 살피건대, 정좌(靜坐)의 학문은 이정(二程) 선생에게서 발단되었는데, 그 말씀이 선학(禪學)과 유사하다. 그러나 연평과 주자에 있어서는 심학(心學)의 본원이 되어 선학이 아니다"[35]라고 할 때, 그는 선학으로 오해될 소지를 감지하면서도 도통론 차원에서 도남학 전통의 심학적 경향을 부각시킨다. 우리는 이러한 의미와 맥락에서 퇴계의 도통론을 '심학적 도통론'이라 부를 수 있을 것이며, 이러한 도통론이 상황적·현실적 조건과는 별개로 그의 출처에 지속적으로 간섭과 영향을 일으켰다고 평가할 수 있다. 비록 본체론이나 심성론 영역을 비롯한 각론 차원에서 더욱 세밀한 연구와 비교가 필요하겠지만, 도남학 전통이 퇴계의 출처관을 이해하는 데 중요한 실마리를 제공한다는 점을 확인하는 과정으로서 이상의 논의가 의미가 있으리라 생각한다.

---

35   이황, 『퇴계문집』, 권41, 「『의려선생집』을 초하여 백사와 양명의 글을 초한 뒤에 붙이고 다시 그 끝에 쓰다(抄醫閭先生集. 附白沙陽明抄後, 復書其末)」.

5. 나가며

성호(星湖) 이익(李瀷)과 순암(順庵) 안정복(安鼎福)이 편찬한 퇴계의 언행록 『이자수어(李子粹語)』에는 「출처」편 다음에 「치도(治道)」편과 「정사(政事)」편이 이어져 있다. 그런데 흥미롭게도 『이자수어』의 저본(底本) 가운데 일부라 할 수 있는 기존의 언행록, 예컨대 김성일의 『퇴계선생언행록』, 이덕홍의 『계산기선록』, 임영의 『퇴계선생어록』 등에서는 '치도'나 '정사'와 관련된 언행이 독립되어 기술되거나 도드라지지 않는다. 이는 아마도 훗날에 와서 퇴계의 출처론과 관련하여 정사나 치인(治人) 부분을 더욱 부각해야만 하는 모종의 요구를 반영한 편집이란 생각이 든다. 다시 말해, 출처와 치도 방면에서의 소극성은 퇴계 당시뿐 아니라, 이후에도 퇴계에 대한 부담으로 작용했을 가능성이 있다.

그런데 퇴계 철학을 해석하는 입장에서는 그러한 부담을 결국 철학의 본령에 대한 논의를 통해 해소할 수밖에 없다. 결론적으로 도통과 심학이 그 열쇠가 될 수 있을 것이다. 이정 형제를 시발점으로 하여 양구산, 나예장, 이연평으로 이어지는 도남학 전통은 사상사적 지평에서 볼 때, 왕안석의 신학이 표방하는 적극적 구세 의식에 대한 반발과 관련이 있다. 일찍이 정명도는 탑(塔)에 대한 비유를 통해, 왕안석이 직접 탑 안에 들어가지 않은 채 탑 주변만 맴돌고 있다고 비판한 적이 있다.[36] 이는 체인과 자득의 경지를 도외시한 왕안석 학문에 대한 비판을 상징한다. 이후 정명도의 철학

---

36   정호, 정이, 『이정유서』, 권1.

을 계승한 도남학 전통은 내면성과 자득의 가치를 강조하는 방향으로 발전했다.

퇴계의 출처나 도통론은 좁게는 조광조가 넘어진 곳에서 위기지학을 새로 건립한다는 의미가 있을 것이며, 이론적 차원에서는 도남학을 계승하여 "고요함을 근본으로 하고 경으로써 본말을 관통한다[靜以立本, 敬貫本末]"[37]는 원칙의 실천적 표현이라 생각된다. 비록 시론적 구상에 불과하지만, 성리학 이론 내부에서 퇴계의 출처에 대한 이해의 실마리를 모색해보았다는 점에서 위안을 얻으며 부족한 논의를 마치고자 한다.

정종모

부산대학교 철학과 조교수. 서강대학교 철학과에서 학부와 석사를 마쳤고, 대만의 국립중앙대학에서 박사를 취득했다. 서강대 글로컬한국정치사상연구소 전임연구원, 안동대학교 동양철학과 조교수를 거쳤다. 석사 논문에서는 주자(朱子)의 인설(仁說)을 다루었고, 박사 논문에서는 정명도(程明道)의 철학을 논의했다. 주로 송명 유학의 발전과 전개 및 현대 신유학의 지적 전통에 관한 연구를 진행하고 있다. 논문으로 「현대유학에서 극기복례 해석 논쟁과 그 의미」, 「주자의 사상채 비판은 정당한가」 등이 있다.

---

37   이황, 『퇴계문집』, 권44, 「정존재잠(靜存齋箴)」.

이황의 양명학 비판 까닭과 그 영향

이해임(상산고등학교 철학 교사)

1. 시작하며

1518년 명나라에서 왕양명(王陽明)의 『전습록(傳習錄)』 상권이 간행 되었다. 이어서 1524년 『전습록』 중권이 간행되었고, 끝으로 1527년 『전습 록』 하권까지 완간되었다. 조선에서 공식적으로 『전습록』이 간행된 시기는 1593년이지만, 『전습록』 상권은 비교적 이른 시기에 조선에 유입된 것으로 추정된다.

『중종실록』 기사에 따르면, 1518년(중종 13년) 겨울 김세필(金世弼)은 성절사(聖節使)로 명나라에 다녀온 이후 그 이듬해인 1519년 10월 13일부 터 1520년 3월 20일까지 정조사(正朝使), 사은사(謝恩使)를 겸해서 재차 명 나라에 다녀온다. 1520년 김세필은 중종에게 왕양명이 신호의 반란을 평정 한 사실을 보고했다.[1]

또 그의 문집인 『십청집(十淸集)』에서 "[1522년] 선생님이 박상에게 시 를 보내며 '내가 『전습록』을 읽었는데, 그 내용이 선학과 비슷하여 배척했다'라고 말씀했다. […] 이황은 후학으로 만년에야 양명의 학문을 배격했다. 이황 전에 양명의 치우치고 어긋남을 깨달은 자는 오직 선생님뿐이시다"[2] 라고 주장한다.

이 일화를 곰곰이 따져보면 조선에서 왕양명의 존재와 함께 그의 저작인 『전습록』 내용은 비교적 이른 시기에 알려졌음을 알 수 있다. 다만 여기서 언급한 『전습록』은 상권에 한정된다. 또 이황(李滉)이 『전습록논변(傳習錄論辯)』(1566)을 저작하기 전까지 조선 유학자들이 양명학을 정치하게 비판하지 않았음을 짐작할 수 있다. 이는 1520년 전후로부터 1566년 이전까지 조선 유학자들이 양명학을 깊이 탐구하는 데 필요한 자료나 학문적 이해가 부족했든지 아니면 양명학에 관심을 보이는 유학자들이 적지 않았을 것으로 추정할 수 있는 지점이다. 또 이황의 『전습록논변』 간행 이후, 조선 유학자들의 양명학 비판 또한 그 깊이와 폭을 더해갔을 것으로 짐작할 수 있다.

1520년부터 1566년까지 조선의 학문적 풍토를 탐구하는 데에 명과 조선에서 간행된 『전습록』과 그 변척서 간행 연도를 비교하는 작업이 필요하다.[3] 변척서는 비판 대상의 학문적 성격을 규정할 뿐 아니라, 변척서 간행 이후 그 비판 대상이 차지하는 학술적 위상을 보면 당시 학풍을 알 수 있기 때문이다.

---

1   『十淸集』 해제; 『중종실록』 제37권 중종 14년 10월 13일 첫 번째 기사; 『중종실록』 제38권 중종 15년 3월 20일 두 번째 기사 참조.
2   『十淸集』, 卷4, 「附家先記聞」.
3   김경호, 「양명학의 전파와 조선지식인 사회의 대응」, 《동양철학》 제24집, 2005, 12쪽 참조.

명나라에서 1518년, 1524년 각각 『전습록』 상권과 중권이 간행된다. 1525년 첨릉(詹陵)의 『이단변정』이 간행된다. 그리고 2년 후인 1527년 『전습록』 하권이 완간된다. 이어서 1534년부터 1537년까지 나흠순(羅欽順)의 『곤지기』가 완간되었고, 끝으로 1548년 진건(陳建)의 『학부통변』이 세상에 나왔다. 이는 당시 명나라에서 육구연(陸九淵), 왕양명 서적과 그 내용을 이단으로 규정하는 데 목적이 있는 것이다. 다만 명나라에서 1530년 육구연을, 그리고 1567년 왕양명을 문묘에 배향한 것에 주목해보면 당시 명나라의 주류 학풍은 주륙화회론(朱陸和會論)을 지향했다고 추정된다.

반면 조선은 명나라에서 간행된 변척서를 1551년부터 1573년까지 순차적으로 발행한다. 1551년 첨릉의 『이단변정』이 전래되고, 그 이듬해 이를 간행한다. 나흠순의 『곤지기』는 1553년 전래되고, 7년 후인 1560년 이를 발간한다. 진건의 『학부통변』은 1573년 간행된다. 그리고 나서 20년 후인 1593년 『전습록』이 세상에 나온다. 이는 『전습록』 전래 이래로 1520년부터 1550년까지 조선 유학자들 사이에서도 주륙화회론이 주류 학풍으로, 양명학에 대한 심각한 문제의식을 보이지 않았다고 추정해볼 수 있는 대목이다. 또 1550년부터 1573년 사이 조선에서 양명학이 융성해질 만한 조짐이 있었다고 가정해볼 수 있다. 이와 같은 상황에서 이황의 『전습록논변』이 주륙화회론을 넘어서 조선 주자학(朱子學)의 기틀을 마련하는 데에 중요한 기준점이 되었을 것이다.

따라서 필자는 1520년부터 1550년까지 조선의 학풍과 함께 그 이후로 1573년 이전까지 조선에서 양명학 담론 및 비판의 양태를 다루고, 마지막으로 이황의 『전습록논변』 내용이 이후 조선 학계에 미친 영향과 함께 이황 직전 제자들의 양명학 비판 양상을 서술하고자 한다.

2. 1520년부터 1550년까지 육왕학(陸王學)에 대한 사림파(士林派)의 두 시선

1520년부터 1550년 사이에 조선 사림파는 기묘사화(己卯士禍, 1519)와 을사사화(乙巳士禍, 1545)를 겪게 된다. 이 사건은 조선의 학풍을 주륙화회론에서 정주학(程朱學) 정통론으로 옮겨가는 기점이 된다. 다만 여기서 학풍의 변화는 훈구파와 사림파를 육왕학(陸王學)과 정주학으로 구별하는 것이 아니라, 이는 오히려 사림파 내에서 정주학 정통론 수립의 노정이라고 할 수 있다.

1519년 기묘사화 당시 김세필은 명나라에 사신으로 다녀온다. 1520년 사신 임무 수행 후, 김세필은 조광조(趙光祖)를 사사(賜死)한 중종의 처사가 부당함을 규탄하다가 유춘역(留春驛)으로 장배(杖配)되었다. 1522년 김세필은 해배(解配)되어 고향으로 돌아가 후진을 양성한다. 이때 김세필은 박상(朴祥)과 함께 『전습록』에 관한 논의를 펼친다. 박상은 훈구 세력과 맞서길 꺼리지 않았을 뿐만 아니라 사화로 물러나 후학을 양성하던 김세필과 김안국(金安國)을 물심양면으로 지원한다. 당시 김안국 또한 김세필, 박상과 함께 『전습록』을 접하고 공부했을 것으로 추정된다.[4] 세 사람은 사림파로서 기묘사화의 고초를 함께 겪었지만, 육왕학에 대한 시각은 다소 차이를 보인다. 김세필과 박상은 육왕학에 비판적 입장을 견지했다. 반면 김안국은 육왕학에 우호적 입장을 드러냈다.

---

4   전수연·김민재·김용재, 「조선 성리학자들의 양명학에 대한 비판적 인식 검토 (2)」, 《양명학》 제53호, 2019, 9~10쪽 참조.

다음은 김세필이 박상에게 보낸 3편의 시를 정리한 것이다. 이 시의 번역 또한 설왕설래가 많으나,[5] 김세필의 『십청집』 논조를 따라 그 내용이 양명학 비판에 초점을 두었다고 주장하는 것이 합리적일 듯하다.

① 왕양명이란 노인은 심학(心學)을 공부했는데, 유불도를 드나들며 만년에 깨친 것이 있었네. 도학의 정통은 천 년 동안 공맹의 학문을 전해오는데, 조금이라도 공맹과 어그러짐이 있다면 왕양명의 학문은 역시 의심스럽다고 하겠네.

② 주자가 세상을 떠나고 공맹의 학문이 쇠퇴하는데, 누가 인심도심(人心道心)을 근거로 성인의 가르침을 고찰하겠는가? 왕양명의 학문은 육구연을 좇아서 병폐가 많은데, 그대도 한번 평해주길 바라네.

③ 이제 공자의 가르침은 여운마저 사라져가는데, 『전습록』 한 편은 또한 공부하는 이들이 많도다. 이제 육왕학을 취하고 버림은 내 마음이라고 하는데, 나는 여전히 "서하(西河)의 학문[육왕학]은 도학에 어긋난다"라고 말하겠다.[6]

5   선행 연구 가운데 "김세필과 박상이 양명학에 우호적이었다"라고 주장하는 사례도 있다. 이 주장은 명확한 근거를 제시하기보다 정황상 그럴 개연성이 있음을 피력한다. 다만 김세필의 『십청집』이든 박상의 『눌재집』이든 두 사람이 모두 『전습록』을 보고서 선학이라고 배척했음을 명시하고 있다. 따라서 필자는 "김세필, 박상은 양명학을 비판하는 사림의 학자로 분류하는 것이 타당하다"라고 주장한다. 관련 내용은 김민재·김희영·전수연·김용재, 「양명학의 전래 초기, 조선 성리학자들의 비판적 인식 검토」, 《양명학》 제52호, 2019, 159~166쪽 참조.

6   『十淸先生集』, 卷2, 「又和訥齋」

이 3편의 시는 칠언절구로 왕양명 학문의 연원, 특징과 함께 그 영향력을 일목요연하게 정리해서 전달하는 내용으로 구성되어 있다. 또 이 시는 1522년 김세필이 해배와 함께 지은 것으로, 사림파의 도학 의식이 반영된 것이라고 할 수 있다. 예컨대 김세필은 "왕양명의 심학이 유불도를 합일한 것이라면 이는 도학, 즉 공맹의 학문과 어긋나는 것이다"라고 넌지시 말하고 있다. 그리고 김세필은 "이와 같은 사달이 발생한 까닭은 주자가 죽은 이후에 인심과 도심의 관계를 세밀하게 고찰하여 정립하지 못한 데 있을 뿐아니라, 또 선학과 맥을 같이 하는 육구연의 심학에 연원을 둔 양명학의 출현에 있다"라고 진단하면서 박상의 의견을 구한다. 그러면서 김세필은 당대 조선에서 왕양명의 『전습록』을 많이 공부하며 육왕학을 존숭하는 분위기를 조성하는 것을 꼬집으면서 재차 "육왕학은 공자의 학문과 배치되는 서하의 학문[7]에 지나지 않는다"라고 강하게 비판한다.

반면 김안국은 김세필, 박상에 비해 육왕학에 우호적인 시각을 갖추고 있다. 김안국은 조광조, 기준(奇遵) 등과 함께 김굉필(金宏弼) 문하로 도학에 뜻을 둔 사림파의 주요 인물이다. 그렇다면 이치상 김안국은 육왕학을 비판하는 데 힘을 실음으로써 사림파의 도학을 강화해야 한다. 그런데 김안국은 다소 다른 선택을 한다. 그는 육구연을 존숭하는 태도를 보인다. 그 까닭은 무엇일까? 그의 정치적 성향과 함께 학문적 지향을 검토하는 작업이 이 의문을 해소하는 데에 하나의 단서가 될 수 있을 듯하다.

---

7   서하의 학문은 공자의 학문을 좇았지만, 늘 그 종지에 미치지 못하는 자하의 학문을 낮추어 부르는 말이다. 『논어』 곳곳에서 공자는 자하를 소인에 빗댄다든지 급이 좀 떨어지는 제자로 평가한다.

김안국은 조광조와 같이 급진적 개혁론을 추구하지 않았을 뿐 아니라 정치적 처신에도 능하여서 사화의 소용돌이에서 사림파의 명맥을 잘 이어나갔다. 예컨대 그는 사림파의 『소학(小學)』 보급 운동에 큰 역할을 했을 뿐만 아니라 성리학의 이념을 구현하는 데 필요한 실천 분야의 문헌 언해에도 큰 업적을 남겼다. 또 김안국은 명나라의 중국 중심 외교 정책을 받아들여 중국과는 사대 관계를 형성하고 일본과는 교린 관계로 상호 교류해야 한다고 주장했다. 여기서 일본과 교린 관계는 당시 사림파들의 전통적 화이관(華夷觀)과 결을 달리하는 것이다. 그는 명이라는 대국의 체제를 받아들일 뿐만 아니라 이를 조선의 국익에 도움이 되는 방향으로 활용하려는 실용적 자세를 견지하고 있었다.

또 김안국은 학술적 측면에서도 유연한 면모를 엿보인다. 예컨대 이와 같은 모습은 육구연에 대한 호칭이나 그의 서적을 다루는 태도에서 여실하게 드러난다. 『중종실록』 기사(1542)에서 김안국은 육구연 문집 출판을 건의한다. 김안국은 육구연을 거유(巨儒)라고 추켜세울 뿐만 아니라 육구연 학문의 특징을 존덕성(尊德性)으로 명징하게 제시한다. 심지어 그는 "육구연은 주자와 변론을 할 만큼의 학문적 역량을 갖추고 있던 인물로, 정주학을 숭상하는 유학자라면 『상산집(象山集)』을 참고하여 공부하는 것이 유익하다"라고 주장한다.[8] 이는 명대의 주륙화회론에서 주희와 육구연의 학문을 도문학(道問學)과 존덕성으로 구별하는 것과 결을 같이한다.

예컨대 김안국은 주자학이 도문학에 치우쳐 덕성 공부를 소홀히

---

8   『중종실록』, 권98, 중종 37년(1542) 5월 7일.

할 수 있는 단점이 있음을 지적한 것일 뿐만 아니라, 이와 같은 성찰로부터 상산학이 주자학의 결점을 보완할 수 있는 학문이라고 추켜세우는 것이다.

김안국의 주륙화회론은 가정(嘉靖) 9년(1530) 명나라가 육구연을 문묘에 종사한 것과 관련이 있다. 김안국이 논한 중국 중심의 사대라는 관점에서 보면 조선의 유학자들은 명나라와 같이 상산학을 존숭해야 한다. 또 이를 위한 사전 작업으로, 김안국은 중종에게 『상산집』 출판을 권하는 데 그치지 않고, 직접 임금에게 『상산집』을 올리면서 이를 주요 기관에서 소장하게 할 뿐 아니라 임금이 나누어줄 것을 건의했다.

김안국보다 한 세대 뒤의 인물들은 존덕성과 도문학의 구도를 좀 더 심도 있게 탐구하여 자기의 견해를 제시한다. 예컨대 노수신(盧守慎)이 대표적인 인물이라고 할 만하다. 그는 조광조의 문하에서 수학한 이연경(李延慶)의 문하생이자 그의 사위이다. 노수신은 이황, 김인후(金麟厚)를 비롯한 이이(李珥)와도 교류가 있었다.

그는 1546년 시를 지어서 자신이 주자의 격물치지(格物致知)와 같은 도문학 공부에 치우쳐서 육구연의 존덕성 공부를 소홀히 한 것을 반성한다.[9] 여기서 격물치지는 집주를 토대로 경전 공부에 몰두하는 것을 뜻한다. 이는 주륙화회론의 존덕성과 도문학의 구도를 전제로 하고 있다. 다만 노수신은 존덕성과 도문학의 균형감을 추구한 것이 아니라 육왕학의 심즉리 개념에 좀 더 근접해가는 논의를 펼쳐나간다. 이는 노수신이 45세에 지은 「인심도심변(人心道心辨)」에서 잘 드러난다.[10] 이때 이황은 노수신의 관점이 리

---

9   『소재집』, 권1.
10   『소재선생내집 하권』, 「인심도심변」.

와 기를 하나로 볼 뿐만 아니라, 미발의 본체 공부만을 강조하는 것이 마음
이 곧 이치라고 주장하는 육구연과 유사한 측면이 있다고 비판한다.[11]

1520년 기묘사화 가운데 조선 사림파 중에는 당시 명나라와 조선의
주류 학풍인 주륙화회론을 따르는 부류가 있는가 하면, 이와 반대로 정주
학 정통론을 확립하려는 일군의 무리가 있었다. 다만 기묘사화 전후 주륙
화회론을 주장하는 사람이든 정주학 정통론을 고수하는 사람이든 육왕학
과 정주학을 정밀하게 고찰해서 자기의 시각을 제시했다고 보기 힘들다. 예
컨대 김세필의 육왕학 이해는 송·명대 유학자들이 육왕학을 비판하는 대
강의 논조를 그대로 답습한 것이라고 한다면, 김안국의 정주학 이해는 이
기심성론을 토대로 이루어진 것이 아니라 국내외 주류 학풍과 함께 국익에
도움이 되는 실용적 이론을 탐구하고 정리하는 데 집중하고 있다.

1545년 을사사화를 전후로 조선 사림파들은 정주학의 학문적 깊이
와 넓이를 더해나간다. 이때 명종이 즉위하고 문정왕후가 수렴청정하면서
훈구파를 내세워 사림파를 축출해나간다. 심지어 문정왕후는 조선 개국의
근본 이념인 '숭유억불(崇儒抑佛)'에 반기를 들고 떳떳하게 불교 장려책을
시행한다. 이는 겉으로 불교를 배척하면서도 속으로 불교를 신봉했던 세종
이나 세조도 감히 할 수 없었던 일이다. 예컨대 1550년 문정왕후는 선종과
교종을 부활시켰을 뿐만 아니라 그간에 폐지했던 승과, 도첩제 등을 다시
실시하였다. 또 그녀는 승려 보우를 너무나 총애한 나머지 그를 병조판서
에 제수한다. 이로 인해 문정왕후는 많은 대신의 불만을 사게 된다.

---

11   고재석, 「조선 전기 심학의 전개에 관한 연구」, 《양명학》 제49호, 2018,
      114~117쪽 참조.

이 시기 조정 안팎으로 불교를 이단으로 규정할 뿐 아니라 양명학 또한 이단이라고 인식시킬 만한 서적들을 입수하여 간행한다. 1551년 신영(申瑛)은 첨릉의 『이단변정』을 명나라로부터 입수하여 명종에게 올린다. 조정에서 1552년 첨릉의 『이단변정』, 1560년 나흠순의 『곤지기』, 그리고 1573년 진건의 『학부통변』을 간행한다.

문정왕후가 세상을 떠난 이듬해인 1566년 이황이 『전습록논변』을 내놓았다. 여기서 특기할 만한 점은 1545년 을사사화 이래로 조선 유학자들은 양명학을 불교와 같이 이단으로 인식하는 현상이 일어난다는 것이다. 그리고 이 현상의 정점에 이황의 『전습록논변』이 우뚝 서 있는 것이다.

3. 1550년부터 1573년 이전까지 이황의 양명학 비판 양상

이황은 1550년 이전 이미 『전습록』을 고찰하였을 뿐 아니라 그 내용을 주자학적 관점에서 일목요연하게 비판할 수 있을 만한 학문적 역량을 갖추고 있었다. 1553년 이황은 서경덕(徐敬德)의 문인 홍인우(洪仁祐), 남언경(南彦經)과 함께 『전습록』과 『곤지기』에 대해 논의했다. 이때 이황은 『전습록』과 『곤지기』의 내용이 주자학과 어긋남을 홍인우와 남언경에게 강설했다. 두 사람 또한 이황의 견해를 받아들이는 듯했다. 예컨대 이황은 홍인우에게 『전습록』과 『곤지기』를 빌려주면서 "선학은 기름과 같아서 가까이 하면 더러워지지만, 양명은 웅변으로 글을 지어 사람을 더욱 쉽게 미혹시키니 그대들은 조심해야 한다"[12]라고 당부했다. 홍인우는 그날 바로 이황에게 편지를 보내어 "나흠순의 인심도심은 주자학과 다르고, 왕수인의 공부는 격물치지를 부정하여 너무 간단하고 쉽다"[13]라고 비판했다.

그해(1553) 7월 30일 홍인우는 매제인 남언경과 함께 『전습록』을 탐독하며 토론하기 시작했다. 두 사람은 왕양명이 공자의 '일이관지(一以貫之)'를 논한 부분을 심도 있게 고찰했다. 이 토론 가운데 두 사람은 "왕수인의 주장은 그르고 주자의 주장이 옳다"[14]라는 결론을 내린다. 그런데 토론 직후, 홍인우는 진도에 유배되어 있던 노수신에게 편지를 보내어 자신의 변화된 생각을 드러낸다.

대강의 요지는 "'일이관지(一以貫之)'를 깨달음이 공부의 본령이고 근본이다. 따라서 본령 공부가 우선되지 않으면 분수 공부에서 잘못되는 경우가 많다. 형은 자득의 경지에 넉넉히 들어갔을 것으로 생각되니, 이 공부에 힘을 쓰고 지난날 품었던 뜻을 저버리지 않길 바란다. 나머지는 더 말할 것이 없으니, 도를 위해 결연히 힘쓰길 바란다"[15]라는 것이다.

이 편지의 내용을 풀이해보면, 홍인우는 증자의 '일유(一唯)'와 '삼성(三省)'의 문제를 다시 거론한다. 그러면서 그는 증자의 '일유'가 '삼성' 전에 있었다고 주장한 왕양명의 견해를 긍정하면서 주자의 주장을 부정한다. 이는 분수리(分殊理)를 하나하나 궁구해서 관통하는 주자학의 공부[格物致知]를 비판함으로써 먼저 마음의 본체를 세우는 공부[先立乎其大]를 중시한 육왕학을 지지하는 것이다.[16]

---

12   『퇴계선생문집』, 권13, 「여홍응길」.
13   『치재유고』, 권1, 「상퇴계서」.
14   『치재유고』, 권2, 「일록초」.
15   「치재유고」, 권1, 「여노과회서」.
16   신향림, 「16C 전반 양명학의 전래와 수용에 관한 고찰」, 《퇴계학보》118호,

이 편지를 보낸 이듬해인 1554년 홍인우는 세상을 떠난다. 이 편지가 노수신의 육왕학적 면모를 발휘하는 계기가 되었을 것으로 짐작된다. 노수신은 젊은 시절 홍인우와 절친한 사이로, 밤늦도록 『심경(心經)』을 강론하기도 하고 사화 상황에서 기묘사림을 계승하려는 강한 의지를 드러낸다. 또 이들은 기묘사림의 영향으로 주자학과 함께 상산학에도 큰 관심을 보인다. 그렇다고 해서 이때 두 사람이 상산학에 완전히 경도된 것은 아니다. 예컨대 노수신은 젊은 시절 "상산학이 돈오를 추구하고 사공학이 이재를 중시하니, 이들은 이미 진리를 잃었고 때때로 익히는 것을 의심한다"[17]라고 말한다. 또 유배지인 진도에서 지은 『숙흥야매잠해(夙興夜寐箴解)』나 여러 시를 보면 노수신은 30대 후반까지 주자학을 견지하고 있다.[18] 따라서 홍인우 말년에 보낸 편지와 시가 노수신의 육왕학적 성향을 일깨웠다고 할 수 있다.

이후 노수신은 45세(1559), 48세(1562)에 각각 「인심도심변(人心道心辨)」과 「집중설(執中說)」을 저술한다. 「인심도심변」은 주자의 인심도심설(人心道心說)을 부정하는 것으로, 인심과 도심이 각각 형기(形氣)와 성명(性命)이라는 발원처를 달리하는 것이 아님을 주장할 뿐만 아니라 도심은 미발(未發)의 중(中)이자 천리(天理)이고 본성(本性)이라고 강설하는 것이다. 이는 인심을 도심과 분리하지 않는 것일 뿐만 아니라 두 마음의 발원처를 구

2005, 214~217쪽 참조.

17   『소재집』, 권7, 「시습잠」.

18   신향림, 「16C 전반 양명학의 전래와 수용에 관한 고찰」, 《퇴계학보》 118호, 2005, 196~203쪽 참조.

별하는 주자와 이황의 입론에 반대하는 것이다. 또 「집중설」은 주자의 격물치지(格物致知)를 비판함으로써 함양성찰(涵養省察)의 존덕성 공부가 유학의 핵심임을 주장하는 것이다. 예컨대 노수신은 주자가 집중의 중을 시중으로, 정일(精一)의 공부를 택선고집(擇善固執)으로 풀이하는 것을 받아들이지 않는다. 또 이로부터 노수신은 『중용』에서 미발의 중과 이발의 화가 집중의 중이고, 계신공구(戒愼恐懼)와 신독(愼獨)이 집중의 공부라고 주장한다.[19]

기묘사림은 을사사화를 겪으면서 주륙화회론에서 정주학 혹은 육왕학으로 갈라질 뿐만 아니라 두 학파의 이론을 토대로 자기 견해를 제시하는 수준에 이르게 된다. 이황은 당시 사림파의 다양한 경전 해석이 후학들을 망치고 있다고 보았을 뿐 아니라, 『집주』를 토대로 이치에 맞지 않는 그릇된 경전 해석을 바로잡아서 성현의 본뜻을 드러내야 한다고 생각했다.[20] 이 작업의 일환으로, 이황은 선조의 관본 언해본 작업 이전에 이미 『사서삼경석의(四書三經釋義)』를 저술했다. 이황은 55세쯤 『사서석의』의 1차 작업을 끝냈다. 그런데 1567년 이황 자신도 모르는 사이에 『사서석의』 판각이 진행되었다.[21] 이황의 『사서삼경석의』는 유희춘(柳希春)이 선조의 명을 받들어 『사서오경』의 구결과 언해를 결정하는 관본 언해본 작업을 수행하는 데서부터 『주자대전』, 『주자어류』의 구결 작업을 진행하는 데까지 두루 영향

---

19   위의 논문, 220쪽 참조.

20   조지형, 「퇴계 논어석의의 편찬 의도와 성격」, 《국학연구》 제19호, 2011, 259~260쪽 참조.

21   전재동, 「『四書釋義』 成書 과정과 관련 자료의 書誌 분석」, 《퇴계학논집》 제18권, 2016, 192~194쪽 참조.

을 미쳤다.[22]

또 이황은 주자의 학문적 역량과 함께 그 인간적인 면모를 드러내는 데에 전심했다. 이는 이황이 1543년 왕의 명을 받들어『주자대전(朱子大全)』을 출판하는 데서부터 출발한다. 이 작업에 참여하면서 이황은『주자대전』을 굉장히 꼼꼼하게 탐독한 것으로 추정된다. 1555년 2월 이황은『주자서절요(朱子書節要)』 편찬에 착수하여, 그 이듬해인 1556년 6월 편찬 작업을 완료한다. 이어서 8월부터 이황은 제자들에게『주자서절요』를 강의한다. 이와 같은 일련의 과정을 통해 이황은 주자학의 전모를 개괄한 듯하다.[23]『주자서절요』 완성 이후, 1559년 이황은 주자 문인들의 공부 방법과 함께 그 내용에 주목한다. 이는 주자와 주자 문인이 유학의 본령을 계승하는 데에 큰 역할을 했을 뿐 아니라, 원·명대 유학자들 또한 이와 같은 공적을 잘 이어갔다고 생각한 것이다.

이로부터 이황은 그해 12월『송계원명이학통록(宋季元明理學通錄)』(이하『이학통록』)을 편찬하기 시작하여 1563년 전후로 송·원 시기에 대한 작업을 마무리한다.[24] 따라서 이황은『주자대전』 출판부터『사서석의』,『주자서절요』, 그리고『이학통록』 등에 이르기까지 정주학의 전모와 함께 그 정통성이 어떻게 계승되어왔는지를 꼼꼼하게 고찰하여 정리한 조선 사림파

---

22   전수연·김민재·김용재,「조선 성리학자들의 양명학에 대한 비판적 인식 검토 (2)」,《양명학》제53호, 2019, 11~12쪽 참조.

23   임종진,「퇴계 이황의『송계원명이학통록』에 대한 기초적 분석」,《퇴계학논집》 17호, 2015, 113~115쪽 참조.

24   강경현,「宋季元明理學通錄」의 구성과 의의,《한국학연구》제32집, 2014, 495~504쪽 참조.

의 대표 학자라고 할 수 있다.

이황은 조선 사림파의 정주학 정통론을 세우는 데 자신의 역량을 모두 쏟아부었다고 해도 과언이 아니다. 그런데 조목(趙穆)은 스승 이황이 『심경부주(心經附註)』를 신줏단지 모시듯 중요하게 여기는 것을 못마땅하게 여긴다. 조목의 비판적 시각은 이황에서 그치지 않고 유성룡(柳成龍)에게까지 이어진다. 그 비판의 요지는 세 가지로 정리할 수 있다.[25]

첫째, 『심경부주』가 사서의 반열에 오르려면 그 필자가 성인과 같은 존재이어야 하는데, 정민정(程敏政)의 사람됨은 문제가 많다. 특히 정민정이 회시(會試)를 주관하면서 과거 문제를 팔아서 옥사를 치른 적이 있다. 따라서 조목은 『심경부주』를 경전에 반열에 올릴 수 없을 뿐 아니라 그 저자인 정민정 또한 인정할 수 없다고 강하게 배척한다.

둘째, 조목은 『심경부주』에 실린 정민정의 「심학도(心學圖)」와 「인심도심도(人心道心圖)」를 비판한다. 정민정은 「심학도」에서 마음을 본심과 양심, 대인의 마음과 적자의 마음, 그리고 도심과 인심으로 나누어 놓는다. 또 그는 경 공부와 관련해서 계구(戒懼), 신독(愼獨), 조존(操存) 등 13개 항목을 배열한다. 여기서 조목이 지적한 문제점은 정민정이 마음을 인심과 도심을 갈라놓는 데 있다.

셋째, 조목은 정민정의 주자만년정론설(朱子晩年定論說)을 강하게 비판한다. 주자만년정론설은 『심경부주』의 「존덕성재명장(尊德性齋銘章)」에서 보인다. 정민정은 이 주장의 근거로 오징(吳澄)의 말을 제시한다. 오징은 허

---

25   이상호, 「柳健休의 『異學集辨』에 나타난 퇴계학파의 상산학 비판」, 《영남학》 vol. 26, 2014, 277~284쪽 참조.

형(許衡)과 함께 원대를 대표하는 유학자로, 주륙화회론을 주장한 인물이다. 따라서 조목은 경전과 버금가는 지위를 『심경부주』에 부여하는 것뿐만 아니라 그 내용 또한 육왕학에 지나지 않는 것으로 치부하고 배척한다.

『심경부주』 논란은 조목과 같은 퇴계학파뿐만 아니라 이이 또한 강하게 비판했다. 이이의 비판은 조목과 큰 차이가 없었다. 이로 인해 이황의 이이에 대한 응답 또한 큰 틀에서 다른 이들과 같다.[26] 이황은 조목의 비판을 겸허하게 받아들일 뿐만 아니라 그 내용을 숙고하여 『심경후론』(1566)을 내놓는다. 이황이 조목의 비판에 대응한 내용은 아래와 같다.

첫째, 이황은 『고수부담(孤樹裒談)』에서 정민정의 시제(試題) 관련 문제를 본 적이 있다고 말한다. 그러면서 이황은 "이 일은 당대 정민정과 명망을 나란히 한 유건(劉健)이 정민정에게 앙심을 품고 꾸민 짓이다"라고 말한다. 덧붙여서 이황은 "이런 저속한 행동은 자신을 아끼고 염치가 있는 사람이라면 누구도 하지 않을 짓인데, 정민정과 같이 심학을 연구할 뿐 아니라 명망이 있는 사람이 이럴 리가 없다"라고 재차 강조한다.[27]

둘째, 이황은 "인심과 도심의 발원처를 달리한다고 해서 인심을 인욕으로 규정하는 것은 아니다"라고 강변한다. 그러면서 그는 "정자의 문하에서도 인심을 인욕으로 여겼을 뿐 아니라 주자도 초년에는 이 설을 받아들였다"라고 말한다. 또 이황은 "이와 같은 정황이 주자가 하숙경에게 보낸 답장에서 보인다"라고 덧붙인다. 끝으로 이황은 "인심은 인욕이 아니라고 주

---

26   홍원식, 「李滉과 그의 直傳 제자들의 『心經附註』 연구」, 《퇴계학보》 제121집, 2007, 71~77쪽 참조.
27   『퇴계선생문집』, 권41, 「심경후론」.

장한 것이 주자의 정론"이라고 하면서 "『심경부주』는 초년설과 만년설을 함께 취했다"라고 하여 정민정의 인심도심설을 지지한다.[28]

셋째, 정민정의 주자만년정론설은 주륙화회론의 다른 말이다. 이는 진건이 정민정의 『도일편(道一編)』을 비판한 데서 유래한 것이다. 이황이 "'진건이 『학부통변(學蔀通辨)』, 『편년고정(編年考訂)』을 저술하여 그 동이(同異)와 시비(是非)의 귀결을 끝까지 궁구했다'라고 하니, 아! 진건의 말이 신뢰할 만하다면 정민정의 설은 잘못되었으니, 그의 학문은 참으로 의심스러운 점이 있을 것이다"라고 한다. 이는 적잖이 당황한 이황의 모습으로 보인다. 그렇다고 해서 이황은 『심경부주』의 내용을 부정한다든지 주륙화회론을 긍정하지 않는다.

이황은 "존덕성과 도문학은 마치 수레의 두 바퀴와 새의 두 날개와 같다. 한쪽을 없애면 굴러갈 수도 날아갈 수도 없으니, 이것이 진정 주자의 정론이다"라고 주장한다. 그러면서 그는 "『심경부주』는 여러 성현의 위대한 가르침을 모아둔 것으로, 지당하지 않은 말이 없다. 어찌 정민정의 잘못으로 위대한 가르침과 올바른 말씀을 존중하고 신뢰하지 않겠는가?"라고 반문한다.

끝으로 이황은 "정민정이 주자의 학설을 초년설과 만년설로 나눈 것과 함께 마지막에 자기 생각을 덧붙인 것에 다소 문제가 있지, 『심경부주』자체는 지당한 의론이다"라고 주장한다. 이황은 『심경부주』를 존중하고 신뢰할 뿐만 아니라 존덕성에 무게감을 주면서도 존덕성과 도문학을 모두 중

---

28   『퇴계선생문집』, 권23, 「답조사경별지」.

시하고 있다. 이는 정주학이 육왕학과 합치될 수 없음을 명확하게 밝힌 것이다.[29]

1566년 이황은 『심경후론』과 함께 『전습록논변』을 내놓는다. 『전습록논변』은 그 비판의 체계성이나 객관성 측면에서 논란이 적지 않은 문헌이다. 근래 『전습록논변』 관련 연구성과 가운데 이와 같은 문제를 제기하는 경우가 적잖게 보인다.[30] 그 이유는 무엇일까? 주요한 내용은 다음과 같이 정리할 수 있다.

첫째, 『전습록논변』에서 인용한 구절은 『전습록』 전반부 몇 조목에 지나지 않는다. 이 때문에 이황이 과연 『전습록』 전체를 숙독하고 진지하게 고찰하고서 논변을 체계적으로 전개한 것인지에 대한 의문을 제기한다. 둘째, 이 논변은 "주자학이 양명학보다 우월하다"라는 전제로부터 시작한다. 따라서 이 논변은 공정하고 객관적으로 비판한 것인지에 대한 문제를 일으킨다. 이는 양명학의 전모를 파악하는 데에 꼭 필요한 시각이라고 할 수 있다.

다만 필자와 같이 '당시 이황의 양명학 비판이 왜 일어났는지, 그리고 이황의 논변이 이후 조선 유학자들에게 어떤 영향을 미쳤는지'와 같은 주제를 연구하는 경우 비판의 체계성이나 객관성보다 그 내용을 항목별로 정리하는 작업이 우선되어야 한다. 이 항목의 주요 내용이 이후 조선 유학자들 특히 이황의 직전 제자에게 어떤 식으로 작용하는지를 검토하는 데 주요한

---

29   『퇴계선생문집』, 권41, 「심경후론」.
30   김용재, 「조선시대 反양명학 문헌 조사 및 추출을 통한 양명학 비판 내용의 성향 분석과 反양명학 사조의 흐름에 나타난 특징 연구 ⑴」, 《陽明學》 제31호, 2012, 23~24쪽 참조.

요소이기 때문이다. 이로부터 이황의 양명학 비판이 어떻게 그 깊이와 넓이를 더해가는지 가늠할 수 있는 잣대를 마련할 수 있다.

이황은 『전습록』 가운데 첫 번째, 세 번째, 네 번째, 그리고 다섯 번째 조목을 뽑았다. 『전습록』 전체가 342개 조목인 점을 고려해보면 현대 연구자들의 비판 또한 그리 지나치지 않은 듯한 인상을 준다. 이황의 『전습록논변』은 우선 『전습록』의 해당 조목의 내용을 발췌하고, 그 아래에 자기의 견해를 제시하는 형태로 구성되어 있다.

『전습록』 첫 번째 조목의 주요 내용은 서애(徐愛)가 스승 왕양명에게 『고본대학(古本大學)』의 '재친민(在親民)'을 따르는 까닭을 묻는 것이다. 왕양명은 『대학』 전문(傳文)의 '작신민(作新民)'은 '재신민(在新民)'과 그 의미가 다를 뿐 아니라 팔조목(八條目) 가운데 치국(治國)과 평천하(平天下) 또한 '신(新)'과 아무런 관련이 없다고 주장한다. 이 밖에도 왕양명은 다른 경전의 구절을 끌어다가 친민(親民)이 교양(敎養)의 뜻을 겸비한 것으로, 신민(新民)이 한쪽으로 치우친 것과 다르다고 강설한다.[31]

이황은 『대학』의 삼강령(三綱領) 가운데 첫 번째인 '명명덕(明明德)'의 의미를 풀이함으로써 『고본대학』의 친민이 아닌 정주학의 신민이 옳다고 주장한다. 예컨대 왕양명은 군주의 덕에 대해 백성을 교화하고 양육하는 데 중점을 두었다면, 이황은 군주의 덕에 대해 자신의 배움으로부터 백성들의 덕을 새롭게 하는 데 초점을 맞추고 있다. 다시 말해 왕양명은 실천[行]의 측면에서 군주의 역량을 밖으로 백성에게 드러내는 데 힘을 쓴다면,

---

31   『양명전서』, 「전습록상」. 이하 세 조목 출처 같음.

이황은 앎[知]의 측면에서 군주의 역량을 자기 내면에 지식을 쌓아가는 것으로 여긴다. 따라서 이황은 개괄적으로 왕양명의 친민을 비판함으로써 정주학의 요지인 선지후행(先知後行) 구도로 신민의 정당성을 주장하는 것이다.[32]

『전습록』 세 번째 조목의 주요 내용은 서애가 왕양명에게 "지선(至善)을 마음에서만 구하는 것이 아니라 사물에 나아가 이치를 궁구하는 것일 듯하다"고 질문하는 것이다. 왕양명은 "마음이 곧 리이니[心卽理], 마음 밖에 존재하는 이치는 없다"라고 주장한다. 서애는 자신의 의문이 완전히 해소되지 않았던 듯하다. 이어서 서애는 "부모에게 효도하고 군주에게 충성하는 것도 상황에 맞는 이치가 있을 것이고, 이를 먼저 알아야만 비로소 올바른 효도와 충성을 다할 수 있을 듯하다"라고 재차 질문한다. 그러자 왕양명은 "마음이 사욕에 사로잡히지 않는 이상 인간은 누구나 부모를 어떻게 모셔야 마땅한지, 그리고 군주를 어떻게 섬겨야 마땅한지를 저절로 알게 된다"라고 강설한다.

이황은 "서애는 궁리(窮理) 공부에 대해 질문한 것인데, 왕양명이 이를 정확하게 파악하지 못하고 실천과 결과에 대해 논했다"라고 비판한다. 이황의 이 논변은 지나치게 간략하다. 예컨대 왕양명은 '심즉리(心卽理)'라는 육왕학의 으뜸 개념을 제시했는데, 이황은 이를 날카롭게 비판하지 못하는 다소 우둔한 모습을 보인다. 이로 인해 이황이 양명학에 대해 체계적으로 고찰하기보다 정주학의 본지만 강조하는 데에 전력하는 듯한 인상을 준다.

---

32   『퇴계선생문집』, 권41, 「전습록논변」. 이하 세 조목 출처 같음.

그런데 『전습록』 네 번째 조목을 다루는 데서 이황에 대한 이와 같은 의심을 다소 해소할 수 있다. 정일초(鄭一初)는 서애와 같이 지선의 의미를 묻는다. 이 조목 또한 지선을 온전하게 이루려면 사물의 이치, 예컨대 예법을 숙지함이 앞서야 할 듯하다고 묻는 것이다. 왕양명의 시각에서 볼 때, 이런 논리라면 진정성 없는 실천이 가능하다. 이는 도덕 실천이 마치 배우와 같이 연출된 행동으로, 지선이 될 수 없다. 왕양명은 "이 원인이 바로 정주학에서 마음과 이치를 분리하는 데 있다"라고 주장한다. 이는 정주학의 격물치지 공부를 강하게 비판하는 것이다.

이황은 "정주학의 격물치지 공부는 성즉리(性卽理)를 전제로 하고 있다"라고 주장한다. 예컨대 그는 "사람의 떳떳한 마음과 만물의 법칙이 모두 하늘에서 내려준 본성이다"라고 말한다. 여기서 떳떳한 마음은 성, 즉 리가 탑재된 마음이다. 또 그는 "내 마음속의 이치든 사물 가운데 있는 이치든 경건한 마음공부[敬]로 그 이치를 탐구하여 지식을 쌓을 수 있다"라고 강설한다. 이 주장을 적용하면 배우와 같은 진정성 없는 실천은 도덕적인 것이 아니다. 이 배우는 밖에 있는 이치, 즉 연극 대본에 있는 효성이라는 이치를 인지했지만, 이 이치가 자기 마음속에 도덕 본성으로 존재함을 확인하지 못했기 때문이다. 정주학의 구도에서 배우의 연기는 격물치지를 온전하게 실현한 상태가 아니다. 그리고 이 원인은 내면 공부와 외면 공부를 관통하는 경건한 마음을 잃어버렸기 때문이다. 이로부터 이황은 "왕양명이 오히려 모든 이치를 내면으로 끌어들임으로써 전혀 객관성을 추구하지 않는 선불교의 깨달음과 같은 공부 방법을 추구했다"라고 강하게 비판한다.

마지막으로 이황이 주목한 것은 『전습록』 다섯 번째 조목으로, 이는 지행합일설(知行合一說)을 다루고 있다. 서애가 "사람들 가운데 부모에게 효도해야 하는 것을 알지만 효도하지 못하는 경우가 있다. 그러니 앎과 실천은 두 가지인 듯합니다"라고 질문한다. 그러자 왕양명은 "이는 사의(私意)에 막혀 지와 행이 단절된 것으로, 지행합일의 본래 모습은 마치 아름다운 이성이나 향기로운 냄새를 좋아하는 것과 같이 자연스러운 일이다"라고 대답한다. 이는 일상 가운데 쉽게 목격할 수 있는 것으로 타당한 듯하다.

그런데 이황은 왕양명이 사용한 비유를 그대로 끌어다가 형기와 의리의 차원에서 지와 행이 일치할 수도 있고 그렇지 않을 수도 있음을 주장한다. 이황의 관점에서 볼 때, 왕양명이 논한 지행합일은 형기의 수준이다. 형기는 감각 기관으로, 이로부터 발생하는 호오(好惡)의 지각작용(知覺作用)은 즉각적이고 자연스럽다. 예컨대 아름다운 이성을 보거나 향기로운 냄새를 맡으면 기분이 좋아지는 차원에서 지행합일설은 완전히 타당한 것이다. 그런데 아름다운 이성을 보고 좋아하면서도 결혼하지 않고 인륜을 패하면 이 경우에 지행합일은 성립되지 않을 것이다. 또 사람들은 무엇이 의리(義理)인지 알면서도 자신의 이해관계와 결부되면 의리를 실천하지 않는 경우가 많다. 이는 의리의 차원에서 지행합일이 성립되지 않는 경우이다. 따라서 어떤 상황에 놓였을 때 우선 그 일을 합리적으로 처리할 수 있는 이치를 알아야만 비로소 합리적 실천이 그 결과로 이루어질 수 있다. 이는 정주학에서 격물치지를 가장 우선하는 것으로, 선지후행을 나타낸다.

『전습록논변』은 비교적 많지 않은 분량으로 이루어져 있을 뿐 아니라, 그 발췌문 또한 『전습록』 상권 가운데 앞부분 4개의 조목밖에 없다. 이로 인해 이황의 양명학 비판이 체계성이나 객관성 면에서 그 수준이 높지 않다고 단정할 수 있다.

그런데 조선 중후기 박세채(朴世采)가 정제두(鄭齊斗)와 함께 『고본대학』과 「대학문」, 격물 해석, 치양지의 해석을 토론하는 내용을 고찰해보면 박세채는 정주학의 『대학』 체계나 주요 개념을 존숭할 뿐 아니라 이황의 입론 또한 기본적으로 존중한다. 반면 정제두는 왕양명의 논조를 충실하게 따르고 있다. 두 사람의 토론은 『대학』 체계 및 삼강령팔조목(三綱領八條目)의 관계를 다루는 내용이 풍부할 뿐만 아니라 『대학』의 주요 개념에 대해 정주학과 양명학이 어떻게 이해하는지를 심도 있게 다루고 있다.[33]

또 한원진은 『전습록논변』에서 형기와 의리의 차원에서 지행합일설 성립 여부를 논한 부분을 비판적으로 검토한다. 이는 이황의 양명학 비판의 재검토로서 의의가 있을 뿐 아니라 율곡학파의 관점에서 심즉리, 치양지, 지행합일을 고찰하고 비판한다는 점에서 흥미로운 논의이다.[34] 무엇보다도 필자는 박세채든 한원진이든 율곡학파로, 이황이 거칠게나마 제시한 양명학의 큰 틀과 주요 개념을 받아들이고, 이로부터 좀 더 엄격하게 양명학을 비판하고 정리한다는 측면에서 『전습록논변』의 가치가 돋보인다고 생각한다.

4. 1573년 이후 이황 직전 제자의 양명학 비판 양상

이황 직전 제자 가운데 양명학 비판 관련해서 가장 수수께끼 같은 인물을 꼽자면 단연 유성룡일 것이다. 유성룡이 왕양명 문집을 구한 경로라

33   금장태, 『한국 양명학의 쟁점』(서울대학교출판문화원, 2012), 16~85쪽 참조.
34   같은 책, 154~184쪽 참조.

든지 이를 간직한 세월을 보면 '이 사람이 진정으로 양명학을 비판했을까?'라는 의문이 절로 일어난다.

유성룡은 17세(1558)라는 어린 나이에 왕양명의 문집을 발견하고 대단히 기뻐했다. 이때 유성룡은 아버지를 따라 의주에 갔었다. 마침 사은사 심통원이 연경에서 돌아왔으나, 대간이 점검하지 않음을 탄핵하여 파직당했다. 그가 압록강변에 짐을 버렸는데, 거기서 왕양명의 문집이 있었다. 이때 조선에 왕양명의 글이 들어오지 않았던 터라, 유성룡은 아버지께 말씀드리고 글씨 잘 쓰는 아전에게 이를 베끼게 했다. 이후 유성룡은 이 글을 상자 속에 35년간 간직했다.

이 일화를 곰곰이 따져보면 유성룡은 양명학에 대한 이중적 태도를 오랫동안 유지한 것으로 추정된다. 그의 나이 17세부터 35년 동안 왕양명 문집을 간직했다면 그가 설령 양명학을 비판했다고 하더라도 한편으로는 왕양명에 대한 존중의 마음도 있었을 것으로 생각된다. 이런 가정을 뒷받침할 만한 사건이 있었다. 임진년(1592) 왜구가 안동에 들어와 그의 옛집과 원지정사를 불살랐는데, 이때 『양명집』 필사본 몇 권만 온전하게 남았다고 한다. 유성룡이 이를 보고 자신도 모르는 사이에 눈물을 흘렸다고 한다. 17세 이후 대략 35년이 지난 시점까지 유성룡은 『양명집』을 잘 간직했다.

35년이라는 세월 동안 유성룡이 양명학에 이중적 태도를 보이는 몇 가지 정황들이 더 있다. 유성룡은 21세(1562)에 이황에게 『근사록(近思錄)』을 배우기 시작한다. 이때부터 그는 주자학에 전념했을 뿐만 아니라 실천적 요소를 성현의 지표로 삼고자 했고, 이로 인해 이황에게 큰 칭찬을 받았다. 또 28세(1569)에 그는 성절사 겸 사헌부 감찰로 연경에 갔다. 당시 명나라는 이미 왕양명과 진헌장(陳獻章)을 모두 문묘에 종사했다. 이로 인해 명나라의 태학생은 왕양명과 진헌장의 학문을 종주로 삼았다. 이때 유성룡은 그들에게 왕수인의 학문은 선학에서 비롯되었다고 평하였고, 이를 들은 이황은 "잘못된 견해를 바로 잡았다"라고 유성룡을 칭찬했다. 이때에도 유성룡은 여전히 왕양명의 문집을 애독하고 있었을 것이다. 참으로 기이한 일이라고 하지 않을 수 없다.

유성룡이 육왕학의 이중성에서 벗어나게 된 계기를 다음 일화에서 엿볼 수 있다. 1570년에서부터 1571년 사이에 유성룡은 수찬으로 옥당(玉堂)에 있었다. 그는 육구연의 학설을 좋아하여 경계할 만한 말을 뽑아서 한 권의 책으로 만들었다. 유성룡은 육구연의 학설을 추종했다. 그러면서 주자가 육구연을 지나치게 공격한다고 생각하면서도 입 밖에 내지 못하고 마음으로만 의심했다. 그러던 중에 1573년 부친상을 당해서 금계산에 상을 치렀다. 이때 노승이 『대혜어록』, 『증도가』 등의 서적을 주었는데, 그 속에 담긴 이론이 육구연의 학문과 유사했다. 이 일을 계기로 유성룡은 주자의 이론을 독실하게 존숭하고 한결같이 신뢰하여 전혀 의심하지 않았다.

이 일화는 유성룡의 회심을 극적으로 표현한 것이지 그 이면에는 명나라로부터 조선의 정체성을 지키기 위한 사림파의 치열한 면모가 엿보인다. 1568년부터 사림파들은 조광조를 비롯해 정여창, 한훤당, 김굉필 등을 문묘에 종사해줄 것을 청한다. 1571년 12월 유희춘은 경연에서 재차 사림파의 문묘 종사를 요청하는 데서 그치지 않고, 육구연의 학문은 정론이 아니라고 배척한다. 이 와중에 1573년 절강순무(浙江巡撫) 사정걸(謝廷傑)이 우리 조정에 왕양명을 문묘에 배향할 것을 청한다. 이후로도 명은 여러 가지 요구 사항을 계속 전한다.

1571년이면 이황이 세상을 떠난 바로 이듬해이다. 유희춘, 유성룡 모두 이황의 문하로, 이들은 이황이 정주학의 정통성과 함께 사림파의 학문적 방향성을 명징하게 제시했음을 인지하고 있었다. 이황이 정주학의 정통성과 함께 사림파의 정체성을 지키고자 끝까지 배척한 것이 주륙화회론이다. 유성룡 또한 이 점을 명확하게 인지하고 있었을 것이다.

1604년 유성룡은 63세에 다시 왕양명의 문집을 읽으면서 양명학을 비판하는 저작에 매진한다. 유성룡은 양명학의 ① 격물치지와 ② 치양지, 그리고 ③ 지행합일설을 비판하는 데 초점을 맞추고 있다.

① 양명학과 주자학이 배치되는 지점은 '격물치지' 네 글자에 있다. 주자는 "사람의 마음은 알지 못함이 없고, 천하 사물의 이치가 없는 데가 없다"라고 말했으니, 이는 사람들이 사물의 이치에 나아가 이치를 궁구하여 그 앎을 다하게 한 것이다. 왕양명은 "이치란 내 마음에 있으니, 다른 곳에서 찾을 것이 없다"라고 말했으니, 이는 학문을 논함에 한결같이 양지를 주로 삼은 것이다.[35]

② 상이 말했다. "양명이 '양지를 이룬다'라고 한 말은 무슨 뜻인가?" 성룡이 말했다. "이 말은 거짓입니다." 상이 말했다. "양명은 효의 이치가 내 마음에 있다고 했으니, 어찌 어버이가 살고 죽는 것에 효의 차이가 있겠는가?" 성룡이 말했다. "장사 지내길 예로써 하고, 제사 지내길 예로써 함은 모두 효의 도로 각각 주장하는 것이 있는데, 어찌 그와 같이 말할 수 있겠습니까? 만약

---

35   『서애선생문집』, 권2, 「독양명집유감」.

양명이 어릴 적 책을 읽지 않고도 양지만을 이루고자 했다면 매사를 어찌 두루 알겠습니까? 또 양명이 이전의 글을 읽지 않았다면 이전의 일을 어떻게 자세히 알겠습니까?"[36]

③ 왕양명은 앎과 실천을 하나로 합해서 주자의 학설을 배격했는데, 무슨 뜻인가? 앎과 실천의 학설은 부열한테서 시작했으니, 이른바 "앎이 어려운 것이 아니고, 실천이 어려운 것이다"라고 한 것이 이에 해당한다.『중용』에서 앎과 실천을 세 등급으로 나누었다. 생지(生知), 학지(學知), 곤지(困知)가 앎의 세 등급이다. 안행(安行), 역행(力行), 면행(勉行)이 실천의 세 등급이다. 이는 앎과 실천에 대한 설명을 더더욱 상세하게 한 것이다.[37]

①은 격물치지에 대한 논의로, 주자학에서 격물은 마음이 사물에 있는 이치를 궁구하는 것이고, 치지는 그 사물의 이치를 완전하게 궁구함을 나타낸다. 반면 왕양명의 격물치지는 내 마음이 이치와 같은 것으로 마음 밖에 사물의 이치를 찾는 것은 헛된 짓임을 말한다. ①은 주자학과 양명학의 차이를 말하는 것으로, 두 학문 모두 격물치지에서 핵심 개념은 양지라고 주장한다.

이로부터 ②, 즉 치양지의 의미를 탐색함으로써 주자학이 양명학을 비판하는 논조를 좀 더 분명하게 알 수 있다. ②는 치양지를 다룬 것으로, 치양지는 주자학에서 격물과 같이 사물의 이치 혹은 예법과 같은 지식을 습

---

36   『선조실록』, 권53, 7월 17일.
37   『서애선생문집』, 권15, 「지행합일설」.

득하여 그 상황에 맞는 행위를 하는 것을 말한다. 반면 양명학에서 말하는 치양지는 사물의 이치나 지식을 습득하지 않아도 모든 것을 할 수 있다는 것으로, 이는 얼토당토않은 짓이라고 비판하는 것이다.

③은 지행합일설을 다룬 것으로, 유성룡은 앎과 실천을 분리해서 논하는 구절들을 뽑아서 지행합일설을 비판하는 논거로 제시하고 있다. 예컨대 부열의 주장으로 볼 때, 주자학에서 말하듯이 어떤 것을 알았다고 하더라도 이를 곧장 실천할 수 있는 것이 아니다. 또 어떤 것을 아는 데도 정도의 차이가 있을 뿐 아니라 아는 것을 실천하는 데도 익숙함이나 편안함의 차이가 있음을 드러냄으로써 지행합일설이 성립될 수 없음을 일목요연하게 제시하고 있다.

유성룡의 양명학 비판은 이황의 『전습록논변』에서 다루었던 내용을 좀 더 명징하게 주요 개념별로 분류해서 그 개념의 맹점을 지적하고 있다. 또 이는 학문적 차원뿐만 아니라 정치적 차원에서 조선 사림파의 정통성과 함께 정체성을 확고하게 수립하겠다는 의지의 표현이라고 할 수 있다.

5. 마치며

1520년쯤 조선에 왕양명의 『전습록』이 유입된 후로 조선 성리학은 다양한 형태로 분화된다. 이는 참으로 흥미로운 현상이다. 성리학은 말 그대로 성과 리를 핵심 개념으로 삼고 있는 학문이다. 이 학문은 양명학, 즉 심학을 배척하면서 다양한 형태로 변화된 것이다. 왜 그렇게 되었을까?

조선 개국과 함께 이성계는 주자학을 통치 이념으로 주창했다. 그러나

이 당시 주자학에 정통한 학자는 많지 않았다. 특히 개국 공신인 훈구파는 사장학(詞章學)에 뜻을 두었지, 주자학에 큰 관심을 보이지 않았다. 사림파 또한 주륙화회론을 주된 학풍으로 삼았다. 이는 성리학자를 자연스럽게 육왕학으로 옮겨가게 하는 요인이 된다.

예컨대 사림파 가운데 노수신이 대표적 사례라고 할 수 있다. 노수신은 본래 육왕학적 성향과 함께 이에 대한 흥미를 갖고 있었던 인물이기도 하거니와, 유배 중에 옛 성균관 동학인 홍인우와 함께 교류하면서 자연스럽게 잠재된 육왕학 성향을 드러내 보인다. 홍인우가 노수신에게 강한 자극을 줄 수 있었던 까닭은 역설적으로 조선 성리학의 거유인 이황에게 『전습록』을 받아볼 수 있었기 때문이다. 홍인우와 함께 『전습록』을 숙독하고 토론한 남언경 또한 이후 조선 양명학을 대표하는 학자 가운데 한 사람으로 성장하게 된다.

이황은 이런 현상을 기이하게 여겼던 듯하다. 또 그는 이 원인을 주륙화회론보다 주자학의 정통론을 확립하지 못한 당시 미미한 학술 역량에서 찾았던 것 같다. 이로 인해 이황은 주자 문헌을 꼼꼼하게 검토하고 정리하여 이를 제자들에게 강의할 뿐 아니라 주자학의 정통성과 함께 정체성을 확립하는 작업으로 『송계원명이학통록』을 저술한 것이다.

다만 이황 또한 당시 학풍의 영향에서 완전히 벗어났다고 말하기 힘들다. 그가 『심경부주』를 사서집주 반열에 올려놓은 일이 그 단적인 예이다. 『심경부주』는 정민정이 저작한 것으로, 그는 명대 대표적인 주륙화회론자이다. 이로 인해 이황은 자신의 직전 제자뿐만 아니라 이이를 비롯한 후대 율곡학파로부터 주자학의 종지를 제대로 파악하지 못한 인물로 비판받기도 한다.

그렇지만 이황은 송·명대 정주학을 계승하여 조선 성리학의 정통성을 확립한 인물로 평가받을 수밖에 없다. 그 이유는 바로 이황이 양명학을 비판한 『전습록논변』에서 찾을 수 있다. 『전습록논변』은 상당히 거칠고 간략하다. 이 저작은 종종 양명학 이해나 체계적 객관적 비판 역량 부족이라는 꼬리표를 달고 있다. 다만 이황 이후 간행한 조선 유학자의 양명학 비판서를 곰곰이 살펴보면 그것들은 이황이 개괄적으로 제시한 주요 개념을 좀 더 심화하거나 세분화해서 양명학을 배척한다. 따라서 이황의 『전습록논변』은 조선 사림파의 학문적 역량이 얼마나 성장했는지를 가늠할 수 있는 척도라고 볼 수 있다. 또 이 논변은 명으로부터 자신들의 학문적·문화적 표준을 강요받는 상황에서 조선이라는 하나의 정체성을 지켜내는 동력으로 작용했다고 말할 수 있다. 끝으로 이황의 『전습록논변』은 아주 적은 분량이지만 그 영향력만큼은 지금까지도 지속된다고 평할 수 있다.

이해임

전주 상산고 철학 교사. 서울대 대학원 철학과에서 한국철학 전공으로 철학박사를 취득했다. 박사학위 취득 후, 한림대 태동고전연구소 연구교수로 재직하였다. 조선조 성리학이 탄생하고 분화하고 심화 변화하는 과정을 연구하고 있다. 주요 저서로는 『(21세기 유교 연구를 위한) 백가쟁명』(공저), 『조선경학의 문화다원론적 이념과 실천』(공저), 『조선경학의 문화다원론적 심화와 대안』(공저) 등이 있으며, 역서로는 『최명길의 사문록 역해와 심층 연구』(공역), 『명유학안 역주 2』(공역)가 있다.

이이의 철학, 이이의 현실

정원재(서울대학교 철학과 교수)

1. 이이의 현실

1) 어머니 그리고 불교

이이(李珥)는 이황(李滉)과 함께 한국을 대표하는 철학자 중의 한 사람이다. 많은 철학자가 그러하듯, 이이의 철학 역시 그의 당대 조선에 대한 현실 인식의 산물이라고 할 수 있다. 당대 조선의 사회와 학문에서 그가 문제시한 대목은 무엇이었고, 그는 왜 하필 그 문제에 주목했을까? 이 질문에 대답하기 위해, 먼저 이이의 집안 내력부터 살펴보려 한다. 대부분의 사람에게 가족은 가장 처음 만나는 공동체이며 '세계관'이라 불릴 만한 최초의 것을 제공하는 장이긴 하지만, 이이의 경우는 특히 이 점이 두드러지기 때문이다. 이이가 당대 현실을 들여다보는 방식은 그의 가문 배경, 그리고 이로부터 비롯한 그의 생애 체험과 밀접한 관련이 있다.

이이의 '집안'이라고 하면, 흔히 이이의 어머니 신사임당(申師任堂)부터 먼저 떠올리곤 한다. 그만큼 이이와 신사임당은 대중적으로 하나의 묶음으로 호명되는 인물들이다. 이이가 빼어난 철학자이며 정치가로 유명한 것 못지않게, 어쩌면 그 이상으로 신사임당은 아직까지도 현모양처의 전범처럼 받아들여진다. 이 점을 잘 보여주는 것이 한국의 화폐이다. 이이는 5,000원권 화폐에 초상이 들어가 있다. 또 이이의 어머니인 신사임당도 5만원권 화폐의 주인공이다. 그래서 이이의 탄생지인 강릉의 오죽헌 부근에 가면 '세계 최초 모자 화폐 인물 탄생지'라는 표지가 있다. 이런 세계 최초가 생겨났다는 것이 어쩌면 이이가 살던 조선, 그리고 조선의 문화유산을 일정 부분 물려받은 현대 한국의 특징 중 하나일지도 모른다.

신사임당의 정확한 이름은 알 수 없다. '사임당'은 이름이 아닌 호인데, 이 호는 중국 고대의 이상적인 제왕이었던 주나라 문왕의 어머니 '태임(太妊)'을 본받는다는 뜻이다. 사임당은 평산 신씨 명화와 용인 이씨 사이에서 난 다섯 딸 중에 둘째이다. 그런데 아버지는 서울 사람이고 어머니는 강릉 사람이다. 두 사람은 16년간이나 떨어져 살았고 아버지가 강릉에 들르는 식으로 결혼을 유지했다.

사임당의 결혼 생활 역시 처음에는 자신의 부모와 비슷했다. 사임당은 1522년 19살에 이원수(李元秀)와 결혼했다. 이 결혼은 급박하게 이뤄진 것이었다. 중국에 사신으로 다녀온 사람이, 처녀들을 많이 뽑아갈 것이라는 잘못된 소문을 퍼뜨리는 바람에 딸을 둔 집에서는 서둘러 결혼을 시킬 때였다. 결혼 몇 달 뒤에 사임당은 아버지가 세상을 떠나자 친정에서 삼년상을 마치고 서울로 갔다. 얼마 뒤에 시집의 터전인 파주 율곡리에 기거했다가 곧바로 강원도 평창군 봉평에 여러 해 살았고 다시 친정에서 지내다가 이이도 강릉에서 낳았다. 최종적으로 38세에 서울의 시집에 정착하기까지 결혼 후에도 근 20년을 주로 고향 강릉 일대에서 산 것이다. 사임당이 예술적인 천분을 갈고닦은 데에는, 이렇게 남들보다 많은 시간 동안 친가와 주변에서 살면서 친가의 자원을 충분히 활용할 수 있었던 여건이 크게 작용한 것으로 보인다.

　사임당은 매우 똑똑하고 교양 있는 사람으로 알려져 있다. 그런데 전해지는 이야기들로 미뤄보면, 남편인 이원수는 그다지 명석하거나 재주 있는 사람은 아니었던 것 같다. 강릉 지역에는, 사임당이 남편 이원수에게 10년을 기약하고 과거 공부를 하라며 절에 등을 떠밀어 보낸 이야기가 전해진다. 남편의 자질로는 한두 해 공부해서는 안 되고 적어도 10년은 공부해야 급제를 할 거라고 보았다는 것이다. 그런데도 이원수는 3년 만에 다시 집으로 돌아오는 바람에 결국 과거에 급제하지 못했다는 것이 이 민담의 결말이다. 또 사임당과 이원수가 중국 성현들의 고사를 들어가며 부부의 도리에 대해 논쟁하지만, 사임당의 학식에 결국 이원수가 두 손 들고 만 일화도 전해진다. 아마도 사임당에게 이원수는 여러모로 만족스럽지 못한 남편이었고, 이원수에게 사임당은 언제나 버거운 아내였던 것 같다. 이런 상황에서 사임당의 처지에서는 자연스럽게 자식들에 대한 기대가 커질 수밖에 없었을 것으로 보인다.

　이원수와 사임당은 결혼해서 4남과 3녀를 낳았다. 이이는 아들 중에서는 셋째였다. 이이보다 12살 많은 맏아들은 여러 차례 과거에서 낙방하다가, 이이가 과거에 합격한 해에 41세에야 진사가 되어서 나중에 참봉 벼슬을 지낸다. 둘째 아들은 벼슬이 없었다. 거기다 크고 작은 문제를 많이 일으켜 관직에 있던 이이를 난처하게 만들기도 했다. 이이보다 여섯 살 아래인 막내아들은 진사시에 급제한 뒤 나중에 정3품의 군자감정을 지낸다.

13세 때(1548) 진사 초시에 합격하여 일찌감치 신동으로 불렸던 이이가 어릴 때부터 단연 가족과 주변의 관심을 한 몸에 받았으리라는 것을 짐작할 수 있다. 아마도 어머니인 사임당 역시 이이를 끔찍하게 아꼈을 것이다.

그런데 사임당은 서울에 정착한 지 10년 만에 사망한다(반면 이원수는 그 뒤로도 10년 더 생존한다). 이이는 겨우 열여섯 살, 한창 감수성이 풍부한 나이에 자신을 아낌없이 사랑해준 어머니의 죽음을 맞은 것이다. 거기에 어머니가 죽고 나서 아버지가 맞아들인 서모는 신사임당과는 완전히 상반된 인물이었던 듯하다. 전하는 이야기로는, 이이의 서모는 아침마다 술 한 사발 달라고 해서 마시고는 하루를 시작했다고 한다. 서모와 이이의 형제들 사이에는 불화가 이어졌다.[1] 소년 이이에게는 어머니의 죽음 이후 부닥친 모든 상황이 불행의 나락이었던 것이다.

급기야 이이는 19세에 금강산의 '마하연'이란 절에 들어가서 승려가 된다. 나중에 그는 이때를 회상하여 "어머니를 잃고 슬픔을 이기지 못하여 불교에 빠졌다"고 말하기도 했다. 워낙 똑똑한 사람이었기에 그곳에서도 이이는 "살아 있는 부처가 나왔다"는 얘기를 들을 정도였다. 이이는 다음 해에 환속한다. 비록 금강산에서 지낸 기간은 1년 정도에 불과했지만, 이 일은 평생 그를 괴롭히는 이력으로 따라다닌다. 유교가 국시인 나라 조선에서 불교에 몸담은 승려로 살았었기 때문이다.

절에서 내려온 이이는 다시 강릉으로 갔다. 강릉은 이이가 어머니와 함께 어린 시절을 보낸 마음의 고향이고, 무엇보다도 어릴 때 자신을 보살

---

1   황준연, 『율곡철학의 이해』(서광사, 1995), 46~49쪽과 황준연, 『이율곡, 그 삶의 모습』(서울대 출판부, 2000), 39~45쪽.

펴 준 외할머니가 살아계셨기 때문이다. 이이는 관직을 하고 있을 때도 외할머니가 위급하다는 소식에, 왕의 허락도 받지 않은 채 강릉으로 가버리는 바람에 크게 문제가 되기도 했을 정도였다. 그만큼 강릉과 외할머니의 존재는 이이에게 각별한 의미를 지녔던 것이다. 그런데 마음의 안식을 찾으러 갔던 그 강릉에서 이이는 뜻밖에도 가까운 집안 어른들에게까지 심하게 꾸지람을 듣는다. 이 일로 그는 크게 각성한다. 그때의 심경을 이이는 「홍 이모부와 헤어지며(別洪表叔序)」라는 글로 남기고 있다. 이 글에서 그는 이런 질문을 던진다.

내가 잘못을 뉘우쳐서 본성을 회복할 수 있다 하더라도 세상 사람들이 나를 망가뜨리려 하는 것은 어떻게 할 것인가?

이 질문은 읽는 이의 마음을 아프게 한다. 젊은 이이가 절규하는 모습이 눈앞에 보이는 것 같다. 이이는 왜 승려가 되었던가? 어린 나이에 어머니의 죽음을 맞았다. 그래서 '산다는 것은 무엇이고 죽는다는 것은 무엇인가?' '인생의 의미란 게 대체 무엇인가?' 그런 실존적인 고민 끝에 절에 들어갔던 것이다. 그런데 사람들은 자신의 마음을 몰라준 채 승려가 되었다는 사실 하나만으로 손가락질했다.

더욱이 어머니와 자신의 관계를 잘 알고 있는, 그래서 어머니를 잃고 나서 힘들고 어려웠던 자신의 처지를 헤아려 주기를 바랐던 외가의 가까운 친척들까지 자신을 먼저 나무라고 야단쳤다. 이대로라면 자신의 인생에는 어떠한 기회도 주어지지 않겠다는 생각, 설사 처절한 반성 뒤에 어린 신동에게 어머니가 기대하던 길, 세상 사람들이 환호하던 길로 다시 나선다 하더라도 어느 순간이고 그들은 나의 발걸음을 훼방 놓을 수도 있겠다는 생각이 청년의 가슴에 대못으로 박혔던 것이다.

이것이 이이가 환속한 이후에 알게 된 인간의 모습이었다. 사람들은 익숙한 틀로 남들을 재단할 뿐, 개개인의 속사정 따위를 살피려 하지는 않는다는 것, 그러니 그 틀을 벗어나는 실수란 인생에 용납되지 않는다는 것, 세상이란 따뜻함을 기대할 수 없는 순전한 차가움일 뿐이라는 것이 그 깨침의 핵심이었다.

이 곤경에서 어떻게 벗어날 수 있단 말인가? 고민 끝에 이이가 찾아낸 해답의 핵심은 이것이다.

한번 만들어졌다고 해서 반드시 다시 망가뜨려지지 않는 것은 아니며, 한번 망가뜨려졌다고 해서 반드시 다시 만들어지지 않는 것은 아니다. 화는 복에 기대고 복은 화에 기대는 것이다. 나는 앞으로 어떻게 해야만 하는가? 하늘을 원망하지 않고 사람을 탓하지 않으며, 어찌할 방도가 없음을 알고서 스스로를 닦으며 운명을 기다릴 뿐이다.

세상은 끊임없이 변하는 것이고, 일의 성공과 실패는 바뀌기 마련이다. 곧 세상의 이치라는 것은 눈에 보이는 그대로가 끝없이 이어지는 것이 아니며, 지금 보이는 것이 정반대의 상황이 될 수도 있다. 그러니 설사 내가 망가뜨려진다고 하더라도 언젠가는 다시 만들어지고 이뤄질 수 있을 것이다. 한걸음 나아가 사람들이 정반대의 것처럼 여기는 화와 복은, 알고 보면 동전의 양면처럼 서로 기대고 있는 것이다. 곧 내가 겪고 있는 불행과 곤경은 표면적으로 드러난 것일 뿐 그 밑에는 오히려 성공과 영광이 숨어 있다.

화와 복이 그러하듯, 세계는 서로 대립해 있는 것으로 구성되어 있는 것 같지만, 대립해 있는 이 존재자들이 실제로는 공존하는 것이라는 생각은, 중국 철학에서는 노자까지 거슬러 가는 오래된 사유 전통이다.

이는 대중적으로는 '새옹지마'의 고사로 잘 알려져 있다. 변방에 사는 노인의 말이 도망쳤다. 큰 재산을 잃어버린 것이다. 그런데 얼마 지나지 않아 도망쳤던 말이 다른 말을 끌고 돌아왔다. 잃은 줄 알았던 재산을 오히려 불리기까지 했으니 이것은 행운인가? 그런데 노인의 아들이 새로 들어온 말을 타다가 떨어져서 다리가 부러졌다. 행운이 재앙이 된 셈이다. 얼마 지나지 않아 전쟁이 나서 동네 젊은이들이 모두 징집되어 죽거나 다쳤지만, 노인의 아들은 다리 때문에 전쟁터에 가지 않은 채 목숨을 보존했다. 재앙을 겪은 탓에 목숨을 지키는 행운을 얻을 수 있었다. 새옹지마의 이야기에서 보듯 행운과 재앙은 서로 반대되는 것처럼 보이지만 알고 보면 한 몸이라는 것이 노자가 보는 세상의 얼개이다.

대립적인 사태가 서로 공존해 있다는 것을 명확히 알고 나면, 공존의 구조를 역이용해서 개인이 처해 있는 상황의 전복을 꾀할 수 있다. 공존해 있는 두 양상 중 한쪽의 사태는 곧 다른 쪽의 사태이기도 하기 때문이다. 따라서 세상 사람들이 흔히 그러하듯이 화를 피하고 복을 잡으려 안달할 필요는 전혀 없다. 복을 붙잡으려 할수록 그것은 오히려 화가 될 뿐이다. '화는 복에 기대고 복은 화에 기대는 것'을 안다면, 내가 할 일은 복이 아니라 철저히 지금의 화에 머무는 것이다. 그러면 화는 결국 복으로 돌아올 것이다.

그러므로 이런 상황을 만든 하늘을 원망하지도 나를 비난하는 사람을 탓하지도 않으며, 내가 겪는 곤경을 당장은 떨쳐버릴 방도도 딱히 없음을 알고서 오히려 그 곤경 속으로 침잠해 들어갈 것이다. 그리고서 조용히 내게 필요한 것을 미리 준비하면서 '스스로를 닦으며 운명을 기다리는' 것이다. 그때가 바로 내게 닥친 불행과 곤경을 뒤집을 수 있는 때이다.

이렇게 이이는 절에서 내려와서 처음 지은 글 「홍 이모부와 헤어지며」에서, 비로소 알게 된 인간의 행태에 절망하면서 자신이 겪고 있는 곤경을 기필코 전복시키고 말리라는 각오를 다진다. 이 전복은 한편으로는, 입산을 선택해야 했던 자신을 이해하지 못한 채 비난하기만 했던 세상에 대한 우회적인 복수라고도 할 수 있을 것이다.

이 글에는 유학자 특유의 도덕적인 태도는 거의 드러나지 않은 채 유독 생존에 대한 의지가 두드러진다. 이이는 그만큼 필사적이었던 것이다. 이이가 이 글에 이어서 다시 「자신을 경계하는 글(自警文)」을 지어서 스스로 똑바른 길을 걷겠노라는 다짐을 했던 것은 필연적인 경로였다. 「자신을 경계하는 글」은 이렇게 시작한다.

먼저 그 뜻을 크게 가져야 한다. 성인(聖人)을 기준으로 삼아서, 털끝만큼이라도 성인에 미치지 못한다면 나의 일은 끝난 것이 아니다.

「홍 이모부와 헤어지며」에 보이던 전복의 의지가 이제는 성인에 이르고야 말리라는 다짐으로 표현된다. 그러므로 여기서의 성인은 우선 도덕적 완성이지만, 동시에 현실적 성공이기도 할 것이다. 요컨대 사람은 '먼저 그 뜻을 크게 가져야 한다.' 너무도 젊은 나이에 이이는 삶의 진실을 알아버린 것이다. 그것도 무척 어둡고 힘든 방식으로 말이다. 뒤에 이이가 세운 철학에는 어려서 승려가 되었던 체험, 그 뒤에 자신이 직면한 비난과 곤경, 그로 인해 생겨난 인간성에 대한 절망적 인식이 깊이 배어 있다고 할 수 있다. 맹자 이래 유학적 정통으로 간주되던 성선설에서 벗어나 인간을 욕망 덩어리로 파악했던 이이의 심성론은, 환속 직후의 그 같은 깨침과 결을 같이하는 것이라고 볼 수 있을 것이다.

「홍 이모부와 헤어지며」에서 예감한 것처럼, 이이는 생애를 통틀어 여러 차례 승려의 전력 때문에 사람들이 '망가뜨리려' 하는 일을 겪는다. 이이는 23세 되던 1558년에 예안 도산에 들러 당시 58세였던 이황을 방문하고 이틀 동안 강론한다. 이 만남에서 이이는 자신이 승려였던 사실을 먼저 고백한다. 이황은 이이가 돌아간 뒤에 이이에게 보낸 편지에서 "새로 맛들이려는 것은 달지 않고 익숙한 곳은 잊기 어려운 법이라서, 오곡의 열매가 여물기 전에 가라지와 피가 먼저 익지나 않을까 걱정됩니다"(「이이에게 답하다(答李叔獻)」)라고 말한다. 이이가 유학 공부를 하면서도 불교식으로 사유하는 이전의 시각에서 벗어나지 못할까 경계한 것이다.

이이는 29세(1564)에 생원시에는 장원으로 진사시에는 2등으로 합격한다. 그런데 생원 시험에 장원한 사람들은 성균관의 공자 사당에 참배하는 전통이 있었다. 공자의 정신적인 후손임을 확증 받는 것이다. 이때 성균관의 유생들이 이이가 참배하는 것을 거부한다. 짐작하겠지만 이이가 승려였다는 것이 이유였다. 이이는 인생 최대의 위기를 맞은 것이다. 과거에 급제해서 벼슬길에 나아가야 하는데, 까딱하면 생원 시험 다음인 대과 시험을 칠 수 없을지도 모르는 상황이 된 것이다. 다행히 이이와 인척 관계에 있던 좌의정 심통원이 이 상황을 주선해서 무마해준 것으로 전해진다. 그래서 이이는 8월에 문과 시험에서 장원한다.

과거에 합격해서 관직에 나아간 이후에도 이이는 '승려였다'는 비난에 직면하여, 임금에게 직접 자신이 선문에 종사했던 것을 밝히며 참회하는 글을 바치기까지 한다.

이이와 관련된 설화 중에 '나도밤나무' 이야기란 것이 있다. 이이가 태어난 지 얼마 지나지 않아서 어떤 스님이 이이 집에 시주를 받으러 왔다. 그런데 스님이 이이를 보면서 끌끌끌 혀를 찬다. 심상치 않은 일인 것이다. 이이의 부모가 스님을 쫓아가서 "왜 그러십니까? 무슨 안 좋은 일 있습니까?"라고 묻자, 스님은 "이 아이는 오래 살지 못합니다"라고 하는 것이다. 놀란 부모는 기를 쓰고 스님에게 매달린다. "어떻게 해야 살 수 있습니까?" 스님이 대답했다. "아무 날 아무 시까지 밤나무 천 그루를 심으면 이 아이는 오래 살 수 있을 것입니다." 그래서 이이의 부모는 뒷산에 밤나무를 열심히 심었다.

약속한 날이 되자 스님이 왔다. 스님과 이이의 부모는 그동안 심은 밤나무를 하나씩 둘씩 세어봤다. "…997, 998, 999." 그런데 한 그루가 모자란다. 아무리 세어봐도 한 그루가 모자란다. 이이의 부모는 어쩔 줄 몰라 하고 스님은 표정이 점점 일그러지더니 마침내 화를 냈다. "천 그루가 아니잖아요!" 스님은 그 자리에서 곧바로 재주를 넘더니 호랑이가 되어버렸다. 그러고는 어린 이이를 물어 가려고 한다. 절체절명의 순간에 옆에 있던 나무가 나서더니 말한다. "나도 밤나무예요." 사실은 밤나무가 아니지만, 밤과 비슷한 열매가 달리는 나무 '나도밤나무' 덕분에 이이가 목숨을 건졌다는 이야기이다.

이 이야기에서 눈여겨볼 곳은 다름 아닌 스님이 호랑이가 되어서 아기 이이의 목숨을 빼앗으려고 했다는 대목이다. 많은 옛날이야기에서 스님은 '구원자'로 등장한다. 스님들은 주인공보다 한발 앞서서 위기의 조짐을 파악하고 위기에서 벗어날 수 있는 비방을 알려주곤 한다. 주인공이 비방을 제대로 이행하지 못해서 위기에 처하면, 직접 나서서 주인공을 구해주기도 한다.

이이의 나도밤나무 설화에서도 전반부에 드러나는 스님의 면모는 그같은 구원자의 전형으로 읽힌다. 그런데 그 구원자가 한순간에 목숨을 앗아가려는 악당이자 가해자로 뒤바뀐다는 것이 이 설화의 반전이다. 스님으로 상징되는 불교가, 이이에게는 바로 그런 구원자이자 가해자였다는 것이다. 어머니를 잃고 절망에 빠진 그의 영혼을 건져주기도 했지만, 또 그 때문에 세속적 입신을 결정적으로 '망가뜨리려' 한 것이 불교라는 것이다. 이이의 인생에서 이이가 승려였던 사실이 호랑이에게 물려가는 것에 비길 만큼 치명적인 일이었음을 이 이야기는 잘 보여준다.

2) 아버지 그리고 붕당

이이의 가족에 대해 살펴보다 보면 한 가지 이상한 점을 발견하게 된다. 이이의 어머니 사임당에 대해서는 상당한 기록과 많은 일화가 전해지고 있다. 그런데 이이의 아버지에 대한 정보는 별로 없다. 후대에 이이를 기리는 많은 유학자 또한 이이의 어머니는 함께 높이면서도 아버지에 대한 언급은 잘 하지 않는다. 왜 그들은 이이의 아버지 얘기는 잘 안 했던 것일까?

심지어 자식인 이이에서도 이 점은 마찬가지다. 이이는 어머니와 외할아버지에 대해서는, 간략한 전기라고 할 수 있는 '행장'을 썼다. 또 외할머니에 대해서도 묘지명을 써서 생애를 기록했다. 그런데 아버지와 친가의 할아버지, 할머니에 대해 쓴 대목은 찾아보기가 힘들다. 어머니와 외가 식구들에게 극진했던 이이가 왜 이렇게 친가의 어른들에게는 냉담했던 것일까?[2]

이이의 아버지 이원수의 사람됨을 묘사한 직접적인 기록은, 이이가 쓴 사임당의 행장에 나오는 다음의 문장이 거의 유일하다.

아버지는 성품이 호방한 분이라 살림에는 신경 쓰지 않으셔서 집안이 무척 어려웠다. 어머니가 잘 아껴 써서 어른을 봉양하고 아이들을 키우셨다. (「어머니 행장(先妣行狀)」)

'호방'이라고 모나지 않게 표현하긴 했지만, 이원수가 그다지 성실한 가장은 아니었으며 그 탓에 안게 된 가족의 경제적 문제를 해결하느라 사임당이 분투했으리라는 사실을 충분히 짐작하게 하는 진술이다. 이이가 본 아버지의 모습은 그러했다.

사람됨 이외에도 어쩌면 후대 사람들이 이원수에 대해 말하기 조심스러워했던 더 큰 이유는 이원수의 벼슬살이에 얽힌 가문 배경 때문일 것이다. 이원수의 선조들은 요절했던 부친을 제외하면, 대대로 관직에 나갔다. 그런데 이원수는 대과는 물론 소과에도 급제하지 못했다. 그러다가 나이 50세가 넘어서 고위 관료의 자제들에게 주어지던 특혜인 '음직'으로 벼슬을 하게 된다. 아버지는 벼슬을 하지 못했으니 할아버지나 그 이전 선조들의 덕을 본 것일까?

---

2   한영우, 『율곡 이이 평전』(민음사, 2013), 48쪽.

이원수에게는 큰 덕을 베풀어줄 수 있는 또 다른 인척이 있었다. 이원수의 당숙이며, 이이에게는 재종조부인 이기, 이행, 이미 형제가 그들이다. 형제는 당대의 실권자였으며, 각각 영의정, 좌의정, 우찬성을 지냈다. 특히 이기는 을사사화와 정미사화의 주모자로 꼽힌 인물로, 이황 역시 을사사화 직후 이기의 청에 의해 파직되기도 했다. 또 이황의 형 이해는 이기를 탄핵한 것 때문에 유배를 가서 죽기도 했다. 이기는 부원군에 봉해지기도 했으나, 선조가 즉위하자 모든 작위를 박탈당했던 문제적 인물이다. 이원수는 이기의 집에 드나들었고, 부인 신씨가 이를 말렸다는 일화가 전해진다.

요컨대 이이의 아버지 이원수는 성품이 훌륭하거나 재주가 빼어난 이는 아니었던데다가, 여러모로 악명을 날린 이기의 인척으로 그의 그늘에서 살았던 것으로 보인다. 그러니 이이를 말하면서 아버지를 들먹이면, 이이가 결국 이기와 같은 집안이라는 점을 재확인하는 셈이 되므로, 도덕성을 무엇보다 중시하는 유학자들의 견지에서는 이이를 현창하는 데에 전혀 보탬이 되지 않았을 것이다.

세속적으로는 높은 지위에 올랐지만 도덕적으로는 부끄럽거나 경멸할 만한 친척 어른들이 즐비한 이 같은 가문 배경에 대해 이이는 어떻게 생각했을까? 이이는 자신의 친구들은 물론 국왕에게도, 자신의 가문은 '대대로 나라의 녹을 먹어온 집안'이라고 말하곤 했으며, 그래서 자신 역시 '대를 이어서 왕을 섬기는 신하'라고 자처하고 있었다. 또 이런 점에서 자신의 집안은 대대로 한양에 살았으며, 자신도 한양 사람이라고 밝히곤 했다.

이이는 외가인 강릉, 집안의 농장이 있는 파주, 처가인 해주 등으로 옮겨 다니며 살았고, 이런 연고로 현재도 강릉과 파주에서는 이이의 이름을 내건 문화제를 해마다 개최한다. 하지만 정작 본인은 한양 사람이라고 생각하고 있었던 것이다. 이이가 무엇보다도 자신의 정체성을 '관료 집안의 후예'로 정립하고 있었음을 짐작할 수 있다. 문제는 그가 관료의 조건을 어떻게 규정하고 있었는가 하는 점이다.

이이는 과거에 급제하고 몇 년 뒤 34세인 1569년 9월에 임금에게 「동호에서 문답함(東湖問答)」을 바친다. 이 글은 젊은 문신들에게 장기 휴가를 주어 학문에 전념하게 했던 사가독서제의 보고서에 해당한다. 이 저술에서, 이이는 "간특한 자를 물리치고 현자(賢者)를 등용하는 일을 중시하는 까닭은, 오직 옛날의 폐단을 없애고 새로운 혜택을 베풀어 민생을 구하기 위해서이다"라고 말한다.

공자 이래 유학자들은, 수양을 통해 빼어난 인격을 갖춘 사람들이 관리가 되어 국가의 일을 맡아야 한다고 주장했다. 그러면 자연스럽게 백성들에게 인격에 바탕을 둔 사랑의 정치, 곧 맹자가 개념화한 인정(仁政)을 실행함으로써 좋은 나라가 될 수 있다고 본 것이다.

그런데 이이는 도덕적 비난의 대상이 되는 '간특한 자'에 대비하여 '현자'를 앞세움으로써 예의 인격론을 반복하는 것처럼 보이지만, 인격이 완성된 이라는 맥락에서 현자의 의미를 찾기보다는, '옛날의 폐단을 없애고 새로운 혜택을 베푸'는 제도의 개선자가 될 수 있다는 점을 강조한다. 곧 이이는 관리의 자격으로 인격을 중시하는 것이 아니라, 제도를 집행하고 개선하기도 하는 실무 능력, 행정 능력이 중요하다고 생각하는 것이다.

이렇게 되면, 도덕성은 행정 능력의 하위 개념으로 포섭되거나 경우에 따라 탈각될 여지가 생긴다. 도덕적으로 문제의 소지가 다분했던 이이의 가문 역시, 이런 이해에 따르면 아무런 모순 없이 훌륭한 '관료 집안'으로 자리매김할 수 있을 것이다. '관료 집안의 후예'라는 이이의 정체성 인식이

가문의 특징을 반영하는 방식으로 국가 운영 방식에도 관철되고 있는 것이다. 이는 뒤에 이이가 '경장론'이나 '변통론'으로 불리는 제도 개선을 강력하게 주장하는 것으로 이어진다.

인격보다는 제도가 먼저라는 생각은 이이가 20세에 환속한 뒤 얻은 깨침과 이어지는 것이기도 하다. 인간을 욕망 덩어리에 불과한 더럽고 비루한 존재라고 볼 때, 그 인간들을 이끌고 좋은 세상으로 나아갈 수 있는 가장 쉽고 분명한 방법은, 인간을 집단적으로 조종하고 규제하는 제도를 완비하는 것일 터이기 때문이다.

한편 이원수와 이이의 집안은 동서 당쟁의 직접적 원인을 제공한 심의겸(沈義謙)의 집안과도 연고가 있었다. 심의겸은 명종의 왕비인 인순왕후의 동생이고, 인순왕후는 선조가 즉위하자 대비로서 8개월 동안 수렴청정을 하기도 했던 왕실의 어른이었다. 심의겸의 할아버지는 심연원이고, 심연원에게는 심봉원, 심통원 두 아우가 있었는데, 이들은 이원수의 어머니이자 이이의 할머니인 남양 홍씨와는 이종사촌 간이었다. 이 중 심통원은 앞서 언급했듯, 이이가 생원시에 장원하고도 성균관의 공자 사당에 참배할 수 없게 되자 상황을 무마해준 인물로 전해진다.

이이는 어려서부터 심봉원의 집을 드나들면서 심씨 집안 사람들과 사귀었다. 이이는 심봉원의 서재에 부친 「소나무를 벗하는 집(友松堂記)」이란 글을 지어 주기도 했고, 그가 죽자 그의 묘지명을 짓기도 했다. 또, 심의겸의 아버지 심강의 제문을 짓기도 했다. 이이와 심의겸은 나이도 비슷해서, 함께 어울려 놀던 친구이기도 했다. 이 탓에 이이는 과거에 급제한 뒤에도 심의겸의 천거로 곧바로 높은 직책에 잇달아 발탁되었다고 알려지기도 했다. 이이는 동서의 당쟁이 문제된 이후에도 심의겸과 계속 친교를 유지했다.

심의겸은 왕실의 외척이면서 권력의 중심에 있었기에 문제가 된 인물이다. 그런데 이이 집안 역시 거슬러 올라가면 왕실의 외척이기도 했다. 이이의 5대조인 이명신의 장인은 태조의 부마였던 심종이었다. 또 심종의 동생은 세종의 장인인 심온으로 그는 심의겸의 6대조이기도 했다. 그 덕에 이명신은 과거에 급제하지도 않았는데 이이의 선조 중 가장 높은 정2품의 관직을 지낸다.[3] 이이와 심의겸의 집안은 여러 대에 걸쳐 인척 관계를 맺고 있었던 것이다.

이이의 동갑내기 친구였던 정철 역시 누이가 인종의 후궁이었던 까닭에 어려서부터 궁에 출입했다는 사실은 잘 알려져 있다. 비슷한 배경을 가진 이이와 그의 벗들의 사례에서 보듯, 관료 가문 그리고 왕실의 외척이라는 두 요소는 훈구와 이를 일정 정도 이어받은 서인의 주요한 특징이기도 했다.

그래서 정치가로서 이이는 특히 심의겸과 서인의 입지를 지켜내는 데에 '맹활약'이라고 해도 좋을 만큼 적극적이었다. 영의정을 지냈던 이준경이 1572년에 선조에게 올린 글에서 "붕당의 사적인 논의를 깨뜨려야 된다"라는 주장을 했는데, 이것은 사실은 심의겸을 염두에 두고 하는 얘기였다. 이에 대해서 이이는 「붕당에 대해 논하는 소(論朋黨疏)」를 올려서, 붕당을 무조건 나쁘게만 볼 수는 없으며 중요한 것은 그것이 군자당인지 소인당인지 구별하는 것이라는 논리를 폄으로써, 군자와 소인이라는 전통적 구분에 근거하여 붕당 긍정론을 편다. 심의겸이 이끈 붕당은 군자당임을 시사하는

---

3   한영우, 같은 책, 28쪽.

식으로 심의겸을 옹호한 것이다.

1575년에 인순왕후가 사망한다. 자연히 외척인 심의겸의 국정 관여를 배제하자는 동인들의 주장이 제기되었고, 심의겸의 편에 선 서인과의 대립이 본격화된다. 이때 이이는 우의정 노수신 등을 움직여서 심의겸은 개성 유수로, 김효원은 함경도 부령의 부사로 보낸다. 누가 봐도 편파적인 이 처사는 여론의 반발을 사서, 김효원은 다시 강원도 삼척의 부사로 옮겨가지만, 결국 이곳에서 죽게 된다.

이때 이이가 내세웠던 주장이 '양시양비론(兩是兩非論)'이다. 김효원과 심의겸, 동인과 서인 양쪽이 모두 옳기도 하고 그르기도 하므로 이들을 조정에서 화합하게 해야 한다는 것이다. 그래서 어떤 사람이 이렇게 질문했다. "천하에 어떻게 둘 다 옳고 둘 다 그른 법이 있는가?" 유학은 본래 도덕적인 옳고 그름을 명확히 따지는 이론인데 이이 식으로 "둘 다 옳고 둘 다 그르다"는 주장은 이상한 얘기라고 지적한 것이다.

이이가 대답했다. "무왕과 백이, 숙제는 둘 다 옳고 전국 시대에 제후들이 일으킨 전쟁은 둘 다 그른 것이다." 무왕은 혁명을 일으켜서 폭군을 물리치고 도탄에 빠진 백성들을 구했다. 백이, 숙제는 그런 무왕을 "신하가 임금을 내쫓는 것은 잘못된 것"이라고 말리다가 무왕이 들어주지 않자 산에 들어가 은거했다. 이이가 보기에, 무왕은 통치자로서 백성에 대한 의무를 다했고, 백이와 숙제는 임금과 신하 사이에 지켜야 할 '의'라는 원칙을 온몸으로 실천했으므로, 양쪽 다 옳은 사람이랄 수 있다. 반면 천하의 패권을 놓고 전쟁을 벌이느라 백성의 삶을 돌보지 않은 전국 시대의 제후들은 전쟁의 양쪽 편 다 그른 것이다.

그런데 1583년에 이이는 「현안에 대해 아뢰는 소(陳時事疏)」에서 이전의 양시양비론을 내던지고 거꾸로 동서 붕당 간에 시비를 명확히 밝히라면서 동인을 공격한다. 그 결과 동인들 다수는 귀양 가고 이이는 이조판서가 된다. 이이는 최후의 싸움에서 승리한 것이다. 그러나 이이는 다음 해 병으로 죽었다. 그리고 1585년에는 심의겸도 파직된다.

붕당에 대한 이이의 주장은 몇 차례 변하지만, 그 주장들이 그때마다 심의겸과 서인을 편드는 것이었다는 점에서는 일관된다. 이런 정치적 입장은 이이 철학의 동력으로 작용한다. 이황과 조식의 후예들이 주축이 된 동인들은 이론의 힘에 기대어 그들이 생각하는 이상적 정치를 현실에 실현하라고 요구했다. 이이의 철학적 목표는 동인의 이론, 특히 이황의 철학에 맞설 수 있는 새로운 철학을 제시하는 것이었다. 그것은 결국 서인이라는 정치 집단의 이론적 기반을 구축하는 것이기도 했다.

3) 이황 그리고 기대승

그래서 이이가 부딪친 학문적 현실의 중심에는 이황의 철학이 있었다. 이황은 중국 송나라 때 학자 주희의 이론을 토대로 자신의 철학을 만든다. 이황이나 이이, 그리고 주희 같은 사람들의 이론을 한데 아울러서 흔히 '신유학'이라고 부른다. '신유학'이란 말은 새로운 유학이라는 뜻이다. 공자가 창시했다고 할 수 있는 유학을 중국의 송대 이후 여러 학자가 새롭게 재구성했다고 보기 때문에 이들의 학문 체계에 이런 이름이 붙었다.

신유학이 공자 시대의 유학과 비교해서 "무엇이 새로운가?"라고 물었을 때 가장 먼저 떠오르는 것이 '리(理)'[4]와 '기(氣)'라는 개념이다. '리'와 '기' 자체는 각각 고대 중국부터 등장하는 말이긴 하지만 이 둘이 짝을 이루어서 주요한 사고 틀로 사용된 것은 역시 신유학의 시대부터라고 할 수 있기 때문이다. 여기서 '기'의 의미는 크게 3가지 정도로 구분해볼 수 있다.

첫째, 자연 세계를 구성하는 재료, 물질 등의 뜻이다. 둘째, 우리가 살고 있는 이 사회를 움직이는 갖가지 힘의 요소, 예를 들면 권력, 재력, 무력 등을 가리키기도 한다. 셋째, 개인에 대해서는 몸 그리고 이 몸에서 나오는 갖가지 욕구를 가리킨다. 예컨대 식욕이니 성욕이니 하는 것들이다.

반면에 '리'는 언제나 어떤 경우에나 도덕률 또는 도덕 원리의 의미로 쓰인다. 그리고 여기서부터 도덕과 연관된 여러 개념, 예를 들면 개인의 양심이라든가 신념, 사회의 이념이나 정의, 질서나 예법 등을 가리키기도 한다.

여기서 중요한 것은 신유학자들이 왜 하필 리와 기라는 두 가지를 가지고 이 세계를 설명하는가 하는 점이다. 공자 이래로 유학자들의 궁극적인 관심은 결국 도덕적인 이상 사회를 건설하는 데 있다. 그래서 그들은 "우리가 사는 세계가 물질적인 것으로만 곧 '기'만으로 움직이는 것 같은가?"라고 의문을 제기하는 것이다. "그렇지 않다. 세계는 도덕의 측면에서도 함께 설명해야 완전한 것이다"라는 것이 그들이 주장하는 핵심 내용이다. 곧 도덕의 눈으로 세계를 설명하고자 하는 유학 본래의 지향을 뒤집어씌워서 "세계는 본래 도덕과 도덕 아닌 것 크게 두 가지로 구성되어 있다"라는 것이 그들이 공통적으로 하고 싶은 말이다.

이제 신유학자들이 리와 기를 가지고 세계를 설명하는 방식, 이른바 '이기론'이라는 것을 어떤 식으로 구성해가는지 따라가 보자. 공자는 인간

---

4   이하 '리(理)'자가 단독으로 나올 때는 편의상 '리'로 표기한다.

에게 다른 사람을 사랑하는 '인(仁)'이라는 능력이 있다고 보았다. 여기에 더하여 맹자는 '인의예지' 4가지로 대표되는 도덕적 행위 능력이 인간 안에 있다면서, 이 점에서 인간의 본성은 선하다고 주장했다. 본성은 선하다는 맹자의 이 말을 송나라 때 학자인 '정이'라는 사람은 "본성은 리다[性卽理]"라고 바꿨다.

앞서 본 것처럼 '리'는 도덕률이나 도덕 원리를 뜻하므로 "본성은 리다"라는 말은 인간이 선하게 행동할 수 있는 법칙인 도덕률이 인간의 내부에 본성의 형태로 이미 있다는 뜻이 될 것이다. 주희는 정이의 이 말을 그대로 따른다. 그런데 본성이란 내 마음의 본질이지만 본성이 선하다고 해서 내가 곧바로 언제나 선한 행동을 하기만 하는 것은 아니다. 내 안에 있는 도덕적 능력인 본성, '리'인 본성을 실제로 선한 감정과 행위로 나타나게 하는 것은 바로 마음의 역할이라고 주희는 생각했다. 곧 본성의 선을 능동적으로 이끌어내는 것이 마음이다. 그래서 주희는 "마음은 본성과 감정을 거느린다"고 말한다.

여기서 한 가지 눈여겨볼 점이 있다. 유학자들의 글에서 마음은 일차적으로 심리적 사태와 관련된 설명에 사용된다. 그런데 그 설명을 찬찬히 음미하다 보면 많은 문맥에서 마음이란 말은 일종의 은유로 사용된다는 점을 쉬 눈치챌 수 있게 된다. 이럴 때 마음은 단순히 심리적 사태에 국한된 것만이 아니라, 비유적으로 나, 주체, 개인 등의 의미를 함축하게 된다. 곧 유학자들이 마음에 대해서 논할 때는 개인으로서의 나의 성격과 영역, 역할에 대해 규정하는 것이라고 생각할 수 있다.

이런 점에서 "마음은 본성과 감정을 거느린다"는 주희의 말은 다름 아닌 내가 나의 노릇을 제대로 하기만 한다면 선한 본성을 바탕으로 언제나 선하게 행동할 수 있다는 자신감을 표명한 것이라고 해도 될 것이다.

이황의 이론은 주희에서 출발한다. "본성은 리다"와 "마음은 본성과 감정을 거느린다"는 주희의 두 명제를 이황은 그대로 수용한다. 주희에서와 마찬가지로 이황 역시 인간의 본성은 선하고 마음이 본성과 감정의 양 측면을 아우르고 주재한다고 생각하는 것이다. 이황의 마음 이론이 주희의 이론에서 진전된 특징적인 면모를 드러내는 점은 마음 자체를 '리'와 '기'로써 규정하기를 즐겨한다는 점이다. 이황은 주희의 제자 진순이란 사람이 남긴 "마음은 리와 기가 합쳐진 것이다"라는 말에 적극적으로 동의하면서 마음을 설명하는 거의 모든 글에서 이를 일관되게 강조한다. 이것은 '리'인 본성과 '기'인 몸이 합쳐지면서 마음이 생겨난다고 여긴 데에서 비롯한 말이다. 곧 마음은 도덕적인 본성과 욕구하는 육체의 양 측면에 모두 관계하는 것이고 마음이 본성과 감정을 주재할 수 있는 것도 바로 이 때문이다.

곧 "마음은 리와 기가 합쳐진 것이다"라는 명제는 "마음은 본성과 감정을 거느린다"는 주희의 말을 이기론의 측면에서 뒷받침한 것이라고 할 수 있다. 이 때문에 이황 이후 이 명제는 퇴계학파를 다른 학파와 구분하는 핵심 이론 중 하나가 된다.

이황은 기대승(奇大升)과 사단칠정에 대한 논쟁을 벌이면서, 처음에 선한 감정인 사단과 악하거나 악하게 될 가능성이 많은 감정인 칠정을 구분한다. 그리고 사단은 인간 안에 있는 본성인 리가 그대로 나타난 것으로 볼 수 있다고 주장한다. 이황의 이런 주장을 흔히 이발설(理發說)이라고 한다. 따라서 모든 인간이 가지고 있는 선한 본성이 선한 감정으로 나타나서 지속될 수 있다면, 개개 인간은 도덕을 실천하는 군자가 될 수 있으며, 나아가 사회 전체가 도덕적인 이상 사회가 될 수 있을 것이다.

그래서 이황은 욕망에 휩쓸리는 마음을 거두어들여 내면에 집중함으로써 나의 본성에서 우러나오는 소리를 들을 수 있도록 "하나에 머물러 다른 데로 벗어나지 않음"을 강조하는 거경의 공부와, 이렇게 확인한 내면의 도덕적 바람을 지금 부딪친 구체적 상황에서 어떻게 이어가고 현실화할 수 있을지 고민하는 궁리의 공부, 둘을 수양의 핵심으로 제시한다. 이는 곧 본성이 마음이 수행하는 모든 작용의 확고한 근거가 되도록 하는 공부이자, 본성과 감정에 대한 마음의 주재를 확립하는 공부이기도 하다.

이황은 다시 이러한 심성론과 수양론의 주장을 "리는 움직인다"는 이동설(理動說)의 명제로 뒷받침함으로써, 도덕이 직접 현실 세계에 개입하여 변화를 일으키는 근원적인 힘이 되기를, 그리하여 그가 꿈꾸는 이상 사회가 조속히 도래하기를 열렬히 희구한다.

이 같은 이황의 주장에 대해 이미 기대승은 몇 가지 점에서 문제를 제기한 적이 있다. 즉 육체적 감정이라고 할 수 있는 칠정은 감정의 전체이고 그중 도덕적으로도 나쁘지 않은 것을 사단이라고 한다는 점, 따라서 사단과 칠정은 서로 대립적인 관계로 볼 수 없으며 칠정이 사단을 포함한다는 점, 사단이든 칠정이든 모든 정은 기본적으로 외부 사물의 자극에 의해 나타난다는 점, 감정의 선악은 밖으로 나타난 이후에 사회적 기준에 들어맞는지 여부에 따라 판정할 수 있다는 점, 악한 감정이 생겨나는 근본적 원인은 기질의 차이 때문이라는 점 등이다.

기대승의 이러한 논점은 고스란히 이이에게 수용된다. 이이는 사실상 기대승의 이 같은 논지를 발전시켜 이론적으로 더 완결된 체계를 구성한 것이라고 할 수 있다. 그래서 이이는 "기대승의 견해가 바로 나의 생각과 일치한다"고 말한 적도 있다.(「마음과 본성과 감정에 대해 논함(論心性情)」) 이이가 기대승을 이어받아 이황 철학을 어떤 식으로 극복하면서 자신의 철학을 정립하는지 이제 살펴보자.

2. 이이의 철학

1) 마음은 기

이이의 철학에서 가장 중요한 주장은 "마음은 기[心是氣]"라는 말이다. 명백히 이는 "마음은 리와 기가 합쳐진 것이다"라는 이황의 명제에 반대하는 것이다. 여기서 '기'란 말이 개인에 대해서는 몸 그리고 이 몸에서 나오는 갖가지 욕구를 가리킨다는 점을 생각하면, "마음은 기"란 주장은 한마디로 인간을 욕구하는 존재로 보는 것이라고 할 수 있다. 이는 인간이 욕구를 충족시키는 대상이 오면 좋아하고 욕구를 충족시키지 않거나 해치는 대상이 오면 싫어한다는 생각으로 이어진다.

인간의 마음에는 욕구밖에 없으니까 자연 상태 그대로 인간을 가만히 놔두면 어떤 일이 벌어질까? 욕구를 충족하려는 개인들끼리 무한 경쟁을 하게 되고 그 결과로 무질서와 혼란과 악이 발생할 것이다. 이것은 곧 순자가 말하는 성악설이 된다. '마음은 리와 기가 합쳐진 것'이라고 보는 이황과 달리 이이가 생각하는 마음 안에는 '리'가 없고 따라서 도덕의 여지가 없어진다. 마음이 애초부터 '기'라면 내 마음은 '리'인 본성의 영역에 가닿지도 않을 것이기 때문이다. 선하게 행동할 수 있는 능력이란 애초부터 없는 것이다.

그런데 흥미로운 것은 이이가 "마음은 기"라는 말과 "본성은 리"라는 말을 동시에 한다는 사실이다. 이것은 매우 이상한 설명이다. 내 마음은 욕망으로 들끓어 넘치는데 그럼에도 불구하고 내 마음은 본질적으로는 도덕에 충실하다고 말하는 셈이기 때문이다. 이 말을 도대체 어떻게 이해해야 할까? 이이의 설명대로라면 본성은 마음 바깥에 있는 것이고 본성과 마음은 서로 다른 영역으로 분리된다.

그런데 이런 이상한 얘기를 철학사에서 이이가 맨 처음 한 것은 아니다. 이이 이전에도 본성과 마음을 분리하는 이론을 내놓은 사람들이 있다. 중국 송나라 때의 장재나 호굉, 또 이이가 크게 영향을 받았던 명나라 때의 나흠순이란 철학자가 그 사람들이다. 이들의 사유를 참조해본다면 이이의 주장을 이렇게 이해할 수 있다. "본성이 곧 리"라는 점을 고려할 때, 이 '리'는 '나'라는 개인들 바깥에 있는 리, 개인 수준에서는 발견할 수 없고 사회 차원에서야 비로소 찾을 수 있는 리라고 할 수 있을 것이다.

곧 '내 마음 바깥에 있는 본성'이란 개인이 아닌, 이 사회에서 옳다고 하는 도덕률의 체계로서 예(禮)를 지칭하는 것이라고 할 수 있다. 그렇다면 도덕의 최종적인 심급은 내 안에 있는 것이 아니라 사회의 규범에 있는 것이 된다. 이것은 주희나 이황이 쓰는 "본성은 리"라는 말을 사실상 무력화하는 결과가 된다. 이이는 이황과 똑같은 말을 쓰면서도 그 말이 놓인 맥락과 위치를 바꿈으로써 전혀 다른 주장을 하고 있는 것이다.

이이는 '예'라는 내 밖의 도덕률 체계를 '본성'이라고 부르고 있다. '본성'이라면 당연히 나의 안에 있어야 할 것인데, 이이의 체계에서는 나의 밖에 있는 것이 되었다. 그러니까 '본성'은 일종의 에덴동산인 셈이다. 나의 것이어야 하는데, 지금 현재는 나의 것이 아닌 것, 그래서 거꾸로 갈망하고 욕구할 수밖에 없는 것이 이이가 말하는 본성이다. 곧 리 혹은 예에 대해 '본성'이라고 부름으로써, 이이는 '나'라는 개인은 이 도덕률의 체계 안으로 편입돼야 하며, 그 체계 안에 편입될 수밖에 없는 운명이라는 점을 시사하는 것이다.

그래서 조선 후기에 가면 이이의 계승자들인 율곡학파는 마음과 본성의 일치, 그리고 '리'와 '기'의 실제 내용을 같게 하는 것이 학문의 목표라고 말하곤 한다. 마음인 '기'와 본성인 '리'를 하나가 되게 해야 한다는 것이다. 나라는 개인이 자신의 생래적 욕구와 결별하고 성공적으로 이 사회의 규범 체계와 결합함으로써, 완벽한 사회적 인간으로 거듭나는 것이 그들이 희구한 최종적인 안착지였다.

이런 점에서 "마음이 기"라는 말 자체는, 본성 혹은 도덕과의 단절이라는 사태를 지시한다. 단절되어 있기에, 마음은 기본적으로 도덕과는 무관한 육체적 욕망으로 가득 찬 것이기에 자연 상태에서는 이 욕망으로 가득한 개인들만 남아서, 만인의 만인에 대한 투쟁으로 무질서와 혼란 속에서 살아가게 될 것이다. 이것은 개인과 사회의 파멸로 가는 길이다. 바로 "마음은 기"라는 말이 함축하는 사회의 모습이다.

이런 파멸을 초래하지 않으려면, 어쨌든 사회 속에서 다른 사람과 함께 살아가려면, 사회 속의 개인으로 도덕적으로 살아가려면, 단절되어 있는 저 바깥의 '리-예'를 온 힘을 다해 받아들여야 할 것이다. 자연 상태의 욕망하는 나와는 다른 차원의 세계인 도덕으로 나아간다는 것은, 자연으로서 나를 버리고 완전히 이질적인 그 무엇을 나로 수용한다는 것이다. 이는 결국 맨 먼저 나를 온전히 부정해야 한다는 것을 뜻한다. 그리고서 완전히 새로운 나로 다시 태어나야 한다는 것을 뜻하기도 한다. 이것은 얼마나

2) 인간의 감정과 선

이황의 경우에는 인간이 도덕적으로 행동한다는 일이, 이이처럼 '나의 부정'에서 출발하는 어렵고 힘든 길이어야 할 이유가 전혀 없었다. 이황 철학의 뿌리라고 할 수 있는 맹자는, 인간이 타고나면서부터 가지고 있는 선한 본성이 선한 감정인 사단의 형태로 나타난다고 했다. 이황은 이런 점에서 인간의 선한 감정인 사단은 본성에서 나온 것이므로 "리가 나타난 것이다"라고 말한다. 리가 나타난 것인 사단은 그것을 그대로 유지하기만 한다면 자연스럽게 선한 행동, 도덕적인 행동으로 이어질 것이다.

따라서 인간이 도덕적으로 행동하려면, 사단 같은 선한 감정에 일단 주목하되, 이 선한 감정은 모든 인간이 지닌 선한 본성에서 비롯하는 것이므로, 도덕적으로 바람직한 행위와 감정이 비롯하는 근원인 본성의 능력을 충분히 발휘하기만 하면 된다. 이것은 본성의 힘을 키우는 마음의 수양으로 가능하며, 이를 통해 도덕적인 감정이 지속적으로 나오게 할 수 있다는 것이 맹자의 주장이다. 주희나 이황이 체계화한 마음 이론의 핵심 역시 맹자를 그대로 따르고 있고, 이를 그들은 마음이 본성과 감정을 거느린다는 말로 요약한 것이다.

인간에게는 도덕적인 감정이 자연적으로 생겨난다는 맹자나 이황의 주장에 이이는 동의하지 않는다. 이이에 따르면 인간의 감정 그리고 이 감정이 이어지는 인간의 행동은 몸의 욕구를 충족시키려는 것이라는 점에서, 몸의 욕구가 나타난 것, 곧 '기가 나타난 것'이라고 할 수 있다. 모든 감정은

'기'가 나타난 것이고, '리'는 아무런 역할도 하지 못한 채 마치 말 위에 얹혀있는 사람처럼 '기'에 가만히 올라타고만 있다는 것이다. 인간의 감정이 현상화하는 것은 오직 이 하나의 방식만 있다는 점에서 이이는 인간에게는 '하나의 길'만 존재한다고 강조한다. 이것을 그는 '기가 나타나고 리는 올라타는 하나의 길', '기발이승일도설(氣發理乘一途說)'이라고 부른다. 이렇게 되면 인간에게는 도덕적인 행위를 유발하는 도덕적인 감정이란 것이 근본적으로 생겨날 수 없게 된다. 곧 이황의 생각과는 달리, 리가 곧바로 나타난 사단이란 것은 없다.

나아가 이이는, 인간이 수양을 통해 도덕적 감정을 지속적으로 이끌어낼 수 있다는 맹자와 이황의 주장도 애초에 불가능하다고 본다. 왜 그런가? 감정이란 외부 자극에 대해 나의 욕구가 기계적으로 반응한 것일 뿐이기 때문이다. 따라서 인간에게 감정은 그냥 주어진 것이고 이미 주어진 감정에서 우리는 출발할 수밖에 없다. 그래서 이이는 "감정은 내 뜻대로 나오는 것이 아니다"라고 말한다. 감정이 다 그러하다면, 그중에서도 도덕적인 감정, 좋은 감정만을 이끌어낼 수 있는 방법이란 더더구나 있을 수가 없다.

그렇다면 인간이 지향해야 될 선은 어디에서 찾을 수 있을까? 이황이 나의 안에 있는 본성이 선한 것임을 강조하는 데 반해, 이이는 나의 바깥, 사회에서 선이 비롯된다고 생각한다. 인간의 감정과 행위는 사회가 제시한 기준에 맞을 때 선하다. 사회가 이미 세워 놓은 예라는 규범 체계가 선의 기준이라는 것이다. 이를 흔히 '중절론(中節論)'이라고 한다.

이런 주장은 이황과는 다른, 그러나 기대승과는 일치하는 사단칠정론의 주장으로 드러난다. 기대승에서와 마찬가지로 이이에서도 인간의 모든 감정은 몸의 욕구가 나타난 칠정이며, 사단이란 그 욕구 중 사회가 제시한 기준에 들어맞는 것을 부르는 이름일 뿐이다. 그렇다면 어떻게 해야 인간은 욕구에서 선으로 나아갈 수 있을까?

3) 예의 내면화

본성이 마음 바깥에 있다는 말은, 다른 한편으로는 선한 본성이 나의 근거나 출발점은 아니라는 뜻이기도 하다. 이는 결국 현실적으로 개개 인간이 지닌 본성은 '기질지성(氣質之性)'이라는 논리로 이어진다. '기질'이란 말은 요즘도 쓰긴 하는 말이다. 이 말에 제일 근사한 일상어는 '성격'이란 말이다. 사람의 얼굴이 다 다른 것처럼 성격도 민첩하거나 느리거나 사납거나 온순하거나 하는 식으로 다 개인차가 있다. 이런 성격의 차이가 도덕의 실천에는 일종의 장애가 된다는 것이 이이의 생각이다. 내 밖에 있는 본성, 곧 사회의 명령이 개인을 움직이려 해도 자연 상태의 개인에게는 '기질'이라는 강력한 차단벽이 있기에 사회의 명령인 도덕률, 곧 관습적 규범의 체계가 제대로 작동하지 않는다는 것이다. 따라서 '리'에 더해서 기질인 '개인의 성격'을 보탰을 때, 우리는 비로소 현실의 인간이 지닌 본성으로서 기질지성이 있게 된다고 이이는 말한다.

이이의 수양론은 인간에게 주어진 현실인 이 기질의 제약을 떨쳐내는 과정이다. 그래서 이이는 자신의 수양론을 기질을 변화시키는 것, 혹은 기질을 바로잡는 것으로서 '교기질론'이라고 말한다.

이이의 교기질론은 구체적으로는 궁리·거경·역행의 3가지 조목을 근간으로 한다. 이이의 '궁리'는 이렇게 설명할 수 있다. 욕구하는 존재인 나는 늘 눈앞의 어떤 것에 대해서 좋아하거나 싫어하는 감정을 가진다. 이런 감정이 생긴다는 것은 내가 바깥의 대상에 끌리거나 끌리지 않거나 한다는 것이기도 하다. 그런데 이 감정은 그것 자체로는 선인지 악인지 모른다. 무엇보다도 그걸 판단할 수 있는 능력이 나한테는 없다. 나의 감정과 행위를 판단하기 위한 기준은 그래서 밖에서 가져와야 한다. 그 기준으로서 사회의 규범인 예를 무조건적으로 수용하는 것이 이이가 생각하는 '궁리'이다.

수양 공부의 두 번째인 '거경'에서 중요한 역할을 하는 것은 '의식[意]'이다. 이이에 따르면 의식은 마음이 반응한 일차적 결과인 여러 감정을, 예라는 기준에 맞춰서 계산하고 비교하여 어떻게 할지 생각한다. 즉, 감정은 자신의 뜻대로 나오는 것이 아니기 때문에 이 감정을 대상으로 선악 여부를 판정하여 다시 선의 방향으로 나아가려고 하는 것이 '의식'이다. 의식이 수행하는 이 같은 활동을 '성찰'이라고도 부르며, 이이의 거경에서는 성찰의 의미가 가장 중요하다.

인간의 감정은 의식의 반성 작용, 곧 성찰을 거치면서 선한 것과 악한 것 둘로 구분된다. 이 판단에 따라서 실제로 선을 실천하고 악을 제거하는 것이 '힘써 함'이라는 뜻의 세 번째 공부 '역행'이다. 이것은 예의 기준에 비춰서 자신의 내면을 점검하고 난 뒤 예라는 기준이 지시하는 대로 실행하는 과정이라고 할 수 있다. 이이는 역행을 통해 지속적으로 예를 실천함으로써 기질을 근본적으로 변화시킬 수 있다고 본다.

이렇게 본다면 이이의 수양론은 한마디로 욕구 덩어리인 개인이 사회, 혹은 사회가 지시하는 예를 내면화하는 과정이라고 할 수 있다. 곧 이이의 수양론, 나아가 이이 철학의 중심은 다름 아닌 '예'에 있다.

이이의 수양론에서 예를 실천하는 관건이 되는 계기는, 마음의 반응을 성찰하여 예를 따르겠다고 마음을 먹는 것, 곧 도덕 실천의 의지를 세우는 것이다. 문제는 아무리 마음의 움직임을 잘 살핀다 하더라도, 도덕적 의지가 저절로 생겨나지는 않는다는 점이다. 즉, 의식[意]이 의지[志]로 바뀌기는 무척 힘들다. 오히려 이이가 상정하는 인간성의 구도에서는, 좋아하고 싫어하는 정서적 반응이 유도하는 이끌림은 자연히 감각적 대상으로 향하기 마련이다. 반면, 예란 결국 나의 바깥에 있는 것이므로 그것의 실천은 나의 자연적 욕망과 반하는 엄청난 노력이 필요하다. 따라서 이이의 수양론에서는, 도덕 실천의 자발성을 이끌어내지 못한다는 점이 가장 큰 문제로 대두된다. 이 약점을 보완하기 위해 이이는 몇 가지 장치를 보태는데, 그중 가장 대표적인 것이 '입지(立志)'이다. 이이가 입지를 통해 노리는 효과는 대략 두 가지로 정리해볼 수 있다.

첫째, 수양 공부에 착수하는 최초의 계기를 인위적으로 만드는 것이다. 이이는 도덕 실천의 원동력을 확보하지 못한 까닭에, 수양의 첫 출발이 가장 어렵다고 했다. 게을러서 잠잘 생각만 할 뿐 공부를 할 생각조차 안 하는 사람이 있다고 하자. 그가 어떤 식으로든 공부에 나아가도록 하는 최초의 계기를 만들어주는 것이 바로 입지다. 왜냐하면 "의지는 기라는 병사를 이끄는 장수이므로, 의지가 전일하면 기가 움직이지 않음이 없기" 때문이다.(『성학집요』)

구체적으로 입지는 성현이 되려는 목표를 세우게 하는 것으로 나타난다. 이렇게 목표를 세우게 하려면 논리적 설득만으로는 불충분하므로, 성현이 될 수 있다는 사실을 우선 '믿게' 해야 한다. 일찍이 20세의 이이가 「자신을 경계하는 글」을 지어서 뜻을 크게 가지고 성인을 지향해야 한다고 다짐한 것이 여기서도 이어지고 있음을 알 수 있다.

둘째, 입지를 통해 성현이 되려는 목표를 세운다는 것은, 수양의 첫 출발부터 도덕 실천으로 정향된 의지의 거센 물결을 흐르게 한다는 것이다. 즉, 매 순간 자신의 정서적 반응을 살피고 선과 악을 판단하여 실천의 결단을 내리는 일이 계속되기는 매우 어려우므로, 거꾸로 아예 처음부터 의지의 격랑을 만듦으로써, 순간순간 이어지는 소소한 의식의 흐름은 이 크낙한 물결에 휩쓸리게 하자는 것이다. 이렇게 하면, 매 순간의 선택과 결단이 훨씬 더 쉬워지게 되며, 이는 공부의 과정에서 '물러서지 않으려는' 실천의 힘이 된다.

4) 기발이승과 이통기국

이이의 마음 이론과 수양론을 뒷받침하는 것이 이이의 이기론이다. 이이의 이기론에서 가장 유명한 명제 중의 하나는 앞서 살펴본 '기발이승'이란 말이다. 이이는 기발이승을 가지고 천지의 조화와 인간의 마음을 비롯한 세계의 모든 현상은 리가 아닌 기의 주도로 성립하는 것임을 주장한다. 따라서 현실에서 벌어지는 모든 일은 리가 아닌 기의 책임이 된다. 이렇게 되면 적어도 현상 세계에는 리의 역할이 끼어들 여지가 없어지므로, 리는 현상으로부터 떨어진 초월적인 것이 된다.

또, 기가 주도하는 현실 세계가 선과 악이 대립하는 세계인 데 반해, 이 세계에서 넘어서 있는 리는 그런 대립이 없는 절대로 파악된다. 그래서 이이의 기발이승 이론은 그 논리적 필연으로서 '이통기국(理通氣局)'이라는 독특한 형이상학에 도달한다. 곧 기발이승에 담긴 함의를 끝까지 밀고 나가 세계관의 형태로 정리한 것이 이이의 또 다른 이기론 명제 이통기국이다. 이런 점에서 기발이승과 이통기국은 동전의 양면 같은 관계라고 할 수 있다.

이이는 이통기국을 두 가지 의미로 쓴다. 첫 번째는 리와 기 자체의 뜻을 재확인하는 것으로, "리는 두루 통하지만 그래서 보편적이지만, 기는 국한된다"는 말로 정리할 수 있다. 여기서는 '리'라는 규범, 곧 예의 객관성과 영원성, 그리고 '기', 욕망의 주관적·가변적·제한적 성격을 대비하여 강조한다. 이이는 리와 기의 이런 성격을 두 개의 대립하는 세계의 존재로 발전시킨다. '기'라는 욕망의 세계, 마음의 현상으로서의 세계가 있고 그럼에도 불구하고 '기' 바깥에 하나의 기준으로 제시되는 '리'라는 규범의 세계가 있다. 즉, '리'와 '기'라는 이원적인 세계가 있는 것이다. 이 점에서 이통기국은 '리인 본성과 기인 마음의 분리'라는 심성론의 주장과 상응하는 명제이다.

이통기국의 두 번째 의미는 리와 기의 '관계'에 초점을 맞춘 것으로, "리는 두루 통하지만 그래서 보편적이지만, 기에 거꾸로 국한된다"는 말로 요약할 수 있다. 이는 특히 현상 혹은 현실 세계에서 규범이 작동하는 방식을 설명하는 것으로서, 기발이승론의 주된 취지와 곧바로 이어지는 것이다. 여기서 "리는 기에 국한된다", 곧 "기가 리를 국한한다"는 말은 도덕에 대한 현실의 우위를 뜻한다. '리'는 본래 객관적인 것이지만, 현상으로 나타나면서는 '거꾸로 기에 국한'되므로, 그 결과 '리'는 변하며 심지어 악해지기도 한다는 것이다.

이는 현실에서는 반드시 도덕률만이 '리'의 이름을 얻는 것은 아니라는 점을 시사한다. 가령 생존을 위해 필요하다면 욕망의 추구든, 권력의 쟁탈이든 무엇이든 그것은 '리'가 될 수 있다는 뜻이 되므로, 도덕은 사실상 무력화된다. 이는 현실주의자의 견지를 강하게 반영한 이론이라고 할 수 있다. 그리고 이 점에서 이이의 이통기국설은 이황의 이동설을 비판하려는 의도를 담고 있다고 할 수 있다. 리와 기, 본체와 현상, 도덕과 현실의 욕망을 엄격하게 이원적으로 분리하는 한편, 현상의 세계에서 리는 철저히 기에 국한된다고 보는 이통기국의 구도에서는, '리가 움직여' 현실에 개입하는 것이 근본적으로 불가능하기 때문이다.

자연스럽게 이통기국의 명제에 따라 이이 철학에서 리는 두 가지로 구분된다. 하나는 '본연의 리'이고 다른 하나는 '유행하는 리'이다. '유행하는 리'는 기가 리를 국한함으로써 생겨난 리이며, 현상계의 리다. 이이는 "리가 유행한다"는 말을 "기 때문에 리도 변한다"란 뜻으로 쓰며, 그 결과 "리에는 악한 것도 있다"는 대담한 주장이 가능해진다.(「성혼에게 답하는 편지(答成浩原)」)

즉, 현실에서는 도덕만이 아니라 다른 방책도 '리' 혹은 규범이 될 수 있다. 철저한 '기'의 견지에서 본다면 '리'는 언제나 현실에 필요한 형태로 바뀌어 나타나며, 설령 그것이 '악'으로 평가된다고 하더라도 준칙으로 기능한다는 점에서는 여전히 '리'이다.

'본연의 리'는 기의 무수한 변화에도 불구하고 리는 그대로라는 것이다. 이것은 현상에서 벗어난 '이통'이라는 본체 자체의 리다. '기'의 현실에 필요한 형태로 전환된 '리'는 결국 도덕이 아니기 때문에 '본래의 리', 곧 도덕은 언제나 그대로 남아 궁극적으로 인간이 희구하는 대상이 된다. '현실 바깥에 있기 때문에' 도덕은 언제나 그 자체로 변함없이 우뚝한 갈망의 대상인 것이다. 이때 리는 모든 인간들이 지향해야 할 최종적 '이념'의 지위를 획득하게 된다.

이런 생각은 한편으로 이념의 현실적 유용성에 주목하는 것이라고 할 수 있다. 현실화한 도덕으로서 예가 다시 이념화된다면, 거부할 수 없는 권위를 지닌 채 개인을 강력히 규제하는 장치로 작용할 것이기 때문이다. 본성을 나의 밖에 있는 것으로 설정함으로써 오히려 규범적 질서를 갈망하고 욕구하게 만들려는 이이 심성론의 구도가 이 지점에서 '본연의 리'와 이어지는 것을 볼 수 있다.

일반적으로 신유학에서 '리'는 도덕률 또는 도덕 원리의 의미로 쓰인다는 점을 상기해보자. 도덕이란 무엇보다 보편이어야 하고, 신유학자들이 리라는 '추상'을 자신들의 형이상학에 끌어들인 데에도 이 같은 보편의 요구를 충족하려는 의도가 깃들어 있었다. 따라서 그 정의상 단일한 것일 수밖에 없는 리가, 이이의 이통기국론에서는 선과 악이라는 완전히 상반된 가치를 포함한 두 가지로 분절되고 만다. 여기서 잘 알 수 있듯이, 이통기국론은 리와 기, 규범과 욕망 양쪽의 시선을 모두 확보하려는 양가적 논리이기도 하다. 아마도 이것이 도덕적 이상주의자 이황의 철학에 대한 이이 철학의 최종 답변일 것이다.

또 이 점에서 이통기국론은, '화는 복에 기대고 복은 화에 기대는' 모순 자체인 세상에서, 도덕적 완성이자 현실적 성공으로서 성인에 이르고자 큰 뜻을 품었던 20세 이이가 도달한 철학적 여정의 마침표이기도 하다.

5) 이이 철학의 의의

주희와 이황이 주장했던 "본성은 리다"와 "마음은 본성과 감정을 거느린다"는 두 명제의 함의가 어떤 것인지 먼저 생각해보자. 이 명제는 개인 안의 도덕적 가능성을 긍정함으로써 개인이 사회를 구성할 능력을 가지고 있다는 점을 시사한다. 사회는 결국 개인이 모인 것이고 그런 점에서 사회적 요구로서 규범 역시 최종적 심급은 개인의 양심과 도덕성에 있다고 보는 것이다.

반면에 개인은 '기'에 지나지 않으므로, '리'라는 외재적 규범으로서 사회의 예를 받아들여야 한다는 이이의 철학은, 개인은 사회 속에서만 의미 있는 존재이기에 사회와 합치하는 방식으로 개인성을 지워가야 한다고 주장하는 것이다. 이는 개인을 우선적으로 사회의 차원에서 파악하는 것이며, 개개 사람이 아니라 집단으로서 사람을 먼저 문제 삼는 것이다.

이런 맥락에서 이이는 사회 성원 전체를 집단적으로 통제하는 처방도 생각한다. 흔히 '변통론' 또는 '경장론'이라고 말하는 갖가지 사회 제도적 장치의 개선 방안이 그것이다. 그래서 이이는 국가 운영에 참여하는 관료에게는 인격적 면모보다는 현실의 제도를 운영하고 개선하는 행정 능력이 더 중요하다고 본다. 이런 견해는, 당시 서인이 취한 정치적인 입장에 대해 탄탄한 철학적 기초를 부여해준 것이기도 하다.

이이는 개인의 도덕성을 무한히 신뢰하는 이상주의자는 아니다. 사회에 의지해서 개인을 교정해나가려는 현실주의자의 세계관을 집약해서 자신의 철학을 제시했다. 이 세계관이 이후 조선의 역사에서 서인과 노론들의 정치 철학의 토대가 되었다. 이이가 서인과 노론들에게 어마어마한 존재로 남았던 이유, 이이뿐만 아니라 그 어머니인 신사임당까지 신화적인 인물로 받들어졌던 이유가 바로 여기에 있다. 이것이 이이 철학의 역사적인 의미일 것이다.

다른 한편 이이 철학의 이론적 구조로 보면, 이이는 마음 밖에 있는 '리'를 설정한다. 그래서 마음, 모든 개인의 주관성을 넘어선 객관적이고 보편적인 도덕, 모든 이에게 공평한 도덕률을 세우려 한다. 이런 시도는 어떤 시대 어떤 지역에서든 나타났다는 점을 생각한다면, 이이의 철학은 시대의 한계를 넘는 보편적인 가치를 지닌다 할 수 있다.

그런데 특히 이이의 후예들인 서인, 노론에 이르면 그 객관성이 지나쳐서 결국은 고착되고 유동하는 현실을 따라가지 못한 채 보수 혹은 수구적인 규제의 이념으로 남는 모습을 보이기도 한다. 개인의 도덕성이나 양심에 기초하여 현실을 바꾸어 돌파하지 못하는 까닭에, 이미 효력이 다한 객관적 규제의 틀에만 집착한 데서 이런 현상이 나타났다고 할 수 있다.

오늘날 우리가 가지고 있는 조선의 인상을 떠올려보자. 사극에 심심찮게 등장하는 열녀문, 효자문 같은 것이 말하듯이, 우리는 숨 막힐 듯이 답답한 예교 중심의 사회로 조선을 간주하는 경향이 있다. 이것은 예를 핵심으로 하는 이이 철학이 조선의 주류 철학이 되면서 현실에 반영된 결과이다. 이런 점에서 우리가 생각하는 조선 후기의 모습을 만든 사람, 그 철학적 원리를 제출한 사람이 '이이'라고 하겠다.

정원재

서울대 철학과 교수. 서울대 철학과에서 박사학위를 취득했다. 조선 유학자들이 남긴 방대한 언설이 무슨 뜻인지 해명하는 데에 힘을 쏟고 있다. 공저로『마음과 철학(유학편)』이 있다.

불가(佛家)의 진의(眞義)

깨달음과 자비[1]

홍창성(미네소타주립대학교 철학 교수)

깨달음을 얻어 열반에 드는 것은 모든 불교인의 염원이다. 평생 동안 정진을 요구하는 경전 공부와 계율의 준수 그리고 참선 등은 모두 깨달음과 열반을 이루기 위해 행해진다. 그러나 수행자 혼자만의 깨달음과 자신만의 열반이 불교인의 목표일 수는 없겠다. 그래서 불교에서는, 특히 대승(大乘) 전통에서는 깨달음과 열반의 성취가 필연적으로 타인을 위한 자비행으로 귀결되어야 한다고 가르친다.

필자는 현실 세계 속에서 중생을 위해 자비행을 실천하지 않는 자는

---

1   본 논문은 졸저 『미네소타주립대학 불교철학 강의』, 『연기와 공 그리고 무상과 무아』, 『통도사승가대학의 불교철학 강의』, 그리고 『무아, 그런 나는 없다』의 내용을 반영하고 있다. 특히 『통도사승가대학의 불교철학 강의』 안의 제15장 「깨달음과 열반 그리고 자비행」의 구조를 바탕으로 작성되었다.
이 글에서는 겹 따옴표와 홑 따옴표를 철학적으로 엄밀한 방식으로가 아니라 가독성을 높이는 쪽으로 사용했다. 외래어의 표기도 원어 발음보다는 일반적으로 받아들여진 표기법을 따랐다.

실제로는 깨닫지도, 열반에 들지도 못했다고 판단해야 한다고 생각한다. 다른 모든 철학과 마찬가지로 철학으로서의 불교 또한 현실 세계에서의 자비 실천과 유리될 수 없다. 본 논문은 깨달음과 열반을 개념적으로 분명히 이해하고 그것들이 어떻게 자비행으로 연결되는가를 고찰하는 것을 목표로 한다.

1. 깨달음과 열반

나는 우리가 통상 이야기하는 깨달음에는 크게 두 가지가 있다고 생각한다. 깨달음의 가르침인 불교를 창시한 붓다의 예로 이 점을 논의해보겠다. 우리는 역사적으로 현재 네팔 지역에 있던 작은 나라의 왕자 출신 사문이었던 고타마 싯다르타가 깨달음을 얻음으로써 붓다가 되었다고 들어왔다. '붓다'라는 이름의 의미는 '깨달은 자'이다. 이것은 불교가 깨달음의 종교인 이유와도 관련 있다.

그런데 이 '깨달은 자'가 깨달았던 것은 무엇이었던가? 그것은 물론 진리였다. 그렇다면 그것은 무엇에 대한 진리였는가? 그것은 세계와 그 안에서의 우리의 삶에 대한 진리였다. 그렇다면 누구나 이런 진리를 깨달으면 붓다가 되는가? 아니면, 진리 자체에 대한 깨달음만으로는 부족하고 이 진리를 완전히 내면화해서 삶과 세계를 바라보는 우리의 관점을 철저히 바꾸어야만 붓다가 될 수 있는가?

원래 '붓다'라는 말의 어원은 '깨닫다, 알다, 알아채다'의 의미를 가지고 있다. 그래서 불교 성립 당시에는 깨달음이 아마도 우리의 인식적 차원에서의 뭔가 큰 변화와 관련되어 이해되었던 것 같다. 그런데 현재 우리가 받아들여 알고 있는 불교에서는 어쩌면 삶과 세계에 대한 진리의 이해와 그에 따른 세계관의 내면화만으로는 붓다가 되기에 부족할지도 모른다는 생각이 든다. 왜냐하면, 우리는 심리적으로도 고뇌로부터 완전히 벗어나 자유로울 수 있도록 품성이 완성되어야 붓다가 될 수 있다고 보기 때문이다. 말하자면 번뇌의 불길이 꺼져서 고뇌로부터 벗어난 상태, 즉 열반에 들 수 있어야 붓다라고 칭해질 수 있다. 누군가가 제아무리 총명하여 불교의 가르침을 잘 알고 있더라도 고뇌로부터 벗어나지 못하고 있다면 우리는 그를 깨달은 자라고 인정해줄 수 없기 때문이다.

엄밀히 말해서 깨달음과 열반은 구분되어야 한다. 깨달음이란 원래 순전히 인식적 차원에서의 성취로 이해함이 옳다. 석가모니 붓다 당시에는 며칠 동안 붓다로부터 설법을 듣고 함께 토론하고는 붓다로부터 깨달았다고 인정받은 다섯 비구가 있었다. 이들 다섯 수행자는 고타마가 고행으로 깨달음을 추구할 당시 그와 함께 오랜 시간을 같이 보내기는 했지만, 정작 그들을 깨달음으로 인도한 것은 붓다와의 며칠 동안의 세미나였다. 그리고 붓다의 강의를 듣는 도중에 깨달은 다른 그룹의 수행자들도 수십여 명 있었다. 붓다 자신이 그들 또한 깨달았다고 인정했다. 이 고대의 수행자들은 그들이 붓다의 초기 가르침, 예를 들어 무아(無我)와 연기(緣起) 그리고 사성제(四聖諦)를 이해했을 때 깨달음을 얻었다.

이처럼 초기 경전에 따르자면 깨달음은 달성하기가 그다지 어려운 과업이 아니었다. 문물이 비교할 수 없이 발달한 21세기에는 적절한 수준의 교육을 받은 사람이라면 누구나 붓다의 이런 기본적인 가르침을 큰 무리 없이 이해하고 '깨달을' 수 있을 것이다.

깨달음과는 대조적으로 열반은 도덕적·정신적 품성을 계발하고 함양함으로써 이루게 되는 '고뇌로부터 자유로운 상태'이다. 제아무리 불교에 대한 지식이 풍부해도 고뇌로부터 완전히 자유롭지 못하는 한 열반에 이르렀다고 볼 수 없다.

그런데 우리는 여기서 열반에 대한 일반적인 오해를 해명할 필요가 있어 보인다. '열반'이 정의하기 어려운 개념이다 보니 지금까지 열반에 대한 신비주의적 해석으로 '열반'이 너무도 그릇되게 알려져왔기 때문이다. 우리가 열반에 대해 쓰는 다양한 표현만 살펴보아도 그 어려움을 헤아릴 수 있다. "열반을 얻다", "열반을 성취하다", "열반에 이르다", "열반에 들다" 등등. 열반이 무엇인가를 알려면 이 모든 경우에 공통된 무엇을 찾으면 될 것 같은데, 이 작업이 마음처럼 쉽지 않다.

"열반을 얻다"라고 하면 열반이 마치 무슨 대상이어서 가질 수 있는 어떤 것 같은데, "열반을 성취하다"라고도 하는 것을 보면 열반이 이루고자 하는 어떤 목표가 되는 것 같다. 또 "열반에 이르다"라는 표현은 열반을 마치 도달해야 할 어떤 목적지로 생각하게 하고, 한편 "열반에 들다"라는 말은 열반이 우리가 들어가기 원하는 어떤 마음 또는 의식의 상태로 이해되기도 한다. 우리가 평소 쓰고 있는 이런 표현들로부터 그 표현들의 의미가 가진 공통점을 찾아 열반의 의미를 추적해 이해할 수 있으면 좋겠는데, 위에서 든 네 경우에조차 어떤 공통된 특성을 찾기가 어렵다.

전통에 따라 조금씩 해석이 다를 수 있겠지만, '열반' 즉 'nirvana'라는 단어는 원래 '불길이 꺼진 상태'를 의미했다. 그것이 번뇌의 불이든 욕망의 불길이든 그것이 이제는 다 타버렸거나 아니면 큰바람이 훅 불어와 꺼져 없어졌다는 것이다. 이것이 '열반'이라는 개념의 전부이다. 더이상은 없기 때문에 여기서 더 나가지 말아야 한다. 그래서 "모든 번뇌의 불길이 꺼져 열반을 얻었다"는 말은 더이상 번뇌를 겪지 않는다는 뜻이지 번뇌가 꺼져서 '열반'이라는 굉장한 무엇을 새로 얻었다는 뜻이 아니다.

그런데 만약 우리가 여기서 열반이 가져다준다고 허위 광고되어온 굉장하고 근사한 어떤 선물을 찾으려고 노력하기 시작하는 순간 우리는 고해(苦海)로 흘러가는 집착의 깊은 골로 다시 빠져들게 된다. 혹자는 열반을 우리로 하여금 윤회에서 벗어나게 해주고 무상(無常)을 극복하는 영원불변한 평화나 환희 심지어는 열락(悅樂)의 상태라고 표현하기도 하는데, 이것은 모두 '열반'이라는 개념의 논리적 특성을 이해하지 못한 데서 나오는 오류들이다.

한편 인식적 차원에서 얻어진 깨달음이 우리를 반드시 고뇌로부터 해방시켜 열반에 들게 해주지는 않는다. 예를 들자면 미국 월스트리트 금융계 사람들처럼 마음먹고 공부만 한다면 불교의 가르침을 잘 깨달을 명석한 사람들도 지나친 세속적 욕망을 조절하지 못해 결국 금융 위기를 초래해 그들 스스로와 세계를 번뇌의 불길 속에 빠트려왔음을 우리는 잘 알고 있다.

그래서 인식적 차원에서의 성취로 얻는 깨달음과 도덕적·정신적 자기계발로 이루는 열반은, 비록 그 둘이 연결되어 있기는 하지만, 불교인들이 가져야 하는 두 개의 서로 다른 목표로 이해되어야 하겠다.

그런데 시간이 흐름에 따라 '깨달음'의 개념에 흥미로운 변화가 일어나게 되었다. 위에서 살펴보았듯이 '붓다'라는 이름은 원래 '깨달은 자'라는 의미를 가졌었다. 그러나 여러 세기가 지나가면서 '붓다'라는 이름이 '열반에 이른 자'라는 뜻도 가지게 되었다.

간단한 논리적 테스트를 통해 이런 의미의 변화를 쉽게 확인할 수 있다. '붓다'라는 말과 '고뇌하는'이라는 말을 합쳐서 만들어진 표현이 논리적으로 문제가 없는가를 한번 살펴보자. 우리가 모두 동의하겠듯이 "고뇌하는 붓다"란 표현은 단적으로 자기모순이다. '총각'이란 '결혼하지 않은 남자'라는 의미여서 "결혼한 총각"이란 표현이 모순이듯이, 우리는 "고뇌하는 붓다"라는 표현에서 같은 종류의 모순을 발견한다. 그 이유는 현재 우리가 사용하고 있는 '붓다'란 말이 '깨달은 자'라는 의미뿐만 아니라 '모든 고뇌로부터 해방되어 언제나 열반에 들어 있는 자'라는 뜻도 포함하게 되었기 때문이다. "고뇌하는 붓다"는 '고뇌하는 모든 고뇌로부터 해당된 자'를 의미하게 되어 자기모순에 빠진다.

'붓다'라는 단어는 어원적으로 '깨달은 자'라는 뜻이고 우리는 현재도 그 뜻을 이 말의 의미로 받아들인다. 그러나 모든 붓다는 예외 없이 열반에 들어 있다. 그래서 "고뇌하는 붓다"라는 표현이 우리에게 논리적으로 모순된 표현으로 다가오게 되었다. 모든 붓다는 깨달은 자이고 그들이 모두 열반에 들어 있으니, '깨달음'이라는 개념을 '열반'의 개념과 분리하여 생각할 수 없게 된 것이다. 결국 '깨달음'의 개념이 '열반'의 개념도 포함하게 되었다고 볼 수밖에 없겠다. 이렇게 개념적으로 혼란스러운 상황을 정리하기 위해 나는 이제 우리가 두 가지 다른 종류의 깨달음을 논의해야 한다고 생각한다, 철학적 깨달음과 열반적 깨달음.

2. 철학적 깨달음

고타마 싯다르타가 보리수 아래서 깨달았다는 진리는, 전통에 따라 해석이 다소 다르지만, 무아와 연기(또는 사성제)이다. 그리고 이 두 진리에 대한 깨달음이 그에게 '붓다'라는 칭호를 가져와 주었다. 그가 깨달은 우리 삶에 대한 진리가 '참된 나(아트만)는 존재하지 않는다'는 무아이고, 그가 통찰한 세계에 대한 진리가 '만물이 조건에 의해 생성·지속·소멸한다'는 연기이다. 이제 무아와 연기가 무엇인가를 차례대로 살펴보기로 한다.

'무아'의 '아'는 힌두교의 전신인 바라문교에서 말하는 '아트만 (atman)'의 음차(音借)로서, 참된 나, 자아(自我), 또는 서양 종교에서 말하는 영혼을 가리킨다. 그래서 붓다의 무아의 가르침이란 이와 같은 자아 또는 영혼이 존재하지 않는다는 주장이다. 붓다는 세계의 다른 모든 주요 종교 가 인정하고 믿는 자아 또는 영혼의 존재를 부정했는데, 평화를 사랑하고 자비심 넘치는 착한 사람들이라는 불교도들이 영혼의 존재를 믿지 않는 사람들이라는 데 많은 비불교도들이 놀라곤 한다.

서구 기독교 사회에서는 영혼의 존재를 믿지 않는 사람은 거의 언제나 자동적으로 부도덕한 사람이라는 선입견의 피해자가 되곤 한다. 영혼을 안 믿으니 '잃을 것이 없다(nothing to lose)'는 식으로 함부로 인생을 사는 형 편없는 사람들일 거라고 믿기 때문이다. 그러나 불교도들이 영혼이 없다고 하는 것은 그들이 사탄에게 영혼을 비싼 값에 팔아먹어서 그런 것이 아니 라 불교도들은 처음부터 영혼이 존재하지 않는다고 믿기 때문이다.

영혼이 있다면 그것은 우리 각각을 우리 자신이게끔 해주는 무엇일 것이다. 나를 이 우주에 오직 하나밖에 없는 유일한(unique) 존재자로 만들어주는 어떤 굉장한 무엇일 것이다. 그것은 갓난아기 때부터 죽을 때까지, 아니 죽고 난 다음에라도 변치 않으며 파괴될 수 없고 또 그래서 영원히 존재하는 것이어야 한다. 그런데 그런 것이 무엇인지 말해줄 수 있는가? 나를 나이게끔 해주는 것은 무엇일까? 한번 답변을 시도해보자.

우리는 최소한 평생 같은 이름을 쓰지 않는가? 아니다. 사람들은 이름을 바꾸곤 한다. 같은 생각 같은 감정을 가지고 살지 않는가? 전혀 그렇지 않다. 정치적·종교적 신념이 변하고 애인들도 변심할 수 있다. 생긴 모습은? 굳이 성형수술을 언급하지 않더라도 사람은 나이가 들어가며 외모가 변한다. 주로 덜 아름다워지는 쪽으로. 그러면 DNA는? DNA도 시간이 흐르면서 그 일부가 변한다. 화학 물질 또는 방사선에 노출되면 변이가 일어나기도 한다. 한편, DNA를 구성하는 입자들은 끊임없이 새로운 입자들로 교체된다. 사람 몸의 모든 세포는 각각의 세포 주기에 따라 죽고 새로운 세포들로 교체된다. 가지고 있는 어휘의 수도 변하고 정서도 변하며 의지, 감각 능력 등 우리가 생각하고 있는 모든 인지적 기능이 변한다.

평생 전혀 변치 않고 파괴되지 않아서 죽은 다음에도 영원히 나를 나이게끔 만들어주는 것은 없다. 그래서 영혼이나 참나는 없다. 기본적으로 이것이 붓다가 설파한 무아의 가르침이다.

앞에서 나는 깨달음이란 스스로에 대해서는 무아를 그리고 세계에 대해서는 연기의 진리를 이해하는 것이라고 소개했다. 이제 연기가 무엇인가를 살펴볼 차례이다. 붓다는 『상윳따니까야』에서 연기를 다음과 같이 설명했다.

이것이 있을 때 저것이 있으며, 이것이 생겨나므로 저것이 생겨난다.

이것이 없을 때 저것이 없으며, 이것이 소멸하므로 저것이 소멸한다.

17세기 영국 베이컨의 귀납법과 18세기 흄의 인과에 관한 논의를 연상시키는 이 구절은 '연기 도식' 또는 '연기 공식'이라 불리는데, 이 도식은 원래 붓다가 우리 삶이 고뇌에 이르게 되는 과정을 설명하는 수단으로 제시되었다. 그런데 부처가 설파한 연기의 법칙은 그 강력한 설득력 덕분에 우리 삶의 범위를 넘어서 보다 더 넓게 적용되고 받아들여졌다. 연기란, 쉽게 말해, 우주 삼라만상이 모두 조건에 의존해서 생겨나고 지속되고 소멸한다는 뜻이다.

그런데 모든 사물이 조건에 의해 생멸한다는 사실에 대한 관찰은 이 세상에서 원인과 조건 없이 생겨나는 것은 없다는 우리의 상식과 통한다. 그렇다면 이런 상식이 어떻게 그토록 중요한 진리라는 말인가? 또 이런 상식에 대한 이해가 어떻게 고타마 싯다르타가 깨달음을 이루게 하여 붓다가 되게 하였다는 것인가? 이 질문은 이 세상에서 아무 조건에도 의존하지 않고 스스로 존재하는 것, 즉 아무 원인도 없이 존재하는 것이 있을까를 고려해보면 답할 수 있다. 현대를 사는 우리의 상식을 바탕으로 하나라도 예를 들어보자. 그런 예가 있다면 그것은 연기의 법칙이 적용되지 않는 존재일 것이다. 그런 것이 하나라도 존재하는가?

붓다 생존 당시 인도는 힌두교의 전신인 바라문교의 가르침에 따라 조건에 의존하지 않고 스스로 존재한다는 브라만[梵]과 아트만[我]을 믿고 받아들였다. 기독교 세계에서 신과 영혼의 존재를 믿어온 것과 비유될 수 있겠다. 그런데 붓다는 그 옛날 인도에서 연기법을 가르치며 이런 브라만과 아트만의 존재를 부정한 것이었다.

이것이 당시 얼마나 혁명적이고 충격적인 사상이었을까는 중세 기독교 시대에 어떤 성자(聖者)가 나와서 신과 영혼의 존재를 '설득력 있게 성공적으로' 부정했다고 상상해보면 짐작이 갈 것이다. 붓다의 연기법은 당시 정말로 희유(稀有)해서 듣고서 놀라지 않을 수 없는 가르침이었을 것이다. 오늘날과 같은 과학이 존재하지 않았던 당시에 사람들이 브라만과 아트만 또는 신과 영혼 같이 고정불변의 본질[自性]을 가진 실체(實體)의 존재를 기반으로 자연 현상을 설명하고 이해했을 것이라는 점은 쉽게 짐작이 간다. 문명 발달 이전 사람들은 이렇게 비교적 받아들이기 쉬우면서도 종교적·형이상학적으로 근사한 설명에 이끌리기 마련이어서 이런 방식으로 진행된 신화적·형이상학적 설명은 수천 년 동안 사람들의 세계관을 지배했다.

그렇지만 철학자들은 원래 행복한 낮잠에 빠져있는 지적(知的)으로 덜 부지런한 사람들에게 벌침을 놓는 사람들이다. 그래서 그들은 또 질문한다. 우리 시대의 건강한 상식으로 우리 스스로 판단해보자. 우주 삼라만상의 운동과 변화를 그것의 원인과 조건에 비추어 이해하고 설명하는 방식과 신이나 영혼 또는 브라만이나 아트만 같은 신앙의 대상에 대한 믿음을 바탕으로 설명하고 이해하는 방식 가운데 어느 것이 더 이치에 맞는다고 생각하는가?

이 질문에 대한 답변은 너무도 분명하다. 21세기 첨단 과학 문명 시대에는 신앙에 기반하는 종교적·형이상학적 세계관이 설 자리가 점점 더 좁아지고 있다. 연기에서 벗어나 있다는 브라만과 아트만 또는 신과 영혼의 섭리를 가지고서는 이 우주와 자연 세계를 결코 설득력 있게 설명할 수 없다. 붓다의 연기의 가르침은 이미 25세기 이전에 종교적·형이상학적 세계관을 넘어 과학적 세계관을 설파하고 있었고, 이 가르침이 내가 말하는 '철학적 깨달음'의 핵심이다.

모든 사물이 조건에 따라 생성·지속·소멸한다는 연기법은 대승의 공(空) 사상으로 이어져 그 깊이를 더해왔다. 모든 것이 조건에 의존해서만 존재하므로 어떤 것도 스스로 존재할 수 없다. 즉, 어떤 것도 실체(實體)일 수 없다. 또 스스로 존재할 수 없으니 그 스스로를 스스로이게끔 해주는 어떤 속성, 즉 자성(自性) 또한 존재하지 않는다. 이러한 공 사상으로부터 불교의 초기부터 바라문교(힌두교)와 각을 세운 무아론도 자연스럽게 도출된다. 만물에 자성이 없으니 만물 가운데 하나인 나 또한 나의 자성이라고 할 수 있는 아트만을 가지고 있지 않기 때문이다.

인도 대승 전통에서는 공을 대체로 '본질을 결여하는'이라는 의미로 다소 부정적인 개념으로 접근한 데 비해, 동아시아 불교에서는 공의 관점을 취한다는 것을 '사물을 관계와 변화의 관점에서 보는' 것으로 해석하게 되어 공을 오히려 긍정적인 개념으로 이해하고 받아들인다.

천태와 화엄에 이르러서는 모든 사물이 모든 사물과 서로 맞물려 존재하며[inter-exist] 서로 철저히 삼투하고[inter-penetrate] 있다고까지 주장하는 법계연기설(法界緣起說)로 그 백미(白眉)를 이루며 공 사상의 긍정적인 해석이 화려하게 장식되기도 한다.

3. 열반적 깨달음

어떤 이가 철학적 깨달음을 성취했다고 가정해보자. 그는 무아와 연기의 진리를 매우 포괄적으로 이해해서 존재하는 모든 것이 본성을 결여하고 있음을 확신한다. 그래서 그는 사물을 철저히 공의 진리의 관점에서 이해하고 해석한다. 이렇게 인식적 차원에서 볼 때 그는 완전히 깨달았다. 그러나 이렇게 멋진 철학적 깨달음에도 불구하고 그가 타오르는 욕망과 집착을 제어하지 못해 고통스러운 번뇌에 시달릴 수 있다. 실제로 그가 이렇게 되기는 생각보다 훨씬 쉽다. 왜냐하면, 그는 여전히 다른 이들뿐 아니라 자신에게도 고뇌를 가져오는 방식으로 느끼고 행동하는 성향을 가지고 있을 수 있기 때문이다.

예를 들어 그는 식욕을 조절하지 못해 과도한 양의 음식으로 배를 채우는 오래된 나쁜 습관을 아직도 가지고 있을 수 있다. 우리 주위에는 지적으로 우수해서 공의 진리를 잘 이해하면서도 음식과 술을 조절하지 못해 고통받는 사람들을 어렵지 않게 찾을 수 있다. 또 팔정도(八正道)의 정언(正言)의 가르침을 이해는 하지만 몸으로 따르지는 못해서 다른 사람들의 마음을 상하게 하는 험한 말을 그치지 못하는 사람도 꽤 있다. 또 그는 이기심과 나태함으로 자신이 속한 단체에서 아무런 책임도 맡지 않으려는 습관을 버리지 못하고 있을 수도 있다.

위와 같이 그는 인식적 차원에서는 철학적 깨달음을 한껏 성취했음에도 불구하고 자신과 다른 이들을 고뇌로부터 벗어나게 해주지는 못하고 있다. 그렇다면 우리는 아무래도 그를 '깨달은 자'로 인정하기를 꺼리게 될 수밖에 없다. 앞에서 보았듯이 '고뇌에 시달리는 깨달은 자'라는 말은 논리적으로도 모순이다. 그래서 철학적 깨달음은 더이상 완전한 의미에서의 깨달음이 되기에 충분하지 못하다.

다시 한번 반복하자면, 불교 초기에는 깨달음이 인식적 차원에서의 성취를 지칭했던 것 같다. 내가 '열반적 깨달음'이라고 부르는 것과 같이 도덕적 훈련과 정신적 수양으로 이루어지는 깨달음은 깨달음이 아니라 그냥 '열반'으로만 이해되었다. 그러나 나는 지난 여러 세기 동안 '깨달음'의 개념이 '열반'으로도 확장되어 결국 그것까지 포함하게 되었다는 점을 부정할 수 없다고 생각한다. 그래서 이제는 누군가가 고뇌로부터 자유롭지 못하는 한 그는 깨달은 자로 간주될 수 없게 되었다.

깨달은 자들은 철학적으로 깨달은 이들의 정신적 상태를 유지할 수 있어야 한다, 즉 그들은 언제나 철저히 공의 관점으로 삶과 세계를 파악하고 이해해야 한다. 그러나 이것은 깨달음의 필요조건일 뿐 결코 포괄적인 의미에서의 깨달음을 위한 충분조건이 되지는 못한다. 진정으로 깨달은 자라면 철학적으로 깨달아야 할 뿐 아니라 모든 고뇌로부터도 영원히 자유로워야 하기 때문이다. 그는 탐욕, 성냄, 그리고 어리석음의 탐진치(貪瞋癡) 삼독(三毒)을 완전히 제거하고 다시는 그것들이 생겨날 수 없게 한다. 또 그는 팔정도와 그 밖에 붓다가 가르친 계율들을 힘든 노력 없이도 자연스럽게 따른다.

그래서 깨달음이란 단지 지적인 성취의 문제일 수 없다. 고뇌로부터 해방되어 있을 수 있도록 심신이 만들어져야 한다는 다른 종류의 깨달음도 반드시 달성되어야 한다. 나는 이런 종류의 깨달음을 '열반적 깨달음'으로 부른다.

4. 어떻게 행위할 것인가

우리는 살아 있는 모든 순간순간 선택하고 행위한다. 생물학적 본능에 의해 하는 행동[behavior]뿐 아니라 우리의 의지가 들어가는 행위[action]를 하게 된다는 말이다. 아무런 행동도 하지 않을 경우라도 실은 행동하지 않으려는 의지가 들어가서 그렇게 되는 것이니 결국 일종의 행위에 해당된다. 우리는 깨어 있는 동안에는 행위하지 않을 수 없다. 그래서 우리는 어떻게 행위해야 하는가에 대해서 질문하고 논의해야 한다. 아무렇게나 행동하면서 살 수는 없기 때문이다.

이 글의 첫 부분에서 언급했듯이, 깨달음을 얻고 열반을 성취하는 것은 모든 불교인의 염원이다. 그래서 우리에게는 삶의 순간순간 우리가 해야 하는 각각의 행위를 규제하고 인도해줄 어떤 원리가 있어야 하는데, 나는 이 행위의 원리와 깨달음과 열반의 획득이라는 불자들의 서원이 어떻게 연결되어야 하는가에 대해 논의해보고자 한다. 논의의 편의상 이 이 글의 나머지 부분에서는 '깨달음'은 철학적 깨달음을, 그리고 '열반'은 열반적 깨달음을 의미하는 것으로 사용하겠다.

모든 불자가 어떤 원리에 따라 행위해야 하는가를 살펴보기 위해서 먼저 깨달은 자들이 자비행을 실천해야 한다는 대승의 가르침을 예로 들어 그 논의를 시작하겠다. 심리학에서 심리적으로 극단적인 경우들을 연구함으로써 정상적인 사람들의 심리를 더 잘 이해할 수 있듯이, 깨달음의 경지에 이른 이들의 행위의 기준을 이해함으로써 아직 그 경지까지 가지 못한 모든 다른 불자가 따를 행위의 원리도 더 잘 이해할 수 있기 때문이다. 다음과 같이 질문해보자.

깨달은 이들은 모든 고뇌로부터 벗어나 자유로운 가운데 열반에 머문다. 그렇다면 그들이 왜 다른 고통 받는 중생을 위해 자비심을 내어 그들을 번뇌로부터 해방시켜주려고 노력해야 하는가? 깨달은 이들은 어떠한 고뇌로부터도 벗어나 자유로이 열반에 머물고 있고, 그들의 '행복'은 그 자체로 완벽하다. 그러면 왜 그들이 번거롭게 속세로 나아가 다른 중생을 고통으로부터 구제해주어야 하는가? 이미 부족함 없이 완벽히 행복한 그들에게 그들의 자비행이 도대체 어떤 행복을 더해줄 수 있는가?

이 질문에 대해 즉각 떠오르는 만족스러운 답변은 없는 것 같다. 대승불교에서는 자비행의 실천이 계율이기 때문에 반드시 따라야 한다고도 말할 수 있겠지만, 계율의 존재 이유부터 규명하려 하는 철학의 입장에서는 그대로 받아들일 수는 없는 답변이다. 8세기 인도의 승려 샨티데바는 그의 『입보리행론』에서 기본적으로 같은 질문에 대해 다음과 같이 대응했다.

그것들이 단지 고통이라는 이유만으로 그것들은 막아져야 한다. [⋯] 만약 고통이 왜 막아져야 한다고 묻는다면, 아무도 예외 없이 그것이 막아져야 된다고 동의할 것이다. 그래서 만약 고통이 막아져야 한다면 모든 고통이 막아져야 한다. 고통이 막아지지 않아도 된다면, 자기 자신의 경우도 다른 사람들의 경우와 같다.

이 인용문에서 "그래서 만약 고통이 막아져야 한다면 모든 고통이 막아져야 한다. 고통이 막아지지 않아도 된다면, 자기 자신의 경우도 다른 사람들의 경우와 같다"는 두 문장은 그 위의 다른 두 문장으로부터 도출되지 않는다. 불자들이라면 물론 부처의 무아와 연기의 가르침을 가져와 이 두 문장의 주장을 지지할 것이다. 어느 누구에게도 자아가 없고 우리 모두는 서로서로 연결되어 있으니까, 스스로의 고통을 없애는 것이나 다른 이들의 고통을 없애는 데 차별이 없어야 한다. 이것이 모든 이가 자신의 경우나 다른 이들의 경우에 상관없이 모두 고통을 없애야 하는 이유다. 그리고 그렇지 못하다면 자신의 고통을 포함해 어떤 고통도 없애지 말아야 할 것이다.

이러한 샨티데바의 견해가 보살이 반드시 걸어야 하는 보편적 자비심의 길을 설명하기에 충분히 좋게 보일지도 모르겠다. 그러나 이 견해가 비판적 시각으로 가득 찬 철학자들의 의문을 모두 해소해주지는 못한다. 철학자들은 고통을 막아야 하는 근본적인 불교적 이유부터 설명해야 한다고 주장할 것이기 때문이다. 나는 우리가 불교가 처음부터 무엇에 관한 가르침인가를 상기해보기만 한다면 이런 설명을 제공하는 불교적 원리를 쉽게 찾을 수 있다고 본다. 불교는 깨달음과 열반에 대한 가르침의 체계다.

의문의 여지 없이 깨달음은 모든 불교도에게 가장 중요한 목표다. 그리고 깨달음이 그토록 중요한 목표인 이유는 바로 깨달음이 열반을 가져온다고 믿기 때문이다. 깨달음을 얻었을 때 모든 고뇌에서 자유로워지는 열반의 길이 열린다. 모든 경전 공부와 명상 수행은 깨달음과 열반을 얻는 방향으로 이루어진다. 깨달음과 열반은 모든 불교도에게 결코 양보할 수 없는 목표다. 그래서 만약 불교에 우리가 사건이나 행위를 평가할 하나의 기준 또는 원리가 있다면, 그것은 그것들이 깨달음과 열반을 산출하는데 (얼마나) 기여하느냐 아니면 그것에 (얼마나) 역행하느냐일 것이다. 그래서 나는 다음을 우리의 행위를 위한 '깨달음과 열반 산출의 원리'로 제안한다.

(어떤 사건 또는 행위가 깨달음과 열반의 산출에 기여한다.) ↔ (그것이 좋다/옳다.)

(어떤 사건 또는 행위가 깨달음과 열반의 산출에 역행한다.) ↔ (그것이 나쁘다/그르다.)

고통은 그것이 깨달음과 열반에로의 길에 방해가 되기 때문에 나쁘다. 쾌락주의는 깨달음과 열반을 가로막아서 나쁘다. 명상 수행은 깨달음과 열반 산출에 기여하기 때문에 좋다. 다른 사람들에게 거친 말을 쓰는 것은 그런 언어가 그들에게 고통을 야기하고 그들의 고통은 그들의 깨달음과 열반을 산출하는 데 역행하기 때문에 그른 행위다. 사람을 죽이는 것은 그 사람의 죽음이 그의 깨달음과 열반 산출에 역행하기 때문에 그르다. 부상입은 사람을 치료하는 것은 그의 회복이 그의 깨달음과 열반을 산출하는 데 도움이 되기 때문에 옳은 일이다. 사회의 부를 사람들에게 공정하게 분배하는 것은 그것이 사람들의 깨달음과 열반을 산출하는 데 기여하기 때문에 옳다. 그리고 다른 무수히 많은 예를 더 들 수 있겠다.

나는 '깨달음과 열반 산출의 원리'를 모든 불자의 행위의 기준으로 제안하면서 불교에서는 모든 사건과 행위가 모두의 깨달음과 열반의 산출에 얼마나 기여하느냐에 따라 평가되고 그 의미와 가치가 주어진다고 주장한다. 어떤 불자라도 모든 유정물(有情物, 중생)이 그들의 고통을 제거하려고 애쓴다고 믿는다. 또 그들이 깨달음과 열반을 얻음으로써 고통으로부터 자유로워질 수 있다고 믿을 것이다. 불자들이라면 깨달음과 열반이 모든 고통을 없애고자 하는 이들에게 궁극적 목표가 되며, 또 그들의 목표가 다른 사람들로부터 언제나 인정받고 존중되어야 한다고 생각할 것이다. 그래서 불자들이라면 깨달음과 열반 산출의 원리가 모든 유정물에게 보편적으로 그리고 차별 없이 적용되어야 한다고 받아들일 것이다. 그러므로 불자들에게는 모든 유정물의 깨달음과 열반에 기여하는 방식으로 행위하는 것이 언제나 좋고 옳다.

깨달음과 열반 산출의 원리를 살펴본 우리는 이제 샨티데바의 인용문에 대해 좀 더 제대로 해석할 수 있겠다. 샨티데바는 "그것들이 단지 고통이라는 이유만으로 그것들은 막아져야 한다. […] 만약 고통이 왜 막아져야 한다고 묻는다면, 아무도 예외 없이 그것이 막아져야 된다고 동의할 것이다"고 했다. 왜 고통이 막아져야 하는가라는 질문에 달리 더 나은 답변은 없고 고통은 그냥 막아져야 한다고 대답하고 있다. 이제 우리가 더 나은 답변을 달아 보자. 고통은 그것이 깨달음과 열반 산출에 역행하기 때문에 예방되고 제거되어야 한다. 나는 이것이 불교적으로 더 합당하고 의미 있는 답변이라고 생각한다.

샨티데바는 또 "만약 고통이 막아져야 한다면 모든 고통이 막아져야 한다. 고통이 막아지지 않아도 된다면, 자기 자신의 경우도 다른 사람들의 경우와 같다"고 한다. 이제 우리는 이 요점을 더 잘 설명할 수 있다. 깨달음과 열반 산출의 원리는 모든 유정물에게 차별 없이 적용되어서, 유정물들의 깨달음과 열반에로의 여정을 방해하는 고통이 제거되도록 하는 것이 언제나 좋고 옳다. 불자들은 그들이 불자인 한 깨달음과 열반 산출의 원리를 받아들여야 한다. 그리고 깨달음과 열반 산출의 원리가 모든 유정물에게 보편적으로 적용되기 때문에 불자들은 자신들뿐 아니라 다른 모든 고통받는 중생들의 깨달음과 열반에 기여하기 위해 모든 고통의 제거를 목표로 받아들여야 한다.

불교는 깨달음과 열반의 가르침의 체계이기 때문에 어떤 의미에서는 불자들이 모든 사건과 행위를 깨달음과 열반 산출의 원리 아래 두고 평가함이 자연스럽다고 볼 수 있겠다. 그래서 "열반에 든 깨달은 이들이 왜 자비행을 실천해야 하는가?"라는 질문에 대해 우리는 이제 다음과 같이 답할 수 있다.

① 불자는 연기의 진리를 받아들이고 모든 유정물이 서로 연결되어 상호작용하면서 존재함을 이해한다.

② 불자는 깨달음과 열반 산출의 원리와 그것이 모든 중생에게 보편적으로 적용됨을 이해하고 받아들인다.

③ 모든 불자는 자신뿐 아니라 다른 이들의 깨달음과 열반을 산출하는 데 기여하는 일이 좋고 옳다고 이해하고 받아들인다.

④ 그러므로 모든 불자는 자비행을 실천해야 한다.

⑤ 그런데 열반에 들어 있는 깨달은 이들도 불자들이다.

⑥ 그러므로 열반에 들어 있는 깨달은 이들도 자비행을 실천해야 한다.

우리는 깨달아서 열반에 들어 있는 이들이 왜 자비행을 실천해야 하는가에 답하려고 했고, 그 답을 찾으려는 과정에서 모든 불자가 자비행을 실천해야 한다는 당위성도 함께 보았다. 불자라면 깨어 있는 모든 순간순간 그의 행위의 기준이 깨달음과 열반 산출의 원리에 타당할 수 있도록 행위해야 마땅하다. 그래서 나는 깨달음과 열반 산출의 원리가 받아들여지는 불자들의 세계에서는 깨달은 이들을 포함한 모든 불자가 끊임없이 자비행을 실천해나가야 한다고 생각한다.

5. 소승은 존재하지 않는다

깨달음과 열반 산출 원리의 보편적 적용 가능성을 받아들이지 않는 불교학파가 있을까? 나는 모든 불교학파는 깨달음과 열반 산출의 원리가 모든 유정물에 차별 없이 적용됨에 기꺼이 동의한다고 믿는다. 어떤 이의 고통도 그의 깨달음에 역(逆)산출적이다. 그래서 필자는 모든 유정물이 그들의 고뇌를 제거할 자격이 있다는 점에 이의를 제기할 불교학파가 있다고 상상할 수 없다. 어떤 불교학파라도 유정물의 깨달음을 저해하는 고뇌를 제거할 자비행을 지지하고 실행하라고 할 것이다. 그래서 우리가 여기서 도출해야 할 논리적 결론은, 모든 불교학파는 자비행을 지원하며 다른 유정물의 고뇌에 무관심한 이기적인 불교학파는 없다는 것이다. 그래서 나는 불교에는 소승(小乘)이 존재하지 않으며, 존재한 적도 없다고 믿는다. 깨달음은 자비를 불러오기 때문이다.

깨달음이 불자들을 자비의 길로 자연스럽게 이끈다는 대승의 견해가 함축하는 의미심장한 논리적 결론이 있다. 만약 자비를 실천에 옮기지 않는 불자들이 있다면 그들은 깨달은 자들이 아니다. 비록 그들이 깨달았다고 주장하더라도. 실은 깨달았기는커녕 제대로 된 불자조차 아니다.

6. 무아와 연기 그리고 자비행

이 글은 불교 전통이 생생히 살아 있는 한국의 독자들을 상대로 쓴 글이어서 지금까지 나는 '자비'가 무엇인지를 군이 정의하고 논의를 전개하지는 않았다. '자비'라는 단어는 한국에서는 일상 언어에 해당할 정도로 누구나 충분히 잘 이해하고 있다고 믿었기 때문이다. 그러나 이제 글을 마무리할 때가 되었으니, 마지막으로 '자비'를 편리한 방식으로 정의해보고 깨달음의 내용을 이루는 무아와 연기가 자비 실천과 어떻게 연결되는가를 간략히 정리해보겠다.

자비(慈悲, compassion)란 무엇인가? 자비심이란 다른 이들을 향한 따뜻한 마음인가? 그들의 고통에 함께 아파하고 눈물 흘리고 어루만져 주려는 사랑과 연민의 마음인가? 정(情) 많은 우리 한국 사람들에게는 충격적인 이야기가 되겠지만, 불교의 자비는 뜨거운 감정이 넘치는 핫(hot)한 자비가 아니라 이성(理性)을 바탕으로 차분히 이루어지는 쿨(cool)한 자비다. 이 점을 이해하려면 핫한 사랑(love)과 쿨한 배려 또는 보살핌(concern)의 차이를 아는 것이 중요하다. 그래서 먼저 사랑과 배려 또는 보살핌의 차이에 대해 살펴보겠다.

우리가 자기를 사랑하기에 하는 일을 나열해보자. 우리는 스스로를 너무도 아껴서 매일 꼬박꼬박 먹고 자고 썻고 쉬고 공부하고 일하고 노는 등 자신을 위해 많은 시간과 마음을 투자한다. 평생 그렇게 한다. 스스로를 오죽 사랑하면 그렇게 할까. 그런데 놀랍게도 서구인은 이 모든 것을 자기에 대한 '사랑' 때문에 그런다고 보지 않는다. 이것은 자기 사랑(self-love)과 관련된 일이 아니고 자기 배려 또는 자기 보살핌(self-concern) 때문에 그런다고 이해한다. 나도 미국에 와서 오랜 시간이 지난 다음에야 이 차이를 알게 되었는데, 결국 서구적 사고방식이 옳다고 판단하게 되었다. 그 이유를 설명해보겠다.

스스로를 사랑하지 않는 사람도 자신에 대해 위에서 나열한 모든 배려 및 보살피는 행위를 계속할 수 있다. 교도소에서 진심으로 참회하며 자기를 전혀 사랑하지 않는 사형수도 매일 먹고 자고 씻고 쉬며 스스로를 보살피는 모든 일을 그대로 한다. 사랑과 배려가 다르기 때문에 사랑하지 않아도 배려할 수 있어서 가능한 일이다.

서구 여러 나라는 굶주리는 적성국 사람들에 대해서도 인도적 지원을 하는데, 이것은 그들을 뜨겁게 사랑해서가 아니라 차분한 마음으로 그들의 건강을 배려하기 때문이다. 그들을 사랑해야 할 의무는 없지만 그들의 생존을 배려해야 할 도덕적 책임은 있다. 그래서 서구인은 따뜻한 마음 없이도 배려심만으로도 때마다 자선단체에 기부한다. 변덕스런 감정으로 기부한다면 그렇게 오래 계속할 수 없을 것이다. 그래서 정이 넘치는 동아시아보다 차분한 서구에서 기부문화가 더 발달했다.

자비 실천의 이타행(利他行)은 따듯하거나 안쓰러워하는 감정으로 하기보다 차분하게 쿨한 판단으로 할 때 더 좋은 결과를 낸다는 심리학자들의 연구도 차고 넘친다. 그리고 붓다의 자비는 처음부터 핫한 사랑이 아니라 쿨한 배려 및 보살핌이다. 뜨거운 감정이 초래하는 모든 집착에서 벗어나 전적으로 자유로운 각자(覺者)가 뜨거운 사랑으로 중생을 제도하리라고 믿는 것은 오해다.

이제 자비가 무엇인지 정의해보자. 자비심이란 타인을 향한 이해타산 없는, 즉 이기심 없는 배려심 또는 보살피는 마음(unselfish, selfless concern)이다. 그리고 이렇게 사심(私心) 없이 쿨한 배려심은 붓다의 무아에 대한 가르침을 체득했을 때 자연스레 우러나오기 마련이다. 왜냐하면, 누구나 가진 자기 배려심과 자기를 보살피는 마음에서 자기가 사라지게 되니까 그 배려심과 보살피는 마음이 타인에게로 흘러넘쳐 이타행으로 나타나기 때문이다.

무아를 깨쳐야 비로소 타인에 대한 진정으로 사심 없는 배려가 가능하게 된다. 그리고 우리가 붓다의 연기의 가르침을 사회적으로 맺는 관계로도 연장시켜 이해한다면 우리와 연결되어 함께 살아가는 사회 구성원 모두에까지 이 배려심과 보살피는 마음이 미치게 될 것이다. 그래서 무아와 연기에 대한 깨달음이 사심 없는 자비심을 모든 이에게 베풀게 해주는 원천이다. 무아와 연기를 바탕으로 하는 불교 윤리학이 설득력 있는 이유다.

홍창성

미국 미네소타주립대학교(Minnesota State University Moorhead) 철학 교수. 서울대학교 철학과 및 동 대학원 졸업. 미국 브라운대학교 대학원 철학과에서 철학박사. 형이상학과 심리철학 그리고 불교철학 분야의 논문을 영어 및 한글로 발표해오고 있다. 저서로는 『미네소타주립대학 불교철학 강의』, 『연기와 공 그리고 무상과 무아』, 『통도사승가대학의 불교철학 강의』, 그리고 『무아, 그런 나는 없다』가 있고, 유선경 교수와 공저한 『생명과학과 불교는 어떻게 만나는가』와 영어로 공동 번역한 *Enligtenment and History: Theory and Praxis in Contemporary Buddhism*이 있다.

원자와 허공:
인도 불교 사상의 맥락에서

이규완(서울대학교 인문학연구원 선임연구원)

하늘 위와 땅 아래, 그리고 하늘과 땅 사이에 존재하는 것, 나아가 과거, 현

재, 미래로 불리는 시간들, 그러한 모든 것은 무엇에 싸여 있는 것인가?

그것은 허공이다.

그렇다면 허공은 무엇에 싸여 있는 것인가?[1]

1. 의문

만물(萬物)의 구성 요소는 무엇이며, 세계의 구성과 작동을 지배하는

원리는 무엇인가? 이것은 물리학과 철학이 분기하기 이전부터 인류가 제기

하였던 궁극적인 물음이며, 이 물음에서 철학이 태동하였다고 해도 과언

---

1   남수영 옮김, 『브리하다라냐카 우파니샤드』(여래, 2009), III.8.6~7.

은 아니다. 우파니샤드의 시인은 물질과 비물질, 그리고 그 사이에 존재하는 유기체를 포괄하는 일체(一切, sarvam)의 세계는 어디에 있는가, 과거와 현재와 미래의 시간 축 위에 놓여 있는 세계의 경계는 무엇으로 한정되어 있는지 묻고, "그것은 허공이다"고 답하였다. 그러나 질문은 여전히 남는다. 허공은 무엇인가? 허공은 세계의 끝인가? 아니면 또 다른 무엇으로 싸여 있는가?

바른 질문은 대답보다 항구적인 중요성을 지닌다. 밀레토스의 탈레스(Thales)는 이 질문을 제기함으로써 "그것은 물이다"는 틀린 대답에도 불구하고 철학의 시조(始祖)라 불리게 되었다. 이 질문에 대한 희랍 자연 철학자들의 탐구는 데모크리토스와 에피쿠로스의 원자론으로 일단락되면서, 다른 문명권과는 선명하게 대비되는 지중해 철학 전통의 색조를 결정지었다. 이후 원자론은 서양 사상의 지형에서 심층에 잠겨 있다가 근대 과학적 사유의 등장과 함께 부활할 수 있었다. 그에 앞서 1500년의 시차를 두고 가상디나 라이프니츠의 사상에서 새롭게 용출한 원자는 이미 물질적 성격을 잃고 형이상학적 존재로 변화된 상태였다.[2]

멀리 분가한 이란성 쌍생아와 같은 인더스 문명권에서도 동일한 질문과 그에 대한 대답이 시도되었으나, 원자적 사유는 매우 상이한 방향으로 전개된다. 희랍 자연 철학자들과 유사한 맥락에서 출발한 4원소설과 원자 개념은 독특한 인도적 해석과 불교적 변용을 거치면서 종자(種子, bīja)와 같은 심리적/관념적 요소로 전변하였다.

---

2   타가미 코이치 외(이규완 옮김), 『원자론의 가능성』(씨아이알, 2023), 2장·4장 등 참고.

이 글에서는 지중해 문명권의 원자론에서 제기되었던 문제들이 인도 문명권의 불교 철학에서는 어떤 방식으로 논의가 전개되었는지를 '원자와 허공' 개념을 중심으로 살펴보고자 한다.

2. 일체를 구성하는 다르마

인도 사상에서 자연에 대한 탐구는 언제나 수행론적 맥락에서의 관심을 반영한다. 이를테면, 세계를 구성하는 물리적 원질로서 프라크리티(prakṛti)에 대한 분석은, '아트만'이 물질적 속박으로부터 벗어나 순수 정신인 푸루샤(puruṣa)로 회귀하기 위한 수행의 지적 토대를 마련하려는 노력의 일환이다.[3]

자이나 철학에서도 물리적 세계는 극미(paramāṇu)와 공간점(pradeśa)으로 구성되어 있으며, 영혼은 물질에 속박/오염되어 있는 한, 공간 매트릭스의 그물코를 투과할 수 없다. 때문에 세계의 구성 요소인 원자와 원자들의 구성 방식에 대한 이해는 영혼의 해방 조건을 파악하기 위한 지적 전제가 된다.[4]

불교 철학에서 원자와 허공에 대한 논의 역시 이 같은 인도 사상의 맥

---

3   "춤추는 소녀가 관객을 만족시킨 후 춤을 멈추듯이 프라끄리티도 자아와 자신
     의 본질을 명확히 한 후에 운동과 세계의 전개를 그친다." Chatterjee, S.C. &
     Datta, D.M.(김형준 옮김), 『학파로 보는 인도사상』(예문서원), 285쪽.
4   이규완, 「자이니즘의 paramāṇu와 pradeśa에 관하여」, 《인도철학》 54호, 2018
     201~239쪽.

락 위에 서 있다. 붓다의 깨달음은 일체(一切)의 세계에 대한 '있는 그대로'의 실상을 파악하는 것, 즉 '일체지(一切智, sarvajñā)'의 증득을 의미하는 것이었다. 붓다의 가르침을 통해 세계는 무상(無常)하여 끊임없이 변화하는 것이고, 세계를 인식하는 주체는 실재성을 지니지 않는 무아(無我, anātman)임이 밝혀졌다.

그것은 구체적으로 색(色), 수(受), 상(想), 행(行), 식(識) 다섯 층위의 중첩 현상인 오온(伍蘊), 혹은 여섯 가지 감각 기관[根]과 여섯 가지 감각 대상[境]을 포괄하는 12입처(入處, āyatana) 등으로 분석된다. 설일체유부 아비다르마 철학의 '5위 75법' 체계는 이 두 가지 개념을 통합하여 모든 존재의 구성 요소를 다섯 범주 75종의 요소로 분류한 것이다.[5]

여기서 다섯 범주란, 조건에 영향을 받지 않고 항구적 요소로서 무위법(無爲法, asaṃskṛtadharma)과 조건에 의해 현상하는 존재들을 포괄하는 유위법(有爲法, saṃskṛtadharma)으로 분류된다. 유위법은 다시 물질적 층위에 해당하는 색법(色法, rūpa-dharma), 심리적 요소를 포함하는 심법(心法, citta-dharma)과 심소법(心所法, caitta-dharma), 그리고 심적 요소에 포함되지 않는 관념적인 층위의 요소를 지시하는 심불상응행법(心不相應行法, cittaviprayuktasaṃskāra-dharma)으로 구분된다.

예를 들어, '감각지각(受, vedanā)'과 같은 심적 요소는 더이상 분할되지 않는 마음의 기본 단위를 형성하고, '생기(生起, jāti)'와 같은 개념적 요

5   이규완, 「5위75법 체계의 성립과 경량부 해석에 관하여」, 《동아시아불교문화》 49집, 2022, 3~43쪽.

소는 세계의 작동을 가능하게 하는 기본적인 힘 또는 원리로 파악된다.[6]

그러나 경량부(經量部, Sautrāntika)학파는 5종의 범주를 단순화하여 실질적으로 심리적 요소와 물리적 요소로만 분류되는 이원적 체계를 주장하였다.[7]

다르마의 분석을 둘러싼 설일체유부와 경량부 사이의 심오·난해하며 흥미로운 논쟁은 이 글의 범위를 벗어나기 때문에, 이곳에서는 물질의 구성 요소와 구성 방식을 설명하는 색법과 허공(虛空, ākāśa)을 포함하는 무위법에 한정하여 논의를 전개할 것이다. 아비다르마 철학 체계에서 세계를 구성하는 가장 기본적인 요소는 다르마(法, dharma)들이다. 이 다르마들 가운데 심리적 요소와 관념적 요소들을 제외하면, 물질을 구성하는 요소들과 '허공'이 남게 된다. 그리고 물질을 구성하는 요소들은 지수화풍(地水火風)의 4대 요소와 극미(極微, paramāṇu)의 관계로 설명된다.

3. 네 가지 요소들

"세계는 무엇으로 구성되어 있는가?"라는 물음은 '있음'에 대한 일차적 질문이었고, 초기의 대답들 역시 다소 직관적인 방식으로 제시되었다. 만물의 구성 요소 혹은 근원으로 '물'이나 '불'을 포함한 4대 요소를 질료적 기반으로 제시하거나, '허공'과 '의식'을 포함하는 6요소설은 고대 지중

---

6   자세한 내용은 다음을 참고하기 바란다. 권오민, 『아비달마불교』(민족사, 2003)
7   이규완, 앞의 책(2022), 30~37쪽.

해 지역에서부터 인도 아대륙에 걸쳐 일반적으로 받아들여진 개념이었다.

비구여, 사람은 여섯 가지 요소들이 결합한 것이다. 그것은 무엇을 말하는가? 그것은 지(地, pṛthivī), 수(水, ap), 화(火, teja), 풍(風, vāyu)과 공계(空界)와 의식계(意識界)를 말한다.(『中阿含經』,「根本分別品」, 162. '分別六界經')[8]

불교 경전에서 4원소에 관한 언급은 붓다 시대에까지 소급되는데,『디가 니까야』「사만냐팔라경」(samaññaphala sutta)에서 경쟁적인 사문(沙門) 학파들을 비판하는 가운데, 파쿠다 카차야나가 주장하였던 일곱 가지 기본 요소의 일부로 등장한다. 파쿠다 카차야나는 세계를 구성하는 기본 요소로 지, 수, 화, 풍, 기쁨, 고통, 그리고 의식의 일곱 가지를 열거하고, 이것들은 변하지 않는 실재라고 보았다.[9] 물과 불 등은 훨씬 고대의 신화적 전승에서부터 이미 근원적인 요소로 언급되어왔지만, 여기에서는 4대 요소가 한 묶음으로 물리적 존재를 구성하는 요소로 명시된다.

그러나 주지하는 바와 같이, 4원소설은 결코 원자론과 동일시할 수 없다. 4원소설은 만물의 질료적 기원에 주목하는 반면, 원자설은 만물을 구

---

8   팔리어 경전『맛지마 니까야』140경인「계분별경(Dhātuvibhaṅgasutta)」에는,
     "비구여, '사람은 이 여섯 가지 구성 요소(dhātu)[를 가진다]'고 말해집니다. 그
     것은 무엇이라고 말해집니까? 그것은 여섯 가지 구성 요소, 즉 지계, 수계, 화
     계, 풍계, 허공계, 그리고 식계입니다. 비구여, '사람은 이 여섯 가지 구성 요소
     [를 가진다]'고 말해지고, 그것은 이것을 말한 것입니다."(Dhātuvibhaṅgasuttaṃ
     344. MN 140. 3.239)
9   『사문과경』, DN I. 47.

성하는 기본 단위를 상정하고, 극미의 원자들이 결합하여 조대한 물질을 만든다는 사고방식을 의미한다. 지중해 문명권에서 데모크리토스의 원자론은 엠페도클레스 등의 4원소설에서 일종의 도약을 통해 등장하였다.

이 도약의 추진력을 제공한 것이 파르메니데스의 실재의 감옥이었다. 만물을 구성하는 기본 요소들은 '뿌리'를 뜻하는 네 가지의 리좀(rhizōmata)이며, 이들 원질로 이루어진 실재들은 항구적이고 불변하여서, 생성이나 소멸이 있을 수 없다. 그런데 파르메니데스에 따르면, 어떤 존재가 실재한다고 할 때, 그것은 단일한 하나의 전체이며, 부동(不動)이고, 불변(不變)이어야 한다.

이 같은 주장은 자명한 직관에 반하고, 직접적인 경험에 대한 부정을 강요하였다. 경험 세계는 한시도 멈추지 않고 운동하고, 변화한다. 데모크리토스는 여기서 만물을 구성하는 기본 요소의 개념과 항구적이고 변화하지 않는 실재성을 결합하여, 더이상 쪼갤 수 없으며 파괴되지 않는 기본 단위인 '원자(atomos)' 개념에 도달한다. 변화와 운동을 부정하는 실재의 감옥에서 벗어나기 위해, 데모크리토스는 실재의 단위를 '더이상 쪼갤 수 없는 극미'로 축소하고, 원자들의 우연한 결합에 의한 변화와 생성, 그리고 '허공'을 통한 운동을 가능하게 하였다.[10]

그러나 인도 아대륙에서 원자론은 4대종과 극미(極微) 개념이 통합되면서 독특하게도 원자의 존재론적 층위와 인식론적 층위의 연속성을 주장

---

10   관련 논의는 거스리, W.K.C.(박종현 옮김), 『희랍 철학 입문: 탈레스에서 아리스토텔레스까지』(서광사, 2000), 65~88쪽. 타가미 코이치·홍고 아사카 편(이규완 옮김), 『원자론의 가능성』. 씨아이알, 2023, 6~39쪽.

하거나 두 층위의 불연속적 특성을 강조하는 철학적 논의로 발전한다. 세계는 4대 요소로 만들어진 것이지만, 우리의 경험 세계는 4대 요소들이 결합하여 만들어진 물질(소조색)들이 기본 단위를 형성한다.

물질(색)이란 무엇인가? 존재하는 물질(색)이란 모든 4대종과 4대 소조색 일체를 말한다. 4대종은 지계, 수계, 화계, 풍계를 말하고, 소조색은 안근, 이근, 비근, 설근, 신근, 색경, 성경, 향경, 미경, 촉경의 일부, 그리고 무표색을 말한다.[11]

각각의 요소들은 개별적으로는 존재하지 못하고, 지수화풍의 4대(大) 요소가 한 덩어리로 함께 존재하거나, 혹은 4대종과 그것으로 만들어진 색향미촉(色香味觸) 네 가지 소조색(所造色)을 포함하는 여덟 개를 하나의 단위로 하여서만 존재할 수 있다. 그런 점에서 현존하는 물질적 존재는 언제나 복합체이다. 소리(聲)는 물질적 요소에 포함되지 않는다.

앞서 12입처(入處)에 대해 간단히 언급하였듯이, 불교의 세계는 인식 주체의 감각 기관[根]과 그에 상응하는 감각 대상[境]으로 구성된다. 인간의 경우, 만물은 눈, 귀, 코, 혀, 몸(피부)의 다섯 감관과 그에 대응하는 색깔, 소리, 냄새, 맛, 감촉의 다섯 가지 감각 대상으로 분석된다. 그리고 이 소조색들은 모두 4대종으로 구성되어 있다.

설일체유부는 네 개의 기본 요소와 그것들이 모여서 만들어진 네 개

---

11   『阿毘達磨品類足論』(1 辯五事品), T26, 692.b24-27.

의 소조색을 합해 여덟 가지가 모두 실재성을 띠는 물질의 기본 단위라고 상정한다. 반면 경량부에서는 오직 4대종만이 기본 요소이고, 그것들이 모여서 만들어진 소조색은 실재성을 지니지 못한다고 해석한다.

이러한 차이는 두 학파에서 존재와 인식에 대한 커다란 철학적 차이를 반영한다. 설일체유부의 경우 소조색도 실재성을 지니기 때문에 감각 기관에 의해 지각된 대상들이 실재성을 지닐 수 있게 된다. 우리는 감관을 통해 실재하는 대상을 지각할 수 있으며, 바른 인식은 대상에 대한 직접적인 지각을 통해 획득된 것이다.

그러나 경량부의 경우에는, 기본 요소들이 결합하여 만들어진 소조색은 실재성을 결여한 것이고, 때문에 감각 지각에 의해 경험된 세계는 실제 대상 세계와는 별개로 인식에 던져진 형상(形相, ākāra)의 세계이다. 개별적인 요소들은 지각의 영역을 넘어 있기 때문에 직접적으로 지각할 수 없으며 오직 추론으로 파악된다.

4. 4원소와 극미

먼저 아비다르마 철학에서 극미 개념을 확인하고, 4대종과 극미 개념의 융합, 그리고 극미의 결합에 의해 만들어지는 조대한 사물과 구성 요소의 관계에서 제기되는 문제들을 검토해보고자 한다. 『비바사론』 136권에서 극미 개념을 다음과 같이 정의하고 있다.

[문] 그 극미의 크기는 어떠하다고 알아야 하는가?

[답] 마땅히 다음과 같이 알아야 한다. ① 극미는 가장 미세한 물질(색)이기 때문에 ② 자르거나, 파괴하거나, 꿰뚫을 수 없으며, 취하고 버리거나, 타고 내리거나, 모으거나 늘어뜨릴 수 없다. ③ 길지도 않고, 짧지도 않으며, 모난 것도 아니고, 둥근 것도 아니며, 네모이거나 네모가 아닌 것도 아니며, 높은 것도 낮은 것도 아니다. ④ 더 이상의 작은 부분이 없고, 더이상 쪼갤 수 없다. ⑤ 볼 수도 소리를 들을 수도 없고, 냄새를 맡거나 맛을 볼 수도 없고, 만져서 접촉할 수도 없기 때문에 극미라고 한다. ⑥ 이것은 가장 미세한 것으로 그것의 일곱 개가 모여서 하나의 미진(微塵)을 이룬다. ⑦ 바로 이 미진이 눈과 안식이 지각하는 것 중에 가장 미세한 것이다. ⑧ 안근에는 세 가지 종류가 있다. 첫째는 천안, 둘째는 전륜성왕의 눈, 셋째는 보살의 눈이다. 일곱 개의 미진이 모여서 하나의 동진(銅塵)을 이룬다.[12]

인용문의 전반부(①~④)에서는 물질로서 극미의 성질을 나열하고, 후반부(⑤~⑧)는 그 극미와 지각의 문제를 다루고 있다. 극미는 가장 미세한 물질로서 더이상의 작은 부분으로 쪼갤 수 없으며 변화하지 않고, 크기나 특정한 형태를 지니지 않는다. 또한, 그것은 극히 미세하기 때문에 감각 기관에 의해 지각되지 않지만, 일곱 개의 극미가 모여 하나의 미진(微塵)을 형성하면, 그때부터는 지각의 대상이 된다.

여기서도 인도 사상 특유의 수행론적 평행 세계가 묘사되는데, 지각 가능한 대상의 영역이 수행적 수준에 따라 구별된다. 높은 수행의 단계에

---

12   『阿毘達磨大毘婆沙論』, T27, 702a4-12.

도달하지 못한 일반인의 감각 기관으로는 다시 일곱 개의 미진이 모인 동진(銅塵), 혹은 그 이상의 크기를 가진 사물만을 지각할 수 있다.

데모크리토스의 원자론이 4원소설의 질료적 성질을 완전히 탈각한 것과는 대조적으로, 불교의 극미에서는 4대종과 융합이 발생하고, 그로 인한 개념적 혼란과 함께 두 층위의 극미라는 불교원자론의 특징적 성격을 드러낸다. 극미가 4대종 개념과의 통합은 ① 개별 요소들을 극미로 등치하는 방식과 ② 4대종을 한 묶음으로 하여 극미가 성립한다고 보는 두 가지 방향으로 전개된다. 이 두 층위의 극미 문제는 주로 4대종/극미로 만들어진 조대한 사물이 보여주는 차별적 성격에 관한 논의의 맥락에서 다루어진다.

[문] 하나의 4대종은 단지 하나의 소조색 극미만을 만드는가? 다수를 만들 수 있는가? 만약 단지 하나만을 만든다면, 네 가지 원인에 하나의 결과가 되지 않겠는가? 다수의 원인과 적은 수의 결과는 이치가 자연스럽지 못하다. 만약 다수를 만들 수 있다면, 다시 말해 하나의 4대종으로 만들어진 물질이 다수의 극미를 가진다면, 어찌하여 서로 구유인이 아니겠는가?
[답] 마땅히 다음과 같이 말해야 한다. 하나의 4대종은 단지 하나의 조색 극미를 만들 수 있다.[13]

『대비바사론』의 본문은 한 묶음의 4대종이 하나의 극미를 만드는가

---

13   『阿毘達磨大毘婆沙論』, T27, 663c7-13.

에 대한 논란이다. 적대자는 묻는다. ① 만일 네 가지 요소들이 한 묶음으로 하나의 극미를 만든다면, 다수의 원인으로부터 하나의 결과만이 산출되는 것은 자연스럽지 못하다. 그러나 ② 만약 다수의 요소가 한 묶음으로 다수의 극미를 만든다면, 그것은 다수의 요소가 서로 인과적으로 서로를 성립시키는 것인데, 극미들의 차별성은 어떻게 설명할 수 있는가?

이것은 지수화풍의 4원소(m)가 모여서 만들어진 하나의 소조색(U) 집합 개념으로 설명하면, U = {m}이고, 원소를 나열하면, U = {지, 수, 화, 풍}, 또는 U = {지, 수, 풍}, U = {지, 화, 화, 풍}, U = {지, 지, 지, 지}, 등 매우 다양한 조합의 가능성이 존재한다. 그러나 『비바사론』에서는 '하나의 4대종'이라고 언급하여, 이 집합은 단지 U = {지, 수, 화, 풍}을 의미한다. 따라서 본문의 질문은 U가 단 하나인가? 아니면 다양한 Ux, Uy, Uz 등이 존재할 수 있는가를 묻는 것이 된다. 대론자는 U = {지, 수, 화, 풍} 단 하나의 U가 존재한다면, 네 가지 속성을 가진 존재들이 결합하여 단지 하나의 결과를 산출하는 것이 이치에 맞지 않다고 본다.

반대로 한 묶음의 4원소가 다수의 U를 만든다면, 그것은 원소들이 서로가 인과적으로 서로의 원인과 결과로 작동하여 차별을 만들어내야 할 것이다. 몇 가지 가능성을 탐색해 본다면, Ux = {지, 수, 화, 풍}, Uy = {수, 화, 풍, 지}, Uz = {화, 풍, 지, 수} 등과 같이 같은 구성 요소를 가지더라도 서로 다른 집합이 가능하다고 보는 해석이 있을 수 있다. 이 경우에는 동일한 구성 요소들이 서로에게 구유인으로 작용하면서도 서로 다른 결과를 산출할 수 있는 이유가 설명되어야 한다. 동일한 요소들의 집합, 즉 {지, 수, 화, 풍} 이 경우에 따라 Ux, Uy, Uz 등 다수의 소조색을 만든다면, 동일한 하나의 조건에서 다수의 결과가 발생하는 문제가 제기될 것이다.[14]

이에 대해 『비바사론』의 저자는 한 묶음의 4대종은 하나의 극미를 만들 뿐이라고 답한다. 그렇다면 동일한 요소들로 만들어진 소조색이 어떻게 서로 다른 속성을 발생시킬 수 있는가?

이에 대해 소조색의 성질의 차이를 ① 대종 극미의 숫자의 차이와 ② 대종 극미의 세력의 차이로 설명하는 방식이 제시된다. 어떤 이는 이를 테면 소조색의 견고함은 지극미(地極微)의 숫자가 더 많기 때문에 발현하는 성질이다. 그러나 이것은 4대종 요소들의 하나의 묶음으로만 존재한다는 전제를 위반한다.

> 만약 견고한 물질 가운데 지극미가 많고 수, 화, 풍 [극미가] 적다면, 지극미를 따라서 수 등이 결합하고 나머지는 서로 떨어져 존재하게 될 것이다.[15]

네 가지 원소들은 개별적으로 존재할 수 없고, 반드시 함께하여 한 덩어리로 모여서 다양한 소조색을 만들어낸다. 그런데 소조색의 차별성이 숫자의 차이에 의해서라면, 견고한 물질의 경우 지극미(地極微)의 숫자가 많기 때문에 4대종의 묶음을 만들고 개별적으로 남아서 떠도는 지극미들이 발생하게 될 것이다. 그러나 그 같은 개별적인 대종 극미의 존재는 기본 요소들이 한 묶음으로 있어야 한다는 존재 양식을 벗어나기 때문에 불가능하다.

---

14   이규완, 「4사구생과 8사구생(八事俱生, aṣṭadravyaka)에 관하여」,《보조사상》 52집, 2019, 55~56쪽, fn.38. 수정 인용.

15   『阿毘達磨大毘婆沙論』, T27, 682c25-26.

그런데 여기에서 우리는 앞에서 언급한 개별적인 4대 요소들이 개별 극미와 등치하는 극미 개념을 발견하게 된다. 개별 원소를 대표해서 지(地) 대종이 지극미(地極微)로 지칭되면서, 대종과 극미가 동일화된다. 그렇다면, 개별적인 존재가 추론될 수는 있지만, 반드시 4종의 요소들이 결합한 상태로서만 드러나는 극미(원자)의 층위가 존재한다는 의미가 된다.

한편, 어떤 이들은 4대종의 세력에 의해 소조색의 성질을 설명하였다.

어떤 이의 의견은 "대종의 자체에는 증감이 없다"고 한다.

[문] [그렇다면] 암석 등은 어떻게 견고한 것과 연한 것 등이 다른가?

[답] 4대종의 세력이 강하고 약함이 있기 때문이다. 견고한 물체 가운데 4대 극미의 본체의 숫자는 비록 같다고 하더라도 그것의 세력에서는 지극미 가 강한 것 같다.[16]

4대종이 모여서 지각되는 사물의 기본 단위를 만들 때, 소조색의 다양 성은 구성 원소의 숫자가 아니라 세력의 강약에 의해 결정된다는 것이다. 견고한 물질은 견고성을 속성으로 하는 지극미의 세력이 강성하기 때문이 다. 이것은 경험적 층위의 기본 단위들이 보여주는 물리적 존재의 속성이 그것을 구성하는 요소들의 속성에 의해 결정된다는 관점이며, 나아가 경험 적 층위 아래에 존재하는 구성 요소들을 속성화하는 방식의 해석이라 할 수 있다.

---

16   『阿毘達磨大毘婆沙論』, T27, 683a9-12.

아비다르마 철학의 단계에서는 이처럼 4대종을 수량으로 계량되는 물리적 구성 요소라기보다는 질적인 차원에서 속성화한 물리적 요소로 해석하는 전통이 확립된다.

[문] 지, 수, 화, 풍은 어떤 성질과 작용을 가지고 있는가?

[답] 견고함이 땅의 성질이고, 지지(支持)하는 것이 그 작용이다. 습기가 물의 성질이고, 포섭하는 것이 그 작용이다. 온난함이 불의 성질이고, 열기가 그 작용이다. 움직임이 바람의 성질이고, 늘이는 것이 그 작용이다.[17]

5. 2층위의 극미론

사실 지수화풍의 네 원소를 질적으로 이해하는 방식은 엠페도클레스의 4원소설에서도 동일하게 나타난다.[18] 그러나 아비다르마 철학에서는 지각되는 존재의 기본 단위로서 극미의 아래 층위에 존재하는 속성화한 4대종 극미를 위치시킴으로써, 속성화한 상태로 존재하는 층위와 양화한 상태로 인식되는 층위를 구분하는 2층위의 원자론을 전개한다. 이러한 두 층위의 원자론의 정식화가 『잡아비담심론』에서 발견된다.

[답] 2종의 극미, [즉] 사극미와 취극미가 있다. 사극미는 [예를 들어] 안근

---

17   『阿毘達磨大毘婆沙論』, T27, 663b8-18.
18   거스리(2000), 76~81쪽.

극미[와 같은 것을] 말하는데, 바로 안근을 다른 극미들로 미분하여 모두 자체의 사태를 나타낸 것이다. 사극미이기 때문에 아비담에서 설하기를 안근은 1계, 1입처, 1온을 포섭한다고 설하였다. 취극미는 다수의 사극미가 모인 것을 여기에서 취극미라고 설한 것이다. 자상에 머무르기 때문에 다르마의 성질에 혼란을 일으키지 않는다.[19]

극미(極微)에는 사극미(事極微)와 취극미(聚極微)의 2종이 있다. 사극미에서 사(事, vastu)는 본질적이고 토대를 이루는 실재의 측면을 지시하는 것으로, 그것들이 모여서 만들어진 조대한 사물들의 존재론적 토대를 이루지만, 지각의 영역을 넘어서기 때문에 직접 지각의 방식으로는 관찰되지 않는다. 반면, 취극미에서 취(聚, samghata)는 기본적인 구성 요소들이 모여서 만들어진 조대한 사물들의 존재 방식이며, 그것이 생멸하고 변화하는 근거이다. 취극미 단계에서 비로소 물리적 대상은 지각의 영역으로 들어온다.

우리는 사물을 분할해서 지각 가능한 가장 작은 단위에 도달할 수 있으며, 그것을 더욱 분할하면 지각되지 않으며 더이상 분할할 수 없는 형이상학적 원자/극미라는 추론적 존재에 도달한다. 다시 말해, '더이상 분할 불가능한 가장 작은 기본 단위'를 지각 가능성을 경계로 하여 취극미와 사극미의 2종으로 정의하고 있는 것이다. 보다 후대의 해석에서는 사극미와 취극미를 각각 '가(假)극미'와 '실(實)극미'로 재규정하고 있는데, 『순정리론』을 저술한 중현(衆賢, Sanghabhadra)는 가극미를 다음과 같이 설명하고

---

19   『雜阿毘曇心論』「行品 2」, T28, 882b16-20.

있다.

가극미는 분석에 의한 추론으로 알 수 있는 것이다. 이를테면 취색(聚色)을 사유에 의해 점차 분석하여 가장 작은 상태에 도달할 것이다. 그 후에 그 것에서 색, 성 등의 극미의 차이를 분별한다. 이렇게 분석되어 극한에 이른 것을 이름하여 가극미라고 한다. 사유로 지극히 깊고 넓게 탐구하여 기쁨을 일으키게 한다. 이것은 미세함의 극한이기 때문에 극미라고 한다. '지극함'이란 물질(색)을 분석하여 궁극에 이르렀다는 것이고, '미세함'은 오직 혜안(慧眼)에 의해서만 인식되는 것을 말한다. 따라서 극미라는 말은 '미세함의 극한'이라는 뜻을 나타낸다.[20]

이것은 지각의 영역을 넘어선 사극미가 관념적으로 추론된 가설적 존재이며, 취극미를 실질적으로 존재하는 극미로 인정하고자 하는 사유 경향으로의 변화를 보여준다.[21] 이러한 사유 방식은 경량부에 의해 극단화하면서, 사극미는 지각을 초월하기 때문에 지각 불가능하며 오직 추론으로만 확인되는 존재로 한정하고, 경험 세계에서 지각 대상이 되는 기본 단위로는 취극미를 설정한다.

이제 인식의 영역은 취극미와 취극미의 집적에 의해 구성된 조대한 물질 세계로 국한되며, 속성화한 대종 극미들은 인식이 도달하지 못하는 영역으로 남게 된다. 그렇다면 현량(現量, pratyakṣa), 즉 직접 지각으로 파악되

20   『阿毘達磨順正理論』, T29, 522a7−12.
21   『阿毘達磨順正理論』, T29, 522a5−7.

지 않는 대종 극미는 물리적 실재성을 지니는가? 그리고 대종 극미와 극미들이 취집하여 만들어진 지각의 기본 대상인 실극미는 존재성이나 속성에서 가극미와 어떤 연속성을 지니는가에 대해 물어야 할 것이다.

설일체유부의 인식 존재론에서 기본적인 전제는 식필유경(識必有境), 즉 "지각된 것은 반드시 대상을 가진다"이며, 이는 "일체의 존재는 지각된 것(esse est percipi)"이라는 조지 버클리(Berkeley)의 경험주의적 명제를 떠올리게 한다. 설일체유부에게 바르게 '지각된 것'은 반드시 실재하는 대상의 지각이며, 실재하는 대상은 지각을 일으키는 능력을 가진다. 따라서 대상을 바르게 지각했다는 것은 일체 존재에 대한 바른 지식을 획득했다는 사실을 의미한다.

반면 경량부에서는 비록 지각 너머에 존재하는 대상의 실재성을 인정하기는 하지만, '지각된 것'만이 일체의 경험 세계를 구성한다. 그리고 여기서 '지각된 것'은 대상이 인식에 던져준 형상(形相, ākāra)으로, 그것은 다수의 극미가 결합할 때 개별 극미들의 속성과는 질적으로 다르게 창발하는 감각 대상들이다. 이후 유식 사상은 경량부의 이원적 구도에서 지각의 영역을 넘어 추론되는 부분은 부정하고, 일체의 존재를 '오직 지각에 던져진 표상만'으로 한정하면서 철학적 토대를 마련하였다.[22]

개별적인 극미들이 결합하였을 때에도 속성의 연속성을 유지하는 결합 방식을 화집(和集, samudita)이라 하고, 개별 극미들과는 다른 속성이 창발하는 결합 방식을 화합(和合, sañcita)이라고 한다. 설일체유부와 경량부

---

22   이규완, 『세친의 극미론』(씨아이알, 2018), 255~331쪽.

사이에 전개된 개별 극미와 극미 복합체 사이의 연속성 논쟁에서 논사들은 맹인의 비유로 설명을 시도하였다.

경량부 논사 슈리라타(Śrīlāta)는 "지금 현재 지각 경험이 발생하고 있다"는 사실과 그러나 "개별 극미들은 감각 지각을 초월해 있다"는 두 가지 전제로부터, 지각 경험은 개별 극미들의 속성에는 존재하지 않는 현상의 출현임을 설득하고자 한다. 지각되지 않는 개별 극미들이 다수가 모인다고 하더라도 지각을 일으킬 수 없다. 그것은 마치 아무것도 볼 수 없는 맹인들이 다수가 모인다고 하더라도 아무것도 볼 수 없는 것과 같은 이치이다. 그러므로 지각이 발생하였다는 사실은, 극미들이 다수가 화합하였을 때, 개별 극미에는 없는 감각 지각의 성질이 발현하였음을 증명한다.

그러나 설일체유부의 논사는 동일한 전제에서 다음과 같이 반복한다. 슈리라타의 맹인 비유는 오히려 개별 극미와 극미 복합체 사이의 연속성을 지지하는 논증일 뿐이다. 맹인들이 다수가 모인다고 보는 지각 능력이 발생하지 않는다. 그런데 우리는 개별 극미들이 결합하여 만들어진 대상을 지각할 수 있다. 그렇다면 개별 극미들의 속성이 지각될 수 있는 힘을 지니고 있었다고 보아야 한다. 단지 그것들은 개별적으로 있을 때, 그 지각되는 능력이 발현하지 않았을 뿐이다. 그것은 마치 나무꾼들이 커다란 통나무를 드는 것과 같다. 예를 들어 아홉 명의 나무꾼들이 들지 못하던 통나무를 열 명이 힘을 합쳤을 때 들어 올렸다고 하자. 그것은 비록 들리지는 않았지만 아홉 명이 힘을 가했을 경우에도 여전히 드는 힘이 그곳에 잠재하여 있었음을 입증한다.[23]

이처럼 아비다르마 철학에서 극미론은 극미의 결합에 대한 논의로 전개되었으며, 이후 불교 인식 논리학의 발전 과정에서 추상적 논의를 위한 구상적인 도구로서 지속적으로 사용되었다.

6. 극미의 접촉과 풍계(風界)

이제 논의를 전환하여, 더이상 분할할 수 없이 미세하면서 장소적 저항을 가진 극미에게 '결합'이 어떻게 가능한지에 대한 논란을 4원소의 하나인 풍계(風界), 6요소 가운데에서 공계(空界), 그리고 무위법의 하나인 허공(虛空)과 관련하여 살펴보도록 하겠다. 먼저, 개별 극미들이 결합할 때 접촉의 여부에 대한 질문에서 출발해보도록 하자. 크기를 가지지 않는 다수의 극미가 결합할 때, 극미들이 접촉하여 단일체를 이루어야 하지 않을까? 혹은 결합을 위해서 개별적인 극미들을 붙잡아 하나의 조대한 사물을 만드는 어떤 힘이 작용해야 하지 않을까?

이 문제에 대해서 아비다르마 논사들 사이에 상이한 견해의 충돌이 있었다. 세우(世友) 존자는 극미의 접촉은 성립하지 않는다고 보았다. 찰나 생멸하는 극미가 접촉하기 위해서는 접촉 이전과 접촉한 찰나라는 2찰나의 지속을 본성으로 해야 하기 때문이다. 대덕(大德)은 극미가 실제로는 접촉하지 않지만, 극미와 극미 사이가 무간(無間, im-mediate)으로 벌어진 틈이 없기 때문에 '접촉한다고 가설'하였으며, 어떤 이는 극미들이 단순히 가까이 있는 것을 가설적으로 접촉이라고 칭한다고 주장하였다.

23   앞의 책, 102~147쪽.

이 문제에 대해서 『대비바사론』이 전하는 설일체유부의 정설은 다음과 같다.

> [답] 마땅히 다음과 같이 설해야 한다. 극미는 서로 접촉하지 않는다. 만약 접촉한다면 마땅히 전부 또는 부분[에 접촉]하여야 할 것이다. 전부 접촉할 경우에는 하나의 본체가 되는 과실이 있게 된다. 부분이 접촉할 경우에는 부분이 있다는 과실이 발생한다. 그러나 모든 극미는 그보다 더 미세한 부분이 없다.[24]

개별적인 극미들은 부분을 가지지 않기 때문에 접촉할 수 없다. 부분을 가지지 않는다면, 무한한 수의 극미들도 모두 한 점에 겹쳐지게 될 것이다. 그러나 만일 접촉하지 않는다면, 모여 있는 개별 극미들의 집합체는 단일체를 구성하지 못하고 모래 덩어리와 같이 흩어지고 말 것이다. 따라서 크기를 갖지 않는 극미들이 접촉하기 위해서는 부분을 가져야 할 것이다. 그러나 이것은 극미가 극히 미세하여서 부분을 가지지 않는다는 정의와 모순을 일으킨다.

이에 대해 비바사사(毘婆沙師)는 극미들이 접촉하지 않으면서도 결합의 상태를 유지할 수 있는 이유는, 풍계(風界)가 개별적인 극미들이 흩어지지 않도록 붙잡아주는 역할을 하기 때문이라고 설명한다.

---

24   『阿毘達磨大毘婆沙論』, T27, 683c28-684a2.

[문] 취집한 물질(색)이 서로 부딪힐 때 어찌하여 흩어지지 않는가? [답] 풍계가 포섭하여 유지하기 때문에 흩어지지 않는다.

[문] 풍계는 떨어져 흩어지게 할 수 없는가? [답] 떨어져 흩어지게 할 수 있다. [세계가 무너지는] 괴겁의 때와 같이. 또 포섭하여 유지할 수 있다. [세계가 유지되는] 성겁의 때와 같이.[25]

4대 원소 가운데 하나인 풍계(風界, vayu-dhātu)는 만물을 구성하는 원질로서 운동의 속성을 지니며, 『비바사론』의 저자에 따르면, 개별적인 극미들이 모여서 결합할 때 서로 접촉하지 않은 상태에서도 하나의 단일체를 이룰 수 있도록 붙잡아 두는 힘으로 작용한다. 앞서 원소들이 모여서 만들어진 소조색의 속성은 구성 원소들의 세력에 의존한다는 주장을 참고하면, 풍계의 세력에 의해 개별적인 극미들은 결합하거나 흩어질 수 있는 것으로 해석될 수 있을 것이다. 결국 만물이 형성되는 성겁(成劫)에는 풍계의 작용이 강성하여 물질의 결합을 이끌고, 우주가 허물어지는 괴겁(壞劫)에는 풍계의 세력이 약화하면서 구성 요소들의 결합이 끊어지고 흩어지게 될 것이다.

이처럼 운동과 결합의 힘으로 작용하는 풍계는 만물을 구성하는 물질적 요소로서 인식되고 있다는 점에 주목할 필요가 있다. 4대종을 극미와 등치하는 아비다르마 철학적 관점에서 풍계는 풍극미(風極微)로 파악될 것이며, 그것은 풍(風, vayu)이 비물질적인 힘이 아니라 하나의 입자적 성격

---

25   『阿毘達磨大毘婆沙論』, T27, 684a2-4.

을 지닌 힘으로 해석되어야 한다는 것을 의미한다. 이 같은 풍계의 특징은 원자핵의 양성자와 중성자를 결합하는 강한 상호작용을 매개하는 글루온 (gluon)을 연상하게 한다. 풍계는 결합력의 속성을 지닌 입자인 셈이다.

7. 공계(空界, ākāśa-dhātu)와 허공(虛空, ākāśa)

공계(空界)는 지수화풍의 4원소설을 확장하여 허공계와 의식계를 더한 6원소설에서 다섯 번째로 등장하는 요소이다. 따라서 공계는 만물을 구성하는 물질적 원질과는 구분되지만, 의식적인 요소와도 다른 어떤 것이다. 이 공계에 대한 서력 기원 전까지 소급되는 『법온족론』에서 최초로 언급된다.

공계란 내적인 공계와 외적인 공계의 2종으로 나눌 수 있다. 그 가운데 내공계는 신체의 내부에 존재하는 빈 공간, 즉 귓구멍, 콧구멍이나 피부와 장기에 비어 있는 빈 공간들을 포함한다. 외공계는 신체 외부에 존재하는 빈 공간이며, 인아가색(鄰阿伽色)으로 정의된다.[26] 여기서 인아가색이란 'aghasāmantaka-rūpa'의 음역이며, 일차적으로는 아가색(agha-rūpa)에 근접해 있는 물질적 요소라는 의미이다. 다시 아가색(阿伽色)은 문자적으로 '염오한' 혹은 '고통을 야기하는 물질'을 뜻하며, 그것은 다수의 구성 요소가 결합하여 만들어진 물질이기 때문에 변화와 소멸할 수밖에 없는 존재

---

26   『阿毘達磨大毘婆沙論』, T26, 503b12-20.

라는 의미를 함축한다.[27]

다시 말해, 저항의 성격을 가진 극미들이 집적하여 만들어진 물질을 아가색이라 하며, 인아가색은 그러한 극미의 복합체들을 둘러싸고 있는 물리적 공간을 의미한다. 따라서 공계(空界)는 조대한 물질 구조체의 내외부에 존재하는 빈 공간을 지시하는 개념이라는 것을 알 수 있다.

우리는 앞에서 설일체유부의 아비다르마 철학에서 일체 만물을 다섯 범주 75종의 구성 요소로 분류하였던 다르마 체계를 살펴보았다. 그 가운데 기본 요소들을 조건으로 하여 만들어지지 않은 무위법(無爲法)에 허공 (ākāśa)이 포함되어 있다. 『구사론』에서는 이 허공을 "사물의 움직임을 장애하지 않는 것을 자성으로 하며, 그곳에서 사물이 운동하는" 공간으로 묘사되어 있다.[28] 또 『비바사론』에서는 허공의 존재에 대한 상세한 논증을 네 가지 근거를 들어 제시하고 있다. 요약하면,

[문] 어떻게 허공이 존재하는 것을 알 수 있는가?

[답] 경전의 가르침에 의해 알 수 있을 뿐 아니라, 추론[29]에 의해서도 알 수

27 SN 4.1.9. Dhātu suttam. "공계는 무상하고 변이하며 변화한다" SN 5.1.9. Dhātu suttam. "공계를 통해서 생주멸이 있고 사물이 현현하며, 고통과 질병, 번뇌와 노사(老死)의 발생이 있다.

28 『阿毘達磨俱舍論』, 「虛空但以無礙爲性 , 由無障故色於中行」, T29, 1c14-15; AKBh 3.22-23: tatrākāśam anāvṛtiḥ anāvaraṇasvabhāvam ākāśam yatra rūpasya gatiḥ |

29 본문에는 현량(現量), 즉 '직접 지각(pratyakṣa)'에 의해 알 수 있다고 되어 있지만, 다른 부분의 논의나 개념과 부합하지 않는다. Cf. 요시히코 나수(那須 良彥)도 동일한 문제를 제기한다. 那須 良彥, 「空界と虛空無爲との 区別」, 《印度學佛

있다. 만약 허공이 존재하지 않는다면, ① 일체의 사물을 수용할 수 있는 장소가 없게 된다. ② 극미들이 오고 가거나 취집하는 공간이 있을 수 없게 된다. ③ 저항의 힘을 가진 물체를 수용하는 공간이 없게 된다. ④ 만일 허공이 없다면, 모든 장소가 저항을 가지게 되어, 운동이 불가능하게 될 것이다.[30]

공계는 마치 물질적인 부분과 텅 빈 부분으로 구성된 어떤 사물의 빈 공간처럼 묘사된다. 유리 상자 안에 불상 조각이 있다고 할 때, 불상의 안에 빈 공간이나 불상을 둘러싸고 있는 공간들은 공계에 해당한다. 반면에 허공은 사물의 변화와 운동이 가능한 공간 자체를 의미하는 것으로 보인다. 극미와 같은 기본 원소들이 일정한 공간을 점유하고, 그곳에서 다른 것과 중첩되지 않는 저항력을 지니며, 다수의 극미가 결합하고 변화할 뿐만 아니라 운동할 수 있는 공간이 바로 허공이다. 허공이 존재하지 않는다면, 극미로부터 조대한 사물까지 물체의 변화와 운동은 불가능하다.

그럼에도 불구하고, 공계(空界)와 허공(虛空)은 내용에 있어 동어 반복적인 정의의 변주에 지나지 않는 것처럼 보인다. 극미의 집적으로 인한 복합체의 내외를 둘러싸고 있는 공계와 사물이 변화하고 운동하는 공간을 의미하는 허공은 어떤 질적 차이를 가지는가? 공계는 다소 모호하긴 하지만 물질에 포함되는 반면, 허공은 물질적인 영역과는 명확히 구분되는 무

教學研究》56권(2007-2008), 2호, 2008. 861쪽, fn.18. 또한, 최봉수가 지적한 바와 같이, 남방 아비다르마 『청정도론』에서는 공계(空界)도 시각의 대상이 아니라 의식의 대상이다. 최봉수, 「공계(akasa - dhatu)에 대한 일고찰」, 《한국불교학》18권, 1993, 441쪽.

30   『阿毘達磨大毘婆沙論』, T27, 388c13-24.

위법에 속한다. 역시 『비비사론』의 설명을 풀어보면 다음과 같다.

[문] 허공과 공계에는 어떤 차이가 있는가?

[답] 허공은 물질이 아니고, 지각되지 않으며, 공간적 점유나 저항을 갖지 않고 염오하지 않은 무위법이다. 반면 공계는 물질에 속하고, 지각될 수 있으며, 공간적 점유나 저항을 가지고 때에 물들 수 있는 유위법이다.[31]

아비다르마 철학에서 이미 공계와 허공은 질적으로 완전히 다른 영역의 개념이라는 점이 명시되고 있다. 그런데 여기에서 주목을 끄는 사실은 허공의 정의가 모두 부정적인 방식으로 표현되고 있다는 점이다. 그것은 어떤 긍정적인 방식으로 성격이 규정되거나 서술될 수 없는 것이지만, 다르마로서는 존재하는 것이다.

반면 공계는 마치 허공과 같이 사물이 거주하거나 운동하는 장소이기는 하지만, 그 자체도 지각의 대상이고 공간적으로 특정한 영역을 차지하고 다른 대상에 대한 저항력이 작용하고, 또 행위에 의해 더럽혀질 수 있는 물질에 속한다. 간단히 말하자면, 공계는 물질의 특성과 허공의 특성이 중첩되어 있는 존재하고 할 수 있다. 『비바사론』에서는 이 공계를 무위법이 허공과 유위법의 물질계를 구성하는 4대종을 매개하는 중간 단계로 설정하고 있다.

---

31   『阿毘達磨大毘婆沙論』, T27, 388b19-21.

[문] 허공은 어떤 작용을 하는가?

[답] 허공은 무위(無爲)이기 때문에 작용이 없다. 그러나 무위의 허공은 다수의 공계가 발생하는 증상연이 되며, 다수의 공계는 다수의 대종이 발생하는 증상연, 다수의 대종은 다수의 소조색이 발생하는 증상연, 다수의 소조색은 다수의 심리적 요소들이 발생하는 증상연이 된다. 그러므로 허공이 없다면, 이 같은 연쇄적인 발생은 일어나지 않을 것이다.[32]

증상연(增上緣, adhipati-pratyaya)란 아비다르마 철학의 인과 법칙(causal law)에서 네 가지 원인/조건 가운데 하나이며, 직접적인 원인, 인식의 대상, 직전 찰나의 조건에는 속하지 않는 모든 조건을 포함한다. 그것은 유위법의 발생에 힘을 행사하는 적극적인 원인과 발생을 저해하지 않는 소극적인 원인이 있다. 이를테면, '나'의 존재는 달이나 우주 만물이 모두 증상연으로 작용한 결과이다. 달이나 우주는 나의 존재를 방해하지 않았을 뿐만 아니라, '나'의 존재에 보이지 않는 다양한 힘과 원인으로 작용하고 있다.

그처럼 허공은 물질적 영역에 속하는 공계의 증상연이 된다. 허공이 공계의 존재에 직접적인 원인이라고는 할 수 없을지라도, 허공이 없다면 공계는 존재할 수 없다. 마찬가지로 공계를 증상연으로 4대종이 발생하고, 4대종을 증상연으로 경험적 현상 세계를 구성하는 소조색이 발생하고, 그리고 소조색을 증상연으로 하여 심리적 현상이 발생한다.

32   『阿毘達磨大毘婆沙論』, T27, 389a1-6.

8. 극미와 허공, 그 사이

원자론은 더이상 분할 불가능한 '원자'와 그것이 운동하는 공간인 '허공'으로 세계가 구성되어 있다고 설명하는 철학 체계이다.[33] 파르메니데스의 '있음'의 철학과 헤라클레이토스의 '변화'의 철학이 융합할 수 있었던 것은, 바로 '더이상 분할할 수 없이 있는 원자'와 '원자가 변화 운동할 수 있는 허공'의 존재를 수용함으로써 가능해졌다.

설일체유부의 아비다르마 철학에서는 4대종의 질료적 속성을 원자적인 극미로 등치시켜 받아들이고, 개별 극미들의 속성화한 원자적 층위와 4대종의 속성들이 감각 기관의 인식 대상으로 전환되는 극미 복합체의 층위를 구분한다. 극미의 두 층위는 인식을 발생시키는 존재론적 근거와 감각 기관에 형상을 제공하는 인식론적 근거로 구분된다. 바로 이 지점은 이후 실재론적 설일체유부와 관념론적 유식 철학 사이의 논쟁에서 지속적으로 문제가 된다.

한편, 극미들의 결합하여 조대한 사물을 만들 때, 극미의 접촉과 빈 공간의 문제가 제기된다. 더이상 쪼갤 수 없이 작기 때문에 접촉할 수 없는 극미들이 어떻게 결합할 수 있는가? 그것은 결합과 운동의 힘에 해당하는 물리적 요소 풍계(vayudhātu)의 작용 덕분이다. 풍계의 결합력에 의해 다수의 극미는 접촉하지 않으면서도 하나의 단일체를 형성하고 유지할 수 있다.

그렇게 조성된 사물과 유기체에는 빈 공간들이 존재한다. 신체 내부의

---

33   타가미 코이치, 앞의 책, 40쪽.

빈 공간과 사물을 담고 있는 그릇과 같은 빈 공간을 함께 공계(空界)라고 한다. 이 공계는 물질적 영역에 속하지만, 사물의 변화와 운동을 수용하는 장소이다.

그리고 허공(ākāśa)이 있다. 허공은 그 자체는 만들어지지도 변화하지도 영향을 받지도 않는 공간이며, 단지 물질적 존재들이 적집하여 조대한 사물을 이루거나 운동할 수 있는 장소를 제공한다. 설일체유부에게 허공은 어떤 점에서는 절대 공간과 같이 보이지만, 경량부학파에서는 허공의 실재성을 부정하기 때문에, 불교 철학의 일관된 해석이라고 할 수는 없다.

결론적으로 형성의 토대의 측면에서 보면, 허공(ākāśa)을 조건으로 공계(ākāśa-dhātu)와 4대종(mahādhātu)과 4종의 소조색(upādāyarūpa)과 심적 요소의 층위들이 존재하게 되지만, 경험 세계의 현상의 측면에서는 허공이 열어주는 공간에 대종 극미들이 결합하여 소조색이 만들어지고, 조대한 사물들의 현상이 현행한다. 결국 아비다르마 철학에서 보는 세계는 극미와 허공이 만들어내는 현상 혹은 허공에서 춤추는 극미들로 묘사할 수 있을 것이다.

이규완(하운)

한양대에서 재료공학, 서울대에서 인도불교철학으로 학위를 받았다. 서울대학교 인문학연구원 선임연구원으로 재직 중이며, '3원적 사유구조의 철학적 고찰'과 '형이상학적 원자론 연구 ― 희랍, 인도, 불교철학에서 현재까지'라는 주제로 연구를 진행하고 있다.

저술로는 『원자론의 가능성』(2023) 역서, 『유식이십론술기 한글역』(2022) 역저, 『세친의 극미론』(2018) 등이 있으며, 논문은 "Zongmi's Inquiry into the Origin of Humanity: Rhetorical Characteristics and Their Implications."(2022), 「5위75법체계의 성립과 경량부 해석에 관하여」(2022), 「3원적 사유구조 ― 원효 『기신론』 주석과 이익의 『사칠신편』을 중심으로」(2019), 「자이니즘의 paramāṇu와 pradeśa에 관하여」(2018) 등이 있다.

굽타 제국 황태자의 교사, 바수반두

이길산(경남대학교 교양교육연구소 조교수)

1. 학적 스캔들을 몰고 다닌 삶

한국의 불교 전통은 북인도에서 중앙아시아를 거쳐 동아시아로 이어지는 루트의 끝자락에 닿아 있다. 이를 동남아시아의 그것을 '남전(南傳)'이라 부르는 것과 대비하여 '북전(北傳)'이라 부른다. 이 계통을 다시 철학적인 학파를 기준으로 분류하자면 설일체유부, 경량부, 중관, 유식이 흔히 그 대표로서 거론된다. 티베트 불교 전통의 종의서 장르에서 이 '4대 학파'의 구도를 채택한 이래 이 이미지는 제법 근대 불교학의 상식이 되었다. 물론 이 구분이 과연 정확한 것인지 혹은 적절한 것인지는 언제나 재론될 여지가 남아 있다고 할 수 있다.[1] 여하간 우리에게 이런 이미지가 남아 있는 데

---

1   일례로 이러한 '4대 학파' 담론은 동아시아 등 다른 지역에서 이루어진 불교 사상의 전개를 산뜻하게 무시한다. 이러한 태도는 티베트 전통의 학승들에게서는 물론 소위 근대적 의미의 인도 불교 전공자들에게서도 이따금 발견된다.

에는 한 개인의 역할이 매우 심대했던 것으로 보인다. 4세기경 활동했던 것으로 보이는 바수반두(Vasubandhu, 世親)가 바로 그 사람이다.

젊었을 때 카슈미르로 유학을 가 그곳에서 설일체유부 교학을 학습하고 나아가 저 복잡하기 짝이 없는 설일체유부의 학설들을 요령껏 요약해 『아비달마구사론』을 생산해낸 자가 바수반두다. 바로 그 과정에서 경량부의 비판적 관점 등 비설일체유부적 요소들을 적극적으로 원용하여 저 설일체유부 교학을 상대화해낸 것도 바수반두다. 나아가 『유식이십론』, 『유식삼십송』 등을 산출해 유가행 유식학파가 단단한 철학적 토대를 갖추게 만든 것 역시 바수반두다. 이런 까닭에 이 탁월한 개인의 여정과 저작을 제쳐두고 설일체유부, 경량부, 유식의 사상에 접근하는 시도는 거의 불가능에 가깝다고 할 수 있다.[2]

한편 『석궤론』 등을 통해 나가르주나(Nāgārjuna, 龍樹) 내지 그의 후계자들로 보이는 대승 내의 철학적 라이벌들을 공격함으로써 이후 바바비베까(Bhavāviveka, 淸辯)로 하여금 중관학파를 만들어 유식학파와 대립하게끔 만든 장본인도 바로 바수반두다.

물론 중관학파의 '개조' 나가르주나와 그의 후계자들 사이에 사상적

---

2   실상은 정반대다. 즉, 3대 학파의 사상을 바수반두의 프리즘을 경유해서만 바라보는 편향이 국내외 불문 학계 내에서도 비교적 심각했다. 이에 따라 최신의 연구의 한 경향은 바수반두의 주변 혹은 이전을 적극적으로 살피는 것이다. 국내 학자들을 예로 들자면, 『아비달마순정리론』에 주목해 경량부의 프로토타입을 연구한 권오민과 박창환, 『유가사지론』에 천착해 유가행 유식학파의 초창기 형태를 구체화해 나간 안성두 등의 연구는 바수반두 일변도의 사상사 이해에서 벗어나고자 한 주목할 만한 시도이자 성취라고 할 수 있다.

연속성은 분명 인정된다. 따라서 바바비베까의 계보 만들기가 완전히 터무니없는 일은 아닐 것이다. 그보다는 바바비베까가 바수반두에 대항하며 대승 내의 철학적 분파를 형성하는 과정에서, 모든 논점에 있어 바수반두에 반대하지 않았다는 점에 유의할 필요가 있다. 즉, 바바비베까 이래 중관학파는 많은 점에서 나가르주나의 계승자인 동시에 부지불식간에 바수반두의 DNA 또한 가지게 된 것이다. 중관의 사상을 공부하려고 할 때 유식 또한 불가피하게 배우게 되는 것은 비단 저 양자의 종합을 추구한 산타라크쉬타(Śāntarakṣita, 寂護)의 탓 만은 아닌 것이다.

바수반두의 거인적인 영향력은 저 '4대 학파'라는 이념형에만 가둘 수 있는 것이 아니다. 『아비달마구사론』 「파아품」에서 그가 제출한 통렬한 비판 이후 개아론(個我論, Pudgalavāda)으로 대표되는 불교적 창발론(Emergentism)은 불교 철학의 영역에서 사실상 사라져버렸다. 디그나가(Dignāga, 陳那) 이래 불교의 인식·논리학 전통은 바수반두의 계보를 자처한다.

그가 불교 내부에서만 소란을 일으킨 것도 아니다. 그가 황제 앞에서 상키야(Sāṃkhya)학파의 거두와 대론을 벌였다는 점은 매우 잘 알려진 사실이다. 또 니야야(Nyāya)학파의 밧챠야나(Vātsyāyana)는 『아비달마구사론』, 『유식이십론』의 주요 대목들을 인용하며 공격한다. 바수반두의 관념론이 베단타(Vedānta) 사상의 형성에 결정적으로 기여했다고 평가하는 견해도 있다. 이상이 바수반두의 학적인 편력에서 이견 없이 받아들여지는 부분을 매우 거칠게 요약한 것이다.[3]

2. 제국의 철학자

바수반두는 간다라 출신이고 젊었을 때 카슈미르에 유학을 갔으며 전성기를 구가하던 무렵에는 줄곧 굽타 제국의 수도 아요디야(Ayodhyā)에 머물렀던 것으로 보인다. 전법승 파라마르타(Paramārtha, 眞諦)에 따르면, 바수반두는 이곳 제국의 심장에서 상키야학파의 빈디야바신(頻闍訶婆娑, Vindhyavāsin)과 황제의 매부이자 문법학에 조예가 깊은 바수라타(婆修羅多, Vasurāta)를 격파했고, 바수반두의 곡해에 항의해 도전장을 던진 카슈미르 설일체유부의 상가바드라(僧伽紱陀羅, Saṃghabhadra)와 대립했다.

각각의 보고가 실제의 사건을 얼마나 반영하는지는 자료의 부족으로 확정할 수는 없다. 그럼에도 바수반두가 승률이 좋은 논객이었음은 정황상 매우 분명해 보인다. 그리고 문제의 논쟁은 다름 아닌 굽타 제국 황제의 스폰서로 성사된 것이다. 일련의 논쟁의 승리로 바수반두는 학적 명예와 함께 막대한 경제적 이익과 국사(國師)로서의 지위까지 획득했던 것으로 보인다.

바수반두의 승승장구는 당시의 문화계 내지 종교계의 상황에서 보자면 제법 큰 사건이라 할 수 있다. 불교에 우호적이었던 마우리아 제국이 멸망한 이후 북인도 일대는 정치적 혼란에 접어든다. 북방 이민족의 침략과

3　프라우발너(Frauwallner)가 51년 논문에서 의혹을 제기한 이래, 아상가(Asaṅga, 無着)의 동생이자 『섭대승론』의 주석, 『십지경론』 등을 저술한 바수반두가 앞서 언급한 『아비달마구사론』 등의 저자 바수반두보다 이른 시기에 활동한 별개의 인물이라는 견해 또한 결정적으로 입증되거나 반증되지 않은 채 남아 있다. 관련한 가장 최근의 논의는 船山徹(2021) 참조.

각 지방 세력의 할거로 몸살을 앓던 이 지역은 바수반두가 활동하던 4세기 무렵이 되자 굽타 제국의 압도적 무력 앞에 다시금 안정을 되찾는다. 이 굽타 제국의 초기 황제들은 스스로를 신이라 칭했고 이와 함께 자민족·자문화 중심적인 힌두교가 인도 땅에 발생하게 되었다. 이 과정에서 불교의 교세는 아무래도 이전에 비해 위축된 상황에 놓였다.

물론 당시의 불교가 중국에서의 법난(法難)과 같이 직접적인 박해를 받은 것은 아니다. 그 이유는 대략 2가지 정도로 추측된다. 여느 수월한 제국 통치의 경우에서 그렇듯, 당시의 불교(들)도 신생 제국의 영역 내의 하나의 종교적 세력으로서 적절한 보호와 존중을 받는 수준이었다. 아울러 새로이 형성되고 있던 힌두교가 불교에 대해 배제보다는 포괄의 전략을 펼친 탓도 클 것이다. 그러나 과거의 영광을 기억하는 자들한테 당시의 상황은 쇠락 일로로 다가왔음은 틀림이 없다. 이런 상황에서 바수반두라는 스타가 등장해 분위기를 일신한 것이다.

대스타는 황제의 아들과 황후에게 계를 줌으로써 종교적 스승이 되었고, 그 대가로 막대한 금을 받았으며, 그 금은 그의 출생지인 간다라, 유학처 카슈미르, 그리고 현재 머무는 아요디야로 보내져 사찰 건립에 소용되었다고 한다. 간다라는 제국 서북 지역의 최전선이자 또 대승불교의 주요 거점 중 하나로서 그의 형 아상가[4]가 유가행 유식학파를 흥기시킨 곳이기도 하다. 카슈미르는 험준한 지형 속에 위치한 곡창 지대이자 당시 불교계에서 가장 세력이 강성했던 설일체유부의 본산이다. 그리고 아요디야는 제국의

---

4   아상가와 바수반두의 관계에 대해서는 각주 3번 참조.

중심이자 교조 석가모니의 흔적이 남아 있는 유서 깊은 땅이다. 그리고 제국의 동진과 함께 427년 세계 최초의 대학 날란다사원이 건립된다.[5] 정치·군사적으로 가치가 높은 곳에 대규모 사원을 세워 승려들을 머물게 하는 것은 제국과 보편 종교 양자 모두에게 나쁠 것이 없는 그림이라고 할 수 있다.

3. 자기 이미지

논객으로서 그리고 국사로서 바수반두가 보여준 행적은 여러 각도에서 평가가 가능할 것이다. 그러나 정작 바수반두 자신은 이를 어떻게 인식했는지는 자료의 미비로 불분명하다. 다만 『아비달마구사론』「분별정품」의 마지막 대목을 보면 그의 생각 일단을 엿볼 수 있다.

이 논서에서 이야기되었던 이 '아비달마'는 바로 저 [『발지론』과 같은] 논서들[에서 다루어지는] 아비달마가 설명된 것인가?
카슈미르 설일체유부 논사들의 안내로 성립된 것
대부분 내가 이 아비달마로 말한 것이다.
여기서 잘못 이해된 바는 나의 허물이나,
정법(正法)에의 안내에 있어서 권위는 성자들이다.(8.40)

---

5   이 사건은 바수반두 사후에 일어났을 가능성이 매우 크나, 하나의 분명한 경향성을 보여주는 사례로 언급하였다.

대부분 카슈미르 설일체유부 논사들의 안내로 성립된 이것을 우리가 아비달마라고 부르기 때문이다. 여기에서 우리에 의해 잘못 이해된 바는 우리의 과실이다. 그러나 정법으로의 안내에 대해서는 또 붓다들 및 불제자들이 권위이다.

세상의 눈이셨던 스승께서 눈을 감으셨고 증언하는 사람들 다수 사라지니, 진실을 보지 못한, 고삐 풀린, 나쁜 변증가(kutārkika)들이 이 가르침을 혼란시켰네.(8.41)(AKBh 459.15-460.7)

여기서 바수반두가 그리는 그림은 이렇다. 정법, 즉 진리 그 자체는 붓다 같은 권위자의 안내를 받아서 도달해야 할 어떤 것이다. 그런데 석가모니 붓다와 그의 가까운 제자들은 이미 이 세상에 없다. 심지어 교법 자체를 혼란시키는 무리들마저 횡행한다. 하여 아쉬운 대로 카슈미르 설일체유부의 모델에 따라 진리로의 여정을 그려봤으나 그렇다고 모든 부분에서 저 모델에 따르는 것은 아니다. 또 이 과정에서 생긴 오류는 바로 나 바수반두의 탓이다.

여기서 여러 층차로 이뤄지고 있는 구분들이 서로 어떤 관계인지는 그다지 선명하지 않다. '나쁜 변증가들'이라는 표현으로 카슈미르 설일체유부 논사들을 저격한 것인지조차 불분명하기 때문이다. 한 가지 분명한 점은 진리를 밝힌다는 과업의 중대성에 비추어볼 때 명백히 모자랄 수밖에 없는 바수반두 자신이 그 역할을 선뜻 떠맡는다는 것이다. 이와 비슷한 자의식이 『유식이십론』 말미에서도 엿보인다.

유식성(=단지 표상에 불과함)이 무한한 해명과 세부 사항으로 깊고 심오하니,

나에 의해, 스스로의 능력에 맞게, 이 유식성의 성립이 이루어졌다. 그러나 저것이 온전히는 사유될 수 없다.

그러나 저것은, 모든 양상을 띠는 것인 한에서, 나 같은 자들에게는 사유될 수 없는 것이다. 변증의 영역이 아니기 때문이다. 그러면 저것은, 온전한 한에서, 누구의 영역인가?

붓다의 영역이다.(22)

모든 양상을 띠는 것인 한에서 불세존의 영역이니, 모든 측면에서 모든 인식 대상들을 아는 것이 방해받지 않기 때문이다.(Vś 143-145)

여기서 가해지는 중요한 구분은 진리를 직접 보는 자와 사변을 통해 우회적으로 접근하는 자의 차이이다. 이때 후자를 특징 지우는 인식적 역량이 바로 '변증(tarka)'이다. 인도 철학에서 인식·논리학적 논의의 전범을 세운 니야야학파에 따르면, 변증이란 "그 진상이 알려지지 않은 대상에 대해 진상을 알기 위해 이유를 갖추는 것에 기반해 성찰하는 것"(NS 1.1.40)이며 그런 한에서 진리를 보증해주지는 않으나 도움은 되는 것(NBh 1.1.1)이다.

『아비달마구사론』과 『유식이십론』에 나타난 바수반두의 자의식을 연속적인 것으로 읽는다면, 바수반두는 스스로를 변증가(tārkika), 그중에서도 진리를 파괴하는 '나쁜 변증가'에 맞서는 '좋은 변증가(sutārkika)'로 간주하고 있는 것 같다. 마치 맹자가 호변(好辯) 시비에 대해 상황상 변론이 부득이하다는 점을 강변했던 것처럼(『孟子』 6.14) 바수반두 역시 진리에 다가가길 희망하며 그렇기에 원한을 축적할 수밖에 없는 논쟁의 길을 불가피하게 걸어간 것으로 스스로를 그린다.

그리고 그가 따져 묻는 상대는 불교의 안과 밖 모두에 있다. 『아비달마구사론』에서 만물의 창조주는 물론이고 심지어 실체로서의 자아까지도 비실재로 몰아세운다. 그리고 『유식이십론』에서는 인식 독립적인 대상 역시 불가능한 것으로 만들어버린다. 그렇게 유가행 유식학파라는 불교적 관념론의 철학적 정립에서 그의 사상적 종점이 형성되는 것처럼 보인다. 그러나 그 과정에서 설일체유부와 경량부의 사상적 자원을 전유했다는 점에서 바수반두의 유식은 그 이전의 유식과 선명히 구분된다는 점 또한 특기할 필요가 있다.

4. 포괄과 배제의 전략

『석궤론』의 다음 대목은 바수반두의 철학 역시 포괄주의적 경향성과 동시에 배제의 기법을 동시에 갖췄음을 잘 보여주는 사례라 할 수 있다.

[문] 세존께서 『승의공경』에서 "업(業)도 존재하고 이숙(異熟, vipāka)도 존재하나 행위 주체는 지각되지 않는다"라고 말씀하신 저 양자는 궁극적으로 존재하는가 아니면 관행적으로 존재하는가?

[답] 그렇다고 하면 각각의 경우 어떻게 되는가?

[문] 궁극적인 차원이라면 어떻게 모든 존재 요소[法]가 자성이 없는 것이겠는가? 관행적인 차원이라면 행위 주체도 관행적으로 존재하여 "행위 주체는 지각되지 않는다"라고 말할 수 없다고 하면?

[답] 먼저 '관행'이라고 하는 이 표현은 무엇이고 '궁극'은 어떤 것이길래, 그에 따라 어떤 것은 관행적 존재이고 어떤 것은 궁극적 존재라고 알게 되

는가?

[문] 명칭·언어·가설·언설이 관행적인 것이고 존재 요소들의 자상(自相, svalakṣaṇa)이 궁극적인 것이라고 하면?

[답] 그러면 그 경우 업과 이숙 양자는 명칭 차원에서도 존재하고 자상 차원에서도 존재하니 저 양자는 [관행적 존재·궁극적 존재 중 어느 쪽이든] 바라는 대로의 존재라고 이해해도 될 것이다. 우리에게는 뿌드갈라(pudgala)가 관행적으로 존재하나 실체적으로는 [존재하지] 않으니, [5]온들에 대해 그것의 명칭이 가설되기 때문이다. 업과 이숙은 관행 차원과 실체 차원 모두에서 존재하나 궁극 차원에서는 존재하지 않으니, 세간적 앎의 대상 영역이기 때문이다. 탁월한 것은 출세간적 앎으로, 그것의 대상이라서 '궁극'이다. 저 [업과 이숙] 양자의 자상은 이 [출세간적 앎]의 대상 영역이 아니니, 이것의 대상 영역은 언어화될 수 없는 공상(共相, sāmānyalakṣaṇa)이기 때문이다.

[…]

[바수반두] 또 일군의 대승은 "모든 것이 자상 차원에서 단적으로 비존재이지만 반면에 관행 차원에서는 세존께서 '존재 요소들은 단적으로 존재하다'라고 설하셨다"라며 ["모든 존재 요소에 자성이 없다"는 명제가] 단적으로 글자대로의 의미인 것이라고 말하는 자들에게 전술한 것과 같은 논란이 또한 발생하게 될 것이다.

[일군의 대승] '관행'이라는 것 역시 말인데, 그것이 또 더러움에 기여하는 것은 '나쁜 말'이라고 하고 깨끗함에 기여하는 것은 '좋은 말'이라고 하는 것이라면?

[바수반두] 단지 말뿐이라고 하면, 어떻게 '좋은 말' 혹은 '나쁜 말'이 되는가? 관행이라도 무엇인가는 반드시 사태 차원에서 승인되어야 할 것이다. 혹

은 저것 또한 비존재한다면 어떻게 "관행 차원에서 존재한다"고 말하겠는가? 더러움과 깨끗함 모두를 제거해버려 경우와 경우가 아닌 것 양자에 처하지 못하기 때문에 그리고 자기가 자기 말을 부정하기 때문에 말해서는 안 되는 것이 된다. ["모든 존재요소에 자성이 없다"는 명제를] 의도를 함축한 것이라고 주장한다면, 이러한 오류들이 없을 것이다.

비교적 짧막한 이 대목을 통해, 바수반두의 시각에서, 소위 4대 학파, 즉 설일체유부와 경량부, '중관',[6] 유식의 철학적 입장의 공통점과 차이가 무엇이었는지 확인해볼 수 있다.

대부분의 인도 종교 철학에서 그렇듯 불교 또한 윤회를 하나의 엄연한 사실로 간주한다. 논점은 그 주체의 존재론적 위상 문제이다. 구체적인 삶의 외양과 분리 가능하며 이 삶에서 저 삶으로 변함없이 이어지는 개별 실체를 상정하는 것이 인도의 주류적인 발상이다. 이에 반해 불교에서는 그러한 실체를 허구 내지 '관행적 존재'로 간주한다. 온갖 부품들이 일정한 방식으로 조립된 것을 떠나 자동차가 별도의 실체로서 존재하는 것은 아니니 허구인 셈이나 그럼에도 여전히 '자동차'라는 언어의 사용은 우리의 소통을 간편하게 하거나 심지어 가능하게까지 한다는 점에서 유용한 것으로서 승인된다. 『밀린다팡하』이래 환원주의, 보다 정확히 말해 부분·전체론

---

6   1절에서 소개했듯이 중관의 개조 나가르주나와 실질적 창시자 바바비베까 사이에 바수반두가 위치하므로 여기서 말하는 '중관'은 나가르주나 및 직속 후계자들의 사상적 경향을 지칭하는 편의적 용어로서만 사용된 것이다.

적 허무주의(mereological nihilism)는 불교 형이상학의 기초를 이룬다.[7] 이러한 발상은 설일체유부와 경량부, 그리고 유식학파가 공유하는 지점이다.[8]

이 환원주의적 접근법에서, 각각의 요소들은 물리적이든 개념적이든 더는 분할될 수 없는 존재론적 바닥에 해당한다. 이 최소한의 속성을 '자상' 내지 '자성'이라 부르며 그 담지자를 '존재 요소[法]'라 부른다.[9] 여기서 최고 수준의 분석을 견지하는 담론의 레벨 혹은 그에 대응하는 세계의 차원이 '궁극 차원'인 반면 이를 잠시 접어두고 뭉뚱그려 이야기하는 레벨 혹은 그에 대응하는 세계의 차원이 '관행 차원'이다. 현생 안에서의 내러티브가 되었든 현생에서 내생으로 넘어가는 스토리가 되었든 최종적인 분석을 결여한다는 점에서 모두 '관행 차원'에 속하는 것이다.이에 반해, 동일한 현상이 최소한의 요소들의 인과적 연쇄로 재서술된다면, 이를테면 특정한 종류의 번뇌로 인해 특정한 종류의 업이 산출되고 다시 그로 인해 특정한 종류의 이숙(≒내생)을 겪는 것으로 엄밀하게 기술될 경우, 이는 '궁극 차원'에 해당한다. 바로 이러한 2분법이 설일체유부와 경량부가 공유하는 토대

---

7   부분·전체론적 허무주의의 철학적 정식화 및 그것이 불교 철학에서 점하는 중요성에 대한 논의는 Siderits(2021) 제5장 위주로 참조하면 좋다.

8   개아론자들은 요소들로 구성되었으나 그것들로 나누어 떨어지지 않는 존재를 윤회의 주체이자 깨달음의 주체로 상정함으로써 새로운 불교 형이상학의 가능성을 펼쳤다고 할 수 있다. 그러나 앞서 1절에서 소개했듯 바수반두가 이 입장을 집중적으로 공격한 이래 이 입장은 더 이론적 대안으로 기능하지 못하고 '동네북' 신세로 전락하게 된다.

9   『석궤론』에서는 생략되어 있으나 선행 문건인 『아비달마구사론』에 따르면, 저속성과 속성의 담지자의 존재론적 위상을 두고 설일체유부와 경량부가 의견을 달리한다.

이며 상기 인용문에서 질문자가 당연한 것으로 전제하고 있는 바이기도 하다.

질문자의 문제의식은 이렇다. 바수반두로서 (설일체유부와 경량부를 포함하는) 이론적 보수주의자들의 논란과 우려를 불식하고 불교의 일부로서 새로이 포용하고자 하는 '대승'에서 공공연하게 "모든 존재 요소는 자성을 결여한다[一切法無自性]"는 문제적 발언을 일삼는 무리가 있다. 그러나 위의 2분법에 비춰보자면 존재 요소 중 최소한 하나 이상은 자성을 담지할 수밖에 없다. 그렇다면 그들의 저 발언은 명백히 틀린 것이다. 혹은 저 명제를 받아들이자면, 관행적인 것과 궁극적인 것을 분할하는 기존의 2분법 자체가 완전히 무의미해지는 지경에 이른다. 자성을 기준으로 하여 관행 차원과 궁극 차원을 판별하는 것인데, 『반야경』의 주장을 액면 그대로 읽어 모든 것이 모든 측면에서 자성을 결여하고 있다면 저 양자를 구분할 수 있는 근거가 아예 사라져버리기 때문이다.

이에 대한 바수반두의 응답의 첫 단추는 바로 저 2분법을 3분법으로 바꿔버리는 것이다. 즉, 기존의 관행적인 것과 궁극적인 것의 2단계 존재론에서 새로 중간에 실체적인 차원을 설정하는 3단계 존재론으로 옮겨감으로써 기존의 환원주의 기획을 살리면서도 동시에 대승을 엄연한 불교의 일부로 포섭하는 전략을 구사하는 것이다. 3분법에서도 관행적인 것은 기존과 대동소이하게 요소들이 언어적으로 융합된 차원을 지칭한다.[10] 그러나

---

10   보다 정확히 독해하자면, 분석이 최종 단계든 아니든 일단 언어가 적용된 상태이기만 하면 '관행 차원'이라고 할 수 있다. 이로 인해, 텍스트에 언급되는 것처럼, 어떤 것이 관행 차원과 실체 차원에 모두 속하는 경우가 가능해져버린다.

2분법에서 궁극적인 것에 맡겨졌던 역할은 이제 실체적인 것이 떠맡는다. 아마도 분석에 있어 존재론적 바닥이라는 점에서 '실체(dravya)'라는 용어가 선택된 것으로 보인다.

그리고 궁극적인 것은 문자 그대로의 의미를 되살려 진리 추구의 종착점이자 본성상 말할 수 없는 것으로 만들어버린다. 즉, 윤회하는 삶은 비불교도나 신도들처럼 관행 차원에서 그릴 수도 있고 엘리트 승려들처럼 실체 차원에서 엄밀하게 그릴 수도 있겠으나, 주지하다시피 불교의 지향은 소묘 자체에 있는 것이 아니다. 대승의 저 발언은 우리의 궁극적 이상을 표현한다는 의미에서 궁극 차원이지 아비달마적 분석의 끝점이라는 의미에서 궁극 차원인 것은 아니다.

바수반두가 새롭게 그린 그림에서는 설일체유부와 경량부 등 기존의 학파들이 새로운 대승의 철학적 기획과 조화롭게 공존하는 것이 가능하다. 혹은, 적어도 철학적으로 생산적인 대화를 나누는 것이 가능하다. 그러나 대승 중에서 어떤 무리들은 문제의 명제 "모든 존재 요소는 자성을 결여한다"를 문자 그대로 읽기 때문에 그들과는 도저히 함께할 방법이 없다. 모든 것이 문자 그대로 자성을 결여한다면, 우리의 분석은 바닥이 없는 것이며 따라서 무력하고 무의미한 것이 되고 만다. 저들은 불교 철학의 토대주의를 전적으로 배격함으로써 오래된 관행인 환원주의적 접근법을 거부하는 것

엄밀히 말해 이는 2분법의 양자택일적 긴장을 의도적으로 소거해버린 바수반두의 트릭이라 할 수 있다. 『석궤론』에서 바수반두는 '관행 차원'의 정의를 요소들의 언어적 융합이라는 엄격한 기준에서 단순한 언어의 사용이라는 느슨한 기준으로 바꾸는 것을 질문자에게 전가함으로써 일견 조작의 책임에서 스스로가 벗어나고 있다.

이다. 그럼에도 여전히 자상적인 차원(≒실체적인 차원)과 관행적인 차원의 구분하는데, 이는 자의적인 구획 이상도 이하도 아니다. 저들은 환원주의의 기획을 무력화한다는 점에서 어쩌면 개아론자만큼 난해하고 또 위험하다.[11, 12]

이처럼 바수반두는 미묘한 개념적 마사지를 통해 설일체유부, 경량부, 유식학파를 아우를 수 있는 이론적 공간을 확보한다. 물론 이들의 공존은 명명백백히 평등한 것이라기보다는 은연중에 다소 위계적인 것이라고 할 수 있다. 궁극적인 것에 대한 적극적인 커미트먼트를 어떤 식으로든 상대화시키지 못하는 한에서 나머지 두 학파에 대한 유식학파의 우위는 계속 유지될 것이기 때문이다.

동시에 반대편에 '중관'학파를 고립시켜 놓음으로써 대승 내부에서의 헤게모니를 자신과 추종자들이 움켜쥐기 쉽게 만들어 놓았다. 물론 이후 사상사의 전개가 꼭 그가 의도했던 대로 순순히 흘러간 것만은 아니다. 여하간 그가 보여줬던 대담하면서도 섬세한 포괄과 배제의 전략은 노련한 정치인의 그것과 매우 닮았다.

---

11   개아론자와 중관학파의 본거지가 모두 남인도라는 점은 이런 각도에서 볼 때 매우 흥미로운 우연의 일치라고 할 수 있다.

12   화엄에서 애용하는 집과 서까래의 비유는 부분·전체론적 허무주의를 위협하는 제3의 루트를 암시하는 것으로 보인다.

이길산

경남대학교 교양교육연구소 조교수. 서울대학교 철학과를 졸업하고, 동 대학원에서 석·박사학위를 취득하였다. 경남대 무크지 《아레테》 편집위원장, 한국불교학회 편집위원, 한국포스트휴먼학회 사무총장, 한국철학회 발전위원회 간사로도 활동 중이다. 유가행 유식학파의 철학을 중심으로 남아시아 그리고 동아시아 지역의 철학을 연구하고 있다. 주요 논저로 「『유식이십론』과 유식성 개념의 변화」, 「지눌에게 경절문이 성적등지문보다 우위인가」 등이 있다.

꿈에 대한 설명을 통해 본
유가행파 관념론의 특징

최성호(경남대학교 교양교육연구소 연구원)

1. 들어가며

불교 신자가 아니더라도 중생(衆生)이라는 용어를 들어봤을 것이다. 중생은 이 세상에 살면서 다양한 업(業, karman)을 쌓고 이 업에 의해 이번 생에서 다음 생으로 윤회(輪廻, saṃsāra)하는 생명체를 가리킨다. 이 단어는 산스크리트어 'sattva'의 번역어이며, 중국 당(唐) 왕조 시대에 활동한 역경 승(譯經僧) 현장(玄奘)은 보통 유정(有情)이라고 번역한다. 여기서 '생명체' 란 감각 및 지각 능력이 있는 존재를 뜻한다. 전통적으로 불교는 식물에 이 능력이 있다고 간주하지 않았으며, 따라서 '중생'의 범주에 포함시키지 않았다. 불교 문헌 중에는 신, 인간, 아귀, 축생(동물), 지옥 중생, 이렇게 5가지 부류를 중생이라고 설명하기도 하고, 여기에 아수라를 더해 6가지 부류를 중생으로 정의하기도 한다. 중생은 각자의 업에 따라 이 부류 중 하나로 다시 태어난다.

이 글은 고대 인도 북부 지역에서 발전된 불교가 중생, 업, 윤회를 어떻

게 이해하였고, 그 이해를 바탕으로 어떤 철학적 사유를 전개하였는지 조
망하는 것을 목표로 한다. 특히 설일체유부(說一切有部, Sarvāstivāda, 모든 다
르마가 항상 존재한다고 주장하는 자), 경량부(經量部, Sautrāntika, 경전을 지식의
바른 근거로 삼는 자), 그리고 유가행파(瑜伽行派, Yogācāra, 요가를 하는 자) 간
의 상호작용을 통해서 확립된 유가행파의 관념론 혹은 외부세계 비실재론
을 중심으로 서술하겠다.

　　이 세 집단이 독립적인 계율을 지닌 불교 교단이었는지에 대해서는 이
견이 있으며, 경량부와 유가행파 성립의 선후(先後) 관계 및 상호작용에 대
해서는 논쟁이 계속되고 있다. 이 글에서는 각 집단의 성립사와 관련된 세
밀한 분석은 관련 문헌을 소개하는 정도로 제한하고, 각 집단의 철학적 입
장 차이를 소개하는 데 초점을 맞추고자 한다. 인도 언어가 낯선 독자를 위
해서 가능한 산스크리트어가 아닌 한자 용어를 사용하겠다. 이 한자 용어
는 특별한 언급이 없는 한 역경승 현장이 사용한 용어이다.

2. 아비달마 불교에서 감각 기관과 감각 대상의
　　본질에 대한 논쟁

　　먼저 고대 인도 북부의 아비달마 전통에 대해 간략히 소개하면서 논
의를 시작하겠다. '아비달마'라는 용어는 한자 용어 '阿毘達磨'의 한글 표
기이며, 현장이 산스크리트어 용어 'abhidharma'를 음역(音譯)하기 위해 사
용하였다. 역사적으로 이 산스크리트어 용어를 '뛰어난 가르침'으로 정의
하기도 하고, '다르마에 대하여'라고 정의하기도 했다.[1] 인도 아비달마 관

련 불교 문헌들은 중생들의 몸, 심리, 경험 등을 설명하는 데 필요한 요소들을 중점적으로 서술하였고, 이 요소들을 '다르마(法, dharma)'라고 불렀다. 인도 북부의 아비달마 불교 학파 중 하나이며, 이후 대승불교(大乘佛敎, Mahāyāna)가 극복하고자 했던 학파인 설일체유부는 75종류의 다르마를 제시한다.

이 다르마에는 시각, 청각, 후각, 미각, 촉각이라는 다섯 가지 감각과 관련 있는 기관이 포함되어 있다. 이 감각 기관을 산스크리트어로 'indriya'라고 하며, 흔히 근(根)이라는 한자로 번역한다. 이 중 시각과 관련이 있는 감각 기관을 안근(眼根, cakṣurindriya)이라고 표현한다. 아비달마 불교도들은 이 안근을 일종의 물질(色, rūpa)로 이해했는데, 눈알과는 구별되며 눈알 표면에 존재하는 미세하고 투명한 물질로 규정한다.[2] 눈알을 가지고 있는 사람 중에 대상을 볼 수 있는 사람이 있고 볼 수 없는 사람이 있는데, 이 차이를 이 투명한 물질의 유무로 설명하는 것이다.[3]

안근만 있다고 시각이 발생하지 않는다. 어떤 감각이나 지각이 발생하기 위해서는 안근이 어떤 대상을 만나야 한다. 이 대상도 다르마 중 하나이며, 색(色, rūpa)이라고 표현한다. '색'이라는 용어가 불교 문헌에서 매우 다양하게 사용되는데, 이 맥락에서 '색'은 안근의 대상(眼境界, cakṣurviṣaya)이

---

1   권오민, 『아비달마불교』(민족사, 2003), 28~29쪽
2   투명한 물질을 뜻하는 산스크리트어는 'rūpaprasāda(清靜色)'이다. 안근을 물질로 보는 것을 반대하는 입장도 있다. 이 입장에 대해서는 Buescher, *The Inception of Yogācāra-Vijñānavāda*(Vienna: Austrian Academy of Sciences Press, 2008), 67~71쪽을 참조하라.
3   필자가 아는 한, 인도 불교에서는 아직 시신경에 대한 지식은 없었다.

다. 다르마에 대한 백과사전적 정보를 담고 있는 문헌 중 하나인 『아비달마
구사론(阿毘達磨俱舍論, Abhidharmakośabhāṣya)』에서는 색깔(顯色, varṇa)이
나 형태(形色, saṃsthāna)라고 정의하고 있다. 안근과 색이 만났을 때 시각이
라는 경험이 발생하며, 이 경험은 다양한 추가적인 경험을 산출한다. 이 경
험들을 통해 불교에서 말하는 업이 생성된다. 불교에서는 개별 존재들이 신
체, 말, 생각을 통해 업을 지을 수 있다고 보며, 이를 신업(身業), 구업(口業),
의업(意業)이라고 부른다.

　　설일체유부의 설명에 따르면, 안근과 색은 기본적으로 물질이다. 안
근은 감각 능력이 있는 개별 중생의 몸을 구성하는 물질 중 하나이며, 색은
안근이 지각하는 대상으로서 개별 중생 외부에 존재하는 물질이다. 이 물
질들이 시각 및 시각에 기반한 다양한 경험을 가능케 하는 요소 중 하나이
다. 일부 학자들은 이런 설일체유부의 입장을 직접적 실재론(direct realism)
이라고 명명한다.[4] 감각 작용을 가능케 하는 감각 기관과 대상이 물질로서
각각 개별 중생의 몸 안과 몸 밖에 실재한다고 간주하기 때문이다. 이 관점
에 따르면, 감각 기관은 이 대상과 직접적으로 접촉하고 이를 통해 감각 및
지각이 발생한다.

　　하지만 이런 설명에 의문을 제기하는 불교 학파들이 등장한다. 나에
게 감각이라는 경험이 생겼다는 것을 부정할 수 없지만, 그 감각이 나의 감

4　　Watson, "Consciousness as the Fundamental Reality of the Universe: A
　　　Master Argument for Buddhist Idealism", Cross-Cultural Approaches
　　　to Consciousness: Mind, Nature, and Ultimate Reality, London:
　　　Bloomsbury Academic, 2022, 144~145쪽. 그는 설일체유부, 경량부, 유가행
　　　파를 각각 직접적 실재론, 표상적 실재론, 관념론과 연결 짓는다.

각 기관과 외부 대상의 '직접적' 접촉에서 비롯되었다는 점을 어떻게 확신할 수 있는가? 이 문제와 관련해서 감각, 지각, 인식의 대상을 나타내는 다양한 용어가 사용된다. 산스크리트어로 artha, vastu, viṣaya, ākāra, nimitta, ālambana 등의 용어가 이에 해당하며, 한자로는 의(義), 사(事), 경(境), 상(相), 소연(所緣) 등으로 번역된다.

설일체유부의 실재론에 대한 다양한 반대 입장이 제시된다. 그중 경량부는 오늘날 관점에서 표상적 실재론(representative realism)이라고 부를 만한 관점을 제시한다. 내가 나의 시각 기관으로 대상의 색깔과 형태 등에 대한 정보를 얻었다고 가정해보자. 그때 나에게 어떤 정보가 있다는 것은 분명하다. 하지만 그 정보가 나의 감각 기관과 외부 대상의 '직접적' 접촉에 의해 획득된 것이라고 확신할 만한 증거는 없다. 다만, 이 정보에 근거하여 외부 대상이 있다는 것을 추론할 수는 있다. 외부 대상이 실제로 존재하지 않았다면, 내가 획득한 정보가 어디에서 비롯되었는지 설명하기가 매우 어렵기 때문이다. 그런 면에서 내가 얻은 정보는 외부 대상으로 비롯된 표상이고, 그 표상을 통해서 감각 대상의 실재성을 추론할 수 있다. 따라서 경량부는 설일체유부의 관점 중에 감각 기관이 외부 대상과 직접 접촉한다는 입장에는 회의적이지만, 외부 대상이 실재한다는 관점 자체는 문제삼지 않는다.[5]

반면 유가행파, 특히 후기 유가행파는 내가 얻은 표상에 근거하여 외

---

5   Dhammajoti, *Kuala Lumpur Abhidharma Doctrines and Controversies on Perception 3rd edition*(Hongkong: Centre of Buddhist Studies, the University of Hong Kong, 2007), 158~164쪽.

부 대상이 실재한다는 점을 추론할 수 있다는 것에도 회의적이다. 내가 어떤 표상을 얻었다면 나의 의식에 표상이 떠올랐다는 점은 증명된다. 하지만 어떻게 그 표상의 근거가 물질로서 실재한다는 것이 증명될 수 있는가? 이 의문이 오직 표상(정보)만이 존재한다는 것을 의미하는 'vijñaptimātra'라는 용어로 정리되며, 한자로 유식(唯識)이라고 번역된다. 이 유식 사상은 대승불교 사상의 중요한 한 갈래이며, 인도, 티베트, 동아시아에서 다양한 형태로 전개되었다. 그 전개 과정에서 여러 새로운 불교 용어가 등장하기도 하고 기존 용어가 새롭게 정의되기도 했다.

유식이라는 용어는 『해심밀경(解深密經, Saṃdhinirmocanasūtra)』이라는 초기 유가행파 문헌에 처음 등장한다.[6] 유가행파 내부에서 이 용어가 등장하게 된 배경에 대해서는 논쟁이 계속되고 있는데, 크게 두 가지 관점이 대립하고 있다.[7]

첫 번째 입장은 명상 수행 경험을 기반으로 하여 유식 사상이라는 철학적 사유가 발전되었다는 관점이다. 유가행파라는 이름에서 알 수 있듯이 이 집단은 불교 요가 수행을 강조했다. 명상 수행을 통해 얻은 경험에 대해서 토론하면서 그 경험을 이론화하였으며 그 과정에서 새로운 용어들을 만들었다. 첫 번째 입장에 따르면, 유식이라는 개념도 이러한 과정에서 형성되었을 가능성이 크다. 불교에서 선정(禪定)이라고 부르는 명상 집중 상태 속에서 수행자들은 붓다의 이미지를 떠올린다. 붓다가 이미 입적(入寂)한

---

6   안성두, 「'唯識性(vijñaptimātratā)' 개념의 유래에 대한 최근의 논의의 검토 — 슈미트하우젠과 브롱코스트의 논의를 중심으로」, 《불교연구》 20, 2004, 162쪽.
7   이 논쟁에 대한 소개는 안성두, 앞의 논문, 160~171쪽.

후라서 붓다를 실제로 본 적이 없음에도 불구하고 생생한 붓다의 이미지를 떠올리는 것이다. 어쩌면 우리가 보았다고 생각하는 이미지들 모두가 외부 대상에 대한 지각에 근거하지 않고 생긴 것일지도 모른다. 이런 사유의 단초가 초기 유가행파 수행론을 담은 문헌 중 하나인 『반주삼매경(解深密經, Pratyutpannabuddhasaṃmukhâvasthitasamādhisūtra)』에서 발견되며, 이것이 유식 사상의 근거가 되었을 것이라고 추정해볼 수 있다.[8]

두 번째 입장은 중생의 업과 윤회 등을 철학적으로 설명하려는 시도에서 유식이라는 개념이 등장했다는 관점이다. 이 입장에 따르면, 유가행파는 이런 철학적 직관을 바탕으로 불교의 전통적인 수행론을 유가행파의 관점에서 재구성해갔다.[9]

이렇게 '유식'이라는 용어의 기원에 대해서는 여전히 논쟁이 있지만, 이 용어는 처음 도입된 이후에 유가행파 철학적 사유의 핵심 개념 중 하나로 자리 잡는다. 초기 유가행파는 유식 사상을 철저한 관념론으로 연결시키지는 않는다. 나의 의식에 떠오른 표상에 일치하는 외부 대상이 있다는 점에는 회의적이지만 나의 의식 외부에 물질적 대상이 전적으로 비실재한다는 입장까지 나아가지는 않는다. 하지만 후기로 갈수록 점점 외부 대상

---

8   Schmithausen, "Spirituelle Praxis und philosophische Theorie im Buddhismus", *Zeitschrift für Missionswissenschaftund Religionswissenschaft* 57, 1973, 172~175쪽; Schmithausen, *The Genesis of Yogācāra-Vijñānavāda: Responses and Reflections*(Tokyo: International Institute for Buddhist Studies. 2014), 597~627쪽.

9   Bronkhorst, *Karma and Teleology: A Problem and its Solutions in Indian philosophy*(Tokyo: International Institute for Buddhist Studies, 2000), 62~76쪽.

이 없다는 입장으로 나아가며 이 관점을 옹호하기 위한 다양한 개념과 논리를 사용한다.

　아래에서는 유가행파 관념론이 형성되는 과정을 살펴보겠다. 특히 그들이 꿈이라는 경험을 철학적 사유와 접목시키는 방식을 소개하고 여기에서 볼 수 있는 그들의 철학적 관점을 논의해보고자 한다. 불교적 관념론은 불교 수행의 여러 측면을 손쉽게 설명할 수 있는 틀이기는 하지만, 이 입장이 감내해야 할 철학적 부담도 만만치 않다. 유가행파 입장을 살펴보면서 장단점을 짚어보고 이와 관련해서 유가행파가 정립한 다른 용어들에 대해서도 논의하겠다.

3. 『전유경』에서 설명하는 업과 윤회, 그리고 꿈의 비유

　『밀린다왕문경(밀린다왕의 질문)』이라는 이름으로 잘 알려져 있는 팔리어 불교 경전 *Milindapañha*에는 여섯 종류의 꿈에 대해 언급하고 있다. 처음 세 종류는 몸의 건강과 관련있는 꿈이다. 인도 전통 의학에서는 건강한 인간의 몸에는 바람(vāta), 담즙(pitta), 점액(kapha)이 균형을 이루고 있다고 한다. 이 중 하나에 문제가 생기면 꿈을 꿀 수 있다. 또한, 신들에 의해서 꿈을 꿀 수도 있고, 꿈꾸는 사람의 과거 경험이 꿈속에 다시 떠오르는 경우가 있으며, 마지막으로 미래에 일어날 일을 암시하는 예언적 꿈을 꿀 수도 있다.[10]

　이처럼 불교에서는 꿈의 다양한 측면에 대해 관심이 있었고, 꿈을 바탕으로 의학적·주술적·철학적 사유를 전개해나갔다. 그중 꿈에 기반한 철학적 사유는 유가행파 관련 문헌에서 빈번하게 찾아볼 수 있다. 먼저 불교 학계에서 『전유경(轉有經)』이라고 알려져 있는 경전을 통해서 초기 유가행 파의 관점을 살펴보겠다.[11] '전유(轉有)'라는 용어는 개별 중생(有)이 한 생 에서 다음 생에서 넘어감(轉)을 의미하며, 붓다샨타(Buddhaśānta)라는 승 려가 산스크리트어 'bhavasaṃkrānti'를 번역하기 위해 사용하였다. 『전유 경』에는 초기 대승불교에서 중생의 업과 윤회를 설명하는 방식이 담겨 있 다. 이 설명을 위해 『전유경』의 화자인 붓다(세존)는 꿈을 인생에 대한 비유 로서 사용한다.

> "예를 들어, 왕이시여, 잠자고 있는 남자가 꿈속에서 나라의 아름다운 여인
> 과 성행위를 하고서, 잠에서 깬 그가 나라의 아름다운 그 여인을 기억했다고
> 해봅시다. 왕이시여, 이에 대해 어떻게 생각하십니까? 꿈속에서 [본] 나라의
> 아름다운 여인은 존재합니까?" 왕께서 대답하셨다. "세존이시여, 그렇지 않습
> 니다."[12]

10   Rhy Davids, Thomas William, *The Questions of the King Milinda*,
     translated from Pāli, Part II(Oxford: The Clarendon Press, 1894), 157~158쪽
     (Milindapañha Ⅳ.8.33).

11   2010년 비니타 쳉(自運, Vinita Tseng, Bhikṣuṇī Vinītā)이 중국티베트학연구소(中
     国藏學研究中心)에 소장된, 『전유경(轉有經)』의 산스크리트 사본(Bhavasaṃkrānt
     ināmamahāyānasūtra)을 편집 및 출판하였다. 『전유경』은 티베트어로 번역되었
     고 한문으로도 몇 차례 번역되었는데, 번역본마다 내용상 약간의 차이가 있다.
     번역본과 관련된 문제는 다음 기회에 논의하기로 하고, 여기서는 비니타 쳉의
     산스크리트 편집본에 근거하여 논의를 진행하겠다.

12   Tseng, *A unique collection of twenty Sūtras in a Sanskrit manuscript* from

여기서 꿈은 한 삶을 의미하고, 아름다운 여인은 다양한 경험의 근거가 되는 대상을 비유한다. 그리고 그 여인과 한 성행위, 그 여인에 대한 집착, 기억 등은 꿈의 주인공이 산출한 다양한 업을 비유한다. 또한, 잠에서 깨는 순간은 죽음의 순간을 비유한다. 이 비유는 다양한 철학적 논쟁거리를 내포하고 있다.[13] 일차적으로 이 문헌은 나의 경험이 순간적—불교 용어로 찰나적—이라는 점을 강조하고 있다. 내가 꿈에서 본 대상, 그 대상과 관련된 경험도 한순간 발생했다가 사라지는 것이며 따라서 그것에 집착하는 것은 어리석은 일이다. 또 다른 논점은 꿈속의 여러 가지 경험을 가능케 한 대상, 즉 아름다운 여인의 실재성이다. 꿈속의 여인은 꿈을 꾸는 자 의식 외부에 물질적으로 실재하는 대상이 아니다. 하지만 이 대상을 근거로 다양한 업이 산출된다. 꿈속이긴 하지만, 꿈꾸는 자는 이 여인과 성행위를 했고, 그 여인에 대한 집착과 기억이 발생하였기 때문이다. 이에 따르면, 인도 불교의 세계관, 인생관에서 큰 역할을 차지하는 중생의 감각, 업, 윤회 등이 외부 대상 없이 설명 가능하다. 『전유경』에서 붓다는 다음과 같이 설명한다.

세존께서 말씀하셨다. "바로 이와 같습니다. 어리석고 못 배운 일반인은 안 [근]으로 색을 보고 마음을 즐겁게 하거나 괴롭게 하는 상태에 있는 [시각 대상]들에 대해서 집착합니다. 집착하는 그 [사람]은 [그 대상에] 영향을 받습

    the Potala Vol. 1,1 −2(Peking/Vienna: China Tibetology Publication House/ Austrian Academy of Sciences Press, 2010), 420~423쪽.

13   이 경전에 대한 불교 학파별 해석상의 차이와 이와 관련된 논쟁은 하카마야 노리아키(袴谷憲昭), 「Bhavasaṃkrāntisūtra—解説および和訳」, 『駒大佛論集』 8, 1977, 14~22쪽; 『唯識思想論考』(東京: 大蔵出版, 2001), 252~293쪽 참조.

니다. 영향을 받는 [그 사람]은 [그 대상에] 애착하게 됩니다. 애착하게 되는 [그 사람]은 탐(貪, 탐욕), 진(瞋, 분노), 치(癡, 어리석음)로부터 발생하는 업을 몸과 말과 생각으로 행합니다.[14]

만약 안근으로 색을 보는 것이 꿈속에서 아름다운 여인을 보는 것과 같다면, 안근의 대상인 색은 반드시 감각 주체의 외부에 존재하는 물질일 필요가 없다. 대상이 실제로 있다고 '착각'만 하고 있더라도 그 대상에 대한 다양한 경험이 가능하기 때문이다. 그리고 그런 경험 속에서 다양한 업이 생기며 이 업 때문에 윤회가 일어난다.

하지만 『전유경』의 설명이 반드시 외부 대상 비실재론으로 연결되지는 않는다. 이 텍스트는 꿈과 현실이 전적으로 동일하다고 명시하지 않은 채 단지 꿈을 비유로써 사용하고 있기 때문이다. 따라서 『전유경』에 근거하더라도 다른 철학적 입장을 세우는 것이 가능하다. 예를 들어, 『전유경』의 설명처럼 현실이 꿈과 유사하기는 하지만, 몇 가지 중요한 측면에서 다르다고 주장할 수 있다. 안근이라는 감각 기관으로 실제로 사물을 감각하는 것과 '안근으로 무언가를 보고 있다'고 착각하는 것에는 중대한 차이가 있다. 실제로 본 대상은 내가 다가가서 신체적으로 접촉할 수 있다. 하지만 보았다고 '착각'한 대상은 신체적 접촉이 불가능하다. 그 대상이 의식 속에만 존재하기 때문이다.

따라서 실제로 본 대상은 물질 혹은 육체를 통한 업의 산출이 가능하

---

14   Tseng, 앞의 책, 424~427쪽.

지만, 존재한다고 착각하는 대상에 대해서는 말이나 의식을 통한 업의 산출만 가능하다. 둘 다 업을 산출할 수 있다는 점에서 비슷하기에 꿈을 비유로써 사용할 수 있기는 하지만, 꿈에서 산출할 수 있는 업은 실제 생활에서 산출할 수 있는 업에 비해 한정적이다. 따라서 꿈은 우리가 겪는 여러 현상 중 하나일 뿐 모든 경험이 꿈과 전적으로 동일한 것은 아니라는 반론이 가능하다.

하지만 유가행파 중 일부는 현실이 전적으로 꿈과 동일하다는 입장으로 나아간다. 이 입장을 가장 잘 보여주는 문헌은 바수반두(世親, Vasubandhu)의 『유식이십론(Visatika)』이다. 여기에서 바수반두는 감각 및 지각의 주체 외부에 어떤 물질도 존재하지 않는다는 관념론을 주장하며, 이 주장에 대해 가해질 수 있는 비판들을 설정하고 그 비판에 대한 답변을 제시한다. 아래에서는 이 문헌을 보면서 논의를 전개하겠다.

4. 『유식이십론』에서 설명하는 관념론

바수반두는 외부 대상이 없다는 것을 이 문헌의 처음부터 명확히 서술한다.

> 이 [세상]은 비실재하는 외부 대상이 [의식에] 나타난 것이기 때문에 단지 표상일 뿐이다. 마치 비문증 환자가 비실재하는 머리카락 뭉치 등을 보는 것처럼.[15]

앞에서 본 것처럼 외부 대상이 실재하지 않아도 그것이 있다고 착각하고 집착한다면 이에 대한 업이 발생할 수 있다. 꿈에서 발생한 경험도 예외가 아니다. 하지만 그렇다고 꿈과 현실이 같다고 섣불리 결론 내릴 수는 없다. 물질적으로 실재하는 외부 대상에 근거한 경험과 비실재하는 외부 대상에 대한 착각에 근거한 경험에는 중대한 차이가 있기 때문이다.

내가 꿈속에서 물을 보고 그것을 마셨다고 하자. 꿈속에서 물을 마신 나는 목마름이 해결되었다고 일시적으로 착각할 수는 있지만 나의 육체에 실제로 수분이 공급된 것이 아니므로 여전히 목이 마르다. 반면 내가 꿈이 아닌 현실 세계에서 물을 마시면 나의 육체에 실제로 수분이 공급되며, 따라서 더이상 목이 마르지 않게 된다.

『유식이십송론』에서는 이를 개별 존재자가 감각한 대상이 가진 인과 효력(作用, kṛtyakriyā, 작용)의 차이라고 설명한다. 실재하는 대상과 비실재하는 대상 간에는 인과 효력의 종류와 강도가 차이가 난다. 만약 모든 대상이 비존재한다면, 우리가 느끼는 이 인과 효력의 차이는 어디에서 비롯되는 것인가?

이 문제에 대해서 바수반두는 꿈속에서 어떤 여인과 성행위를 하는 상황을 예시로 들어서 관념론을 옹호한다.

---

15   Silk, *Materials toward the study of Vasubandhu's "Viṁśikā"* (*I*): Sanskrit and Tibetan critical edition of the verses and autocommentary, an English translation and annotations(Cambridge: Harvard University Press, 2016), 4쪽.

인과 효력은 꿈속에서의 사정과 같다.[16]

이 비유를 통해 바수반두는 신체와 관련된 인과 효력이 외부 대상 없이도 설명 가능하다는 것을 보여주고자 한다. 꿈속의 상대방은 실제로 존재하지 않지만, 그 대상이 실재한다고 믿고 강한 성적 욕구를 느낀다면, 사정(射精)이라는 신체적 반응이 일어날 수 있다. 따라서 인과 효력의 차이를 반드시 외부 대상의 실재성 여부로 설명해야 하는 것은 아니다. 다음과 같은 설명도 가능하다. 내가 감각 혹은 지각한 대상의 실재성을 어느 정도 믿고 있는지 그리고 그 대상에 대해 어떤 강도의 욕구를 느끼는지에 따라 인과 효력이 달라진다.

바수반두가 설정하는 또 다른 예상 반론은 공간과 시간의 한정성(niyama)이다. 내가 어떤 특정한 사람을 볼 때, 그 사람을 특정한 공간과 시간에서 본다. 만약 외부에 실재하는 대상을 보는 것이 아니라면 왜 내가 특정 공간과 시간에서만 볼 수 있는가?

바수반두는 이에 대해서도 꿈을 예로 들어서 반론한다.

[실재하는] 외부 대상 없이도 꿈속에서 마을, 정원, 남자, 여자 등이 특정한 장소에서 보이지 아무 데에서나 [보이는 것이] 아니다. 또한, 특정한 시간에

---

16   Silk, 앞의 책, 43쪽. 원문에 보다 충실하게 번역한다면 다음과 같이 번역해야 한다. "꿈속에서 두 사람 간의 [실제 성적] 결합이 없더라도 정액의 분출로 특징지어지는 몽정(夢精)과 같다."

보이지 항상 [시간 제약 없이 보이지는] 않는다.[17]

아름다운 여인이 꿈에서 나타날 때 그 여인이 있는 장소와 시간도 꿈에서 나타난다. 장소가 실내일 수도 있고 실외일 수도 있으며, 낮일 수도 있고 밤일 수도 있다. 꿈속의 대상이라고 할지라도 그 대상이 나타나는 시간적·공간적 배경을 알 수 있다. 비실재하는 대상과 가상의 장소 및 시간이지만 꿈꾸고 있는 자는 꿈꾸는 동안 그것이 실재한다고 착각하고, 보고 있다고 착각한다. 따라서 내가 어떤 대상을 특정한 공간과 시간에서 보았다는 사실이 그 대상이 실제로 외부의 특정 공간과 시간에 존재한다는 것을 증명해주지는 못한다. 꿈속에서 그러한 것처럼 그 경험이 외부 대상이 실재한다는 착각에서 비롯된 것일 수 있기 때문이다.

이런 방식으로 바수반두는 외부 대상이 실제로 존재해야만 해결할 수 있을 것같이 보이는 여러 문제도 실상을 들여다보면 반드시 그렇지 않다는 것을 보여줌으로써 문제를 해결하고자 한다. 『유식이십송론』의 후반부에는 고대 인도에서 물질의 최소 단위로 간주되었던 극미(極微, paramāṇu)에 대한 분석을 통해 물질계가 존재할 수 없다는 것을 보여줌으로써 관념론을 옹호한다.

17   Silk, 앞의 책, 37쪽.

5. 경험의 공통성에 대하여

이처럼 꿈이라는 경험은 내가 본 대상이 사실 나의 의식의 산물일 뿐이며 의식 외부에 물질적으로 실재하지 않을 수 있다는 직관을 지지하는 강력한 증거가 될 수 있다. 하지만 꿈만으로는 순수 관념론을 완벽히 옹호할 수 없다. 꿈이라는 경험이 가지는 가장 큰 한계는 그것이 개인적 경험이라는 점이다. 내가 지금 외부에 물질적으로 실재하는 대상을 보고 있는 건지 아니면 내가 긴 꿈을 꾸고 있는 건지 구분하는 한 가지 방법은 타인에게 물어보는 것이다. 만약 내가 본 것을 타인들이 같이 보았다면, 이 공통의 경험을 어떻게 설명할 것인가? 경험의 공통성을 설명할 수 있는 명료한 방법은 다음과 같다. 나와 타인들의 개별 의식들 외부에 어떤 대상이 존재하고, 나와 타인들은 각자의 감각 기관으로 그 대상을 함께 보고 있다. 나의 꿈속에 현현한 대상은 나의 의식에만 있는 것이기 때문에 타인들이 그것을 '보고 있다'고 착각하기는 어렵다.

이 문제를 해결하는 한 가지 방식은 이 세상에는 오직 하나의 의식만 있다고 주장하는 것이다. '나와 타인이 서로 독립적인 개별 의식을 가지고 있다고 생각하는 것이 착각이다. 사실 우리는 단일한 의식이며 따라서 나와 너가 구별된다는 것은 허구이다'라고 생각할 수 있다. 하지만 인도 유가행파는 이런 입장으로 나아가지 않는다. 중생 각각은 개별자이며 그 개별자들은 각각 고유의 업을 쌓고 그 업 때문에 윤회한다. 그 개별자들을 통합하는 하나의 정신이 있다는 생각에 동의하지 않는다.

또 다른 해결 방식은 전지(全知)하고 전능(全能)하며 전선(全善)한 신을 도입하는 것이다. 개별자들의 의식 속에 떠오르는 동일한 대상은 신에 의해

한 치의 오차도 없이 같은 시간과 장소에 같은 모양으로 떠오르도록 설계된다고 설명할 수 있다. 이것은 매우 복잡하고 어려워 보이지만, 신의 입장에서는 어려울 것이 없을 것이다. 하지만 이것도 유가행파의 입장이 될 수 없다. 불교 전통에서 다양한 신들이 등장한다. 하지만 인도 불교도들은 그들 중에 전지·전능·전선한 최고의 신이 있다는 사실을 받아들이지 않는다.[18]

이 문제를 『유식이십론』의 저자 바수반두도 알고 있었다. 그는 이 문제를 "[대상이] 개별적인 [의식] 흐름들에 한정 없이 [공통적으로 인식되는 문제](santānāniyama)"라고 명명하고 있다. 현장은 결정(決定)이라고 번역한다. 개별적 의식 흐름이란 독립적 개체의 각각의 의식을 의미한다. 같은 공간, 같은 시간에 있는 개별 존재들의 의식 속에 공통의 감각과 지각이 있다. 이 점을 어떻게 설명할 수 있는가? 이 문제는 꿈이 아닌 다른 예시를 통해서 설명한다. 그중 하나는 아귀(餓鬼, preta)들의 공동 경험이다.

> 업의 결과(異熟, vipāka)를 동일하게 [경험하는] 상태에 있는 아귀(餓鬼)들은 다 함께 고름으로 가득 찬 강을 보지, [아귀들 중] 하나만 [보는 것이 아니다].[19]

아귀는 앞에서 언급한 여섯 종류의 중생 중 하나이다. 과거에 쌓은 업 때문에 그들에게 보이는 먹고 마실 것은 고름, 배설물 등밖에 없으며, 그들

18   Siderits, *Buddhism as Philosophy: An Introduction*(Aldershot/Indianapolis:
      Ashgate Publishing Limited/Hackett Publishing Company, 2007), 158쪽.
19   Silk, 앞의 책, 40~41쪽.

을 괴롭히는 동물들과 감시자들로 둘러싸여 있다. 아귀로 태어난 자들은 다 같이 이런 음식들만 본다. 이 공통 경험이 가능한 이유를 업의 결과로 설명하고 있다. 여기서 '결과'라고 번역한 'vipāka'는 숙성을 뜻하며, 불교학에서 '이숙(異熟)'이라는 용어로 잘 알려져 있다. 씨앗이 자라서 열매를 맺듯이 어떤 업이 결과를 낳을 정도로 무르익었음을 의미한다. 아귀로 태어난 존재들은 각자가 가지고 있는 업의 이숙 중 일부가 같기 때문에, 개별 아귀들의 각 의식 속에 같은 대상이 떠오른다. 그래서 그들이 그들 외부에 실재하는 한 대상을 함께 보고 있다고 착각한다.

고대 인도 불교의 세계관에 근거한 이 설명을 통해서 관념론자 바수반두가 '공통적 경험의 문제'를 해결하는 방식을 볼 수 있다. 개별 중생들 중 업의 결과를 같은 방식으로 경험하고 있는 중생들은 같은 대상을 보고 같은 것을 경험한다.[20] 같은 공간에 있더라도 아귀를 감독하는 존재들은 아귀와 같은 경험을 하지 않는다. 즉. 그들은 먹고 마실 것들이 고름, 배설물 등으로 보이지 않는다. 그들이 받고 있는 업의 결과는 아귀들과 다르기 때문이다.

6. 나가며: 불교적 관념론의 특징

업과 이숙 등의 개념을 가지고 관념론을 옹호하는 방식에 문제가 없

---

20   이 문제와 관련된 선행 연구 및 최근 논의는 이길산, 「『유식이십론』 연구 — 관념론적 해석을 중심으로」, 서울대학교 박사 학위 논문, 2021, 227~229쪽을 참조.

는 것은 아니다.[21] 먼저 설명이 너무 어렵고 복잡해진다. 나를 포함한 여러 사람이 한쪽 벽에 창문이 네 개 나란히 있는 방에 앉아 있다고 해보자. 그때 둥근 공 하나가 벽의 제일 오른쪽에 있는 창문에 보였다가 창문 사이 벽 때문에 잠시 안 보이다가 그다음 창문에 보이고 다시 벽에 가려지고 또 다음 창문에 보이는 사건이 일정한 시간 간격으로 일어났고, 이 현상을 방 안에 있던 사람들이 모두 보았다고 가정해보자. 이 사건을 설명하는 가장 쉬운 방법은 창밖에 둥근 공이 있고 그것이 오른쪽에서 왼쪽으로 날아가고 있다고 설명하는 것이다. 하지만 유가행파 관념론에 따르면 방 안에 있는 사람들이 모두 어떤 업을 공유하기 때문에 외부에 공이 있는 것으로 '다 같이' 착각하며 보고 있는 것이다. 쉬운 설명 방법을 두고 왜 이렇게 어려운 방식으로 어떤 현상을 설명해야 하는가 하는 비판이 가능하다.[22]

하지만 유가행파 불교도들 중 일부는 관념론이 그들의 수행 경험을 설명할 수 있는 더 옳은 관점이라고 판단했다. 불교는 전통적으로 정신적 혹은 심리적 측면의 수행을 강조하였다. 수행의 경지가 높아질수록 물질 세계로부터 벗어날 수 있으며, 붓다나 보살의 경지에 이른 존재들은 필요에 따라 자유자재로 이 세계에서 저 세계로 왔다갔다할 수 있다고 믿었다. 이런 관점에서는 물질적 세계도 결국 의식의 산물이라는 관념론이 더 옳은 철학

21　설명을 최대한 간결히 하기 위해 이 글에서 다루지 않았지만, 훈습(薰習, vāsanā), 종자(種子, bīja) 등도 불교 관념론의 핵심 개념 중 하나이다. 관심 있는 독자를 위한 개론서는 참고문헌의 도서를 확인하기를 바란다.

22　비슷한 설명을 러셀(Russel)이 사용하였으며, 왓슨(Watson)은 이 설명을 이용하여 불교 관념론을 심도있게 설명하고 있다. Watson(2022), 150 & 164.

적 사유라고 판단할 수 있다.[23]

불교적 관념론은 불교 내부는 물론 불교와 다른 철학 학파 간에 다양한 논쟁을 불러일으켰다. 관념론이 감당해야 할 여러 난점 때문에 불교 내부에서도 순수 관념론에 동의하지 않는 학파들이 많았으며, 불교 외부에서도 여러 비판이 제기되었다. 또한, 현대 불교학자들 중 상당수는 필자가 제시한 문헌들이 순수 관념론의 논거가 될 수 없다고 주장하며 대안적인 해석을 제시하고 있다.[24] 필자의 이 글이 불교 관념론에 대한 관심을 환기시키는 계기가 되기를 바라며, 관심 있는 독자들은 참고문헌들의 독서를 권한다.

---

23 유식사상의 수행론적 함의에 대해서는 Schmithausen(2015), 49~56쪽 참조. 이 책에서 슈미트하우젠은 러스트하우스(Lusthaus 2002)의 현상학적 해석에 반대한다.

24 Lusthaus (2002), 정현주 (2018).

최성호

2006년 서울대학교 사회학과(사회학, 철학 전공) 학부를 졸업하고, 2009년 동대학교 철학과 대학원(동양철학 전공)에서 석사학위를 취득하였다. 2022년 독일 루드비히-막시밀리안뮌헨대학교 불교학 박사과정(불교학 전공)에서 박사학위를 취득하였다. 서울대학교 철학과 조교, 덕성여자대학교 철학과 시간강사, 한국외국어대학교 인도연구소 연구보조원, 독일 라이프치히대학교 인도학-중앙아시아학연구소 시간강사, 서울대학교 철학과 시간강사를 역임하였으며, 현재 경남대학교 교양교육연구소 연구원으로 근무하고 있다. 번역서 『고전티벳어문법』, 논문 "The Relationship between nāman, pada, and vyañjana in Sarvāstivāda and Yogācāra Literature", "Two Contemplation Models of Nāmamātra in the Yogācāra Literature" 등을 출판하였다.

여산 혜원(廬山慧遠)의 군주관과 인간론

이상엽(서울대학교 철학과 조교수)

1. 들어가며

고중세 중국 사회에서 국가의 주권자가 가지는 권위는 사회 제도적인 차원을 넘어 종교적인 의미를 지니고 있었다. 가령 전한(202BCE~9CE)의 유학자 동중서(董仲舒)의 다음과 같은 주장은 특히 유명하다.

옛날에 문자를 만든 사람은 세 획을 긋고 그 가운데를 연결하여 왕(王)이라고 불렀다. 세 획이란 하늘-땅-사람을 뜻하고, 그 가운데를 연결한 것은 도를 관통시킨다는 뜻이다. 하늘-땅-사람의 중심을 취하여 연결시켜 서로 관통시키는 일은 왕자(王者)가 아니면 그 누가 감당할 수 있겠는가?[1]

---

1   번역은 풍우란(박성규 옮김), 『중국철학사(하)』(까치글방, 1999), 43쪽에 따름.

이처럼 전통 중국의 세계관에서 왕자(王者), 즉 국가의 군주란 우주 구조의 한 축을 담당하고 있는 존재였으며, 따라서 군주에게 행하는 예경은 단순한 예의범절 차원의 행위가 아니라 우주 자연의 질서와 화합을 위한 종교적 의식의 일종인 셈이었다.

그런데 5세기 초 남중국의 불교 교단을 대표한 학승 여산 혜원(廬山慧遠)은 당시 남중국의 최고 실권자였던 환현(桓玄)과의 서간 논쟁의 과정에서 『사문불경왕자론(沙門不敬王者論)』이란 논서를 지어 '사문불경왕자', 즉 "출가수행자는 군주에게 절하지 않는다"라는 명제를 주장하였다. 이는 인간의 정체(正體)와 본질에 대한 혜원의 파격적인 재정의와 이 재정의를 정당화하기 위한 이론적 작업을 뒷받침으로 가능했던 것이다.

혜원이 '사문불경왕자'라는 주장을 도출하는 논변은 다음과 같은 명제들로 요약될 수 있을 것이다.

① 군주가 존귀한 것은 그가 우주 자연의 생성 변화를 돕는 자이기 때문이다.

② 그러나 인간의 근본적 이상은 우주 자연의 생성 변화를 거스르는 것을 통해 성취된다.

③ 이는 인간의 정체가 우주 자연과는 그 존재론적 계통 자체를 달리하기 때문이다.

④ 출가수행자란 우주 자연의 생성 변화를 거슬러 인간 정체의 회복을 추구하는 자이다.

⑤ 따라서 출가수행자에게 군주는 존귀한 자가 아니며 군주에게 예경을 표할 이유가 없다.

여기서 ①의 명제는 고중세 중국의 군주관을 충실히 계승하는 것이다. 그러나 ②는 인간의 이상적 상태는 우주 자연의 조화에 순응하는 것을 통해 실현할 수 있다는 당대 사상계의 주류적 이해를 정면으로 반박하는 것이다. 혜원은 인간의 본질을 재정의하는 ③의 파격적인 시도를 통해 ②의 문제적 주장을 뒷받침한다. 여기서 활용되는 것이 "정신은 불멸한다[神不滅]"는 초기 중국 불교 특유의 교리이다. ④는 혜원이 제시하는 출가 수행자의 정의이고 이를 기반으로 그는 ⑤, 즉 출가수행자는 군주에게 예경을 표할 이유가 없다는 결론을 주장한다.

이 글에서는 우선 5세기 초 남중국의 정치권과 종교계를 각각 대표한 두 인물인 환현과 혜원에 대한 소개와 더불어 혜원이 『사문불경왕자론』을 저술하게 된 맥락을 검토하고, 이어 ①, ②, ③의 명제를 둘러싼 환현과 혜원의 논변을 소개하려고 한다. 이를 통해 세속권력의 의의와 우주 자연과 인간의 관계를 주제로 전개된 5세기 초 중국 지식인들의 담론을 음미해볼 것이다.

2. 환현 대 혜원, 그리고 그들의 시대

환현의 아버지 환온(桓溫)은 동진(東晉, 317~420)의 대사마(大司馬: 군사의 장관)이자 동진 명제(明帝)의 사위로 막강한 권력을 누리며 전략적·경제적 요충지인 형주(荊州, 현대 중국의 후베이성 일대) 지역을 기반으로 독자적 세력을 형성한 당대의 거물이었다. 환온의 사후 환현은 숙부들의 지원 아래 아버지의 영지와 군대를 물려받고 형주 지역 주요 군벌의 수장으로서 성장하여 일찍이 동진의 정치계에 두각을 드러내었다. 4세기 말 그는 형주 지역의 경쟁자 군벌들을 모두 제거하고 그들의 잔존 세력을 흡수하여 형주의 유일무이한 실세로 자리 잡고, 402년에는 도사 손은(孫恩)의 반란을 평정한다는 명목으로 거병하여 동진의 수도 건업을 장악하고 피의 숙청을 거쳐 수도 지역의 군벌들마저 휘하에 두게 된다. 34세의 나이에 이렇게 남중국의 최고 실권자가 된 환현은 403년 안제(安帝)로부터 제위를 선양 받아 초(楚)를 건국하였으나 404년 일어난 수도 지역 복고파 무장들의 쿠데타를 진압하지 못해 형주로 후퇴하였다가 결국 도피 중에 살해당했다.

환현에게는 이처럼 야심적인 정치가의 면모 외에도 명문가의 자제다운 문장가와 사상가로서의 면모 또한 있었다. 불교의 담론에도 익숙했던 그는『심무의(心無義)』,『살생문(殺生門)』,『변교론(辯教論)』등의 불교 관련 저술을 남겨 당대의 불교 지식인들과 토론하였다. 특히 402~404년 사이에 쓰인 것으로 보이는『심무의』는 4세기 중국에서 등장한『반야경』에 대한 여러 독자적 해석 중 하나였던 심무의(心無義)를 옹호하기 위한 논서였던 것으로 보인다. 심무의는『반야경』에서 말하는 "모든 것이 공(空)하다"는 주장은 외물이 실재하지 않는다는 주장이 아니라 외물을 인식하는 정신이 공하며 무상하다는 주장이라는 해석이었는데 특히 형주 지역에서 유행하였던 것으로 알려져 있다. 이 심무의는 신불멸(神不滅)의 교리를 옹호하는 혜원과 같은 학승에 의해 360년대에 이미 '삿된 이론[邪說]'으로서 논파되어 자취를 감춘 것으로 전해지고 있으니 환현에 의한『심무의』의 저술은 402년 그가 조정을 장악함과 더불어 자신의 연고지 형주 지역 불교의 옛 학풍을 부활시키려 한 시도였다고 볼 수도 있을 것이다.

혜원은 여러 면에서 환현과 대척점에 있는 인물이었다. 외가 친척의 도움을 받아 상경하여 공부를 시작하였다는 기록을 볼 때 혜원은 이른바 한문(寒門) 출신이었던 것으로 보인다. 공부를 시작하고 곧 유가와 도가 문헌에 대한 조예로 명성을 얻었는데, 아직 과거 제도가 없이 지식인들 사이에서의 평판에 따라 관료를 등용하던 당대의 사회 제도적 환경에서 이러한 문예의 명성이 조정의 관료로서의 성공적인 커리어를 약속하였을 것임에도 불구하고 혜원은 은일(隱逸)의 이상을 추구하였다. 354년 21세의 나이로 은둔 유학자 범선(范宣)의 학문 공동체에 가담하려고 길을 떠났으나 전란으로 인해 성공하지 못하고, 같은 해에 대신 자신의 고향에서 멀지 않은 항산(恒山)에 자리한, 학승 도안(道安)의 불교 공동체에 합류하게 된다. 여기서 그는 도안의 『반야경』 강의를 듣고 "유가, 도가와 같은 중국 사상의 아홉 개 유파가 모두 쭉정이에 불과하구나!"라고 감탄하고는 도안의 지도 아래 불교 승려로서 출가하게 된다.

이후 혜원은 스승 도안을 모시고 현재의 후베이성과 허난성 지역을 십여 년간 유랑하고, 365년경부터는 양양(襄陽)이라는 남북 중국 사이의 국경 도시에 정착하여 이후 14여 년간 스승과 함께 강의와 저술 활동에 매진하여 불법을 홍포한다. 이 시기에 그는 특히 『반야경』 및 이 경전에 대한 중국 고유의 해석을 연찬하였던 것으로 추측되는데, 앞서 언급한 형주 지역의 심무의라는 학설을 논파하여 이름을 날리고 『반야경』에서 말하는 존재의 본질에 대한 이론을 다룬 『법성론(法性論)』(파편만이 현존)이라는 저술을 짓게 된 것이 이때쯤이다.

378년경에는 갓 북중국을 통일한 전진(前秦, 351~394)의 군세가 도안과 혜원이 머물던 양양을 향하게 되는데, 양양의 함락이 임박했음을 감지한 도안은 자신의 불교 공동체를 해산시켜 제자들이 중국 각지로 흩어져 활동하게끔 한다. 이때 스승을 떠난 혜원이 2년간의 유랑 끝에 정착하게 된 곳이 그가 이후 평생을 보내게 된 여산(廬山)이었다. 현대 중국의 장시성에 위치한 이 여산에서 혜원은 416년 병으로 사망하기까지 출가수행자와 재가 신도로 이루어진 불교 공동체를 이끌고 동쪽으로는 남중국 동진의 수도 건업의 불교계와 북쪽으로는 북중국 전진의 수도 장안의 불교계와 교류하며 학술, 신앙, 예술, 제도 등의 다방면에 걸쳐 중세 중국 불교의 기반을 닦았다. 그가 평생 이 여산을 벗어나지 않기로 맹세하였으나 도사 육수정(陸修靜), 시인 도연명(陶淵明)과 도에 대해 논의하나 자기도 모르게 여산의 경계를 이루는 호계(虎溪)를 건너버리고는 셋이 한바탕 웃었다는 호계삼소(虎溪三笑)의 고사는 유명하다. 이 일화는 비록 역사적 사실이라고 보기에 힘든 디테일들을 담고 있지만(혜원의 사망 당시 육수정은 어린아이에 불과) 혜원이 평생에 걸쳐 추구한 청아한 은일, 초종파적 진리, 지식인 공동체의 세 가지 이상을 잘 포착하고 있다.

혜원과 환현의 첫 만남은 여산이 속한 강주(江州) 지역을 환현의 군대가 평정한 직후의 일로 기록된다. 서기로는 398년경의 일이다. 이때도 혜원은 호계 밖으로 나오기를 거부해 결국 환현이 혜원을 찾아가게 되었다고 한다. 첫 만남에서 환현은 "'감히 훼손하지 않는다'고 하였는데 왜 삭발하였는가?"라고 물었는데 이에 혜원은 "입신행도"라고 짧게 대답하여 환현의 감탄을 자아냈다고 한다. 환현이 짤막하게 인용한 "신체발부는 부모에게 받은 것이니 '감히 훼손하지 않는 것'이 효의 시작이다"라는 『효경』 구절에 뒤이어 "입신하고 도를 행하여 후세에 이름을 날려 부모를 드러내는 것이 효의 마침이다"라고 되어 있는 것을, 당대 정치계의 신성인 환현이 자신을 만나러 산골에까지 온 사실에 빗대어 재치있게 지적한 것이다. 혜원의 인격과 학식에 반한 환원은 이후 혜원에게 환속하여 자신을 위해 일할 것을 종용하였으나 혜원은 거절하였고(이때 이들이 주고받은 편지들이 전해진다), 또 환현이 불교에서 말하는 인과응보 및 정신과 육체의 관계에 대해 서신으로 문의하여 혜원이 이에 『명보응론(明報應論)』(현존함)이란 논서를 써서 주기도 하였다.

이후 환현이 동진의 조정을 장악하여 남중국의 전권을 쥐게 된 후 이들은 402~404년 사이에 두 개의 추가적인 주제에 대해 서신을 교환하였다. 우선 승려로서 부적절한 인물들을 솎아내 환속시키는 교령에 대한 논의가 있었는데, 혜원은 여기서 당대 중국의 문인 중심적 엘리트 문화에서 보았을 때 부적절해 보이는 일부 승려들의 활동(불사를 위해 저잣거리에서 모금하는 일, 교리적 이해 없이 경문을 주문처럼 암송하는 일 등)에도 종교적 의의가 있음을 주장하여 승가의 정치적 독립성과 승가 내의 문화적 다양성을 옹호하였다.[2]

그리고 이를 이어서 전개된 논의가 곧 이 글의 주제이기도 한 출가수행자가 세속 권력자에게 절을 해야 하는가의 여부에 대한 것이었다. 이 담론의 배경을 짧게 소개하자면 원래 인도에서는 종교를 불문, 출가수행자는 군주를 포함하여 재가 신자 누구에게도 예경을 표하지 않으며 반대로 군주의 경우 여타의 재가 신자와 마찬가지로 출가수행자에게 예경을 표하는 것이 오랜 관습이었다. 가령 상좌부 불교가 널리 받아들여지는 군주제 국

---

2   Sangyop Lee, "The Invention of the 'Eminent Monk'", *T'oung Pao* 106, 2020, 114~115쪽 및 李尚曄, 「宝唱『名僧伝』に見られる「師」・「苦節」の区別について」, 『印度学仏教学研究』69.2, 2021, 192쪽 참조.

가 태국에서도 이 관습은 오늘날까지 이어지고 있다. 기원을 전후로 불교가 중국에 유입되기 시작한 이후에도 "승려는 군주에게 절하지 않는다"는 관습은 암묵적으로 유지되었다(다만 '군주가 승려에게 절해야 한다'는 생각 역시 보편적으로 받아들여졌는지는 불명확하다).[3] 그러다 4세기 중반 불교가 중국의 주류 종교로서 대두하자 동진의 조정에서 이 문제가 행정적인 안건으로 올라 토의된 바가 있는데, 당시 지식인들이나 승려들 사이에서는 별다른 반향을 불러일으키지도 못했고 또 승려도 군주에게 예경을 표해야 한다고 문제를 제기했던 파벌이 얼마 안 가 몰락함에 따라 논의가 흐지부지되어 결국 사문불경왕자의 현상이 유지되었다. 이러한 문제를 환현이 반 세기 만에 다시 논의에 부친 것인데, 동진의 실권자로서 새 황조를 개창하기에 앞서 나라의 기강을 유신해보겠다는 포부의 한 발로였다고 보아도 큰 문제는 없을 것이다.

엘리트 가문 출신의 사상가이자 문장가였던 환현의 이 문제에 대한 접근은 어떠한 것이었으며 또 혜원의 답변은 무엇이었을까? 이어지는 장에서는 우선 환현이 전개한, "사문 역시 군주에게 예경을 표해야 한다"는 논변을 살펴본다.

---

3   뒤에서도 인용하듯이 『사문불경왕자론』에서는 사문과 천자가 "대등한 예를 행한다[抗禮]"는 주장이 나오는데, 이를 보면 사문이 군주에게 절을 하지 않았을 뿐만 아니라 군주 역시 사문에게 절을 하지 않고 알현을 받는 것이 관습이었던 것처럼 보인다.

3. 중국의 전통적 군주관: 환현의 논변

환현은 402년 사문불경왕자의 문제를 재차 제기하며 조정 대신들에게 쓴 편지에서 다음과 같이 주장한다.

노자는 군주를 도(道)·하늘[天]·땅[地]의 삼대(三大)와 마찬가지로 위대한 것으로 보았다. 이처럼 군주가 중시되는 이유를 따져보자면 무릇 [만물의] 생성을 돕고 [우주의] 운행을 통하게 한다는 것에 있다. 어찌 단지 군주가 군주의 지위에 있다는 이유만으로 하늘·땅에 비견되겠는가? 무릇 하늘·땅의 큰 덕은 생성하는 것이라 일컬어지는데, 생성된 만물을 형통하게끔 하고 질서 있게 다스리는 것은 군주에게 달려있다. 그러므로 제왕이 '신기(神器)'라 하여 존중되는 것이고 제왕에 대한 예를 융성하게 하는 것이다. 어찌 이유도 없이 숭배하고 추중하는 것이겠는가? 그렇게 하는 것의 의미는 군주의 다스림에 있을 따름이다. 사문이 삶을 살아가며[生生] 그 존재를 꾸리는 것 역시 [군주의] 다스림과 교령에 매일 같이 의존하고 있는 것이다. 어찌 군주의 덕은 입으면서 그에 대한 예의는 버리고, 군주의 은혜는 받으면서 그에 대한 공경은 폐할 수가 있겠는가? 이는 도리에 있어서 용납될 수 없을 뿐만 아니라, 그 감정적 바탕[情]을 생각해 볼 때에도 마땅하지 않은 것이다. 이는 이 시대의 큰 문제이니 함께 품고 있는 생각을 구하고 또 서로 이를 남김없이 검토해봐야 할 것이다.(T52, 80b17-25)

여기서 환현은 우선 『도덕경』 25장의 "도는 크며, 하늘도 크며, 땅도 크며, 왕 또한 크니 세상엔 네 가지 큰 존재가 있어 왕이 그 가운데 하나이다"

는 구절을 인용하고 있다. 이는 이 글을 시작하면서 본 것과 같이 국가의 군주를 우주 자연 자체의 불가결한 구조적 요소로 보는 중국의 전통적 군주관을 보여주는 유명한 구절 중 하나이다.

그리고 환현은 군주에게 이처럼 우주적인 의미가 부여되는 것은 그가 천지자연이 낳은 만물을 육성하고 다스리는 존재이기 때문이라고 한다. 즉 비록 만물을 처음 생성시키는 것은 천지자연이지만 이렇게 생성된 만물이 문제없이 번창할 수 있도록 돕고 또 이들을 질서 있게 다스리는 것은 오롯이 군주의 소임이다. 이러한 사고방식 자체는 비단 한대(漢代, 202BCE~220CE)에 유행한 천인감응설(天人感應說), 즉 군주가 덕을 갖춰야 계절 변화 등의 자연 현상이 조화롭게 전개된다는 이론 등을 거론하지 않더라도, 군주가 위정자로서 담당하고 있는 치수 사업, 책력의 반포, 영지의 분배, 야경과 국방, 민심의 위무 등의 역할을 떠올려보는 것으로도 그 맥락을 이해할 수 있다. 환현은 군주에게 예경을 표해야 하는 것은 단지 그가 사회적 지위가 높다는 이유에서가 아니라 그가 이처럼 하늘·땅과 더불어 우주의 질서에 기여하는 초월적 존재이기 때문이라고 주장한다.

이와 같이 중국의 전통적 군주관을 조리 있게 정리한 환현은 이어 불교의 출가수행자 역시 이처럼 군주가 유지·관리하는 우주에 속해있다는 점을 지적한다. 불교의 사문 역시 비록 가정과 세속 사회를 벗어난 자라고 하지만 어디까지나 이 우주 내에서 삶을 영위하는[生生] 자이고, 그러한 이상 군주가 만들어내는 자연 현상의 조화와 사회 질서의 안정에 매일 같이 의지하고 있다는 것이다. 사문 역시 군주의 다스림의 덕으로 자라고 거둔 곡물을 빌어먹고, 또 군주의 다스림이 가능케 한 치안을 바탕으로 불법을 펼친다. 그렇다면 사문 역시 다른 백성들과 마찬가지로 군주의 덕을 보는 자이고 따라서 군주에 대해 예경을 표하는 것이 마땅한 도리가 아닐까? 환현은 나아가 이렇게 하지 않는 것이 도덕적 원리에 합당하지 않을뿐더러 인간의 질박한 감정[情]이란 측면에서도 부당한 일이라 덧붙인다. 다시 말해 은혜에는 마땅히 감사를 표한다는 인지상정마저 거스르는 일이라는 지적이다.

환현이 이와 같이 환기한 사문불경왕자의 문제는 이후 조정 대신들 간의 논의를 거치게 되지만 뾰족한 결론에 다다르지 못하고, 결국 환현은 이 편지와 대신들의 답장을 모아 그가 존경하던 혜원에게 보내 자문을 구하게 된다.

4. 근본적 이상 상태의 재정의: 혜원의 논변

위와 같은 환현의 논변을 받은 혜원은 우선 이 문제에 대한 자신의 생각을 정리한 답서를 써서 환현에게 보내고, 또 404년에는 이 답서를 증보하여 『사문불경왕자론』이란 논서를 완성시켜 세상에 유포하게 된다. 이하의 논의에서는 이 두 문헌을 모두 참고하여 혜원의 생각을 정리해보겠다.

혜원은 우선 불교에는 출가수행자와 재가 신자의 구별이 있음을 상기시키며, 재가 신자의 경우 환현의 논변과 같이 군주에 대한 예를 폐할 수 없는 것이라고 확인한다. 이 서술에서 혜원이 도입하는 것이 불교의 재가 신자란 "'화'에 순응하는 백성[順化之民]"이라는 생각인데, 여기서 '화(化)'란 일차적으로 우주 내에서 발생하는 자연스러운 변화를 뜻하는 개념이며 "화에 순응한다"는 것은 따라서 자신이 맞닥뜨리는 자연과 세태의 변화를 그대로 수용하고 자신에게 주어진 사회적 본분에 안주하는 삶의 태도를 의미한다. 그리고 혜원은 이처럼 '순화'하는 백성의 경우 그 감정[情]이 자연 그대로의 상태이므로 군주의 은택을 입었으면 그것을 은혜롭게 생각하는 마음이 자연히 있을 것이며 따라서 이들이 행하는 군주에 대한 예경은 충분히 근거[本]가 있는 것이라고 서술한다.

혜원은 이처럼 '순화'하며 사는 재가 신자와는 달리 출가수행자의 경우는 오히려 다음과 같이 "화에 순응하지 않는 것[不順化]"으로 근본적 이상[宗]을 성취하려는 자라고 정의한다.

> 무릇 출가자는 세속을 벗어난 손님이니 그 행적이 일반 중생들과는 떨어져 있다. 그가 행하는 가르침은, 근심의 얽매임이 몸을 가지고 있음에서 기인한다는 사실을 통달하여 자신의 몸을 보존하지 않는 것으로 근심을 그치려는 것이며, 삶과 삶의 반복[生生]이 자신에게 주어진 변화에 따르는 것에서 유래한다는 사실을 알고 변화에 순응하지 않는 것으로 근본적 이상을 구하려는 것이다[不順化以求宗]. 근본적 이상을 구하는 것은 변화에 순응하는 것에서 유래하지 않기에 곧 [우주의] 운행을 형통하게끔 하는 기여[運通之資]를 중시하지 않으며, 또 근심을 그치는 것은 몸을 보존하는 것에서 유래하지 않기에 삶을 두텁게 하는 이익[厚生之益]을 귀하게 여기지 않는 것이다.(T52, 30b6-10, 83c23-27)

이처럼 혜원은 앞서 환현이 출가수행자 역시 그의 삶을 영위함에 있어 군주의 다스림으로부터 혜택을 받고 있다고 주장한 것을 정면에서 반박한다. 군주의 다스림이 가능케 한다는 우주 자연의 안정적 운행, 또 그에 따르는 물질적 후생은 어디까지나 변화에 순응하여 육체적 삶을 귀하게 여기는 자에게 한해서만 가치가 있는 현상들이다. 그러나 출가수행자는 '불순화(不順化)', 즉 우주 자연의 자연스러운 변화에 순응하기를 거부하고 오히려 그것을 거스르려는 자이다. 그렇게 하는 것으로 인간은 환생을 통한 삶의 반복[生生]을 초월하여 근본적 이상을 성취할 수 있기 때문이다. 앞서 환현이 사문 역시 그의 "삶을 살아가는 데[生生]"에 있어 군주의 은덕을 입는다고 했지만 사실 사문에게 '생생'이란 오히려 무의미한 윤회 전생을 의미하며 따라서 '생생'을 가능케 하는 군주의 다스림은 출가수행자에게 어떠한 궁극적인 가치도 제공해주지 못한다는 것이다.

그런데 변화에 순응하지 않는 것으로 근본적 이상을 구한다는 혜원의 이러한 주장은 당시로서는 파격적인 것이었다. 이는 혜원, 환현보다 조금 앞선 시기의 왕필(王弼)이나 곽상(郭象)과 같은 현학 사상가들이 주장한 안분지족과 무위(無爲)의 윤리적 이상이 앞서 본 '순화'의 태도와 크게 일치한다는 점을 생각해봐도 알 수 있다. 실로 혜원은『사문불경왕자론』에서 가상의 논적을 설정하여 다음과 같은 질문을 던진다.

노자의 뜻을 살펴보면, 하늘과 땅은 하나[라는 궁극적 원리]를 얻음으로써 위대해지며, 왕후는 [하나라는 궁극적 원리의] 체득과 [변화에의] 순응을 통해 존귀해진다고 하였다. [하늘과 땅은] 하나를 얻기에 만 가지 변화의 근원으로 존재하는 것이고, [왕후는] 체득하고 순응하므로 운행의 형통이라는 공능이 있는 것이다. 이는 곧 근본적 이상[宗]이란 [궁극적 원리의] 체득과 [변화에의] 순응에 달려 있는 것임을 밝힌 것이니, 궁극적 원리의 체득은 반드시 변화에 순응하는 것에서 유래한다[體極必由於順化]. 그렇기 때문에 선현들이 이를 뛰어난 담론으로 삼은 것이고 뭇 이론들이 이를 반대할 수 없었던 것이다. 이러한 뭇 이론들과 달리하려는 것은 결국 얻는 바가 없을 것이다. 그런데 어째서 당신은 "화에 순응하지 않는다"고 하는가?(T52, 30b5-c1)

환현을 모델로 삼아 만들어진 것이 분명한 이 논적은 우선 천지 만물과 왕후가 모두 '하나[一]'를 얻는 것을 통해 자신의 공능을 실현시키는 것이라는 『도덕경』 39장의 진술 및 여기서 말하는 '하나'라는 것은 곧 우주의 궁극적 원리[極]라는 왕필의 주석을 인용한다. 그리고 이 궁극적 원리를 체득하는 것은 오직 우주의 변화에 순응함을 통해 가능하다고 주장한다. 자신 앞에 펼쳐지는 우주의 생성 변화에 대하여 작위하지 않고 무위의 태도로 대함으로써 인간의 근본적 이상 상태로 복귀할 수 있다는 현학 사상가들의 주장을 계승한 것이다. 당시 이러한 이해가 가지고 있었던 영향력은 혜원보다 조금 후대의 범진(范縝)이라는 유학자의 다음과 같은 주장에서도 확인할 수 있다.

만물의 생성[陶甄]은 스스로 그러하다는 사실[自然]에 바탕을 두고 있는 것이고, 삼라만상[森羅]은 스스로 변화한다는 사실[獨化]에서 조화를 이루는 것이다. [이처럼 뭇 존재는] 홀연히 저절로 존재하였다가 이내 사라져 버리는 것이니, 오는 것은 제어할 수 없으며 가는 것은 쫓을 수 없다. [따라서] 저 천리(天理)에 편승하여 각자 그의 본성을 즐겁게 여겨서, 소인은 그의 밭이랑을 달게 생각하고 군자는 그의 염소(恬素)함을 보존해야 하는 것이다. [이렇게 각자의 본분에 충실하여] 밭을 경작하여 먹으니 먹을 것이 다하는 일이 없고, 누에를 쳐 입으니 입을 것이 다하는 일이 없다. 아랫사람은 남는 것으로 그의 윗사람을 섬기고 윗사람은 무위로써 그의 아랫사람을 대하니, 삶을 온전하게 할 수 있고 부모를 봉양할 수 있으며, 자신을 위할 수 있고 타인을 위할 수 있으며, 나라를 구제할 수 있고 군자를 패자로 만들 수 있다. 이 도(道)를 써야 한다.(T52, 57b27-c4)

이와 같은 현학 사상가들의 "우주의 자연스러운 생성 변화에 순응하여 근본적 이상을 성취한다"는 입장에 대한 혜원의 반론은 다음과 같다.

① [동물처럼] 영혼이 있으면 변화에 대하여 감정[情]이 있고, [식물처럼] 영혼이 없으면 변화에 대해 감정이 없다. 변화에 대하여 감정이 없으면, 변화가 다하면 삶도 다한다. 삶이 감정으로부터 유래하지 않게 되는 것이다. 따라서 형체가 썩는 것으로 변화하여 소멸한다. 그러나 변화에 대하여 감정이 있으면, 외물에 감응하여 동하는 일이 있으니, 이 동하는 일은 반드시 감정으로 이루어진다. 그러므로 삶이 끊이지 않는 것이다. 삶이 끊이지 않으면 변화[의 세계에의 참여]는 더욱 광대해지고, 육체는 더욱 집적하게 되며, 감정은 더욱 막히게 되고, 얽매임은 더욱 깊어진다. 이것의 근심됨을 어찌 말로써 다 표현할 수 있겠는가? 그러므로 경전에서는 열반은 불변하니 변화[에의 참여]가 다하는 것을 집으로 삼고, 감각 세계[三界]는 유동하니 죄악과 고통을 바탕으로 삼는다고 하였다. 변화[의 세계에의 참여]가 다하면 [고통의] 인연이 영원히 그치고, [감각 세계 속에서] 유동하게 되면 주어지는 고통이 무궁하다는 것이다. ② 어떻게 그러함을 아는가? 무릇 삶이란 형체가 있는 것으로 인해 질곡이 된다. 그리고 이 삶이란 변화로부터 유래하여 있는 것이다. 변화가 감정으로써 [정신을] 자극하면, 곧 정신[神]은 그 본성이 유실되고 지혜는 그

비춤이 어두워진다. [이렇게 되면] 격리된 모습이 되어 피아의 구분이 성립하니, 보존하려는 바는 자기 자신이고 교섭하는 바는 오직 유동[하는 죄악과 고통의 세계]이다. 이에 영혼의 고삐는 제어를 잃고 삶의 길이 매일같이 열리게 된다. 바야흐로 긴 윤회의 흐름 속에서 탐애를 좇게 되니, 어찌 삶을 한 번 받는 것으로 그치겠는가? ③ 그러므로 근원으로 돌아가 근본적 이상을 구하려는 자는 삶으로써 그 정신을 얽매지 않고, 감각 세계[塵封]를 초월하여 벗어나려는 자는 감정으로써 그 삶을 얽매지 않는다. 감정으로 그 삶을 얽매지 않게 되면 삶이 끝날 수 있는 것이며, 삶으로써 그 정신을 얽매지 않게 되면 곧 정신이 초월하게 된다. 초월적인 정신이 대상 세계[境]를 뛰어넘은 것, 이를 일컬어 열반이라고 하니, 어찌 열반의 이름이 허망한 것이겠는가?(T52, 30c2-17)

혜원의 이상과 같은 논변을 그 주요 주장에 따라 ①, ②, ③의 문단으로 위처럼 나누어서 조금 자세히 살펴보기로 하자.

①에서 우선 혜원은 환현에게 준 답서에서 제시한 "삶과 삶의 반복은 자신에게 주어진 변화에 따르는 것에서 유래한다[生生由於稟化]"는 주장을 부연하고 있다. 인간이 어떠한 변화를 마주하게 되면 자연스럽게 그 변화에 대해 감정으로 반응하게 되고, 이러한 질박한 감정[情]대로 행동하며 살아가는 것이 '순화'의 태도일진대(가령 환현의 주장처럼 군주의 교화에 고마움을 느끼고 그것을 예경으로 표현하는 삶의 태도), 혜원은 이처럼 변화에 대해 감정을 가지는 것이 원인이 되어 육체적인 삶이 계속되고 나아가 끊임없이 변화하는 감각의 세계에서 근심과 고통으로 가득한 윤회 전생을 반복하게 된다고 한다. 이는 물론 불교의 십이인연 등의 교리가 말하는, 외부 대상에 대한 호오 등의 감정으로 인해 존재에 대한 탐애와 집착이 생겨 윤회를 거

듭한다는 생각을 표현한 것이다.

이어서 ②에서 혜원은 역시 환현에게 보낸 편지에서 제시한 "변화에 순응하지 않는 것으로 근본적 이상을 구한다[不順化而求宗]"는 주장을 또한 부연한다. 혜원의 주장대로 변화에 순응하여 감정을 가지는 것의 결과로 가변적인 감각 세계에서의 환생이 반복되는 것이며 따라서 변화에 순응하지 않는 것으로 윤회 전생으로부터의 탈출을 도모할 수 있는 것이라고 하더라도, 여기서 더 나아가 윤회 전생으로부터 벗어난 상태를 '근본적 이상[宗]'의 체득이라고 보아야 할 근거는 어디에 있을까? 이에 대해 혜원이 제시하는 답은 인간의 근본적 상태는 피아의 구분 없이 비물질적인 본성을 유지한 채 밝은 지혜로 세상을 있는 그대로, 즉 개체의 감각과 무관하게 관조하는 초월적 정신[神]의 상태라는 것이다. 혜원이 인간의 본래적 상태에 대해 이러한 이해를 가지고 있었다는 것은 ②에서 서술되는, 감정에 의해 정신이 자극되어 발생하는 정신의 퇴행의 과정, 즉 정신이 비물질적 본성을 잃고 지혜가 어두워져 피아의 구분이 생기고 유동의 감각 세계와 교섭하며 이기적 욕망을 좇아 끝없이 윤회하게 되는 과정을 거꾸로 추적해보는 것으로 알 수 있다. 혜원의 『명보응론』이란 저술에서도 이 본래적 정신이 퇴락하는 과정이 비슷하게 묘사되어 있어 우리의 이해를 돕는다.

무명은 그물과 같은 미혹의 연원이고, 탐애는 뭇 얽매임의 창고이다. 이 두 가지 이치(무명과 탐애)가 함께 노니는 가운데에 정신[神]의 작용이 초월적으로 이루어지니 길흉화복이 모두 [무명과 탐애의 영향 아래 놓여 있는 정신의] 작동에서 유래한다. 무명이 정신의 관조를 가리기에 감정과 생각이 물질 중에서 막혀 있게 되고, 탐애가 정신의 본성을 유실케 하기 때문에 물질적 원소가 결합하여 형체가 생성된다. 형체가 결정되면 곧 피아의 구분이 생겨나고, 감정이 막히게 되면 곧 선과 악의 구분에 주관이 개입된다. 피아의 구분이 생겨나니 육신을 사사로이 여겨 육신을 잊지 않게 되고, 선악에 주관이 개입되니 삶을 사랑하여 그 삶이 끊어지지 않는다. 이에 한바탕 꿈을 달게 꾸며 미혹의 대상에 의해 혼미해져, 기나긴 윤회 전생의 과정 내내 의문을 끌어안고는 오직 집착만을 마음에 품게 되는 것이다. 이로 인해 득실과 화복(즉, 길흉화복)이 연달아 발생하는 것이다.(T52, 33c10-17)

이처럼 혜원은 우리 존재의 근본적 상태가 정신이 육체적 윤회로부터 자유롭고 피아의 분화가 없이 존재하면서 밝은 지혜로 세상을 공평무사하게 관조하는 상태라고 생각한다. 이러한 상태에서 인간은 육신의 감관도 없고 따라서 감관으로 포착하는 감각 대상도, 따라서 감각 세계와의 교섭도 없을 것이다. 깨달은 자 부처가 본 것과 같은, 있는 그대로의 불변하는 초월적 진리만을 고요히 관조하는 상태인 것이다. 그렇기에 ③에서 혜원은 이러한 육화와 개인화 이전의 상태를 회복하는 것이 "근원으로 돌아가 근본적 이상을 구하는 것[反本求宗]"이며, 이 상태의 회복을 통해 정신은 감각 세계[塵封, 境]를 초월하게 된다고 한다. 그리고 이러한 상태가 곧 불교에서 말하는 열반이라고 한다.

③의 논의에 곧바로 뒤이어 혜원은 출가수행자가 군주를 공경하지 않아도 되는 이유를 다음과 같이 천명한다. 앞서 본 '생생(生生)'이란 키워드가 여기서 다시 등장하는데, 이번에는 "삶을 영위하다", "환생을 거듭하다"에 이어 "살아 있는 것을 생성한다"는 의미로 사용되고 있어, 혜원이 이 단어의 풍부한 철학적 함의를 십분 활용하고 있는 것을 감상할 수 있다.

하늘과 땅은 비록 삶을 만들어내는 것[生生]을 위대함으로 삼지만, 살아 있는 존재가 [유동의 세계를 초월하여] 변화하지 않게는 하지 못한다. 왕후는 비록 존재하는 것들을 유지하는 것을 공으로 삼지만, 존재하는 것들이 근심으로부터 자유롭게는 하지 못한다. 이 때문에 앞서 논하여 "[사문은] 근심의 얽매임이 몸을 가지고 있음에서 기인한다는 사실을 통달하여 자신의 몸을 보존하지 않는 것으로 근심을 그치려는 것이며, 삶과 삶의 반복[生生]이 자신에게 주어진 변화에 따르는 것에서 유래한다는 사실을 알고 변화에 순응하지 않는 것으로 근본적 이상을 구하려는 것이다"라고 한 것이니, 나의 뜻이 여기에 있다. 이것이 사문이 천자와 대등한 예를 사용하여 자신의 행적을 고상하게 하는 까닭이며, 왕후의 작위가 없으면서도 자신[이 중생들에게 내리는] 은혜를 윤택하게 하는 까닭이다.[4] (T52, 30c17-23)

이처럼 천지와 군주가 맡고 있는 역할의 의의가 궁극적인 해탈의 차원에서는 무의미하다는 주장은 동일한 『사문불경왕자론』에 등장하는 다음과 같은 진술에서도 보인다.

하늘과 땅의 도는 그 공이 변화를 운행하는 것에서 끝이고, 제왕의 덕은 그 이치가 변화에 순응하여 [천지의] 운행을 형통하게끔 하는 것에서 다한다.

---

4   이 마지막 문장의 해석은 꽤 까다로운데, 필자는 앞선 교토대 번역팀의 번역(木村英一 편, 『慧遠研究』 참고)에도 Hurvitz의 번역("'Render unto Caesar' in Early Chinese Buddhism" 참고)에도 동의하지 않는다. 이 문장 해석의 관건은 이것이 『사문불경왕자론』의 T52, 30b12-17 부분의 요약·반복이라는 점을 고려하는 데에 있다.

만약 이들의 공과 덕을 [불교의] 절대적인 가르침이나 [사문이 회복하려는] 불변하는 근본에 비교해보면, 이들을 한 데에 거론하여 우열을 따지는 것조차 불가능함이 실로 명확해진다.(T52, 31b7-9)

정리하자면 불교의 출가수행자란 우주 자연의 자연스러운 생성 변화를 거슬러 그러한 생성 변화의 세계에서 윤회 전생하게 되기 이전의 초월적 상태를 회복하려는 자이다. 그러므로 우주 자연의 생성 변화를 관리하고 유지시키는 군주는 사문에게 있어 어떠한 궁극적인 가치도 제공해주지 못하는 존재이며 따라서 사문은 군주에 대해 은혜의 감정을 가질 이유도 감사를 표할 이유도 없는 것이다. 이것이 재가 신자들과 달리 사문은 왕자에게 예경을 하지 않아도 된다는 혜원의 논변의 대강이다.

5. 인간의 정체에 대한 두 관점

이상과 같은 혜원의 사문불경왕자에 대한 논변은 비록 논리적이고 정합적이지만 당대 중국 사상의 맥락에서 보면 논란의 여지가 있을 또 하나의 이해를 전제로 하고 있다. 정신[神]이라는 존재가 유동 변화하는 감각의 세계를 초월하여 존재하는 무엇이라는 이해가 그것이다. 이 이해가 문제가 되는 이유는 근본적으로 중국의 전통적 형이상학이 태극, 도, 하나, 무(無) 등으로 지칭되는 일자(一者)에서 음·양의 기(氣)가 발생하여, 이 기의 이합집산으로 우주 만물이 생성·소멸한다는 일원론적인 구조를 가지고 있었다는 점에 있다. 비록 정신과 물질의 차이를 설정하지 않는 것은 아니지만 정신 역시 궁극적으로는 우주의 다른 물질적 요소들과 마찬가지로 음양의 기가 일시적으로 모여서 만들어진 것이라고 여겼던 것이다. 혜원이 『사문불경왕자론』에서 설정한 가상의 논적은 앞서 본 논의를 뒤이어 과연 다음과 같은 의문을 제기한다. 이 질문 역시 환현의 입장, 보다 구체적으로는 앞서 언급한 그의 『심무의』라는 논서의 입장을 모델로 삼아 쓰였을 가능성이 있다.

> 당신의 논지는 변화[의 세계에의 참여]가 다하는 것으로 지극에 다다른다는 것이었다. 그렇기에 지극에 이르려는 자는 반드시 변화를 거슬러서 근본적 이상을 추구해야 하며, 근본적 이상의 추구는 변화에 순응하는 것에서 유래하지 않는다는 것이다. […] 그러나 이것이 실로 합당한지를 따져보면 이치가 그러하지 않다는 것을 알 수 있다. 왜 그러한가? 무릇 품부 받은 기(氣)는 한 삶에서 다하는 것이다. 삶이 다하면 곧 소멸하고 녹아 없어져 무(無)와 같아진다. 정신[神]은 비록 [『역경』의 「설괘전」에서 말하듯이] "뭇 존재보다 묘하다[妙物]"고 하지만 기실 음양이 변화한 바에 불과하다. [『장자』에서는] "이미 변했기에 생겨난 것이고 또 변화하면 죽는 것이다. 이미 모였으니 시작된 것이고, 다시 흩어지면 끝난다"고 하였으니 이로부터 추론해보면 곧 정신과 형체가 함께 변화하는 것이며 원래부터 다른 계통이 아님을 알 수 있다. 정묘한 것(정신)과 추대한 것(형체)이 하나의 기로서 그 시작과 끝을 한 집에서 하는 것이니, 집이 온전하면 곧 기가 모여 영혼이 있는 것이고, 집이 훼손되면 곧 기가 흩어져 관조가 멸하는 것이다. 흩어지면 곧 받은 바를 위대한 근원[大本]에게 돌려주는 것이고, 멸하면 곧 무존재의 상태로 복귀하는 것이다. 이렇게 반복하여 결국 끝을 맞이하는 것은 모두 자연의 이치일 따름이다. 누

가 그렇게끔 하겠는가?(T52, 31b11-21)

논적의 반론은 당대 중국 사상의 정신과 육체에 대한 주류적 이해를 잘 요약하고 있다. 정신과 육체 모두 궁극적으로는 음과 양의 기가 임시적으로 모여서 생성된 존재이다. 다만 둘 사이에는 정묘함과 추대함이라는 질적 차이가 존재하며 정신이 여타의 사물보다 신묘한 것도 사실이다. 또 그렇기에 정신이란 다른 물질적 존재들과는 다르게 우선 그것이 깃들 육체가 있어야만 거기에 머물면서 감각, 인식, 감정과 같은 작용을 할 수 있는 것이다. 그럼 육체가 훼손되어 사라지면 거기에 깃들어 활동하던 정신은 어떻게 될까? 육체가 훼손되면 그것을 구성하고 있던 기가 흩어지는 것처럼 의지할 바를 잃은 정신 역시 그것을 구성하고 있던 기가 흩어져 결국 사라지게 된다. 그리고 이렇게 흩어진 육체와 정신의 기는 그들이 처음 유래한 위대한 근원[大本], 곧 무로 복귀하게 된다. 이렇듯 논적은 정신이란 존재자역시 끝없이 생멸 변화하는 감각 세계의 일원에 불과하며, "근원으로 돌아가 근본적 이상을 구하기[反本求宗]" 위해서는 정신이 감각 세계를 초월해야 한다는 혜원의 주장과 달리 단지 죽어서 그 기가 흩어지는 것으로 근원적 상태의 회복은 달성된다고 주장한다. 이는 곧 우주 자연의 일반적인 존재들과 우리의 존재를 구분 짓는 궁극적인 본질은 별도로 존재하지 않는다는 관점이기도 하며, 인간의 본래적 상태의 회복은 별다른 노력 없이도 단지 변화에 순응하여 죽어서 사라지는 것만으로도 가능하다는 관점이다.

이러한 문제 제기에 대한 혜원의 답변은 다음과 같다.

무릇 정신[神]이란 무엇인가? 정묘함이 지극하여 영묘한 것이다. 그 정묘함이 지극하기에 괘상(卦象)이 묘사할 수 있는 바가 아니니, 그러므로 성인께서 "뭇 존재보다 묘하다[妙物]"고 하신 것이다. 비록 뛰어난 지혜가 있는 자라 하여도 오히려 그 본질과 모습을 판정하거나 그 아득한 지극함을 다 알아낼 수는 없는 것이다. 그러나 당신은 일반인의 상식을 가지고서 의문을 품고, 대중의 이해에 찬동하여서 스스로 혼란을 부른 것이니, 비판의 근거 없음이 무척 심하다. 장차 그것에 대해 말하려고 하면 곧 저 말할 수 없는 것에 대해 말하는 것이 된다.(T52, 31c2-6)

이렇게 혜원은 우선 정신이란 존재는 괘상, 즉 음과 양의 조합으로 이루어지는 팔괘의 상으로 환원되지 않는 존재라고 주장한다. 정신 역시 음양의 기가 변화한 결과라는 논적의 주장을 정면에서 부정하며 정신이란 기로 이루어진 존재가 아니라고 선언한 것이다. 혜원은 또한 정신의 이러한 본래적 초월성으로 인해 정신이 어떠한 존재인가를 온전히 지성으로 이해하거나 언어로 포착하는 것 또한 불가능하다고 한다.

그런데 정신이 이처럼 유동하는 현상 세계에 속하지 않는 초월적인 존재라면 어떻게 그것이 현재 우리의 존재와 관련이 있는 것일까? 앞서 보았듯이 혜원에 의하면 본래의 초월적 정신이 원초적 무명, 탐애에 의해 타락, 변질하였기에 현재 우리의 감각 세계에서의 육체적·개인적 실존이 성립하게 된 것이다. 그리고 실로 내성이나 추론을 가지고 현재 우리의 정신을 살펴보면 그것이 얼마든지 언어로써 기술 가능한 활동을 하고 있고(욕망한다, 관찰한다, 사고한다 등등) 또 갖가지 현상적인 속성들을 가지고 있는 것(예리하다, 우둔하다, 선하다, 악하다 등등)을 알 수 있다. 그렇다면 비록 우리의 본래 모습이 초월적인 정신이라고 하더라도 유동하는 감각 세계에서 살아가는 우리의 현재 존재와는 이미 무관한 것이 아닐까? 또 무관하다면 우리는 이미 온전히 감각 세계의 일부가 된 것인데 논적의 주장처럼 감각 세계의 다른 모든 존재처럼 우리도 변화하여 소멸하는 운명인 것은 아닐까? 혜원은 위 선언을 이어 우리 정신의 현상적인 활동과 정신의 본래적 초월성의 관계에 대한 이론을 전개한다.

정신이란 것은 완벽하게 반응하여서 주관이 없는 것이고 그 영묘함이 궁극적이어서 이름이 없는 것이다. [그러나] 물질에 자극을 받아 작동하고 임시로 속성을 띠고는 현행한다. 물질에 자극을 받지만 그 자체는 물질이 아니니 물질이 변화하더라도 정신은 불멸한다. 임시로 속성을 띠지만 그 자체는 속성이 아니니 속성이 사라지더라도 정신은 무궁하다. 감정[情]이 있기에 물질에 의해 자극될 수 있는 것이고 의식[識]이 있기에 속성을 매개로 관찰될 수 있는 것이다. 의식의 속성에는 정밀함과 추대함의 차이가 있으니 개개인의 [도덕적] 본성이 각자 다른 것이고, [물체를] 지각하는 능력에는 밝고 어두움의 차이가 있으니 그 관조의 능력이 동일하지 않은 것이다. 이로부터 미루어 논하면 곧 변화[의 세계]가 감정을 일으켜 정신을 자극하여서 정신이 변화[의 세계]에서 전생하는 것임을 알 수 있다. 감정이 변화[의 세계에서 전생하는 것]의 기원이고 정신이 감정의 근원이다. 감정에는 물질에 대응하는 도리가 있고 정신에는 아득히 옮겨가는[冥移] 공능이 있다. 이를 깨닫고 통찰하는 자는 본래 상태로 돌아가고, 이 이치에 미혹된 자는 물질을 좇을 뿐이다.(T52, 31c7-14)

이렇게 혜원은 인간 마음의 이중적인 구조를 제시하여 정신의 초월적 본성을 상정하는 것의 이론적 난점들을 해결한다. 앞서 보았듯이 혜원은 원초적 탐애와 무명으로 인해 정신이 육화와 개인화의 과정을 거치게 된다고 한다. 그 결과로 성립하는 것이 우리 현존재의 육체적 감정[情]과 개인적 의식[識]인 것이다. 우리는 그리하여 감정을 가지고 물질적 대상과 교섭하게 되고 또 그러한 교섭 활동의 패턴으로부터 밝다거나 어둡다거나, 예리하다거나 우둔하다거나, 선하다거나 포악하다거나 등과 같은 개인 의식의 속성들이 성립한다. 그런데 혜원은 이러한 육체적 감정과 개인적 의식은 정신의 표층적이며 우유적인 모습에 불과하다고 주장한다. 따라서 우리의 물질적 존재가 끝나고[物化] 개인적 존재가 다해[數盡] 감정과 의식이 사라지더라도, 감정과 의식의 근저에는 여전히 순수한 정신이 있어 그것은 불멸하고 무궁하다는 것이다. 이렇게 육화와 개인화라는 타락의 과정에도 불구하고 초월적 정신은 우리 마음의 심층에 상주하면서 완벽하고 공평무사한 관조를 변함없이 발산하고 있다. 나아가 혜원은 이러한 "정신이 곧 감정의 근원"이라고 한다. 초월적 정신의 관조가 심층으로부터 끊임없이 발산되고 있기에 그것에 기반하여 마음의 표층적인 활동도 가능해진다는 것이다. 이처럼 초월적 정신이 윤회 전생의 과정속에서도 "아득히 옮겨가며[冥移]" 우리 안에 상주하는 본질임을 깨닫는 것을 통해 인간은 근본적 이상의 회복으로 향할 수 있는 것이고, 이를 부정한다면 감각 세계에서의 물질적 쾌락의 추구에 머무르게 되는 것이라고 혜원은 결론 내린다.

혜원의 제자 종병(宗炳)이 그의 스승의 철학을 조술하여 썼다고 하는 『명불론』(明佛論)에서는 마음의 이중적 구조에 대한 마찬가지의 이론이 거울에의 비유를 사용하여 더욱 명확히 설명되고 있다.

지금 공(空)을 깨달아 마음을 쉬게 하면, 마음의 작용이 그치고 감정[情]과 의식[識]이 다하게 되어 곧 정신의 밝음이 온전해진다. […] 지금 밝은 거울이 있어 거기에 먼지가 쌓여가고 있다고 가정해보자. 먼지가 미미하면 거울의 비춤이 안개가 낀 것과 같이 뿌옇게 될 것이고, 더 쌓이면 거울의 비춤이 동틀 무렵과 같이 흐려질 것이며, 더 두터워지면 거울의 비춤이 어두워질 것이다. 하지만 거울의 본질이란 밝은 것이니, 먼지가 쌓이더라도 여전히 비추어낼 수 있는 것이다. 비록 뿌옇고 어둡기까지의 차이는 있지만, 그 [비추어낸다는] 핵심은 거울이 어떠한 상태에 있더라도 멸하지 않는다. 다만 그러한 거울로써 물체를 판별하게 되면, 반드시 먼지의 정도에 따라 오인하는 바가 커질 것이며, 이에 과오와 오류가 성립하게 된다. 사람 정신의 이치 또한 이와 같다. 거짓된 존재가 정신을 얽매어 정밀하거나 추대한 [개인적] 의식이 성립하여서, 그러한 의식이 정신에 붙어 있는 것이다. 그러므로 [개인적 의식이] 죽더라도 [정신은] 불멸하니, 공[에 대한 깨달음]으로써 의식을 없애 나아가면 반드시 다 없앨 수 있고 본래의 정신을 남김없이 실현할 수 있게 된다. 이것을 곧 열반이라고 한다.(T52, 11a18-b7)

이렇게 혜원은 우리의 현상적인 의식(먼지 낀 거울이 만들어내는 왜곡된 비춤)의 근저에는 그것의 활동을 가능케 하는 불변하는 정신의 관조(먼지 아래에서 발산되고 있는 완벽한 비춤)가 있으며, 이 정신이야말로 영원히 유실되지 않는 우리 존재의 본질임을, 또 이러한 본질의 실현을 회복하는 것을 통해 우리의 근본적 이상을 성취할 수 있음을 주장하였다.

6. 나가며

이상과 같이 세속 군주의 의의와 인간 존재의 본질에 대한 혜원의 독창한 논변을 검토하여 보았다. 혜원의 논변을 읽은 환현은 그의 짧은 재위 기간 중에 결국 사문들에게 예경의 의무를 면제해주는 교령을 내려 혜원에게의 존경을 다하였다. 중세 중국의 주류적 사고에 도전하고 당대 최고의 세속 권력자 환현에게 굴복하기를 거부하여 출가수행자는 군주에게 예경을 표하지 않아도 된다고 주장한 혜원은 실로 "출가수행자는 세상의 변화에 순응하지 않는 것으로 궁극적인 이상을 구한다"라는 명제를 몸소 실천한 인물이었다고 할 수 있을 것이다.

마지막으로 이 글에서 검토된 정신에 대한 혜원의 독특한 사유의 불교 사상적 의의를 짧게 부연하고 싶다. 종래 초기 중국 불교의 신불멸론은 흔히 인도 불교의 무아설과 윤회 전생 개념에 대한 중국인들의 초보적 오해의 산물로 기술되거나, 혹은 모종의 인도 불교 개념(푸드갈라, 법신, 근본식 등등)이 중국적 맥락에서 재해석된 결과물로 다루어졌다.[5] 그러나 이처럼 인도 불교를 기준으로 삼아 그것과의 연속성이나 차이점에 주목하여 초기 중국 불교를 연구하는 접근에는 본질적 한계가 있다고 생각한다. 이러

5 　필자 역시 2007년 현우 이명현 선생님의 정년퇴임 기념 논문집에서 혜원의 신불멸론을 인도불교적으로 해석하려고 시도한 바가 있다. 최근의 이러한 시도로는 Michael Radich, "Ideas about 'Consciousness' in Fifth and Sixth Century Chinese Buddhist Debates on the Survival of Death by the Spirit, and the Chinese Background to *Amalavijñāna", *A Distant Mirror* (Hamburg, Hamburg University Press, 2014), 471~512쪽이 있다.

한 접근에서는 인도 불교의 연속도 변형도 아닌 면들이 자연스럽게 간과되어 버리는데, 이러한 면들이야말로 어떻게 보면 초기 중국 불교의 가장 독창적인 면들이며, 또 이러한 면들이 중국 불교도들에게는 오히려 더 중요한 문제였을 가능성도 있기 때문이다. 따라서 이 글에서는 인도 불교 중심적 접근을 의도적으로 지양하여 혜원 저술들의 내적인 논리와 동시대 중국의 지성적 환경을 우선적으로 고려하였는데, 그 결과로 혜원의 정신에 대한 이론을 더욱 충실하고 풍부하게 읽어낼 수 있었다고 생각한다. 나아가 이러한 독해가 단지 하나의 방법론적인 실험이 아니라 사실 당대의 역사적·제도적 환경에 대한 고려로부터 요청된다는 점을 혜원이 자신의 불교 사상을 형성해 나아가던 시기가 필자가 제안하는 4세기 중국 불교의 '고립의 시대'에 속한다는 사실로부터 주장할 수 있다고 생각하는데, 이에 대한 논의는 다음 기회로 미루기로 한다.

이상엽

    서울대학교 철학과에서 불교철학을 전공으로 학부(2010)와 석사(2013)를 마치고 스탠퍼드대학교 종교학과에서 초기 중국 불교 사상사에 대한 연구로 박사학위(2021)를 받았다. 하이델베르크대학교 초문화학센터(HCTS)의 포스트닥터 연구원 경력을 거쳐 현재 서울대학교 철학과에서 조교수로 재직 중이다. 대표 논문으로 "Jizang's Anti-realist Theory of Truth: A Modal Logical Understanding of Universal Affirmation through Universal Negation", Philosophy East and West 73.2 (2023), "Empty Reality, Luminous Mind: The Metaphysics of 'One Reality' and 'One Mind' in Shi Sengwei's 'Shizhu jing hanzhu xu'", T'oung Pao 109 (2023), 「僧衞「十住經含注序」の「一心」概念について─『大乘起信論』の「一心」概念との関連を中心に─」, 『印度学仏教学研究』70.2(2022)가 있으며, 현재 중관학파에 대한 비교철학적 연구와 더불어 인도와 중국을 아우르는 불교문화권 사상사에 대한 연구를 진행하고 있다.

화엄 사상은 '하나 됨'을 지향하는가?

고승학(금강대학교 로터스칼리지 교수)

1. 들어가는 말

동아시아 불교 전통에서 화엄종은 천태종과 함께 교리 연구[敎學, 義學]에 치중하는 종파로 알려져 있다. 화엄종은 그 명칭이 나타내는 것처럼 『대방광불화엄경(大方廣佛華嚴經)』(이하 '『화엄경』')에 기반하여 성립한 종파이지만, 화엄 사상을 이 종파에 속하는 이들의 사상만으로 한정할 수는 없다. 두순(杜順)-지엄(智儼)-법장(法藏)-징관(澄觀)-종밀(宗密)로 이어지는 이른바 '화엄 5조(祖)'의 계보는 이들이 활약한 당나라 시기가 아닌 송나라 시기에 확립된 것이며, 이들 외에도 『화엄경』을 기반으로 하여 독자적인 사상을 전개한 이들이 다수 존재하기 때문이다.[1] 그리고 그들의 종교적·철학

---

1   이 글에서는 '비주류' 또는 '이단'으로 낙인찍혀 화엄종의 계보에서 배제된 이들의 사상에 대한 분석은 생략한다. 대표적인 인물로 이통현(李通玄)을 들 수 있는데, 관련 연구로는 필자의 다음 논문을 참조하라. 「이통현의 『해심밀경』

적 영감이 『화엄경』에 뿌리를 둔 것이라고 하더라도 활동 시기와 지역에 따라 그 사상은 다양할 수밖에 없다.

그런데 화엄 사상가들이 자신이 처한 현실을 어떠한 철학적 관점에서 읽어내고 있는지를 구체적으로 전하는 자료를 찾는 것은 거의 불가능하다. 따라서 우리는 그들의 현실 인식을 경전 주석서나 강요서(綱要書) 등을 통해 간접적으로 추정할 수밖에 없는데, 이런 한계점에도 불구하고 다음과 같은 과감한 통설(通說)이 종종 제시된다.

우주의 모든 사물은 그 어느 것이든지 홀로 있거나 일어나는 일이 없이 다 같이 끝없는 시간과 공간에서 서로 원인이 되고 대립을 초월하여 하나로 융합하고 있다는 것이 화엄에서 가르치는 무진연기(無盡緣起)이다. […] 『화엄경』은 우주의 질서를 미적으로 표현한 경전이지만 그것은 동시에 통일국가의 상징이기도 했다. 화엄의 가르침은 서로 대립하고 항쟁을 거듭하는 정계나 사회를 정화하고 또 지배층과 피지배층과의 대립도 지양시킴으로써 인심을 통일하는 데 알맞았다. 여기에 무열왕 시대서부터 시작되는 전제왕권에 따라 전개된 율령 정치 체제에 그 정신적인 뒷받침을 하는 구실을 화엄종이 크게 담당하게 되었던 그 까닭이 있었던 것이다.[2]

과 『유마경』 해석에 대하여」,《불교학연구》 29호, 2011; 「『신화엄경론』에 나타난 이통현의 『화엄경』 해석의 특징 ― 중국 고유사상과의 연관성을 중심으로」,《불교학연구》 34호, 2013; 「『신화엄경론』에 보이는 이통현의 법계관에 대한 비판적 검토」,《불교학연구》 52호, 2017.

2   불교사학회 편, 『고대한국불교교학연구』(민족사, 1989), 114~115쪽.

하나와 전체가 같은 자격으로 서로 간의 상호 의존적 관계에서만 상대를 인정하여 성립할 수 있다는 법계연기의 논리는 개체 간의 절대 평등을 의미한다. 상입상즉의 연기설은 전체 구성원의 평등과 조화를 의미하는 이론이었다. [⋯] 의상의 원융한 화엄 사상을 일심에 의하여 우주의 만상을 통섭하려 하는 것으로 이해하고, 이를 전제 왕권을 중심으로 한 중앙 집권적 통치 체제를 뒷받침하기에 적당하다고 보기도 한다. [⋯] 그러나 『일승법계도』에서의 일은 하나와 전체의 상입상즉한 관계 속에서의 일이지 어떤 절대적 개별체가 아니며, 우주의 일체 만상이 하나로 통합되는 동시에 그 하나 역시 일체 만상에로 융합되므로 오히려 조화와 평등이 강조되는 이론으로 해석된다. 중국 법장의 화엄 사상이 당나라의 절대주의 체제 이념이었다는 관점에서 시작된 왕권 이념설은 당대의 역사적 사실에 입각한 것이 아니므로 일반적인 당위성을 가질 수 없다. 따라서 화엄의 원융 사상과 유심 사상 자체를 전제 왕권의 이념으로 간주하는 것은 신중해야 한다.[3]

위의 두 인용문은 각각 1989년과 2007년에 출간된 한국 불교사에 대한 개설서에 나오는데, 20년 가까운 시차를 두고서 통설에 약간의 수정이 가해졌음을 볼 수 있다. 특히 두 번째 인용문은 법장과 징관으로 대표되는 중국의 화엄 전통과 의상(義湘)으로 대표되는 한국의 화엄 전통 사이에는 미묘한 차이가 있음을 강조하고 있는데, 이는 화엄 사상에 대한 일률적인 '정치적 해석'을 경계한 것이라고 볼 수 있다. 그렇지만 두 개설서 모두 '통

3   국사편찬위원회 편, 『신앙과 사상으로 본 불교 전통의 흐름』(두산동아, 2007), 97~98쪽.

일', '평등', '조화', '하나' 등을 언급하고 있으므로 통설이 완전히 폐기된 것
도 아님을 알 수 있다. 이하에서는 이러한 통설이 왜 지속적인 영향력을 가
져왔는지를 검토하고, 어떤 문제점이 있는지를 밝히고자 한다.

2. 화엄 사상에 대한 '정치적 해석'

위에 든 두 번째 인용문은 화엄종의 실질적인 개조(開祖)인 법장을
'당나라의 절대주의 체제 이념'과 연결하고 있다. 이는 법장이 측천무후(則
天武后)로부터 역경(譯經)과 강경(講經) 활동을 위한 후원을 받고 그에게 화
엄 사상을 가르치기 위해 704년에 『금사자장(金師子章)』이라는 책을 저술
하였다는 사실과 부합하는 것으로 보인다. 특히 그가 『화엄경』의 전역(傳
譯)과 신앙에 힘쓴 사람들의 이야기를 수록한 『화엄경전기(華嚴經傳記)』에
측천무후의 덕행과 신앙심을 찬탄하는 글을 게재한 점이 주목된다. 이와
관련하여 진화 천은 측천무후를 비롯한 당시 제왕들과 법장 사이의 개인
적·종교적 유대를 강조한 바 있다.[4]

한편, 법장은 『금사자장』에서 금으로 만든 사자상(獅子像)의 눈·귀·
코 등 모든 부분이 금으로 만들어져 있으며, 따라서 거기에는 전체로서의
사자상이 깃들어 있다고 말하고 있는데, 케네스 천은 이에 대하여 보편적

---

4   Jinhua Chen, *Philosopher, Practitioner, Politician: The Many Lives of
     Fazang*(Leiden & Boston: Brill, 2007), 241~256쪽; 『華嚴經傳記』, 권3(大正藏
     51.164a12-22).

인 이치[理]가 개별적인 현상[事]에 걸림 없이[無礙] 나타남을 뜻한다고 설명한다. 그는 나아가 이러한 원리로부터 각각의 개별적 현상 간[事事]에도 아무런 걸림이 없고 서로가 동등하다는 진리가 도출된다고 풀이한다.

그는 이렇게 화엄의 사사무애(事事無礙)를 이사무애(理事無礙)에 근거한 것으로 이해하고, 이로부터 "모든 것이 중앙의 붓다라는 하나로 수렴되는 전체주의적 체제(totalistic system)가 수립되며 […] 측천무후와 일본의 황제들이 그러한 체제를 선호한 것은 그들의 전체주의적 의도에 종교적 승인을 제공했기 때문"이라고 평가한다.[5]

그러나 속법(續法)과 같은 후대의 인물에 의해 편집된 책이긴 하지만, 법계종(화엄종)의 역사를 기록한 『법계종오조약기(法界宗伍祖略記)』에 실린 다음 글을 통해 법장이 수행에 힘쓴 존경받는 수행자이자 대중을 일깨우는 탁월한 스승으로 평가되었다는 점에 유의할 필요가 있다.

화상(和尙)은 비록 다섯 황제(고종, 중종, 예종, 현종, 측천무후)의 문사(門師)가 되어 제왕과 신하들이 모두 그를 섬겼지만, 여전히 누더기옷[糞掃衣]과 명상의 즐거움[禪悅]을 그의 옷과 음식으로 삼았다. 오직 계율과 인욕으로써 자기를 지키고 가르침을 널리 펴서 중생을 이롭게 하는 것을 임무로 삼았고, 전후로 『화엄경』을 30여 차례 강의하였다. 그사이 다함 없는 우주[無盡法界]의 거듭 겹치는 인드라신의 그물[重重帝網]의 뜻을 모르는 자가 있으면, 또한 뛰어난 수단[巧方便]을 베풀었다. 거울 열 개를 취하여 여덟 방향에 배치하고

5   K. S. Chen, *Buddhism in China: A Historical Survey*(Princeton: Princeton University Press, 1964), 316~319쪽.

위·아래에 각각 하나씩 두었는데, 그 거리가 약 3미터[一丈] 정도였으며 서로 마주 보게 하여 가운데에 불상 하나를 안치하였다. 그리하여 하나의 등불을 비추면 그 영상이 번갈아 [거울 속에 나타났으니], 배우는 이들은 이로써 "세계 바다[刹海]가 [다른 것들을 향해] 포섭하여 들어감이 거듭 겹쳐 다함이 없다"라는 [경전 구절의] 뜻을 이해할 수 있었다.[6]

아울러 측천무후의 건강과 정치력이 약해지자 705년에 장간지(張柬之) 등에 의해 중종이 복위되는데, 이 과정에서 법장이 '쿠데타' 세력과 공모하였다는 사실 또한 주목할 만하다.[7] 그의 이러한 행위를 그의 사상이 현실 정치에 투영된 결과로 단정하는 것이 부적절한 것처럼, 화엄 사상을 단지 전제 왕권을 정당화하는 이념으로 규정하는 것도 부적절할 것이다.

그러나 징관의 경우는 가짜 경전[僞經]의 권위를 빌려 자신이 찬탈한 권력에 대한 종교적 정당성을 부여하려 한 측천무후에게 보다 노골적으로 동조하고 있음을 볼 수 있다. 그가 주석을 가한 80권본 『화엄경』 앞부분에는 다음과 같은 측천무후의 서문이 첨부되어 있다.

짐(朕)이 옛 겁에 수행의 원인을 심어서 외람되이 성불(成佛)하리라는 예언[授記]을 받았으니, 금선(金仙=拘那含牟尼, 과거 7불 중 제5불)이 뜻을 내림에 『대운경(大雲經)』의 게송이 먼저 드러나고, 옥의(玉扆, 왕의 병풍)에서

---

6   『法界宗伍祖略記』(新纂續 77.622b19-c1).
7   Chen, *Philosopher, Practitioner, Politician*, 256~261쪽.

상서로움을 헤침에 『보우경(寶雨經)』의 문장이 나중에 미침이로다.[8]

『대운경』과 『보우경』은 모두 여인이 천하를 다스리는 왕이 되고 나아가 붓다가 되리라는 예언을 담고 있는데, 『구당서(舊唐書)』는 690년 7월 설회의(薛懷義), 법명(法明) 등 열 명의 승려가 『대운경』을 거짓으로 지어 '미륵의 하생(下生)'인 측천무후가 황제가 될 것이라는 말을 퍼트렸고, 그들이 그 공로로 현공(縣公)에 봉해지고 각지에 대운사가 설립되었다고 기록하고 있다. 따라서 이 경전이 가짜 경전임은 역사적으로 밝혀졌다고 보아야 할 것이다. 그러나 징관은 위의 측천무후의 서문을 풀이하면서 그 내용이 『대운경』과 대동소이한 『보우경』에 대하여 다음과 같이 그 내용을 승인함으로써 측천무후가 정치적 목적을 달성하도록 돕고 있다.

처음 『대운경』을 밝힘은 혹 거짓인가 의심함이 있음이라. 뒤에 '옥의' 이하는 『보우경』을 밝힌 것이다. […] 『보우경』은 10권이 있으니, 개원(開元) 연간에 들어서 바로 기록하였다.

제1권에서 이렇게 말한다. "저 때에 동쪽에 한 천자(天子)가 있으니 이름이 일월정광(日月淨光)이라. […] 천자여! 네가 일찍이 심은 헤아릴 수 없는 선근(善根)의 인연(因緣)으로 인해 이제 이와 같은 광명이 빛남을 얻었도다. 천자여! 이러한 인연인 까닭에 내가 열반한 후 2000년, 법이 멸하려고 하는 때에 네가 이 남섬부주 동북방 마하지나국에서 지위가 아비발치(阿鞞跋致, 수

---

8   『大方廣佛華嚴經』 권1(大正藏 10.1a17-19).

행에 물러남이 없음)에 있을 것이다. 실로 이는 보살이되 짐짓 여자 몸을 나타내어 자재주(自在主)가 되어 많은 세월이 지나도록 바른 진리의 이치로 교화하여 중생을 마치 갓난아이처럼 양육하여 그들이 […] 모든 때에 항상 청정한 수행[梵行]을 닦게 하리니, 이름이 일월정광이라" 하시니, 나머지는 저 경과 같다. 해석하자면, 이때에 다시 여주(女主)가 없었음이라. 널리 세움이 이와 같으니 이 말이 헛되지 않다.[9]

이런 몇 가지 사례 때문인지 1990년대에 비판 불교(批判佛敎) 진영의 일본 불교학자들은 화엄을 지나치게 나이브하며, 부당한 현실을 미화하는, 파기되어야 마땅할 '어용 철학'처럼 취급하기도 하였다. 그러나 화엄 사상가들의 저작이나 전기 자료에는 오늘날 정치적 함의를 가지는 '통일'이나 '평등' 등에 정확하게 대응되는 용어가 등장하지 않는다는 점과 그러한 평가는 단지 '하나'와 '전체'라는 말에 대한 후대 학자들의 해석에 의존하고 있다는 점에 유의해야 한다. 따라서 정치적 해석을 떠나 화엄 사상 그 자체의 논리를 먼저 정확히 이해할 필요가 있으며, 이하에서는 위에서 언급한 '무진', '인드라신의 그물'의 의미를 중심으로 그 사상을 개관해보기로 한다.

9   『大方廣佛華嚴經隨疏演義鈔』 권16(大正藏 36.125c29-126a19).

3. 무진연기(無盡緣起)란 무엇인가?

불교 철학은 종파를 막론하고 모든 사물이 상호 의존하여 발생·소멸한다는 연기(緣起)의 이치를 기본적으로 인정하고 있다. 그러나 화엄종은 '법계연기(法界緣起)'를 표방한다는 점에서 다른 종파와 구분된다고 할 수 있다.『화엄경』의 핵심 취지[宗趣]를 '법계연기'라고 규정한 것은 지엄과 법장인데, 그들은 이러한 법계연기, 곧 존재하는 모든 것들[法界] 사이에 성립하는 연기를 '무진연기'라고도 부른다. 따라서 화엄 사상의 핵심적인 개념을 논할 경우 '연기'보다는 '무진(無盡)'에 방점을 찍어야 할 것이다.

'무진'은 1장의 인용문에 언급된 "하나와 전체의 상즉상입한 관계"를 전제로 하는데, 상즉상입(相卽相入)이라는 원리는 연기의 개념을 부분과 전체의 관계에 철저하게 적용함으로써 도출된 것이다. 부분과 전체는 화엄 사상가들의 문헌에 보통 '하나[一]'와 '여럿[多]' 또는 '하나'와 '모두[一切]'라는 용어로써 언급된다.

우리가 흔히 생각하는 것처럼 부분들이 모여서 전체를 구성한다면 부분은 전체와 분명히 구별되어야 하지만, 부분 없는 전체가 없고 전체 없는 부분도 없으므로 화엄 사상가들은 "부분 속에 전체가 있고, 전체 속에 부분이 있다(전체가 부분에 들어가고, 부분이 전체에 들어간다)"와 "부분이 전체이고, 전체가 부분이다"라는 두 명제 모두를 받아들인다. 이 두 명제를 각각 간단히 '상입(相入)'과 '상즉(相卽)'이라고 하는데, 여기에서 포함을 나타내는 '입(入)'이나 동일성을 나타내는 '즉(卽)'이라는 글자보다는, 포함하거나 동일시하는 주체[能]와 포함되거나 동일시되는 대상[所]이 맥락에 따라 맞바뀔 수 있음을 나타내는 '상(相)'이라는 글자에 주목해야 한다.

특히 이러한 양방향성이 포함 관계에 적용될 때, 상입은 "부분 속에 전체가 있다"라는 직관에 반하는 명제뿐만 아니라 "전체 속에 부분이 있다"라는 상식에 부합하는 명제 모두를 성립하게 한다. 그런데 이 두 명제를 결합하면 전체를 포함하는 부분들이 모여 전체를 구성하며, 그렇게 구성된 전체는 다시 부분으로 들어간다는 말이 되므로 그러한 구성 과정이 무한히 반복될 수밖에 없다. 이를 화엄 사상가들은 '중중무진(重重無盡)'이라고 표현하는데, 이러한 불가사의한 경지는 인도 신화에 등장하는 인드라신의 궁전 지붕을 덮고 있는 그물[因陀羅網]에 매달린 여러 구슬이 서로를 끝없이 비추는 이미지나 위에 언급한 열 개의 거울을 사용한 법장의 '뛰어난 수단'에 비유된다.

그러면 화엄 사상가들이 이러한 비전을 구체적으로 어떤 논리를 통해 설명하는지 법장의 『금사자장』을 통해 확인해보자. 이 짧은 책은 전체 10장으로 이루어져 있고 송나라 시기의 학승인 승천(承遷)과 그의 제자 정원(淨源)의 주석서에 삽입된 형태로 전하는데, 위에 언급한 케네스 천의 요약적 설명은 금사자상의 비유가 의도하는 바를 충분히 드러내지 못하므로 보다 자세히 살펴보기로 한다. 『금사자장』 제4장 「모습 없음을 드러냄[顯無相]」은 다음과 같이 금과 금사자상의 관계를 설명하는데, { } 속에 나타낸 승천의 주석에 따르면 여기에서 금은 이치를, 금사자상은 현상을 가리킨다.

4. 모습 없음을 드러냄 {모든 존재에 [고정된] 모습이 없다는 것을 모르고서 그것에 미혹하여 태어남과 죽음이 있게 된다.}

말하자면 금으로써 사자를 완전히 거두어들인다. {이치가 현상을 빼앗음을 비유한 것이다.}

금 외에 다시 얻을 수 있는 사자가 없다. {연기하는 현상적 존재들의 본질은 원래 비어 있다.}

따라서 이를 '모습 없음'이라 한다. {말하자면 참된 이치 밖에 한 조각의 얻을 만한 현상이 없기 때문이니, 물이 물결을 빼앗을 때 물결에 다하지 않음이 없는 것과 같다. 이는 곧 물을 보존하여 물결을 부수어 사라지게 하는 것이다. 『[화엄]』경에서 "보이는 것을 볼 수 없고, 들리는 것을 들을 수 없네"라고 하였으니, [이렇게] 모든 세간을 이해하는 것을 '모습 없음'이라 한다.}[10]

『금사자상』 제7장 「십현을 통솔함[勒十玄]」에는 법계연기의 열 가지 현묘함에 관한 법문[十玄門]이 제시되어 있는데, 여기에서도 대체로 이치로서의 금과 그것의 현상적 구현인 금사자상 사이의 관계를 다루고 있다. 그러나 인다라망경계문(因陀羅網境界門), 제장순잡구덕문(諸藏純雜具德門), 제법상즉자재문(諸法相卽自在門)의 3문은 다음과 같이 현상적 사물인 금사자상 자체에 국한하여 부분과 전체의 관계, 또는 부분들 사이의 관계를 다루고 있다.

7. 4) 인다라망경계문. 말하자면 사자의 눈과 귀, 관절 하나하나의 털이 있는 곳에 각각 금사자가 있다는 것이다. {하나의 작은 것 속에 여럿을 포함하고, 작은 것 속에 큰 것을 포함한다.}

하나하나의 털이 있는 곳에서 사자가 동시에 단박에 한 가닥 털 속으로 들

---

10   『華嚴經金師子章註』(大正藏 45.668c7-16).

어가서 각각 한량없는 사자가 있음을 드러낸다. {하나의 사물 속에 여러 사물을 포함하니[一事中含多事], 하나와 여럿이 단박에 나타난다.}

하나하나의 털끝에서 이러한 한량없는 사자를 가지고서 다시 한 가닥 털속으로 들어가니, 이렇게 거듭 겹쳐 다함이 없다. {여럿이 하나 속에 들어감에[多入一] 걸림이 없다.}

인드라의 그물에 있는 천상의 구슬과 같으므로 '인드라망경계문'이라 이름한다. {징관이 말하였다. "두 거울을 서로 비추어 밝히면 서로 반사하여 번갈아 [빛을] 내되 다함이 없다."}[11]

7. 5) 제장순잡구덕문. 말하자면 눈으로써 사자를 다 거두어들이면 모두가 순전히 눈이다. {마치 보시(布施)라는 하나의 수행으로써 모든 수행을 거두어들이면 통틀어 '보시'라고 말하는 것과 같으니, 이를 '순수함[純]'이라 한다.}

만약 귀가 사자를 다 받아들이면 모두가 순전히 귀이며, 만약 모든 신체 기관[根]이 동시에 서로를 받아들이면 각각 [다른 신체 기관의 '속성[德]'을] '갖추어[具]' 하나하나가 모두 순수하거나 하나하나가 모두 '뒤섞이니[雜]', 이것이 원만한 '간직함[藏]'이다. {온갖 수행이 동시에 서로를 꾸미니, 순수함과 뒤섞임에 걸림이 없다.} 따라서 '제장순잡구덕문'이라 이름한다.[12]

7. 6) 제법상즉자재문. 말하자면 사자의 모든 신체 기관의 하나하나의 털끝마다 금으로써 사자를 다 거두어들인다. {법계연기의 모든 존재가 서로 같고 서로 두루 미침[相即相遍]을 비유한 것이다.}

하나하나가 모두 사자의 눈에 사무치고, 눈이 곧 귀이고, 귀가 곧 코여서

---

11   『華嚴經金師子章註』(大正藏 45.669c6-12).
12   『華嚴經金師子章註』(大正藏 45.669c13-19).

걸림도 가로막음도 없다. [보시가 곧 나머지 아홉 바라밀[九度]이며, 여러 수행이 곧 하나의 수행임을 비유한 것이다.] 따라서 '제법상즉자재문'이라 이름한다.[13]

이와 같이 『금사자장』은 한편으로는 금을 어떻게 주조(鑄造)하느냐에 따라 다양한 모습으로 변화해서 나타나는 사자상이라는 현상적 사물이 금이라는 불변의 이치에 의존하고 있음을 보이면서, 다른 한편으로는 사자상 속의 신체 기관에 비유되는 현상적 사물들 사이에는 크기나 수량의 제약에 따른 걸림이나 가로막음이 없음[無障無礙]을 강조하고 있다.

화엄 사상가들의 이러한 문장들은 프랙털 기하학이나 인체를 하나의 소우주로 보는 세계관을 연상케 하는데, 과연 이러한 형이상학적 원리는 불교의 가장 큰 목표라고 할 수 있는 수행과 성불과는 어떻게 관련되는가? 이 질문에 대한 답은 단적으로 '초발심시변성정각(初發心時便成正覺)'이라는 언명으로 주어져 있다. 십주(十住)의 처음 지위를 '초발심주(初發心住)'라고 하며 이 지위는 본격적인 보살 수행의 단계 중 맨 처음에 오므로, 이 언명은 결국 깨닫고자 마음을 일으키는 단계[發心], 곧 수행의 시작이 깨달음의 완성[成正覺], 곧 수행의 마지막임을 뜻한다. 『화엄경』은 「십주품」과 「초발심공덕품」에서 기나긴 수행의 과정에서 미미하게만 보이는 초발심이 왜 그렇게 대단한 것인지를 갖가지 비유로써 노래하는데, 그 일부를 들면 다음과 같다.

13   『華嚴經金師子章註』(大正藏 45.669c20-670a5).

한 터럭 구멍에서 광명을 놓아 한량없는 시방세계 두루 비추고
광명마다 온갖 일 모두 알고자 보살이 이를 위해 초발심하네.
[…]
한량없는 세계의 많은 중생을 한 털끝에 두어도 비좁지 않아
나[我]도 없고 사람[人]도 없는 줄 알고 보살이 이를 위해 초발심하네.[14]

불자(佛子)여, […] 가령 어떤 사람이 한순간에[一念]에 동방의 무수한 세계에 있는 중생들의 가지가지 번뇌를 알며, 순간마다 이와 같이 하여 아승기겁(阿僧祇劫, 셀 수 없는 긴 시간)이 다하도록 한다면, 이 모든 번뇌의 가지가지로 차별한 것을 그 끝까지 능히 알 사람이 없고, 둘째 사람은 한순간에 앞사람이 아승기겁 동안에 아는 바 중생의 번뇌가 차별한 것을 능히 알고, 이와 같이 하여 다시 아승기겁이 다하도록 하며, 차례차례로 이와 같이 말하여 열째 사람에게 이르되, 남방·서방·북방과 네 간방(間方)과 상방·하방도 역시 이와 같이 하였느니라.

불자여, 이 시방 중생의 번뇌가 차별한 것은 그 끝을 안다고 하더라도, 보살이 처음으로 아뇩다라삼먁삼보리심(阿耨多羅三藐三菩提心, 최상의 깨달음을 구하려는 마음)을 내는 선근은 끝까지 알지 못하나니, 무슨 까닭이냐. 불자여, 보살이 다만 저러한 세계 중생의 번뇌를 알기 위하여서 아뇩다라삼먁삼보리심을 내는 데에 제한한 것이 아니며, 일체 세계에 있는 중생들의 번뇌가 차별한 것을 모두 알기 위하여 아뇩다라삼먁삼보리심을 내었으니, […]

---

14 『大方廣佛華嚴經』 권16, 「十住品」(大正藏 10.86b4-10). 한글 번역은 운허 역 한글대장경에 따름.

덮는[蓋] 번뇌와 막는[障] 번뇌를 알고, 큰 자비로 구호하려는 마음을 내어 일체 번뇌의 그물을 끊고, 온갖 지혜로 하여금 청정케 하려는 연고로 아뇩다 라삼먁삼보리심을 내기 때문이니라.[15]

화엄 사상가들은 위에 인용한 경문 등을 통해 부분과 전체가 서로를 포함하고, 시작과 끝이 같다고 하는 다소 추상적인 이론을 구축했다고 할 수 있으며, 그들은 그 추상적인 이론을 개진한 다음 거의 항상 '초발심시변 성정각'이라는 말로 마무리하는 경향이 있다. 그들의 이러한 서술 방식은 위의 문장들이 보살, 곧 수행자가 자신이 처한 그 순간, 그 장소에서 모든 생명체[衆生]가 겪는 번뇌, 곧 괴로움의 양상과 원인을 철저하게 파악하여 그들을 구제하기 위한 한량없는 마음을 일으킨다는 점과 그러한 최초의 자 비심이 최상의 깨달음을 향한 마음이라는 점을 강조하고 있기에 경문의 취 지를 잘 반영한 것이라고 할 수 있다.

여기에서 '한 터럭 구멍', '한순간' 등은 모두 '하나'라는 말로 수렴되 며, '한량없는 세계', '아승기겁' 등은 모두 '여럿' 또는 '모두'라는 말로 바 꿔 쓸 수 있으므로, 결국 화엄 사상은 수행의 전 과정과 덕행(德行)이 그 최 소 단위인 한순간의 마음에 응축될 수 있음을 보여주는 것이라고 할 수 있 다. 또한 『화엄경』은 「여래출현품」에서 부분과 전체에 대한 상즉상입의 논 제를 보다 직접적으로 개인과 우주 전체에 적용하여 다음과 같이 말하고 있다.

---

15   『大方廣佛華嚴經』 권17, 「初發心功德品」(大正藏 10.90c25-91a20). 한글 번역은
      운허 역 한글대장경을 약간 수정함.

부처의 지혜가 미치지 않는 곳은 없다. 왜 그러한가? 어떠한 중생도 부처의 지혜를 완전히 갖추지 않은 경우가 없기 때문이다. [⋯] 이는 그 크기가 삼천대천세계(三千大千世界)만 한 어떤 경전이 있는데, 그 안에 온 세계의 모든 일들이 기록되어 있는 것과 같다. [⋯] 비록 이 경전이 그 양에 있어서 삼천대천세계와 동등하지만 그것은 하나의 티끌 속에 온전히 들어가 있다. 하나의 티끌이 그러한 것처럼 모든 티끌 또한 그러하다. 이제 어떤 명석하고 모든 것을 다 아는 이가 있는데, 천안(天眼)을 갖추어 티끌 속에 있는 이 경전들을 보되, 전혀 중생에게 쓰이지 않음을 알고서 이렇게 생각한다고 해보자. '나는 온 힘을 기울여 이 티끌을 부수어 저 경전들을 세상에 유포하여 중생들이 이익을 얻게 하리라.' 그는 이제 그 티끌들을 부수어 경전들을 끄집어낼 방편을 동원하여 모든 중생들이 큰 이익을 얻게 하였다. 마찬가지로 부처의 지혜는 무한하며 장애됨이 없으며 모든 이들을 두루 이롭게 하는데, 중생의 몸속에 완전히 갖추어져 있다. 그러나 허망한 생각에 집착하는 어리석은 이들은 그것을 모르고 알아채지도 못하여 그것으로부터 이익을 얻지도 못한다. 이때 부처는 장애 없는 청정한 지혜의 눈으로 온 세계의 중생을 살펴보고 말하였다. "기이한 일이로다. 어찌하여 중생들은 부처의 지혜를 가지고 있으면서도 어리석고 혼란하여 그것을 모르고 지각하지 못하는가? 나는 그들에게 성인의 길을 가르쳐 잘못된 생각과 집착을 떨치게 하리라. 그리하여 그들이 자신의 몸에 저 부처들과 다를 바 없는 광대한 부처의 지혜를 갖추고 있음을 보게 하리라." 그리하여 부처는 그들에게 성인의 길을 닦도록 가르쳐 잘못된 생각을 없애고 부처의 무한한 지혜를 증득하고 모든 중생들을 도와 안락하게 하였다. 이것이 부처 마음의 열 번째 특징이니, 위대한 보살이여! 이렇게 알아야 하느니라.[16]

여기에서는 부분과 전체가 각각 티끌과 삼천대천세계 만한 분량의 경전에 대응하고, 이는 다시 중생의 몸과 부처의 지혜를 가리키고 있음을 볼 수 있다. 이는 부처 또는 그의 깨달음이라는 거대하고 심원(深遠)한 지혜가 어리석고 보잘것없어 보이는 중생에게 다 갖추어져 있다는 희망의 메시지이기도 하다.[17] '초발심시변성정각' 또는 의상의 『화엄일승법계도(華嚴一乘法界圖)』에 나오는 '일념즉시무량겁(一念卽是無量劫, 한순간이 곧 헤아릴 수 없이 긴 시간이다)'이라는 말에서 시간에 대한 화엄적 비전을 엿볼 수 있다면, 위에 언급한 「여래출현품」의 미진경권(微塵經卷, 티끌 속의 경전)의 비유 또는 『화엄일승법계도』의 '일미진중함시방(一微塵中含十方, 한 티끌 속에 온 우주가 담겨있다)'이라는 말에서는 공간에 대한 화엄적 비전을 확인할 수 있는 것이다.

이제 이 두 가지 비전이 종합된 지엄의 『화엄일승십현문(華嚴一乘十玄門)』에 보이는 다음 구절을 살펴보자.

이제 '동시'라는 말에 관하여 설명하고자 한다. 소승의 인과론에서 결과는 원인을 전변(轉變)함으로써 성립한다. [⋯] 대승의 인과론에서는 원인과 결과가 동시에 성립한다는 이치는 있지만, 그 다함 없음의 도리는 밝혀지지 않

---

16   『大方廣佛華嚴經』권51, 「如來出現品」(大正藏 10.272c4-273a3).

17   고려 말 지눌(知訥, 1158-1210)은 선종과 교종의 대립을 해결할 열쇠를 이 경문에서 발견하고서 경전을 머리에 인 채 자기도 모르게 눈물을 흘렸다[頂戴經卷 不覺殞涕]고 한다. 『華嚴論節要』권1, 「序」(韓佛全 4.767c); Seunghak Koh, "Chinul's Hwaŏm Thought in the *Hwaŏmnon chŏryo*", *Acta Koreana* 17, no. 1 (2014), 176~177쪽 참조.

왔다. 서까래와 같은 조건들을 가지고서 집을 짓는 경우와 유사하여 원인과 결과가 동시에 성립하지만, [그 원인이] 다른 대상들을 성립시키지는 못한다. [···] 보편적 가르침[通宗, 화엄 사상]에서는 [···] 멀리 있는 [인과적] 조건들이 모두 가까운 조건들에 들어간다. 따라서 집을 지을 경우 한 번에 모든 것들이 이루어지는 것이다. 만약 하나라도 빠져 있다면 이 집은 지어지지 않을 것이다. 이는 [목표 지점에] 가고자 한 걸음을 내디딜 때 모든 걸음으로 도착할 수 있는 것과 같다. 만약 한 걸음에 도착하지 못한다면 모든 걸음으로도 도착하지 못할 것이다. 따라서 경전에서는 완전한 깨달음을 이루더라도 초발심을 버리지 않는다고 하였다. [···]

[문] 한 걸음으로 도착할 수 있다면, 왜 두 번째 걸음이 필요한가?

[답] 한 걸음으로 도착할 수 있다고 했는데, 모든 걸음은 [처음의] 한 걸음과 같은가? 또한 두 번째 걸음이 필요한지 의심스럽다고 했다. 그렇다면 두 번째 걸음은 [다른] 많은 걸음과 같은가? 만약 첫 번째 걸음이 많은 것 중의 하나[多一]이고, 두 번째 [이후의 걸음들이] 하나 중의 많은 것[一多]이라면, 어찌 한 걸음으로 거기에 도착하지만 두 번째 걸음을 사용하지 않는다고 말할 수 있겠는가? 만약 하나가 하나 중의 많은 것과 같지 않고, 많은 것이 많은 것 중의 하나와 같지 않다면, 어찌 단지 한 걸음만으로는 거기에 도착할 수 없다고 말하는가? 그럴 경우 많은 걸음으로 가더라도 결국에는 거기에 도착할 수 없을 것이다.[18]

---

18   『華嚴一乘十玄門』(大正藏 45.516a).

여기에서 지엄은 원인과 결과 사이의 시간적 동일성[因果同時]을 인정할 뿐만 아니라, 사물들 사이의 공간적 동일성을 우주적 범위로 확장한다는 점에서 화엄 사상이 다른 종류의 불교 사상보다 뛰어나다고 보고 있음을 알 수 있다. 그러면서도 그가 발걸음의 비유를 통해 한 걸음과 목적지에 이르기 위한 모든 걸음을 각각 초발심과 성불에 견주고 있으므로, 추상적으로 보이는 그의 형이상학이 불교의 수행론으로 연결된다는 점도 확인할 수 있다. 아울러 전체 수행 과정에 일정한 방향성을 제시해주는, 전체를 떠나지 않는[多一] 처음의 일보(一步)만큼이나 부분을 떠나지 않은 전체로서의[一多] 두 번째 이후의 발걸음들도 꼭 필요한 것임을 그가 질문과 대답을 통해 밝히고 있다는 점에도 주의해야 한다.[19] 이는 결국 화엄의 형이상학과 실천론 모두 상즉과 상입의 '상'이라는 글자에 함축된 양방향성을 강조하고 있음을 다시금 보여주는 것이라고 할 수 있다.

4. 맺는말

이상에서 살펴본 바와 같이 화엄 사상은 『화엄경』의 몇몇 구절에 근거하여 형이상학적 사변을 펼치고 현실의 모든 사물에 보편적인 하나의 이치가 깃들어 있고 그것들이 평등한 가치를 가지고 있음을 강조한다. 그러나 위의 고찰을 통해 우리는 '하나'나 '평등'에 대한 이러한 강조가 부분 또는

---

19   고승학, 「화엄사상에서 부분과 전체의 의미」, 《철학논총》 88집 1권(2017), 405~406쪽 참조.

개별자들을 전체라는 일자(一者) 또는 전제 왕권에 귀속시키려는 것이 결코 아님을 확인할 수 있었다.

곧 화엄이 하나를 강조하는 것은 '하나'라고 불리는 미미해 보이는 개별적 존재 또는 수행의 초보적 단계가 사실은 무한한 가능성을 가지고 있음을 보이기 위한 것이지, 그것이 그 자체로서는 무의미함을 보이는 것은 아니다. 이런 점에서 우리는 '하나'라는 말을 오해하거나 화엄 사상을 정치적으로 해석하여 개별자가 전체 속에서 하나가 되어야 함을 강조하는 사상으로 읽는 것을 경계해야 할 것이다.

이제 이 글의 제목으로 돌아가 그 질문에 답해보자. 화엄 사상은 하나가 전체 속에 통일되는, '하나 됨'을 지향하는가? 반드시 그렇지는 않다. 화엄은 전체가 부분으로 귀결된다[多即一; 多中一]고 보기 때문에 오히려 하나에게 그 개별성, 곧 '하나임'을 유지할 것을 요청한다. 그렇다면 화엄 사상은 하나가 전체와의 조화를 무시한 채, '하나임'에만 머무는 것을 허용하는가? 반드시 그렇지도 않다. 화엄은 또한 부분이 전체로 귀결된다[一即多; 一中一切]고 보기 때문에 전체와의 '하나 됨'이 필요함을 아울러 설파한다. 이런 점에서 화엄 사상은 다른 불교 사상과 마찬가지로 중도(中道)를 통해 우리 자신과 세계를 파악할 것을 촉구하고 있다고 할 수 있을 것이다.

고승학

금강대학교 로터스칼리지 교수. 서울대학교 철학과에서 학사와 석사과정을 졸업하고, 미국 UCLA에서 이통현의 화엄 사상에 관한 연구로 2011년 박사학위를 취득했다. 동국대학교 불교학술원 HK연구교수, 능인대학원대학교 불교학과 교수를 역임하였다. 이통현을 중심으로 하는 화엄 사상 관련 연구 외에 한국의 지눌, 원효 등에 대한 논문을 발표한 바 있다. 주요 논문으로 「신라 불교사에 나타난 願力의 의미 ─ 『삼국유사』를 중심으로」, 「『신화엄경론』에 나타난 이통현의 『화엄경』 해석의 특징 ─ 중국 고유사상과의 연관성을 중심으로」, 「화엄교학에서의 연기(緣起) 개념」, "Chinul's Hwaŏm Thought in the *Hwaŏmnon chŏryo*", "The Huayan Philosophers Fazang and Li Tongxuan on the 'Six Marks' and the 'Sphere of Edification'", 「화엄사상에서 '부분'과 '전체'의 의미」, "Wŏnhyo's View of This World", 「『신화엄경론』에 보이는 이통현의 법계관에 대한 비판적 검토」, 「무한소급에 대한 화엄의 입장」 등이 있고, 역서로는 *Ilseung beopgye-do Wontong-gi: Master Gyunyeo's Commentary on the Dharma Realm Diagram of the One Vehicle*(공역), 『불교』, *Buddhist Thought of Korea* 등이 있다.

초월과 현실은 언제나 짝을 이룬다:
고구려 승랑의 상관적 사유

조윤경(안동대학교 동양철학과 부교수)

1. 들어가며

고구려 승랑(僧朗)은 한국 철학사의 첫 페이지를 장식하는 사상가다. 그는 비록 원효나 지눌과 같은 후대 한국 불교 사상가처럼 대중에게 널리 알려지지는 않았지만, 당대 중국 불교에 새로운 패러다임을 제시하며 고도의 철학을 구축했던 인물이다.

승랑은 남북조 시기 중국을 무대로 활동했다. 그는 젊은 시절 고구려를 떠나 중국 각지의 다양한 불교 사상을 흡수하고 독창적 사상 체계를 세워 훗날 삼론학파의 창시자가 되었다. 그의 일련의 발자취는 한 사상가로서의 행적을 넘어 중국 불교 사상사의 거대한 흐름을 바꿔놓았다는 의의를 지닌다. 승랑은 구마라집 사후 열반학과 성실학이 유행하며 쇠퇴했던 중관 사상을 다시 전면에 내세운 학파인 삼론종을 창시했으며, 양 무제에게 사상적 영향을 주어 동아시아 불교에 '대승'이라는 이념을 정착시키는 데에도 크게 공헌했다. 승랑의 삼론학을 기점으로, 동아시아 불교는 비로소 외부의 기준에 얽매이지 않고 자신의 언어와 논리를 통해 불교 사상을 구축해나가게 되었다.

승랑의 구학과 교화 행적은 대부분 중국을 무대로 전개되었지만, 승랑은 한국 불교의 대표적 사상가라고 칭할 수 있다. 그것은 단지 고구려 출신이라는 그의 태생 때문만은 아니다. 고대 동아시아 불교는 국가와 민족을 넘어 여러 다양한 사상 지류들이 서로 어우러진 용광로였다. 이러한 시대정신 속에서 승랑은 당대 중국 불교 사상가들과 차별화된 사유를 제시하고 서로 대립하는 학술적 조류를 융합하여 동아시아 불교 사상의 대진환을 이루었다.

승랑 사상의 이면에는 중국문화와 논법에 매몰되지 않고 중국 불교를 관조한 이방인의 시선이 있었다. 승랑은 관중(關中, 장안)의 중관학을 중심으로 당시 중국 각지의 불교 교리를 두루 섭렵하여 어느 하나의 체계에 매몰되지 않고 다양한 사상을 주체적으로 융합했다. 또한, 중국 불교 밖에서 중국 불교를 바라보는 비판적 성찰을 통해 중국 불교가 당면한 과제에 새로운 해답을 제시했고, 이 과정에서 중가의(中假義)와 이교의(理敎義) 같은 새로운 사상 체계를 세울 수 있었다.

승랑의 삼론 사상을 이해하는 것은 한국 철학의 고유한 특징을 이해하는 첫 단추라고 할 수 있다. 또한, 여러 다양한 사유가 공존하는 현대 사회에서 어떻게 상반되는 관점과 소통하고 이를 하나로 통섭할 수 있는지에 대한 실마리를 제공한다는 점에서 의미가 있다.

2. 승랑의 생애와 발자취

1) 승랑의 탄생과 구학

승랑은 장수왕(長壽王) 집권 시기(413~491) 요동성에서 탄생했다. 안타
깝게도 그의 출생이나 고구려에서의 행적을 알려주는 자료는 거의 없다. 다
만 『삼론조사전집(三論祖師傳集)』에 기록된 제 고제(蕭道成)와 승랑의 문답
을 살펴보면, 승랑이 중국으로 떠나기 전에 고구려에서 이미 수계를 받았
음을 알 수 있다. 그는 매우 총명해서 "하루에 한 권을 암송하는 것은 식은
죽 먹기"이며, 다른 사찰에서 계본을 빌려서 오는 길에 다 외워버려서 그
계본을 다시 돌려보낸 적도 있었다.[1]

또한, 이처럼 승랑에 관해 전하는 기록 가운데는, 계율에 관련된 언급
이 적지 않은데, 이를 통해 그가 고구려에 있을 적부터 계율에 관심이 많았
을 것으로 추측할 수 있다. 예를 들어, 「서하사비명(棲霞寺碑銘)」에서는 승
랑이 "청정한 법도[清規]가 매우 출중했으며", "계의 근본을 일찍부터 정립
했다"고 전하고 있다. 또한 『고승전(高僧傳)』에는 그가 "경률을 모두 강설할
수 있었다"는 기록이 있다. 따라서 승랑은 대승 경전뿐만 아니라, 율장에 대
한 학식도 풍부했던 것으로 보인다.

그는 훗날 고구려를 떠나 중국으로 유학을 떠난다. 그가 중국에 간 동
기나 구체적인 유학 행로 등에 관해서도 역사적인 기록이 거의 남아 있지

---

[1]   『三論祖師傳集』卷下(『大日本佛教全書』111, 44b).

않다. 다만 『삼론조사전집』에서 "제나라 때 고구려승 석도랑(승랑) 스님이 황룡의 여러 나라를 돌아다니며 (구마라집의) 팔수(八宿)의 스승으로부터 배운 제자에게 학문을 듣고, 무의무득(無依無得)의 대승법문을 얻었다"고 기록하고 있을 뿐이다.[2] 이를 통해, 승랑이 북지에서 유학하면서 당시 쇠퇴했던 관중의 중관학을 접했음을 알 수 있다.

한편 승랑이 구마라집 제자 가운데 과연 누구의 법맥을 계승했는가에 관해서, 승조(僧肇), 도생(道生), 승예(僧叡), 승숭(僧嵩) 등 각기 다른 법맥에 대한 학설이 제기되었지만, 아직 하나의 정설은 없다. 또 후대 삼론사들이 자신들의 학문적 전통이 승랑에서 유래했다는 사실을 명백히 밝히고는 있으나, 승랑이 누구의 법맥을 계승했는지를 명시적으로 언급하고 있지는 않다. 이는 승랑이 관중의 중관학을 계승하면서도 당대 중국의 여러 불교 학설을 흡수하여 이를 토대로 새로운 학과를 이루었다는 방증이기도 하다.

2) 승랑과 주옹의 만남

승랑은 북지를 두루 돌아다니며 자신의 학문을 체계화한 다음, 강남으로 내려와서 자신의 학문을 펼쳤다. 강남에 내려온 초기에 그는 종산(鐘山) 초당사(草堂寺)에 머무르면서 주옹(周顒)에게 관내에서 배운 중관학을 전수해주었다. 그리고 주옹은 이를 토대로 『삼종론(三宗論)』을 저술했다. 그

---

2   『三論祖師傳集』卷下(『大日本佛敎全書』111, 43b).

리고 지림(智琳)이 주옹의 『삼종론』을 읽고 감명받아서, 주옹에게 『삼종론』 출간을 강력히 권유했다. 지림은 주옹에서 서신을 보내 자신이 스무 살에 관중의 중관학을 접했는데, 후에 강동으로 와서 그 뜻을 펼치려고 했으나 그곳 사람들이 아무도 중관학을 이해하지 못해 병이 나기도 했다고 고백한다.[3] 그는 주옹의 『삼종론』이 젊은 시절 관중에서 접했던 중관학과 상통한다고 여겨서, 반가운 마음에 출판을 권유한다.

주옹은 처음에 "이 논서를 출간한다면 아마도 여러 사람을 괴롭게 만들 것 같다"라고 하며 출간을 주저했지만, 이 논서를 출간하는 공덕이 "국성(國城)이나 처자식, 또는 머리나 눈을 보시하는 것을 능가할 것"이라는 지림의 적극적인 권유에 결국 『삼종론』을 출간하게 되었다. 『삼종론』의 구체적인 내용은 다음 장에서 다루겠다.

3) 승랑과 양 무제의 공조

승랑의 행적 중 가장 주목할 만한 것은 양 무제(蕭衍)와의 교류이다. 그는 섭산에서 고요히 은거하는 삶을 살았지만, 동시에 당대 정치 권력과 은밀한 공조를 형성했다. 승랑의 대승 사상은 양 무제의 정치적 이상을 실현하기 위한 이데올로기를 제공했고, 양 무제는 승랑의 사상, 즉 삼론종이 남조의 주류 사상으로 성장할 수 있도록 후원했다.

양 무제는 정치 권력과 종교를 결합한 강력한 전제 군주, 즉 인도의 아

---

3   『高僧傳』卷8(『大正藏』50, 376b).

소카왕과 같은 전륜성왕이 되기를 희망했다. 그런데 남조의 독자적인 교단 세력이 양 무제의 정교결합(政教結合)에 큰 걸림돌이 되었다. 당시 남조에서는 성실학과 열반학이 유행했고 『성실론(成實論)』을 연구하는 스님들이 많았다. 그러나 승랑과 그를 계승한 삼론종에서는 『성실론』을 소승의 논서로 규정하며, 소승과 대척되는 '대승' 이념을 새롭게 부각시켰다.

『이제의(二諦義)』에 의하면, 양 무제도 본래는 『성실론』을 배웠으나 승랑의 영향을 받아 대승불교인 반야학을 중시하게 되었다.[4] 양 무제는 대승불교 중에서도 특히 반야 사상과 계율에 대한 학문적 관심으로 승랑을 여러 차례 초청했다. 「서하사비명」과 『이제의』의 기록에 따르면, 양 무제가 승랑에게 여러 차례 징서를 보냈지만, 승랑이 섭산에서 나오려 하지 않자, 양 무제가 천감 11년(512)에 석승회(釋僧懷), 석혜령(釋慧令), 지적(智寂) 등 열 명의 승려를 승랑이 은둔했던 섭산으로 파견하여 승랑의 학문을 대신 전수받게 했다. 당시 양 무제가 파견했던 열 명의 스님 가운데는 훗날 승랑의 사상을 계승한 승전(僧詮)도 포함되어 있었다.

이렇듯 양 무제는 승랑의 사상을 간접적으로 흡수하여, 이를 통해 정교결합이라는 자신의 정치적 목표를 달성하기 위한 이론적 기반을 세웠다. 양 무제의 「주해대품서(注解大品序)」는 양 무제의 대승 사상이 승랑과 밀접한 관계가 있었음을 뒷받침하는 대표적 사례로서, 이 서문의 곳곳에서 승랑 사상의 영향을 찾아볼 수 있다. 특히, 이 서문에서 양 무제는 '모든 대승 경전은 평등하다'고 여기는 삼론종의 경전관을 받아들여 기존 교단의 교리

---

4   『二諦義』 卷3(『大正藏』 45, 108b).

체계에 의문을 제기하고 있으며, 『열반경』과 『반야경』을 아우르는 보살 사상을 건립하고 있다.

이처럼 승랑의 삼론학은 양 무제와 은밀한 공조 속에서 '소승'을 배척하고 대승 사상을 흥기시키는 역할을 했다. 그리고 이때 정착한 '대승'이라는 이념은 후대 중국 불교를 관통하는 정체성이 되었다.

3. 중도와 가명은 언제나 짝을 이룬다

승랑은 여러 대승 경전이 각기 다양한 내용을 담고 있지만, 불보살이 궁극적 진리를 설법한 가르침이라는 점에서 본질적으로 같다고 보았다. 이와 같은 경전관을 바탕으로, 그는 여러 다른 대승 교리들을 통합적으로 접근하는 해석학적 체계를 세웠는데, 그 가운데 중가의, 즉 중도(中道)와 가명(假名)의 밀접한 상관관계를 주장하는 학설이 대표적이다. 중가의는 삼론종의 핵심 사상으로, 다시 이교의, 즉 이치와 가르침 사이의 상관성과도 직결된다. 중가의의 의미를 정확하게 파악하기 위해서는 당시 중국 불교 사상사의 맥락 속에서 승랑이 중가의를 세운 의도를 살펴볼 필요가 있다.

1) 가명과 공의 상즉

격의불교부터 이어져 온 중국인들의 공(空)에 대한 논의는 구마라집이 장안에서 경전을 번역하고 그의 제자 승조가 공을 비유비무(非有非無), 즉 "유도 아니고 무도 아님"으로 규정하면서 일단락되는 듯했다. 하지만 승랑 시대에 공에 대한 중국인들의 표면적 합의는 결국 형태를 바꾸어 다시 "가명을 어떻게 정의할 것인가"라는 형식으로 표출되게 된다. 공에 대한 이해 문제가 가명과 공의 관계에 대한 논의로 모습을 바꾸어 중국 불교계에 다시 대두되었다.

예를 들면, 주옹의 『삼종론』에서는 당시 가명과 공의 관계에 관한 여러 철학적 해석을 불공가명(不空假名), 공가명(空假名), 가명공(假名空)의 세 가지 범주로 분류하고 있다.

1-1) 불공가명

첫째, 불공가명, 즉 '공하지 않은 가명'은 주옹이 비판하는 가명에 대한 관점 가운데 하나다. 불공가명의 관점은 경전에서 "색이 공하다[色空]"는 표현이 단지 자성이 실재하지 않는다는 사실을 표현하기 위한 말이라고 해석한다. 즉, '공'은 우리 눈에 보이는 현상이 실체가 없음을 말하는 것이지, 현상 그 자체를 부정하는 것이 아니며 가명은 존재한다는 것이다.

후대 사람들은 이 불공가명의 견해를 '쥐가 파먹은 밤톨[鼠嘍栗]'에 비유해서 풍자했다. 이는 마치 쥐가 밤톨을 파먹을 때 속만 파먹고 껍질을 남겨 밤톨의 형상은 여전히 존재하는 것처럼, 실체는 텅 비어 있어도 겉으로 보이는 모습은 존재한다고 주장하는 불공가명의 입장을 비판한 것이다. 불공가명의 관점을 쉽게 이해해보기 위해 현대의 애니메이션에 비유하자면, 애니메이션 주인공인 '둘리'는 허구이므로 실제 존재하지 않지만, 애니메이션으로 구현된 '둘리'의 형상과 이름은 가명으로 존재한다는 생각과 유사하다. 후대 승랑의 증손 제자인 길장(吉藏)은 불공가명이 격의불교의 육가칠종 가운데 '즉색의(卽色義)'와 다르지 않다고 설명하면서, 이 해석이

'공'과 '가명'을 서로 대립적인 관계로 파악하고 있는 점을 비판한다.[5]

1-2) 공가명

둘째, 공가명, 즉 '공한 가명'도 주옹이 비판하는 관점으로, 공가명의 특징은 공을 인연의 화합으로 설명한다는 점이다. 공가명은 여러 인연이 화합하여 일정한 체(體)를 이룬 것을 세제라고 하고, 그 인연을 분석해보면 어떠한 실체도 구할 수 없는 것을 진제라고 한다고 해석하는 관점이다. 후대 사람들은 이 공가명의 관점을 '안고(案菰)'에 비유해서 '안고 이제(案菰二諦)'라고 풍자했다.

'고(菰, Zizania latifolia)'는 줄풀인데, 고장초(菰蔣草) 혹은 장초(蔣草)라고도 부른다. 송대 나원(羅願)이 지은 『이아익(爾雅翼)』은 "전당강(錢塘江) 하류 늪에서 생장한 줄풀의 뿌리들은 서로 얽힌 채 오랜 세월이 흐르자 흙과 함께 수면 위로 떠올랐는데, 토착민들은 이것을 '봉전(葑田)'이라 불렀다"고 전한다. 줄풀은 뿌리가 잘 번성하여 서로 얽히는 성질을 가지고 있는데, 늪 바닥에 내린 뿌리들이 서로 뒤엉키고 또 이것이 늪 속 진흙과 오랜 시간 섞여 넓은 층을 이룬다. 이것이 진흙 바닥에서 일단 떨어지게 되면 수면으로 떠오른 봉전을 이루게 된다. 실제로 당 이전 강남에는 줄풀이 과도하게 많이 자라서 봉전이 많이 형성되어 있었다. 안고 이제에서 '고(菰)'가 줄풀을 가리키고 '안(案)'이 책상 등 장방형의 판을 가리키므로, '안고'는 앞에서 언급한 봉전의 다른 표현으로 볼 수 있다.

---

5   『中觀論疏』卷2(『大正藏』42, 29b).

따라서 후대인들은 공가명을 '안고 이제'로 희화화하여 줄풀의 뿌리가 흩어져 늪 속에 가라앉아 봉전이 없는 모습을 진제에 비유하고, 줄풀이 뒤엉켜 봉전이 물 위에 떠 있는 모습을 속제에 비유한 것이다. 길장은 공가명의 관점이 격의불교의 육가칠종 가운데 '연회(緣會)'와 같다고 평가한다.[6] 공가명의 관점에서 진제와 속제는 인연화합이라는 한 현상의 두 측면으로 불공가명과 같이 양자가 현상적으로 완전히 분리된 것은 아니다. 하지만 공가명에서는 인연의 화합을 분석하는 과정을 거친 다음 비로소 공을 도출한다는 점에서 대승의 공 사상과 구별된다.

1-3) 가명공

주옹이 옹호하는 주장은 마지막 가명공, 즉 '가명인 공'이다. 셋째, 가명공은 "가명이 완연(宛然)한 것이 바로 공"[7]이라고 해석하며, 그 핵심은 다름 아닌 가명과 공의 완전한 '상즉'이라고 할 수 있다. 이 가명공의 관점은 현상 세계의 있는 모습 그대로가 뚜렷하게 나타난 것이 바로 공이라고 보기 때문에, 불공가명처럼 공과 분리된 '공하지 않은 가명'을 별도로 남길 필요가 없다. 또한, 공가명처럼 가명이 이루어진 조건을 하나하나 분석해서 공을 도출하려고 애쓸 필요도 없다. 이 세 번째 가명공이 바로 승랑이 관내의 중관학을 계승하여 주옹에게 전수한 무소득(無所得)의 가르침이다.

이처럼 주옹의 『삼종론』을 통해, 당시 공과 가명의 관계에 관해 다양

---

6   『中觀論疏』卷2(『大正藏』42, 29b).

7   『中觀論疏』卷2(『大正藏』42, 29b).

한 관점이 공존하고 있었음을 알 수 있다. 『삼종론』은 당시 세 가지 대표적인 해석을 제시하여, 승랑과 관중의 중관학이 공유했던 이제관이 다른 두 이제관(불공가명, 공가명)과 근본적으로 무엇이 다른지를 드러내고, 승랑이 추구했던 사상적 지향점을 알려준다. 그렇지만 승랑 문하의 삼론사들은 주옹이 승랑 사상의 대체를 파악한 정도로 평가한다. 따라서 중도와 가명에 관한 승랑의 고유한 사상적 특질을 파악하기 위해서는, 후대 삼론사들의 문헌에 기록된 내용을 살펴보아야 할 것이다.

2) '유도 아니고 무도 아니지만 그럼에도 유고 그럼에도 무다'

남북조 시기 공과 가명에 관한 탐구는 자연스럽게 중도에 대한 논의로 이어졌다. 후대 백제 혜균(慧均)에 따르면, '중도[中]'는 '실상[實]'의 다른 표현으로, 유나 무의 자성이 남김없이 제거된 상태를 가명으로 가리켜서 '중도'라고 한 것에 불과하다. 그리고 '가명'은 다른 말로 표현하면 '자성이 없음'인데, 불교 경전에 출현한 '유'와 '무'가 '가명으로서의 유'와 '가명으로서의 무'임을 해석하기 위한 것이었다.[8]

승랑은 중도와 가명(이제) 사이에는 밀접한 상관관계가 있다고 보았다. 그는 중도와 가명의 관계를 "유도 아니고 무도 아니지만 그럼에도 유고 그럼에도 무다[非有非無, 而有而無]"라는 말로 표현했다.[9] 후대 삼론사의 논변에서 "유도 아니고 무도 아님[非有非無]"과 "그럼에도 유고 그럼에도 무

---

8   慧均(최연식 校注), 『校勘 大乘四論玄義記』(불광출판사, 2009), 77~91쪽.
9   『中觀論疏』 卷2(『大正藏』 42, 22c~23a).

임[而有而無]"의 관계성을 따지는 내용이 다수 출현하고 있는데, 그 까닭도 이 구절이 승랑이 창시한 중가의의 핵심 구절이기 때문이다.

이 구절은 남북조 논사들이 공통으로 언급했던 "유도 아니고 무도 아니다"라는 구절에 "그럼에도 유고 그럼에도 무다"라는 구절을 연결한 것이다. 즉, 중도와 가명을 연결한 구절이다. 그런데 여기에서 깨달음의 초월적 경지를 나타내는 중도가 현상 세계의 다양한 모습인 가명과 과연 어떻게 연결되는 것인지, 혹은 서로 다른 두 층위를 연결하는 것이 정말 가능한 것인지에 관한 의문이 제기된다. 현실을 초월한 깨달음은 다시 어떻게 현실 세계를 내포할 수 있는가?

기존의 산중 옛 학설은 "빙판에서 넘어졌지만, 다시 빙판을 딛고 일어난다"라고 비유했으니, 반드시 여기에서 이 말을 사용해야지, 다른 곳에서는 사용할 수 없다. 앞에서 "'유도 아니고 무도 아님'에서 [자성으로서의] 유와 무가 넘어졌지만, 다시 '유도 아니고 무도 아님'을 딛고 '그럼에도 유고 그럼에도 무임'이 일어난다"라고 했으니, [이는] 마치 사람이 빙판에서 넘어졌지만, 다시 빙판을 딛고 일어나는 것과 마찬가지다.[10]

이 문제에 관해 승랑의 제자 승전은 "빙판에서 넘어졌지만, 다시 빙판을 딛고 일어난다"라는 비유로써 풀이한다. 이는 승랑이 직접 사용한 비유일 수도 있고 그의 제자 승전이 창안한 비유일 수도 있지만, 중도와 가명의

---

10   慧均(최연식 校注), 『校勘 大乘四論玄義記』(불광출판사, 2009), 78쪽.

관계에 관한 승랑의 관점을 잘 나타내고 있다. 이 비유는 보조국사 지눌(知訥)과 이통현(李通玄) 장자의 "땅에서 넘어진 자 땅을 딛고 일어난다"[11]라는 구절과 형태가 매우 유사하다. 단지 '땅'과 '빙판'의 차이가 있을 뿐이다. 여기서 빙판은 유도 아니고 무도 아닌 중도다. 중도에서 유와 무의 자성이 모두 부정되었지만, 다시 중도를 딛고 새롭게 가명으로서의 유와 무가 일어난다는 것이다.

다시 말해, 중도의 깨달음 이후에 일어난 가명은 비록 중도와 그 층위는 달라도 어디까지나 중도를 기반으로 일어나는 것이다. 이 말을 붓다의 성도와 가르침에 적용해보면, 다음과 같이 풀이할 수 있다. 붓다의 깨달음과 방편적 가르침이 완전히 동일한 것이라고 할 수는 없지만, 붓다의 가르침, 즉 경전에 담긴 다양한 가르침은 모두 붓다의 깨달음에 존립 근거를 두고 있다.

승랑은 당시 공과 가명, 내지는 이제와 중도 간의 차별적 이해를 극복하고, 양자의 벽을 허물기 위해 중가의를 고안했다. 중가의의 핵심은 중도와 가명을 '체용' 범주로 해석하여 양자의 위계적 층위를 어느 정도 수용하면서도, "중도가 곧 가명이고, 가명이 곧 중도"인 중가의의 대칭적 상관관계를 구현하는 것이었다. 이를 통해 깨달은 자는 현상 세계의 다양성과 어떠한 장애도 없이 자유롭게 소통하고 가르침을 펼칠 수 있다.

"유도 아니고 무도 아니지만 그럼에도 유고 그럼에도 무다"라는 구절에 나타난 중도 이후의 가명은 훗날 승랑의 손제자인 법랑(法朗)에 의해 제

---

11   『新華嚴經論』卷14(『大正藏』36, 812b29-c1).

시된 네 가지 중도 개념 가운데 '성가중(成假中)'과 상통한다. 성가중은 언어가 끊어지고[言語道斷] 마음의 작용이 소멸한[心行處滅] 중도실상에서 허무주의로 빠지지 않고 다시 유와 무의 작용을 일으켜서 '가명 → 중도 → 가명'의 순환을 이룬다.[12] 승랑은 중도를 딛고 다양하게 전개되는 가명의 형식을 소밀(疏密)·횡수(橫竪)·단복(單複)·쌍척(雙隻)과 같은 이원적 범주들을 사용하여 표현했다.[13] 말하자면, 승랑은 서로 이원 대립하는 양변을 동시 부정함으로써 중도를 실현하고, 다시 이원적 범주를 통해 양변을 동시 긍정함으로써 중도와 가명을 연결했다.

3) 이원적 범주: 깨달음에서 바라본 세계

승랑의 중가의는 이원적 범주들을 통해 구체적으로 표현된다. 승랑은 깨달은 자의 방편으로서 이분법적 분별에 걸리지 않는 평등한 이원성을 담아내기 위해 이원적 범주를 사용한다. 이 범주들은 이분법적 시각을 탈피하면서도 이원적 세계의 다양하고 평등한 모습을 담아내기 위해 고안된 사유 틀이다. 승랑은 천인(天人), 내외(內外), 본말(本末), 체용(體用) 등 당시 중국 철학에서 전통적으로 사용하는 범주가 아니라 새로운 범주를 채택하여 가명을 나타낸다.

이러한 이원적 범주들은 불보살이 중생에게 가르침을 펼치는 다양한 형식을 반영한다. 그러므로 삼론종에서는 이 범주들을 알아야만 대승 경전

---

12   慧均(최연식 校注), 『校勘 大乘四論玄義記』(불광출판사, 2009), 92쪽.
13   慧均(최연식 校注), 『校勘 大乘四論玄義記』(불광출판사, 2009), 106쪽.

의 진정한 함의를 이해할 수 있다고 주장한다. 길장이나 혜균과 같은 후대 삼론사들의 문헌에서 보이는 섬세하고 정교한 논변은, 이 이원적 범주들을 통해 복잡한 사유를 구체적으로 형상화했기에 가능한 것이었다.

삼론종에는 다양한 이원적 범주가 있는데, 그 가운데 승랑으로부터 직접 계승된 것이라 확인된 범주는 횡수·소밀·쌍척·단복이 대표적이다. 혜균은 승랑이 다음과 같이 말했다고 기록하고 있다. "장안의 도융(道融) 스님이 『유마경』을 주석하면서 '구마라집 스님께서 만약 횡수·소밀·쌍척· 단복의 뜻을 알지 못하면, 결코 대승경전의 의미를 이해할 수 없다고 하셨 다'라고 말씀하였다."[14]

이 기록에 따르면, 중국 불교에서 이 범주들을 처음으로 도입한 사람 은 구마라집이다. 승랑은 이원적 범주들이 구마라집과 그의 제자들로부터 유래한 오래된 해석학적 전통임을 밝히고 있다. 그러나 중국 불교 사상사 에서 이원적 범주를 보편적 사유로 발전시키고, 관중의 중관학파와 삼론종 의 전통을 이원적 범주로 연결했던 핵심 인물은 승랑이다.

승랑은 수평적 전개와 수직적 상승을 나타내는 횡수, 성김과 세밀함 을 나타내는 소밀, 짝 개념과 홀 개념을 나타내는 쌍척, 단층적 의미와 중 층적 의미를 나타내는 단복이야말로 대승 경전의 언어를 정확히 해석할 수 있도록 하는 해석학적 틀이라고 보았다. 다시 말해, 이 이원적 범주들은 중 도에서 무궁무진하게 전개되는 법의 다양한 모습을 표현하는 언어며, 다양 한 현실 상황에 맞게 중생을 교화하기 위해서 고안된 방법이다.

---

14   慧均(최연식 校注), 『校勘 大乘四論玄義記』(불광출판사, 2009), 106쪽.

4. 이치와 가르침은 언제나 짝을 이룬다

앞에서 다룬 중가의, 즉 중도와 가명의 상관성을 이치와 가르침의 시각에서 조명한 것이 바로 이교의다. 승랑은 대승 경전에 나오는 다양한 가르침은 모두 이치를 깨달은 자의 지혜에서 비롯된 가르침이라고 보았다. 깨달은 자는 지혜를 얻고, 이 지혜는 내적인 경계를 관조한다. 그리고 이 내적 관조는 중생을 구제하기 위해서 외적인 가르침으로 전환된다. 이 가르침은 종종 유와 무로 표현되지만, "유도 아니고 무도 아닌" 중도를 반드시 나타내기에, "이치로 통하는 문"이라고 할 수 있다. 『정명현론(淨名玄論)』에서는 이치와 가르침의 대칭적 상관성에 대해 "근본이 아니면 행적을 펼칠 수 없으므로, 이치에 의해서 가르침을 설하고, 행적이 아니면 근본을 드러낼 수 없으므로, 가르침에 의지하여 이치로 통한다"[15]라고 설명한다. 여기서 우리는 중가의와 마찬가지로 가르침과 깨달음 사이의 순환 구조를 엿볼 수 있다.

승랑의 이교의는 "이제는 가르침이다[二諦是敎]"라는 명제에서 더욱 분명하게 드러난다. 승랑 당시 남조에는 이제를 해석하는 두 가지 사상 경향이 있었는데, 승랑은 두 가지 이제설을 비판적으로 종합했다. 하나는 양나라 삼대 법사인 개선사 지장(智藏), 장엄사 승민(僧旻), 광택사 법운(法雲)의 해석으로, 이제를 고정된 이치나 경계로 해석하는 '약리이제설(約理二諦說)' 혹은 '약경이제설(約境二諦說)'이다. 다른 하나는 『대반열반경집해(大般涅槃經集解)』의 저자들 가운데 한 명인 승량(僧亮)의 관점으로, 이제를 언교

---

15   『淨名玄論』卷1(『大正藏』38, 853c).

(言敎), 즉 언어로 표현된 가르침으로 해석하는 '약교이제설(約敎二諦說)'이다. 현전하는 기록에 의하면, 승랑은 이 두 가지 이제 해석을 비판하고 이제를 이치로 통하는 교문(敎門)으로 새롭게 정의한다.[16]

승랑의 이제관을 계승한 제자 승전은 "이제는 이치를 나타내는 지극한 설법이고, 문자와 언어의 오묘한 가르침이다"라고 정의했다. 승랑이 이교의를 세운 의도는 당시 '이치' 혹은 '언교' 그 자체가 이제라고 해석했던 두 가지 이제 해석 경향을 극복하고, '유나 무가 아닌 체'와 '유와 무의 가르침' 간의 대칭적 상관성을 강조하고자 한 것이었다.

그러나 학계에서는 삼론종의 이제교문을 '약교이제설'로 간주하고, 삼론종의 이제를 '약리이제설'(혹은 '약경이제설')과 대립적인 의미에서 '두 가지 언교'로 한정시켜 해석하는 경향이 주류를 이루어 왔다. 승랑의 이제를 순수한 언어 교설의 차원에서 이제를 바라보는 '약교이제설'과 동일시하면, 그의 핵심 사상인 이교의와 정면으로 충돌하게 된다. 그것은 다시 삼론종 이제 사상의 핵심 논점을 파악하는 데 어려움을 초래한다. 따라서 고구려 승랑의 이제 사상의 고유한 특징을 살펴보고 그것이 지닌 사상사적 의의를 가늠해보기 위해, 승랑이 비판적으로 종합한 두 가지 이제설과 승랑의 이제설을 비교 고찰해보자.

16   『大乘四論玄義記』卷5(『卍續藏』46, 573c).

1) 양대 삼대 법사의 '약리이제설'과 승랑의 비판

승랑은 양대 삼대 법사로 대표되는 성실론사의 '약리이제설'(혹은 '약
경이제설')을 혹독하게 비판한다. 삼론종 문헌에서는 당시 개선사 지장을 포
함하여 성실론사들이 이제를 두 가지 경계나 두 가지 이치로 간주했다고
비판하고 있다. 삼론종 문헌에 따르면, 성실론사는 진제와 속제를 두 가지
서로 단절된 '선천적 경계[天然之境]'로 보았다. 다시 말해, 이들은 진제는
어디까지나 성인의 정신세계를 대변하는 '공'을 가리키고 속제는 어디까지
나 일반인의 인식과 관련된 '유'를 지칭하는 것이므로 두 가지 경계는 서로
구분된다고 보았다. 후대 길장은 이들의 이제관이 단견과 상견을 벗어나지
못한다고 비판한다.[17]

이제와 언어의 문제에 관해, 성실론사들은 속제는 이름이 있지만 진제
는 이름을 끊었다고 여긴다. 그러나 만일 이제 가운데 하나는 이름이 있고
다른 하나는 이름을 떠난 것이라면, 결국 양자는 서로 모순되어 통할 수 없
는 개념이라는 결론에 이른다. 이러한 맥락에서 승랑은 이제를 두 이치로
보는 성실론사의 이원 대립적 사유는 결국 궁극적으로 이치의 '둘이 아닌'
실상을 은폐하는 견해라고 보았다.

길장의 설명에 의하면, 제법의 공성을 전혀 알지 못하는 비담사와 달
리, 성실론사는 공이라는 개념을 인식하고 있다. 하지만 성실론사의 공견
은 대승의 공 이해와는 차이가 있다. 그들이 주장하는 '공'은 '법을 분석하

---

17   『二諦義』上卷(『大正藏』45, 80b).

여 밝힌 (소승의) 공[折法明空]'이기 때문에, 대승의 '본성공(本性空)'과 구별된다.[18] 또한, 성실론사는 속제인 가명을 분석하여 이를 떠나보내는 것이야말로 진제인 '공'이라고 해석했다. 그렇다면 이들의 철학에서 공과 가명은 서로 공존할 수 없는 배타적 관계이고, 따라서 현실 세계 다양성을 반영하는 가명은 철저히 폐기되어야 할 대상이 되어버린다.

성실론사들은 해탈의 궁극적인 경지를 "사절 백비(四絶百非)" 혹은 "언어의 길이 완전히 끊어지고, 마음의 작용처가 소멸한다[言語道斷, 心行處滅]" 등의 구절로 묘사했다.[19] 이러한 사유는 남조 불교에서 이미 일반화되어, 삼론사도 "사구를 끊고 백비를 떠난다[絶四句離百非]"[20] 등의 부정논법을 차용하여 삼론 사상의 맥락에서 재해석하기도 했다. 이러한 '사절 백비' 등의 주장에서 성실론사는 미혹을 폐기함으로써 바로 해탈을 이룰 수 있다고 생각했다. 또한, 성인의 경계는 범부의 경계를 떠나 별도로 존재한다고 여겼다. 하지만 승랑의 '본성공'의 시각에서 이들의 견해는 '끊음' 자체에 집착한 '유소득(有所得)의 끊음'이라고 평가할 수 있다. 삼론종에서는 성실론사의 공이 "공견의 구덩이에 빠진"[21] 소승의 단멸공이라고 비판한다. 성실론사와 달리, 승랑이 부정 논법을 사용하는 목적은 철저한 부정 그 자체에 있지 않다. 승랑의 목적은 어디까지나 자성(실체)에 집착하는 인식을 철저히 부정해서 완전한 깨달음에 이르고 나아가 이 깨달음에서 '인연의

---

18   『二諦義』上卷(『大正藏』45, 84c).

19   『淨名玄論』卷3(『大正藏』38, 868b).

20   『仁王般若經疏』卷2(『大正藏』33, 340a);『二諦義』下卷(『大正藏』45, 112a).

21   『二諦義』上卷(『大正藏』45, 91a).

무애함[因緣無礙]'을 드러내기 위한 것이다.[22]

승랑은 이제를 두 가지 배타적인 이치나 경계로 해석하는 당시 성실론사의 이제설을 정면으로 비판했다. 당시 '가명(유)과 공' 혹은 '가명(이제)과 중도'의 이원 대립적 사유의 극복이야말로 승랑의 이제 사상이 직면했던 핵심 문제였다. 따라서 승랑은 "이제는 가르침이다"라는 주장을 통해 이제는 깨달은 불보살과 현실을 살아가는 중생을 매개하는 가르침임을 역설하여, 이치와 가르침의 밀접한 관계를 회복하고자 했다.

2) 승랑의 '약교이제설'과 승랑의 비판

승랑은 당시 저명했던 열반사이자 성실론사다. 『고승전』에서는 '북다보사(北多寶寺) 도량(道亮)'이라는 명칭으로 기록하고 있고, 『대반열반경집해』에서는 '승랑'이라고 기록하고 있다. 삼론종에서는 대량(大亮) 혹은 광주 대량으로 지칭하는데, 이는 영미사(靈味寺) 보량(寶亮)과 구별하기 위해 승랑은 대량으로, 보량은 '소량(小亮)'으로 불렸던 것에서 유래한다. 승랑은 언교로서의 이제와 중도실상의 관계를 다음과 같이 손가락과 달의 비유를 들어 나타냈다.

달을 모르기 때문에 손가락을 찾아서 달을 본다. 비록 손가락을 찾아서 지시하는 대상을 알지만, 지시하는 대상은 결국 손가락이 아니다. 지시하는 대

---

22   『淨名玄論』卷3(『大正藏』38, 868b).

상은 결국 손가락이 아니니, 손가락과 달은 같은 적이 없었다. 손가락을 찾아서 지시하는 대상을 알게 되었으니, 지시하는 대상은 손가락에 의해 통한다. 지시하는 대상은 손가락에 의해 통했으니, 그것에 통하는 것은 정신[神]이 계합했기 때문이다. 손가락과 달은 같은 적이 없었으니, 지시하는 대상은 항상 손가락 밖에 있다.[23]

위의 인용문에 나타난 승랑의 이제관과 승랑을 계승한 삼론종의 이제 교문은 엄연히 구별된다. 승랑의 이제는 궁극적 의리의 진실한 명칭이 아니므로, 그의 이제는 한계가 역력한 것이다.[24] 다시 말해, '상대의 가칭'인 이제는 임의로 부여한 명칭에 불과하다. 승랑은 사회적 약속으로 성립된 일반 언어의 임의적 속성을 바탕으로 이제를 규정한다. 따라서 이제를 통해서 실상에 도달할 수 있다는 보장이 없다. 왜냐하면, 승랑의 이제는 오직 자성인 유와 자성인 무를 논파하기 위한 '임시방편'으로 설정되었을 뿐, 궁극적 실상(달)에 그 존립 근거를 두고 있지 않기 때문이다.

물론 승랑도 언교의 지시적 기능은 부인하지 않았다. "손가락을 찾아서 지시하는 대상을 알게 되었으니, 지시하는 대상은 손가락에 의해 통한다"라는 인용문에서 승랑의 이제의 궁극적인 목적도 중도를 가리키는 것이며, 이 점에서는 삼론종의 이제와 다르지 않음을 알 수 있다. 또한『대반열반경집해』에서 승랑은 "허망해도 이익이 있다면, 그것을 반드시 말해야

---

23   『二諦義』上卷(『大正藏』45, 90a-b).
24   김성철,『승랑: 그 생애와 사상의 분석적 탐구』(지식산업사, 2011), 303쪽.

만 한다"[25]라고 했다. 이를 통해, 그의 철학에서 언어적 가르침, 그 자체의 속성은 허망하지만, 이치를 지시하는 언어의 도구적 효용성만은 십분 긍정했음을 알 수 있다.

그렇지만 승랑과 승랑의 사상에서 이제 가르침의 역할과 위상은 전혀 다르다. 승랑에게 이제는 여러 다양한 언교 가운데 하나의 임의적 표상에 지나지 않는다. 그리고 이제는 중도실상을 지시하는 도구적 효용을 지니는 언어적 기제로서 궁극적인 실상과는 무관하다. 승랑의 이제는 이치 밖에서 이치를 가리키고 있는데, 이는 본질적으로는 이치와 언교의 양극화를 초래한다. 앞에서 인용한 "손가락과 달은 같은 적이 없었으니, 지시하는 대상은 항상 손가락 밖에 있다"는 구절에서 보이듯, 이치는 항상 이제 밖에 위치한 것이다. 따라서 승랑의 철학에서 손가락은 달을 지시하는 작용과 동시에 역설적으로 달에 이르는 것을 저해하는 부작용을 지니게 된다. 그리고 이는 궁극적 깨달음에 도달하기 위해서는 언교로서의 이제를 반드시 떠나야 한다는 생각으로 귀결된다.

이와 달리, 승랑의 이제는 '이치[理]', '중도[中]', '본체[體]'에 존립 근거를 두고 있는 가르침으로서, 항상 이치를 목적으로 지향하는 '이치 내의 이제[理內二諦]'다. 따라서 승랑의 '이제교문'의 진정한 의미는 승랑처럼 이제를 두 가지 언어 교설의 형식으로 보는 것에 있지 않다. 삼론종에서 이제는 언어라는 특정한 형식적 제약을 뛰어넘어 언어와 침묵, 가르침과 경계 등 다양한 형식으로 자유롭게 전개될 수 있는 종교적 가르침이다. 이처럼

---

25   『大般涅槃經集解』卷39(『大正藏』37, 505a).

다양한 형식을 넘나드는 이제 가르침은 언제나 이치와 '둘이 아니면서 둘인' 대칭적 상관관계를 이룬다는 것이 승랑의 '이제교문'의 핵심이다.

두 가지 이치 / 두 가지 언교 ≠ 중도실상 ⇔ 두 가지 종교적 가르침
이치 밖의 이제 ≠ 이치 ⇔ 이치 내의 이제

정리하면, 대다수 성실론사의 '약리이제설'(혹은 '약경이제설')과 승랑의 '약교이제설'은 모두 승랑의 이교의, 즉 이치(불이중도)와 가르침의 밀접한 상관성을 벗어나 있다. 그러한 까닭에 삼론사들은 그들의 이제를 '이치 밖의 이제[理外二諦]'라고 불렀다.

3) 승랑의 이제: 대립적 이제를 극복하고 융합적 이제로

이제를 가르침으로 보는 승랑의 이제교문(二諦敎門)은 당시 중국의 특정 학파나 사상에 얽매이지 않고 다양한 사상들을 두루 흡수하고 융합한 끝에 탄생한 사상이다. 승랑은 "이제는 교문이고, 교문은 둘이 아닌 이치로 통하도록 하는 것"[26]이라고 정의한다. 여기서 교문은 '이치로 들어가는 문'으로서[27] 단순히 언어의 표층적 차원에 머무르는 것이 아니라, 그 심연에 놓인 목적성을 활짝 열어서 중생을 깨달음으로 인도하는 동태적 가르침이다.
승랑은 그 당시 두 축을 이루고 있던 이원 대립적 이제 사상을 중도실

26　『二諦義』下卷(『大正藏』45, 108b).
27　『中觀論疏』卷8(『大正藏』42, 127b).

상을 벗어난 이제라고 비판하고 중국 불교에 새로운 이제 해석을 제시했다. 승랑의 가르침으로서의 이제는 깨달은 자가 깨달음을 외부 세계로 확장하는 방편이다. 여기서 '방편'은 깨달은 자의 지혜에서 비롯된 것이기에, 승랑의 '지혜와 분리된 도구적 언교'와는 차원이 다르다.

다음으로, 승랑의 "이제는 가르침이다"라는 명제의 의미를 살펴보기 위해서 제자 승전의 이제 정의를 살펴보자. 승전은 필사본 『이제소』에서 이제와 중도, 즉 가르침과 이치의 관계에 관해 "이제는 중도를 나타내는 오묘한 가르침이고, 문자와 언어가 디한 궁극의 설법이다. 중도는 유무가 아니지만 유무에 기탁하여 중도를 드러낸다. 이치는 하나도 둘도 아니지만, 하나와 둘에 의해서 이치를 밝힌다"[28]라고 설명했다. 승전에 따르면, 승랑의 이제는 문자와 언어의 표상을 뛰어넘어 중도의 깨달음을 전달하는 가르침이다. 또한, 이제의 가르침이 없으면 중도를 나타낼 방도가 없으므로, 이제는 다시 중생이 깨달음을 얻는 매개체다. 이처럼 이제 가르침과 이치는 서로 대칭적 상관관계를 이루고 있는데, 이를 이제 쪽에서 비추면 '둘이 아니면서 둘인[不二二]' 관계고, 이치 쪽에서 비추면 '둘이면서 둘이 아닌[二不二]' 관계라고 말할 수 있다.

그리고 승랑의 이제는 깨달은 자가 아직 깨닫지 못한 교화 대상을 깨달음으로 인도하는 '종교적 가르침'이라고 할 수 있다. 그러므로 이제는 일반적 언어 체계로 단순 환원할 수 없다. 이치를 깨달은 자는 실상을 관조하는 지혜뿐만 아니라 방편의 지혜를 획득하게 된다. 방편지를 이미 갖추었기

---

28   『二諦義』上卷(『大正藏』 45, 86b).

때문에, 깨달은 자의 가르침은 자연히 교화 대상을 이끄는 정확하고 효과적인 방법까지 내포하고 있다. 방편지는 미혹된 중생이 비유비무인 중도실상을 깨닫도록 유무 이제를 설정한다. 앞에서 설명한 승랑의 이제가 달을 임시로 가리키는 손가락이었다면, 승랑의 이제는 언제나 북쪽을 가리키는 나침반에 비유할 수 있다. 이 나침반은 다양한 현실 세계 가운데 어느 곳에서도 항상 깨달음을 향해 있고, 누구라도 이 나침반 지침을 따라 깨달음을 성취할 수 있다. 다시 말해, 이제의 가르침은 반드시 이치를 나타내고, 이치를 나타내지 못하면 가르침으로서의 자격이 상실된다.

한편, 이제를 통해 이치를 깨달은 다음에도 이제의 역할은 끝나지 않는다. 이제는 둘이 아닌 중도와 다양한 현상 세계를 연결한다. 구체적으로, 깨달은 자의 이제는 두 가지 지혜[二智]를 발생시키고 이제 그 자체는 두 가지 지혜가 비추는 두 가지 경계[二境]로 변화한다. 이러한 깨달은 자의 내적인 관조 작용은 외부 세계의 교화로 연결되는데, 이때 두 가지 지혜는 다시 이제 가르침을 발생시킨다.[29] 이러한 일련의 과정에서 핵심이 되는 것은 둘이 아닌 중도다. 이치와 가르침 사이에는 무득과 유득이라는 구별은 존재하지만, 무득은 유득이 존립할 수 있는 토대이다. 따라서 이제를 통해 깨달은 자가 중생을 구제하기 위해 다시 이제를 설법하게 되고, 불이중도가 대승의 다양한 가르침을 다시 발생시키는 것이다.

요컨대 승랑은 당시 남조 논사들이 속제와 진제, 혹은 이제와 중도 가운데 하나는 이름이 있고 하나는 이름이 없는 것으로 취급하는 이원 대립

---

29   『二諦義』上卷(『大正藏』45, 86a).

적 사유를 극복하고, 이치와 가르침을 융합적으로 바라보는 '이제교문'의 사유를 전개하여 새로운 학풍을 창시했다.

5. 나가며

이상으로 삼론종의 핵심 사상인 중가의와 이교의를 중심으로, 고구려 승랑의 독창적 사유를 살펴보았다. 승랑은 중도와 가명, 이치와 가르침은 언제나 짝을 이루고 있기에, 한쪽이 없으면 다른 한쪽도 성립할 수 없는 불가분의 상관관계라고 보았다. 승랑은 당시 중국 불교 사상사에서 첨예한 논쟁의 대상이었던 가명과 이제에 관한 문제에 대한 해답을 '대승 경전'에서 찾았다. 그리고 그는 당시 대립하던 가명에 대한 두 가지 해석인 불공가명, 공가명을 비판했고, 당시 이제에 대한 두 가지 해석인 '약리이제설' 및 '약교이제설'이 지닌 문제점을 비판적으로 성찰했다. 이러한 비판적 사유를 통해, 승랑은 가명과 중도가 걸림 없이 소통되고, 이제 가르침과 이치가 대칭적 상관관계를 이루고 있다는 결론을 내린다. 그는 당시 대립적으로 파악되었던 이치와 가르침과 같은 개념들을 융합하는 방향으로 자신의 사상을 구축했는데, 이것은 불보살과 그들이 펼친 가르침인 대승 경전에 대한 절대적 믿음에서 비롯된 결과물이기도 하다.

고구려 출신인 승랑은 다른 중국 불교 논사들처럼 특정 개념이나 명제에 천착하지 않았고 상반되는 보이는 것들의 소통과 융합을 토대로 자신의 전체 사상을 구조화했다. 당시 중국 각지에 있던 다양한 불교 학설을 두루 수용했던 승랑의 개방성과 다양한 사유를 하나로 통섭했던 융합적 사유야말로 그가 새로운 사상을 창조할 수 있었던 원천이다. 승랑은 자신이 비판했던 논사의 학설이라도 그것이 지닌 장점만은 재해석하여 삼론 사상으로 재탄생시키는 유연함을 갖추고 있었는데, 그가 창안한 '어제(於諦)'와 '교제(敎諦)' 개념이 대표적인 예이다. 이처럼 승랑이 고유한 학설을 세울 수 있었던 이면에는, 고구려 언어와 문화라는 특수한 정체성과 다양한 학문에 대한 그의 개방성이 맞물려 작용했다. 그리고 이렇게 탄생한 삼론종은 중국 불교의 사상적 흐름을 크게 바꾸어 놓았다.

승랑은 한국 불교를 대표하는 사상가이지만, 승랑에 관한 기록들은 단편적으로만 남아 있어 그의 생애와 사상에는 아직 공백이 많다. 그러나 단편적인 기록들 속에서도 그의 사유가 당시 중국 논사들과 어떻게 달랐으며, 그가 동아시아 불교에 남긴 유산이 무엇이었는지 그 윤곽이 점차 드러나고 있다. 특히 승랑의 중가의와 이교의는 후대 동아시아 불교 사상사가 통합적으로 발전하는 시발점이 되었다. 그리고 그의 창조적이고 융합적 사유는 훗날 원효, 지눌과 같은 위대한 한국 불교 사상가들이 출현할 수 있는 사상적 토대를 마련했다는 점에서 높게 평가받아 마땅하다.

조윤경

국립안동대학교 동양철학과 부교수. 서강대학교 철학과를 졸업하고, 서강대학교 종교학과에서 문학석사를, 중국 베이징대학교 철학과에서 철학박사를 취득했다. 오랫동안 길장의 저술로 여겨졌던 『대승현론』을 비판적으로 고찰하여 길장 사상을 새롭게 읽어내고, 한국 철학의 원형을 구성하는 고구려 승랑과 백제 혜균의 사상을 연구하는 데 주력하고 있다. 주요 논저로 『한국불교학연구』(공저, 2022), 『깨달음 논쟁』(공저, 2018), 「중층과 호환 — 3중이제설과 4중이제설의 구조적 이해」(2023), 「고구려 승랑의 융합적 사유 — 중가의(中假義)와 이교의(理敎義)」(2022), 「원효와 혜균의 만남과 대화 — 원효의 화쟁·회통에 보이는 혜균의 변증법적 논리를 중심으로」(2019), 「『大乘玄論』 길장 찬술설에 대한 재고찰 — 「二諦義」를 중심으로」(2014) 등이 있다.

깨달음의 경계를 넘어서:
원효의 중도적 사상과 삶에 대한 일고(一考)

이수미(덕성여자대학교 철학전공 교수)

1. 들어가는 말

한국을 대표하는 주요 불교 인물 중 한 사람인 원효(元曉)는 한국뿐 아니라 동아시아 불교계 전체에 지대한 영향을 끼친 신라의 불교 사상가이다. 동아시아에 불교가 융성했던 7세기 무렵, 원효는 한반도에 유입된 방대한 불교 교리를 섭렵하였고, 당시 불교 이론들 간의 교리적 상충성이라는 문제에 대해 통찰력 있는 해결점을 제시하였다. 불교의 핵심에 대한 원효의 깊은 이해는 이후 동아시아 불교 사상에 중요한 영향을 남겼다.

원효가 활동하던 시대의 동아시아에는, 비록 '철학(philosophy)'이라는 개념이 형성되어 있지 않았지만, 철학적 활동의 주요 내용이 되는 인간과 세계, 혹은 실재와 진리의 의미가 '불교'라는 틀 내에서 성찰되고 있었다. 이런 점을 고려할 때 원효를 당시의 대표적 철학자 중 한 사람이라고 보아도 별 무리는 없을 것이다.

하지만, 원효가 한국의 뛰어난 불교 사상가 혹은 철학자라 할지라도 다른 수많은 사상가와 구별되어 그가 우리의 관심과 주의를 끄는 이유는 정작 다른 것 때문으로 보인다. 원효가 주목받는 것은, 그가 지니는 철학자로서의 사상적 우수성이나 영향력이라기보다는 그가 살아온 특이하고 비범한 삶의 행적인 듯하다.

당나라로 유학을 가는 도중 밤을 보내게 된 토분에서 해골에 고인 물을 마시고 깨달음을 얻어 신라에 남았다든가, 요석 공주와의 만남 이후 재가자로 돌아와 천촌만락을 누비며 일반 민중들에게 불교의 가르침을 전파했다는 원효의 일화는 잘 알려져 있다. 이와 같은 드라마틱한 일화들은 원효의 삶이 여느 철학자들과는 다르다는 것을 보여준다. 그의 삶은 결코 조용하고 사색적인 것만이 아니었다. 대부분의 서양 철학자들은 그 철학적 이상이 얼마나 원대한가와는 관계없이 현실적으로는 대개 내면적 사색에 집중하는 조용한 삶을 살았다고 한다. 하지만, 원효는 '철학자'이면서도 결코 조용하지 않은, 특이한 삶의 궤적을 남긴 것이다.

사실 '철학'은 그 추상성으로 인해 삶의 현실적 문제들에 대한 적극적 대응이나 참여가 저조한 것으로 종종 비판된다. 하지만, 철학은 삶 그 자체, 아니 삶 그 이상의 문제에 대해 근본적인 물음을 제기하고 이에 대해 성찰하는 활동이며, 따라서 이러한 철학적 활동을 수행하는 철학자가 삶에 대해 객관적이고 관조적인 자세를 지녀야 하는 것은 당연하다. 이런 점에서 철학자는 삶을 사는 자가 아니라 삶에 대해 사유하는 자로 정의되는 것이다. 철학자들은 '진리에 대한 사랑'을 바탕으로 누구에게도 엄정하게 적용될 수 있는 객관적 진리를 발견하기 위해 자기 자신을 포함한 모든 것을 자신의 주관적 삶으로부터 분리시키고 이를 대상화시켜 관찰하고 사유해야 한다.

이처럼, 많은 철학자가 영위한 '조용한 삶'은 바로 철학함에 있어서 필연적으로 요구되는 대상과의 거리 두기에 바탕을 둔다. 그렇다면, 원효가 한편으로는 추상적 불교 이론을 다룬 철학자이면서도, 다른 한편으로는 결코 '조용하지 않은' 삶을 살았던 것은 어떻게 설명할 수 있을까?

흔히 동양(정확히는 동아시아) 철학은 삶에 대한 사유와 사유하는 자의 삶을 구분하지 않는 특징을 가지고 있다고 한다. 주관과 객관, 주체와 대상을 궁극적으로 구분하지 않으면서 이 세계 혹은 삶에 대해 전일적(holistic)으로 접근하는 것이 동양적 사유 방식의 특징이라는 것이다.

이런 점에서, 불교뿐 아니라 유가와 도가의 동양 사상가들에게 인간과 세계에 대한 탐구는 다름 아닌 바로 자신들 삶에 대한 탐구였다고 할 수 있다.

원효의 삶 또한 사유와 사유 주체의 삶을 분리하지 않는 동양 사상의 전통 내에서 설명될 수 있다. 실제로, 다른 동양의 사상가들과 마찬가지로, 불교인인 원효에게도 진리는 대상화될 수 있는 어떤 것이 아니었다. 원효는 진리란 주체와 대상의 구분을 넘어서서 현실적 삶과 분리되지 않은 상태로 구현되어야 하는 것임을 인지하고 있었다. 원효의 불교 사상은 고도의 철학적 추상성을 갖춘 정교하고 세밀한 이론 체계였지만, 이러한 복잡한 철학 체계도 그의 현실적 삶을 이론화한 것에 다름 아니었다.

하지만, 원효의 현실적 삶이 그의 철학적 사고 체계가 투영된 것임을 인정한다 하더라도, 그의 삶과 철학의 대응성을 찾는 것은 여전히 어려운 문제이다. 왜냐하면, 한때는 승려였으나 자발적으로 파계(破戒)하고 재가자가 된 원효의 삶은 두 가지 상반된 모습을 보여주고 있기 때문이다. 다시 말해, 원효의 격동적 삶을 설명할 수 있는 일관된 철학적 신념 체계를 찾아내는 것은 매우 어렵다.

한 사상가의 삶의 획기적 방향 전환은 그 사상가의 철학적 신념의 전환으로 흔히 설명된다. 하지만 원효에게 있어서 이러한 사상적 전환은 알려져 있지 않다. 결국, 원효의 반승반속(半僧半俗)의 '격동적' 삶은 하나의 일관된 철학 사상 체계로 설명되어야 한다. 여느 철학자에게서 흔히 볼 수 없는 원효의 삶의 극적 요소들은 그의 철학적 사상 체계와 어떻게 연결될 수 있을까? 이것은 원효의 철학 사상의 현실적 의미는 어떻게 설명될 수 있는가 하는 문제이다. 원효의 현실적 삶을 관통하는 철학적 원리에 대해 다음 절에서 생각해본다.

2. 대승의 초월성

원효는 불교의 계율을 지키는 승려로서의 삶을 살다가 속인으로 돌아왔다. 그는 저잣거리를 누비면서 자신이 지켜오던 규범을 벗어나 세속적인 삶을 살았다. 원효의 삶을 설명하는 사상적 일관성을 찾기 어려운 가장 큰 이유 중 하나는 그가 승려와 속인이라는 두 상반된 삶을 살았기 때문일 것이다. 승려의 삶은 종교적 이상을 우선적으로 추구하지만, 실질적 현실에 중점이 놓여진 속인의 삶은 일반적으로 세속적 목적을 추구하는 것으로 여겨진다. 물론, 속인으로서 종교적 이상을 추구하는 경우도 있을 수 있겠지만, 자발적으로 파계하고 속인이 된 원효의 경우에는 이 두 삶의 대조적 모습이 더 두드러지게 나타난다.

종교적 이상으로서 궁극적 실제는, 그것이 신, 혹은 열반 등 어떤 이름으로 불리든 간에 불완전한 현실 세계와는 차별적인 것으로 여겨진다. 가령, 불교의 최종 목표로 여겨지는 열반(涅槃) 또한 일반적으로 현실의 고(苦)와 대조적인 것으로 묘사된다. 즉, 열반은 불완전한 현실 세계인 속세(俗世)를 벗어남[出世]으로써 얻어지거나 도달할 수 있는 것이다. 이런 점에서 불교의 목표는 현실 세계의 불완전성을 극복하고 완전한 깨달음을 얻는 것이라고 한다. 속세를 떠나 출세를 지향하는 이러한 관점에서 볼 때, 열반 혹은 깨달음이라는 목표를 향해 수행의 길을 가는 승려의 신분을 벗어나 속인으로서 세간을 누비며 살아간 원효의 삶은 분명 일관성이 결여된 것으로 보여진다.

한편, 이러한 세간과 출세간, 혹은 '진(眞)'과 '속(俗)'의 차별적 구분은 석가모니 사후 수백 년 후에 형성된 대승불교 전통에서 극복되었다고 여겨진다. 대승불교에서는 세간과 출세간의 구분은 궁극적으로 존재하지 않는 것이라고 보고, 세간과 출세간의 구분 자체를 초월한 '출출세간(出出世間)'이라는 개념을 제시한다. 세간과 출세간, 혹은 진과 속의 구분의 초월이라는 대승불교의 이념은 "색즉시공 공즉시색(色卽是空 空卽是色)"이라는 『반야경(般若經)』의 유명한 구절에도 나타나 있다. 대승불교의 차원에서는 공(空)과 색(色), 진리와 현실이 궁극적으로 서로 다르지 않다는 것이다.

대승 이전에는, 앞서 언급한 것과 같이, 불교의 목표인 열반을 성취하기 위해 세간을 벗어나 출세간으로 나아가야 한다는 가르침이 일반적이었다. 하지만 대승 전통에서 열반은 세간과 출세간 어느 곳이든 관계없이 이루어질 수 있다고 한다. 이런 점에서 이 두 영역의 구분 자체를 초월한 '무주처열반(無住處涅槃)'이라는 개념이 제시되었고, 깨달음 또한 바로 이 순간의 현실 세계에서 얻어질 수 있는 것이라고 한다. 앞서 원효의 반승반속의 삶을 설명하는 하나의 철학 체계를 제시하는 것이 어렵다고 하였지만, 세간과 출세간 혹은 진(眞)과 속(俗)의 구분 자체를 초월한 대승의 관점에서 볼 때, 원효의 삶의 두 상반된 궤적 또한 설명될 수 있을 것으로 보인다.

하지만 유의할 점은, 비록 진과 속을 구별하지 않는 대승의 관점으로 승려와 재가자 모두로 살았던 원효의 삶의 모습을 정당화할 수는 있다 하더라도, 이 진과 속이라는 두 상반된(혹은, 상반되어 보이는) 영역의 구분의 초월을 논리적으로 설명하는 것은 또 다른 문제라는 것이다. 가령, 대승의 출출세간의 개념은 세간과 출세간의 차별을 초월하는 개념으로서 이 두 상반되어 보이는 영역을 아우르는 공통성 혹은 보편성의 비전을 제시한다고 여겨진다. 하지만 이때 세간과 출세간 사이에 존재하는 현실적 차별성을 어떻게 설명할 것인가의 문제는 여전히 남게 된다.

게다가, 엄밀히 말해서, 출세간은 세간과 출세간의 공통성 혹은 보편성의 의미를 나타내는 것이 아니다. 이 개념은 이 두 영역 모두, 즉 세간적 '차별성'과 출세간적 '보편성' 모두를 넘어선 의미를 지닌다. 비록 출출세간의 개념이 세간과 출세간이 '다르지 않음'을 의미하고 있다 하더라도, 이 '다르지 않음'은 단순히 '같음'을 의미하는 것이 아니라, '다르지 않음'과 '같지 않음'이라는 두 의미를 모두 내포한다는 것이다. 즉, 출출세간의 초월적 의미는 세간과 출세간 사이의 현실적 차별성을 완전히 부정하는 획일적 동일성을 의미하는 것이 아니다. 결국, 이 개념에 내재된 보편성과 차별성이라는 두 상반된 함의를 어떻게 동시에 정합적으로 설명해야 하는 문제가 여전히 남는다.

이 문제는 승려와 속인 모두로 살았던 원효의 삶을 어떻게 정합적으로 설명할 수 있는가의 문제로 다시 환원된다. 출세간을 지향하는 승려의 삶과 세속적 속인의 삶의 차별성뿐 아니라 이 두 삶에 적용되는 공통적 일관성이라는 두 상반된 요소를 어떻게 모순 없이 함께 설명할 수 있는가라는 것이다. 원효의 삶은 이와 같은 대승의 초월적 원리의 현실적 구현이라고 할 수 있다. 자신의 철학 사상의 핵심이라고 할 수 있는 대승의 원리를, 원효는 당시 진행되고 있던 불교계의 사상적 논쟁의 해결 과정 속에서 구체화하였다. 이러한 원효의 철학 사상을 보다 잘 이해하기 위해 당시 원효가 직면하고 있었던 불교계의 논쟁 상황을 살펴보려 한다.

3. 공(空)과 유(有)의 논쟁

원효 당시 동아시아 불교계는 사상적으로 격변기를 맞이하고 있었다. 인도로 불경을 구하러 갔던 삼장법사 현장(玄奘, 602-664)이 645년 장안으로 돌아와 새로운 불교 경전을 번역하였고, 이에 따라 기존의 불교 이론들과 상충되는 것으로 보이는 이론들이 소개되기 시작하였다. 이때 이 이론들의 상이점을 둘러싸고 논쟁 상황이 전개되었다.

당시의 논쟁들 가운데 하나는 소위 '공유 논쟁(空有論諍)'이라고 알려진, 중관 사상과 유식 사상 간의 논쟁이다. 중관과 유식은 대승불교의 두 대표적 학파로서 이들은 모두 앞서 언급한 대승불교의 초월적 입장, 즉 진과 속이 궁극적으로 차별되지 않는다는 입장을 받아들였다.

하지만 이 두 학파들이 형성된 후 수 세기가 지난 6세기경, 중관논사 청변(淸辯/淸辨, Bhāviveka)과 유식논사 호법(護法, Dharmapāla)의 사상 간에 이론적 상이성이 나타났다고 전해진다. 즉, 학파가 수립된 초반부에는 중관과 유식 간에 아무 사상적 대립이 없었으나, 청변과 호법의 시기에 이르러 이론적 상이성이 생겨났고, 마침내 소위 '공(空)'과 '유(有)' 간의 상반성이 드러났다는 것이다. 이 두 논사의 사상적 상이성은 현장이 장안에 돌아와 이들의 저술을 번역하는 과정에서 동아시아 불교계에 전해졌고, 이에 따라 인도에 이어 동아시아에서도 소위 공과 유의 대립이라는 문제가 인식되기 시작하였다.

공유 논쟁의 핵심 이슈를 간단히 기술해보면, 중관을 대변하는 청변은 궁극적인 관점에서 모든 것이 실체가 없는 공(空)이라고 주장하였고, 이에 반해 유식의 입장을 취한 호법은 소위 중도(中道)의 관점을 표방하면서 모든 것을 일률적으로 공이라고 해서는 안된다고 하였다. 즉, 청변은 진과 속 모두를 공이라고 주장한 한편, 호법은 진의 영역까지 공하다고 한다면 공에 대한 잘못된 이해라고 하면서 속의 영역만이 공한 것이라고 하였다. 청변은 진과 속의 두 영역에 차별 없이 적용되는 공의 보편성에 초점을 맞추고 있고, 호법은 진과 속의 두 영역의 차별성에 중심을 두고 진의 영역은 유로, 속의 영역은 공으로 본 것이다.

청변과 호법의 공유 논쟁은 앞서 논의한 대승의 출출세간이라는 초월적 개념에 내재한 두 함의, 즉 진과 속의 보편성 및 차별성이라는 두 의미의 이론적 대립이라고 볼 수 있다. 청변은 대승의 초월적 입장을 받아들이면서, 진과 속의 영역에 예외 없이 공이라는 보편적 원리가 적용되므로 궁극적 관점에서 '차별적이지 않음'에 주목하였다. 한편, 호법 또한 청변과 마찬가지로 대승의 초월적 입장을 받아들였지만, 그는 진과 속에 공의 원리가 적용된다 하더라도 이 두 영역 간의 '동일하지 않음'이라는 현실적 측면을 강조하였다.

이처럼 청변과 호법이 근본적으로 대승의 입장을 받아들였다 하더라도, 상반되는 입장을 취한다고 여겨졌던 것은 출출세간과 같은 대승의 초월적 입장에 세간과 출세간의 '차별적이지 않음'과 '동일하지 않음'의 두 의미가 모두 내포되어 있었기 때문이라고 볼 수 있다. 대승적 실재의 궁극적 모습인 '차별적이지 않음'에 초점을 맞춘 청변은 진과 속에 보편적으로 적용되는 공의 입장을, 이 실재의 '동일하지 않음'의 측면을 강조한 호법은 진과 속의 현실적 차별성을 바탕으로 진을 공이라고 해서는 안 된다는 유의 입장을 취한 것이다.

공과 유, 혹은 보편성과 차별성 간의 논쟁 상황에서 원효가 밝히려 했던 것은, 대승의 초월성 안에서 이 두 측면이 아무 모순 없이 공존한다는 것이었다. 청변과 호법이 대승적 실재를 기술함에 있어서 서로 상반된 언어를 사용했고, 이로 인해 중관 사상과 유식 사상이 상반된 입장을 취하는 것으로 여겨졌지만, 사실은 이 두 논사 모두가 진과 속이 '동일하지도 않고 차별적이지도 않은[不一不異]' 대승의 불이원(不二元)적 입장을 수용하고 있음을 밝히는 것이 원효의 과제였다.

4.『대승기신론』과 화해 사상

진과 속의 불이원성을 논증하기 위해, 원효는 동아시아 불교 전통의 성립과 전개 과정에 핵심적 논서로 잘 알려져 있는『대승기신론(大乘起信論)』에 주목하였다.『대승기신론』은 원효의 시대보다 약 100년 전 이미 북중국에 등장한 문헌이었지만, 당시의 논쟁 상황을 배경으로 원효에 의해 주목되었다. 공유 논쟁의 경우에 한정하여 기술해보자면, 원효는 중관의 공과 유식의 유의 입장이 서로 상반된 것이 아님을『대승기신론』의 '일심이문(一心二門)', 즉 한 마음[一心]에 두 가지 측면[二門]이 있다는 이론을 통해 논증하려 하였다.

'일심'이란 실재를 가리키는 비유적 표현이라고 할 수 있다. 일심에는 궁극적 측면에 해당하는 '진여문(眞如門)'과 현상적 측면에 해당하는 '생멸문(生滅門)'의 두 측면이 있다는 것이다. 진여문에서 볼 때에는, 실재는 생겨나지도 멸하지도 않은[不生不滅] 불변의 성질을 가진 궁극적인 것으로 기술되고, 다른 한편 생멸문에서는 실재는 생겨남과 멸함[生滅]이 반복되는 현상적 존재로 설명된다. 대승불교에서는 이 세계의 모든 존재와 현상들이 중생의 생멸하는 마음에 의해 만들어진 것이라고 하므로, 실재의 현상적 측면은 일반적으로 중생의 생멸하는 마음에 해당한다고 할 수 있다. 이것은, 일심의 두 측면인 진여문과 생멸문이 각각 불생불멸과 생멸이라는 상반된 성질을 가진 것으로 기술되고 있다 하더라도 하나의 실재가 지닌 두 측면으로서 서로 상충되지 않고 공존하는 것임을 의미한다.

원효는 일심의 두 측면인 진여문과 생멸문이 상충성 없이 공존한다는『대승기신론』의 이론을 통해 당시 공유 논쟁을 해결하고자 하였다. 일심의 두 측면 중 불생불멸의 궁극적 측면인 진여문은 공의 보편성을 통해 실재를 바라보는 중관의 관점과 연결될 수 있다. 모든 존재에 보편적으로 적용되는 궁극적 원리로서 공은 변하지 않는 진리이고, 따라서 실재의 궁극적 측면에 해당하는 진여(眞如)의 의미를 지니는 것으로 볼 수 있기 때문이다. 한편, 중생의 생멸하는 마음을 바탕으로 한 현상적 측면인 생멸문은 궁극적 실재와 현상적 세계의 차별성을 간과하지 않는 유식의 입장과 연결된다. 궁극적 실재와 현상 세계를 획일적으로 모두 공이라고 해서는 안 된다는 유식의 관점은 시시각각 변화하는 현실적 존재의 차별적 측면을 바탕으로 한 것이기 때문이다. 즉, 원효는 실재의 궁극적 보편성을 중시하는 중관의 관점을 진여문에, 실재의 현상적 차별성에 초점을 둔 유식의 관점을 생멸문에 대응하여, 이 둘을 일심이라는 실재의 두 측면으로 설명함으로써 공과 유의 입장을 화해하려 하였다.

또한,『대승기신론』에는 생멸하는 현상 세계에도 불생불멸의 진여가 내재되어 있다고 함으로써 진과 속의 불이원적 결합을 설한다. 즉, 생멸하는 현상 세계의 바탕이 되는 중생의 마음에 불생불멸의 진여(眞如)가 같지도 다르지도 않은[非一非異] 상태로 결합되어 있다는 것이다. 이것이『대승기신론』에서 제시하는 중생의 근본식인 알라야식(ālayavijñāna)의 모습이다. 즉, 생멸하는 현상적 측면만을 지닐 뿐 아니라, 불생불멸의 궁극적 측면 또한 함께 지니고 있는 중생의 마음을 통해 진과 속의 불이원성을 나타내고 있는 것이다.

일심에 진여문과 생멸문이라는 두 상반되어 보이는 측면이 모순 없이 공존하고 있는 것과 마찬가지로, 현상 세계의 바탕이 되는 우리의 마음 또한 생멸의 성질을 가진 현상적 측면과 궁극적인 실재의 불생불멸의 측면을 함께 지니고 있다. 여기서 중생의 생멸심에 결합한 진여는 중생에 내재한 깨달음의 근거인 여래장(如來藏)을 가리키는 것으로서, 불성(佛性)이라고도 한다.

이처럼 원효는 『대승기신론』의 실재에 대한 설명들, 즉 일심에 이문이 갖추어져 있다는 설명과, 우리 마음에 궁극적 측면과 현상적 측면이 공존하고 있다는 설명 등을 통해 진과 속, 혹은 출세간과 세간의 차별을 초월하는 대승불교의 실재관을 설명하려 하였다. 그리고 이를 바탕으로, 당시 진과 속 각각의 입장에 중심을 두고 전개되고 있었던 중관과 유식 사상 간의 공 논쟁에 대한 해답을 제시하려 하였다. 중관이 중점을 둔 실재의 궁극적 측면이 지니는 보편성과 유식이 강조한 실재의 현상적 측면이 지닌 차별성은 결코 상충되는 것이 아니라 실재의 두 측면으로서 공존하는 것임을 역설하였다.

5. 무애행의 중도적 삶

앞서 제기한 질문으로 돌아가, 원효의 반승반속의 삶을 그의 철학 사상과 연결해보자. 사상가의 현실적 삶이 그 사상가의 철학 사상의 구현체라는 점에서, 승려와 속인으로 살아간 원효의 삶의 모습은 이제 그의 철학 사상을 바탕으로 정합적으로 설명될 수 있다. 원효가 진과 속 두 영역을 모순없이 추구하는 삶을 살 수 있었던 것은, 이 두 영역이 서로 같지도 않고 다르지도 않다는 그의 대승적 통찰에 바탕을 둔다. 원효는 초월적 대승의 입장에서 진의 영역과 속의 영역이 지니는 개별적 의미를 그대로 인정하면서 동시에 이 둘에 공통적으로 내재한 보편적 의미 또한 인지하였다. 원효에게 반승반속의 삶이 가능했던 것은, 그가 진과 속 각각의 개별적 의미와 이 둘에 모두 내재한 보편적 의미를 모두 모순 없이 받아들일 수 있었기 때문이다.

진과 속의 차별을 초월한 대승의 입장은, 종종 진과 속의 차별의 초월이라는 어떤 특정 상태를 가리키는 것으로 해석되기도 한다. 즉, 서로 같지도 다르지도 않은 진과 속의 불이원성을 '같지도 다르지도 않음'이라는 특정적 형이상학적 상태로 보는 것이다. 하지만 유의할 것은, 진과 속의 불이원성에 대한 원효의 이해는 어디까지나 '같지 않음'과 '다르지 않음'이라는 두 성질의 공존에 대한 통찰이었다는 점이다. 바로 이러한 통찰이 그가 승려로서의 삶과 속인으로서의 삶 중 어느 한쪽에 치우치지 않고 이 두 삶 모두를 충실히 그리고 모순 없이 살아갈 수 있게 한 근거였다.

마찬가지의 이유로, 원효는 공유 논쟁에 있어서도 공 혹은 유의 입장을 훼손시키거나 이 둘을 융합하여 새로운 상태로 재조합하지 않았다. 그는 각 입장의 의미 및 의의를 그대로 유지하면서 이들 간의 이론적 상충성을 화해하였다. 그는 현실 세계의 차별성을 인정하면서 동시에 이 차별성에 내재한 궁극적 보편성을 인정함으로써, 갖가지 상이한 주장 혹은 입장 간의 표면적 상충성을 넘어설 수 있었다. '얽매임 없는[不羈]' 원효의 철학적 사유는 현실에 있어서 '무애행(無碍行)'이라는 중도(中道)적 삶으로 구현되었다.

이수미

덕성여자대학교 철학전공 교수. 서울대학교 약학과를 졸업하고 철학과에서 석사를 마친 후 미국 일리노이대학교(UIUC)와 캘리포니아대학교(UCLA)에서 불교학으로 각각 석사와 박사를 취득하였다. 한국 불교를 중심으로 동아시아 불교 사상을 전공했으며, 유식(唯識) 및 여래장(如來藏) 사상에 대해 연구하고 있다. 저서로 *Buddhist Hermeneutics and East Asian Buddhist Interpreters: Delivering Dharma of No Dharma*(2022)가 있고, 「지눌 수증론의 해오(解惡)와 증오(證惡)의 의미 재조명」(2023), "On the *Ālayavijñāna* in the *Awakening of Faith*: Comparing and Contrasting Wŏnhyo and Fazang's Views on *Tathāgatagarbha* and *Ālayavijñāna*"(2019) 등 다수의 논문을 저술하였다. 2017년 「『金光明經』의 三身說에 대한 元曉의 이해: 慈恩基와 淨影慧遠과의 비교 고찰을 통하여」로 불교학술진흥상 대상을 수상하였다.

원효의 일심으로 본 마음의 문제[1]

일심이 근본이고, 생사(生死)가 그 지말(末)이다. 오랜 수행을 닦아 금강심(金剛心)을 얻었을 때, 생사가 끝남을 알게 되고, 말(末)이 그 근본인 일심의 도리에 돌아가게 된다. 그래서 이같이 생성[生]의 모습이 시작되고 그 모습에 끝이 있다고 하는 것이다.(원효, 『본업경소』)

1. 들어가는 말

원효는 7세기 중반 신라 시대에 살았던 불교 승려로서 방대한 규모의 불교 저술과 그 속에 드러나는 해박한 불교 지식과 이론의 독창성 그리고 화려한 문장력으로 한국의 가장 대표적인 불교 사상가로 꼽힌다. 원효

---

1   이 글은 2011년 10월 원광대학교 마음인문학연구소 주최 국제심포지움 '마음인문학, 철학적 성찰과 사회적 치유'에서 발표한 적이 있다.

는 방대한 저술(80여 종의 책을 저술하였다고 알려져 있으며 그중 20종이 현존함) 활동을 했고, 그가 다루는 불교 사상과 이론의 종류는 너무나 다양하고 광범하다. 그는 저술에서 대승불교 주요 경전뿐 아니라, 이전에 중국 불교를 풍미하였던 삼론종의 사상가인 승조나 길장의 저서, 더구나 불교 외의 사상인 노자, 장자 등을 빈번히 인용하고 있다.

여기서 우리는 원효 사상의 폭과 원효의 학문하는 태도를 알 수 있다. 그는 불교학뿐만 아니라 당시 당나라를 중심으로 한 범아시아 문화권의 사상적 스펙트럼을 다 섭렵하였던 것이다. 불교란 종교일 뿐만 아니라 당대의 문화와 사상을 지배하는 지식 담론이었다. 원효는 당시 7세기 동아시아 문화와 학술의 황금시대에 최고의 지식 문화를 흡수하고 또 창출하였다. 그는 불교에만 국한되지 않는 당시 지식인의 한 전형을 보여준다.

원효의 사상적 입장, 또는 학파적 소속이 무엇인가에 대해서는 학자들 간에 많은 논란이 있어왔다. 불교의 교학 전통의 입장에서 보아서, 그의 사상의 전통을 유식학에 속한다고 보기도 하고 화엄학으로 보기도 하며 또한 여래장 사상을 그 중심에 놓기도 한다. 당시 7세기 동아시아의 불교 학술계의 판도에는 여러 갈래의 사상 경향이 존재하였고, 원효는 중관, 유식, 여래장, 화엄 등의 그러한 이론적 갈래들을 모두 아우르고 있다. 현존하는 그의 저술들이 그 증거이다. 실제로 원효는 당시에 신라 사회에 전해진 주요 불교 문헌 거의 모두에 주석을 썼다. 따라서 이 중 어느 것으로 원효를 규정하기에는 어려움이 있다.

한편 그의 사상적 핵심 또는 핵심 주제는 무엇일까에 대해서 그동안

학자들은 일심, 화쟁, 회통 등의 여러 가지를 주장해왔다. 하지만 화쟁과 회통은 원효의 불교 교학 내지 종파 불교에 대한 시각과 그의 학문 방법론을 말하는 것이지 그의 사상의 핵심이라고 하기에는 맞지 않다고 본다. 역시 원효의 사상에서 가장 중심을 이루는 것은 '일심(一心)'이다. 원효는 많은 저작을 통해서 그의 일심 사상을 설파하고 있다.

필자가 찾아본 것만 하여도 『대혜도경종요(大慧度經宗要)』, 『법화종요(法華宗要)』, 『열반종요(涅槃宗要)』, 『화엄경소(華嚴經疏)』, 위에서 인용한 글이 들어 있는 『본업경소(本業經疏)』 등에 걸쳐 모두 200회가 넘는다. 특히 『금강삼매경론(金剛三昧經論)』과 『대승기신론(大乘起信論)』에 대한 원효의 두 주석인 소(疏)와 별기(別記)에서 일심에 대해 집중적으로 천착하고 있다.

일심이라는 교학 개념이 동아시아 불교에서 본격적으로 등장하는 문헌은 『대승기신론』이다. 『대승기신론』은 2세기경에 활약했다고 하는 마명(馬鳴)이라는 인도 승려에 의해서 쓰이고, 중국에서 번역되어 동아시아 전역으로 유포되었다고 전통적으로 알려져왔으나, 우선 산스크리트어 원본이 발견되지 않고 또한 그 속에 나타나는 사상 경향을 보아서 인도가 아닌 중국에서 찬술되었을 것이라는 설이 우세하다.

『대승기신론』은 중국 불교의 교리적·사상적 발달에 아주 중요한 문헌 중의 하나이다. 그 논에서 제시된 마음의 구조에 대한 패러다임이 그 후 중국 불교에서 마음의 이론의 전형으로 사용되기 때문이다. 『대승기신론』은 '일심(一心)'에 대한 분석과 고찰로 그 주된 내용을 삼고 있으며 일심을 중심으로 대승불교 사상을 체계화하고 있다. 자연스럽게 『대승기신론』에 대한 원효의 소와 별기 또한, 일심을 그 중심 주제로 삼는다.

이 글은 원효의 저작인 『대승기신론』의 소와 별기, 그리고 『금강삼매 경론』 등에 나타나는 일심의 용례를 중심으로, 원효가 본 마음의 문제를 고찰하고, 나아가 원효의 마음의 철학이 함축하는 바와 그 가치를 살펴보 고자 한다.

원효의 저술은 대부분은 주석서의 형태로, 경문 구절을 해석하는 형 식 속에서 자신의 생각을 설파한다. 체계적인 이론을 펼치는 것이 아니라 원문에 대한 주석 형식으로 산발적으로 흩어져서 개진되고 있는 것이다. 따라서 이러한 용례들을 중심으로 원효의 일심설을 재구성할 필요가 있다. 더구나 일심이라는 것은 그리고 원효 특유의 수사법으로써 단편적으로 그 리고 추상적으로 설해지고 있으며 그 개념이 너무나 포괄적이다.

또 다른 난점으로는 예를 들어, 깨달음을 설명하여 '귀일심원(歸一心 原)'이라고 표현하는데, 근원이라는 뜻의 원(原)이라는 단어는 장소와 관련 하는 개념이고 이러한 개념을 사용하기 때문에 원효의 철학이 실체론이라 는 비판 불교의 주장도 나오게 되는 것이다. 하지만 이러한 애매성은 원효 의 본각 이론을 통해서 극복될 수 있다고 생각한다. 이 글의 후반부에서 깨 달음과 관련하여 원효의 각의 이론을 살펴보는 것은 이 때문이다.

2. 일심은 이문으로 나누어 설명할 수 있다

『대승기신론』에서는 마음을 중생심(衆生心)이라고도 또는 일심이라고 도 부른다. 이 마음을 유명한 일심(一心)이문(二門)의 체계, 즉 진여문과 생 멸문의 두 가지 측면으로 나누어 설명한다.

첫째 진여문은 마음을 진여(眞如)의 측면에서 이해한 것이다. 『대승기신론별기(大乘起信論別記)』에서 원효는 진여문을 설명하여, "일체법(一切法)은 [진여의 측면에서 본다면, 원래] 무생무멸(無生無滅)이며, 즉 생겨나는 것도 없고 스러지는 것도 없으며 본래부터 고요한 것이며, 오직 일심일 뿐이다"(『한국불교전서』 01.0679a22-01.0679b01)라고 하고 이러한 측면에서 마음을 고찰하는 것을 심진여문(心眞如門)이라고 한다. 그런데 진여란 있는 그대로의 모습이란 뜻으로 모든 존재의 진실한 모습을 의미한다. 중생심의 있는 그대로의 모습이 심진여이다. 마음의 진여로서의 이 모습은 그러나 언어나 개념이나 사유에 의해 파악할 수 없다고 한다.

여기서 법(法)이란 현상, 존재 요소 등을 뜻한다. 제법이 곧 일심이라고 하는 것은 심(心)과 법, 즉 인식과 그 대상 사이의 관계에 대해 말하는 것으로, 대상 세계라는 것은 인식의 대상으로서만 존재하는 것이라는 전제를 깔고 있다. 제법이란 여러 존재 현상을 가리키는 것이며 특히 마음에 표상된, 일심 속에 드러나는 존재 현상을 말한다. 『금강삼매경론(金剛三昧經論)』에서 예를 들어 '소관법(所觀法)'이라는 말이 반복적으로 쓰고 있는데 이것은 관찰하는 대상으로서의 법이라는 뜻이고, 이것은 마음속에 드러나는 법을 말한다. 세계는 마음의 표상이며, 심이 곧 법이다. 원효는 『기신론(해동)소(起信論海東疏)』에서 "대승에서는 일체 제법은 별다른 체가 없다. 따라서 이 일심으로써 그 체로 삼는다[今大乘中一切諸法皆無別體 唯用一心 爲其自體]"(『한불전』 01.0704a08-14)라고 하여, 모든 존재를 마음으로 귀속시키고 있다. 모든 대상 세계는 그 자체가 실체가 있는 것이 아니라 그것을 인식하고 판단하는 마음으로 치환되는 것이다.

둘째는 마음을 생멸하고 있는 측면에서 보는 심생멸문(心生滅門)이다. 마음은 무명이라는 조건 때문에 대상 세계의 모습에 휘둘리고, 끊임없이 일어나 흔들리고 있다. 이것이 현실적인 마음의 모습이다. 원효의 설명에 따르면, "일심의 본체[體]는 불생불멸하고 본디부터 깨달음의 지혜, 즉 본각(本覺)을 갖추고 있지만 무명(無明)이라는 조건 때문에 동요를 일으키게 되어 생멸의 모습을 띠고 전개되어 나간다"(『대승기신론별기』, 『한불전』 01.0679b01-03)고 한다. 그러나 그러한 일심의 본성에 대해 깨닫는다면 다시 일심의 원전으로 돌아와 마음에는 동요가 없어지고 상주하게 된다.

이와 같이 가역적인 모습 속에서 일심을 파악하는 것이 심생멸문이다. 진여로서의 마음이 현상 세계에서 생멸하고 있는 일심의 동적인 체계 자체를 심생멸문이라고 부르는 것이다. 여기서 문이란 마음을 찾아 들어가는 입구라는 뜻이나, 마음의 측면 또는 그것을 바라보는 관점이라고 해석할 수 있겠다. 즉 심진여문과 심생멸문으로 나누어본 것은 마음을 바라보는 관점에 따라 마음의 성격이 다르다는 것을 의미하는 것이며 그러한 관점에 따라 동일한 마음도 드러나는 방식에 차이가 생기는 것이다. 『대승기신론』에서 "심진여문은 중생심의 본체(體)만을 보이는 것이며, 이 마음이 조건에 의해서 생멸하는 모습, 즉 심생멸인연상(心生滅因緣相)은 대승의 본체 자체와 뛰어난 모습[相]과 불가사의한 작용력[用]을 보인다"라고 한 뜻은 이것이다.

3. 일심에는 깨끗함과 더러움이 다 내포되어 있다

한편 『대승기신론』에서 제기된, 진여로서의 마음과 생멸로서의 마음을, 염과 정, 즉 더러움과 청정의 관점에서 규정하는 것에 대해 원효는 다음과 같이 주석한다. "심진여문에서는 염[법]과 정[법]이 통상을 갖추고 있다. 통상 외에 별도의 염정이 없다. 따라서 염정의 제법을 통섭할 수 있다. 생멸문이라는 것은 염과 정을 별도로 드러낸다. 염정의 법에 해당하지 않는 바가 없다. 따라서 또한 일체제법을 통섭할 수 있다"(『기신론소』, 『한불전』 01.0705a21-24)는 것이다. 진여문은 통상으로 염정을 구별하지 않는다. 이에 반해 생멸문에서 염정이 서로 구별되는 모습으로 섞여 있다. 심진여는 염과 정의 제법이 모두 융통하여 그러한 구별이 발생하지 않는 마음의 모습이고, 심생멸은 염과 정이 뒤섞여 있는 현상적인 측면의 마음이다. 염과 정, 선과 악이 뒤섞여 있는 것이 인간의 마음이라는 것이다.

또한 『금강삼매경론』에서는, "이 일심은 염정의 법을 아우르지만, 그러한 염정의 법은 일심에 의지하여 성립하기 때문에 제법의 근본이 되며, 본래는 고요한 마음이지만, 그 속에 무수한 공덕을 내포하고 있고 갖추지 않은 바가 없다. 그래서 일체법을 갖추고 있지만 인연을 만나면 그것에 따라 움직이게 되어 무수한 염법을 만들어내며 또한 모든 염법이 그 속에 들어있지 않은 바가 없다. 그래서 일체법을 갖추었다고 하는 것이다"(『한불전』 01.0615c)라고 말한다.

일심을 이같이 심진여와 심생멸의 두 가지의 관점으로 이해하는 것은 일심의 성격을 규정하는 데뿐만 아니라 일심이 수행과 관련하여 가지는 기능에 대해 중대한 함축을 가지고 있으며, 뒤에서 서술할 깨달음의 원리를 설명하는 데 중요한 도구가 된다.

4. 일심은 통합적인 마음이다

일심은 아라야식과 여래장의 개념이 진화되어 결합된 개념이다. 불교 사상의 갈래에서 보았을 때 여래장과 아라야식은 다른 연원을 가지고 있다는 것은 널리 알려진 일이다. 유식설에서는 식에서 현상 세계가 나타난다고 적극적으로 설명하며 아라야식설을 통해, 경험의 저장소, 또한 경험 세계를 전변하여 나투어 내는 씨앗의 저장소로서 아라야식을 설명하고 있다. 이것이 전변하여 현상세계, 즉 법이 드러나는 것이다. 원효는 특히 심과 법의 관계를 유기적인 것으로 설명하고 있으며, 이러한 서술은 기신론 주석뿐만 아니라 『금강삼매경론』에서도 집중적으로 나타나고 있다.

한편, 여래장은 초기 불교에서 이미 나타나는 자성청정심(自性淸淨心)이라는 개념 이래로 중생은 누구든 여래가 될 수 있는 가능성을 가지고 있다는 사상이 발전되어 성립한 개념이다. 유식 사상의 발전 단계에서 아라야식이란 진식(眞識), 망식(妄識)을 모두 포함하는 것으로, 그러한 진, 망, 염, 정의 경험을 담고 있는 창고이며 인식의 근원이다.

『대승기신론』에서는 아라야식설에 여래장 사상의 긍정적 사고가 뭉쳐진 것으로서의 일심을 말한다. 일심은 어떤 경우는 아라야식과 어떤 경우는 여래장, 본각과 동치되지만, 그 성격에 있어서는 이러한 모든 것들의 속성들을 다 내포한다. 일심은 아라야식이나 여래장을 넘어서, 새로운 차원의 긍정적이며 총체적인 마음 철학을 대표하고 있다.

일심은 또한 통일, 집중의 뜻도 가진다. 불교에서 심(心)과 식(識)은 비슷한 개념이지만, 특히 원효에게 있어서 개별적 인식 작용은 식으로써 설명하고, 총체적인 세계 인식 내지 깨달음은 심의 기능이 된다. 여기서 둘이 아니고 하나인 마음이라는 것은 상대적 차별을 넘어섰으며, 절대 무이(無二)의 것이며, 따라서 마음의 근원이 된다는 것을 말하는 것이다. 일은 둘이 아니고, 다수가 아니다. 따라서 일심은 모든 심·식 현상의 근원이 되는 우위의 지위를 점한다.

5. 일심은 만 가지 놀라운 덕성을 가지고 있다

『기신론소』와 『별기』뿐만 아니라 『금강삼매경론』에도 일심과 관련한 무수한 설명이 나타난다. 예를 들어, "일법계(一法界)라는 것은 소위 말하는 일심이다"(『한불전』 01,0639c17)라고 한다. 이것은 『대승기신론』에도 나타나는 구절이다. 법계(法界, dharma-dhātu)라는 것은 후에 화엄 철학에서 현상의 배후에 있는 진리의 세계, 또는 존재의 배후에 있는 원리 또는 근원을 의미하는 뜻으로 쓰이지만, 원효의 경우에서는 법계란 경험의 세계, 인과의 법칙이 작동하는 세계를 말한다. 『열반종요』에서도, "부처의 경계에서는 만

가지 덕성(guṇa)이 있지만 그것을 요약하면 두 가지 문으로 설명할 수 있다. 그러나 그 모습을 버린다면, 일심의 문으로 환원된다"고 한다.

원효는 『금강삼매경론』에서 "대저 일심의 원천은 유와 무를 떠나 홀로 깨끗하고 삼공(三空: 我空, 法空, 俱空)의 바다는 진(眞)과 속(俗)을 융합하여 담연(湛然)하다"(『한불전』 01,0604b)고 한다. 일심은 청정하고 아무것도 끼지 않은 텅 빈 상태이지만, 그 속에 진과 속을 가지고 있으면서도 그대로 담연하나는 것이다.

또한, 이 일심은 잡히는 것도 아니고, 잡는 것도 아니며, 평등한 것이고 두루한 것이며, 유무 동이의 어느 한 가지로 해석될 수 있는 것도 아니다. 『금강삼매경론』은 다음과 같이 말한다.

이 일심의 체에는 간추려 다섯 가지 뜻이 있다. 첫째, 취하는 대상에 대해 이렇다 저렇다 하는 차별적 인식의 모습에서 자유롭다. 둘째, 취하는 주체의 분별하는 집착에서 벗어나 있다. 셋째, 과거, 현재, 미래에 두루 미쳐 평등하지 않은 바가 없다. 넷째, 허공계와 같이 두루 미치지 않는 바가 없고 다섯째, 있다, 없다와 같다, 다르다 하는 등의 한쪽에 치우친 판단에 떨어지지 않는다. 그래서 마음이 가는 곳을 떠났고 언어의 길을 넘어섰고, 갠지스강 모래알 수만큼 많은 공덕을 지녔다.(『한불전』 01,0616a24-b04)

이같이 일심은 그것이 어떻다고 하나로 규정되지 않고, 그렇다고 다른 것을 규정하는 집착에서도 벗어나 있고, 과거, 현재, 미래를 뛰어넘어, 허공

과 같이 넓고, 또한 단(斷), 상(常)이나 유(有), 무(無), 염(染), 정(淨) 등으로
규정할 수 없으며, 놀라운 공덕을 가지고 있다.

6. 마음의 나타남 그것이 곧 마음이다

『기신론소』에서 다음과 같이 말하듯이 원효는 마음이 움직여 육도가
나타난다고 한다. 그러면 일심과 육도를 일으키는 마음은 다른 것인가. 원
효의 대답은 그것은 결국 같은 마음이라고 한다. 단지 미망에 혹하여 일심
을 알지 못하기 때문이다.

> 대승에서 말하는 법이란 오직 일심일 뿐이며, 일심 외에 다른 법이 따로 있
> 는 것이 아니고, 다만 무명이라는 것이 있어, 스스로의 일심에 미혹되어, 파도
> 와 물결을 일으켜서 육도에 유전한다는 것을 설명하기 위한 것이다. 비록 육
> 도의 파도를 일으키지만 일심의 바다에서 벗어나지는 않는다. 진실로 일심 때
> 문에, [즉 마음이] 움직여 육도가 나타나는 것이므로 널리 구제의 서원을 펼
> 수 있게 되는 것이다. 육도윤회의 길은 일심을 벗어나지 않기 때문에 동체대
> 비도 일으킬 수 있다.(『한불전』 01.0736c18-24)

그러면 일심이란 순간순간의 마음 작용과 구별되는 하나의 독립된 실
체인가. 원효는 마음의 나타남, 그것이 곧 마음이라고 한다. 심체와 심상과
의 관련에 대해 원효는 다음과 같이 설명한다. 그는 『대승기신론별기』에서
이 점을 상세하게 논의하고 있다.

묻기를, 심체가 상주하고 심상은 생멸한다고 하는데, 그렇다면 체와 상이 서로 떨어지지 아니하니까 합해서 하나의 식이라고 해야 하는가 (즉, 그 말은 틀리지 않는가). [아니면] 심체는 상주하기도 하고 또 생멸하기도 한다고 해야 하는가.

답하기를, 만일 이 뜻을 알아들은 사람이면, 이 두 가지 뜻 모두를 인정할 것이다. 왜냐. 만약 심체가 상주한다고 하면, 체라는 것은 다른 것을 따라서 이루어지지 않는 것을 체라 하고, 한편 무상이라고 한다면 다른 것을 따라 생멸하는 것을 상이라고 하니, 체는 상이고, 상은 무상이라고 할 수 있을 것이다. 그러나 생멸이라는 것은 생(生) 아닌 생이요, 멸 아닌 멸로, 심이 생과 멸을 이야기하는 것이므로 심의 생멸이라고 이름하고, 따라서 심체가 생멸한다고 말한다. 마치 바닷물이 움직이는 것을 물결이라 이름하지만, 결국 이 물결의 움직임이 바닷물의 움직임이 아니라고 말할 수 없음과 같은 것이다. 이 도리도 또한 그렇다. 만일 심체는 움직이지 않고 무명상만 움직이는 것이라면 범부를 전변시켜 성인을 이루는 그런 도리가 성립하지 않을 것이다. 왜냐면 무명상은 언제나 없어지는 것이고, 반면 심체는 본래부터 범부를 만드는 일이 없을 것이기 때문이다.

이것은 마치 상심이 무명의 연을 따라서 별해서 무상심을 일으키지만, 그 상심은 항상 스스로 변하지 않는다고 말하는 것과 같은 것이다. 이처럼 일심은 무명의 연을 따라 변하여 많은 중생심을 일으키지만 그 일심은 항상 스스로 둘이 없는 것이다. 『열반경』에서 "한 가지 맛의 약이 쓰이는 데 따라 여러 가지로 다르게 작용하지만, 그 약의 진짜 맛은 [원래 그것을 캔] 산에 머물러 있다"고 한 것과 같다. (『한불전』 01,0682a14-b07).

마음이라는 것은 그 체가 고정불변한 것은 아니고 마음의 활동하는 모습과 마음 그 자체가 다른 것이 아니라고 함으로써, 일심을 고정불변한 것으로 놓아서, 실체로 상정하는 오류에서 벗어날 수 있다. 마음의 체와 마음의 모습이 두 개의 별개가 되면, 마음이란 정, 염법을 품고 있으면서도, 정으로 돌아갈 수 있다는 역동적 구조를 설명하기 힘들다. 마음은 그 실체가 없다. 대상 세계와 만나서 얻는 경험 등에 의해 형성해가는 것이 인격이고, 주체적 나이며, 주체적 나의 마음 씀씀이이다. 이러한 마음의 체에 대한 규정은 일심 사상이 자칫 무아설에 위배될 수 있는 가능성을 배제하게 해준다.

일심은 연에 따라 변하며, 다양한 마음의 작용, 즉 중생심을 일으키지만, 이러한 다양한 모습의 마음과 일심의 근원으로 돌아갔을 때 순수하고 깨끗한 그 마음이 서로 다른 것이 아니라고 하는 것이다. 이것이 앞에서 말한, "일심은 항상 스스로 둘이 없는 것이다"라는 뜻이다.

이것이 함축하는 바는, 마음이라는 것은 성선, 성악 등으로 규정할 수 없다는 것이다. 경험을 통해 만들어지는 것이 인간이다. 고정된 성질을 가진 인간은 없다. 마찬가지로 내가 또는 내 마음이 고정불변인 것이 아니다. 오히려 내가 마음을 어떻게 쓰느냐에 따라 현재의 나, 미래의 나가 만들어진다는 것이다.

7. 깨달음 ─ 일심의 근원으로 돌아감

『금강삼매경론』에서는, "이 경에서 말하는 하나의 깨달음, 일각(一覺)
이란, [우선 하나라는 것은] 모든 법이 바로 이 일심이라는 뜻이다. [또한
깨달음이라는 것은] 모든 중생은 본각(本覺), 원래 깨달아 있다는 것을 뜻
한다"(『한불전』 01,0610a13-15)고 한다. 깨달음이란 모든 존재 요소가 일심이
라는 것(즉 마음속의 존재 요소라는 것)을 깨닫는 것이고, 일심의 주체로서의
인간은 이미 깨달아 있다는 것을 말한다.

이것을 또한 '귀일심원'이라고 표현하고 있다. 『기신론소』에서 이렇
게 말한다. "중생은 여섯 가지 감각 기능을 사용하여 일심을 따라 스스로
의 근원에 등을 돌린 채 감각 세계의 대상들에 흩어져 치닫지만 이제 자
신의 목숨을 들어 이 감각 기관을 통솔하여 그 본래의 일심의 근원에 돌
아간다"(『한불전』 01,0700a12-14)는 것이다. 『열반종요』에서도 "이때 마침
내 일심의 근원에 돌아가서 불성(佛性)의 그 전체를 깨닫게 된다"(『한불전』
01,0540a16-17)고 한다. 일심의 근원으로 돌아가는 것이 깨달음이고, 그때
불성을 그 완전한 모습으로 깨닫게 된다는 뜻이다. 『금강삼매경론』에서는
중생이 생사 유전하다가 일심으로 돌아가는 과정에 대해 다음과 같이 설
명하고 있다.

여래가 교화하고자 하는 대상은 일체중생인데, 중생이란 일심(一心)
이 유전(流轉)[생사]하는 모습에 다름 아니다. 또한 한뜻, 일미(一味)로 설한
다고 하는 것은 여래가 말하는 일체의 가르침은, 일각(一覺) 즉 하나의 깨

달음이라는 의미에 내포되지 않는 것이 없다는 뜻이다. 그래서 일체중생은 원래 일각이지만, 단지 무명 때문에 꿈같은 생각을 따라 유전하기 때문에, 모두 여래가 설하신 한뜻의 가르침을 따른다면 일심의 근원으로 돌아가서 마치지 못할 바가 없다고 말하는 것이다. [그런데] 마음의 근원에 돌아갈 때는, 그렇지만 실제로 얻은 것이 따로 있는 것은 아니어서 [無所得이어서], 이것을 한뜻이라고 하는 것이고, 이것이 다름 아닌 일승(一乘)이다.(『한불전』01.0610a17-b01).

여기서 마음의 근원에 돌아감으로써 어떤 특별한 것을 얻는 것이 아니다. '무소득(無所得)'이란, 금강경을 비롯한 반야 공관 사상을 담고 있는 많은 경전 속에 나타나는 개념이다. 깨달음이라는 것이 특별한 능력을 얻는다든가 특별한 경지를 누리게 되는 소유에 대한 것이 아니기 때문이다.

불교는 깨달음을 수행의 목표로 하는 종교이다. 초기 불교에서는 이것을 아라한과를 성취하였다고 표현하였다. 초기 불교에서는 현상 세계와 존재의 본성에 대한 깊은 고찰과 통찰을 통해서 세계와 자신의 인생에 대해 새로운 눈과 안목을 가질 것을 가르친다. 깨달음은 마음의 전환, 곧 인식의 전환을 통해 얻어진다는 것이다. 깨달음이란 세계와 존재에 대한 새로운 인식을 얻는 것이다. 원효가 마음을 분석하고 설명하며 마음의 작용과 기능에 대해 유난히 주의를 기울이는 것은 이러한 깨달음의 과정을 설명하기 위한 것이다.

8. 마음과 깨달음과의 관계: 본각, 불각, 그리고 시각

그러면 어떤 수행 실천을 통해 일심의 원천으로 돌아갈 수 있을까.『금강삼매경론』에서는 이것을 일미관행법으로 설명하고 있다. 그러나 이것은 수행의 문제이다. 이론적으로는 본각, 시각으로 설명한다.『금강삼매경』에서와 마찬가지로,『대승기신론』은 사람의 마음은 원래 그 본성이 청정한 것인데 인간의 한계이자 실존적 조건인 무지와 어리석음 때문에 마음이 미혹하게 되어 번뇌가 생기고 현실적인 인간 존재로 살아간다고 한다. 이것을 "이 마음의 본체는 본각(本覺)인데 무명(無明)에 따라서 움직여 생멸(生滅)을 일으킨다"고 표현한다.

본각이란 '본래 깨닫고 있음' 또는 '본디부터 있는 깨달음'이라는 뜻이다. 초기 불교에서 나타나는 '자성청정심(自性淸淨心)'이라는 개념이 이에 가까운 것이고, 대승불교에서는 '불성(佛性)'이라는 말로도 그것을 표현한다. 선불교에서 말하는 '본래면목(本來面目)'도 같은 뜻이다. 무명이란 명(明), 즉 지혜의 결여를 말한다. 이러한 무명이 원인이 되어 미혹한 마음이 전개된다고 한다.

그러나 이 무명의 근거가 무엇인가 하는 질문에 대해『대승기신론』에서는 무시무명(無始無明)이라는 표현을 쓴다. 즉, 시작이 없는 무명이란 뜻이며, 무명의 시원을 알 수 없다는 것이다. 이것을 또한 홀연염기(忽然念起, 홀연히 마음이 일어난다는 말)라는 표현을 쓰기도 한다. 원효는『기신론소』에서 "홀연이란 그 시원을 포착할 수 없다는 것을 나타내며, 무명이 일어나는 시간적인 표현이 아니라 무명이 일어나는 모습이 그렇다는 것을 형용한 다"고 설명한다. 즉, 무명이란 어떤 실체가 있는 것이 아니라 계속 이어지는 근원적인 무지, 또는 깨달음의 결여를 의미하는 것이다. 이렇게 깨달음에서 벗어난 상태를 불각(不覺)이라고 규정한다.

인간의 근원적 무지라는 것은 중대한 철학적 함의를 가지는 것으로 서 서양 신학의 중요한 테마인, 악의 존재에 대한 논의인 신정론과 비교해 볼 수 있다. 신정론은 "이 세상이 신에 의해 창조된 것이면 악은 왜 존재하 는가?" 하는 물음에 대한 신학적·철학적 논변들을 일컫는다. 『대승기신론』 의 입장은, 무명에 의해서 인간 존재는 불각의 상태 속에 있지만, 이러한 불 각의 상태는 실체성을 가지는 것이 아니라고 한다. 세상의 여러 가지 부조 리와 악은 각 개인의 삶이 깨달음에서 이탈해 있는 불각의 상태에서 비롯 된 것으로 치환할 수 있으며, 궁극적으로 악의 실체성 자체를 인정하지 않 는 태도를 취한다. (불교에서는 악이라는 말을 쓰지 않고 주로 불선(不善)이라는 말로 표현한다.)

원효는 불각과 본각(本覺)을 설명한 후에 나아가 불각과 본각이 실은 서로 다른 것이 아니라고 한다. 그는 이것을 저 유명한 바다와 바람, 파도의 비유를 들어 설명하고 있다. 인간의 인식과 일상 경험들은 불각의 모습을 띠고 있지만, 이러한 모습이 인간이 본래 가지고 있는 깨달음의 모습과 떨 어져 있는 것은 아니라는 것이다. 마치 넓은 바다에 바람이 불어 파도가 일 어나는 것과 같이 바닷물과 파도는 서로 분리된 별개의 것이 아님과 같다 고 한다. 여기서 '넓은 바다'는 '본각의 마음'이고 '바람'은 '무명'을 뜻하며

'파도'는 불각의 모습을 지칭한다.

그런데 바닷물 자체가 움직이는 성질을 갖는 것은 아니므로 만약 바람만 그친다면 파도는 저절로 스러질 것이다. 그렇지만 파도가 스러진다고 해서 바닷물의 고유한 성질, 즉 물이라는 성질이 없어지는 것은 아니다. 다시 말하면 불각의 모습은 본각의 마음에서 연유하는 것이므로 무명의 바람이 그친다면, 즉 무지에서 벗어난다면 본각은 그대로 드러나게 된다. 본각은 본래부터 그대로 언제나 존재해온 것일 따름이다. 불각이란 무명에서 비롯된 비본래적인 모습이며 따라서 무명이 제거된다면 불각은 자연히 그 근거를 상실하고 진여로서의 본각으로 되돌아가게 된다는 것이다.

그러나 『대승기신론』은 마냥 그대로 인간의 현실이 열반이고, 우리 인간의 모습이 부처의 모습이라 하지는 않는다. 인간의 마음에는 본시 부처와 동등한 깨달음이 갖추어져 있으나, 무지에 의해 깨달음의 지혜에서 벗어나 현상적인 마음의 모습으로 나타나 있기 때문에 그 무지에서 벗어나는 데는 실천의 과정이 요구된다고 설명한다. 이것을 시각(始覺), 즉 번뇌가 제거되면서 점점 나타나는 깨달음의 지혜라고 한다. 수행에 의해서 깨달음의 지혜가 최초로 열린다는 것이다. 원효는 이렇게 말한다.

이 마음의 본체가 무명이라는 조건을 따라 움직여서 잘못된 생각을 일으킨다. 그러나 본각의 마음에는 자신을 훈습(薰習, 이전의 행위의 경향성이 남아서 미래의 행위에 영향을 주는 것, 마치 향내가 옷에 배는 것과 같음)시키는 힘이 있어서 점점 깨달음의 작용이 나타나게 되고, 이 작용이 구극에 이르면 본각으로 돌아가 일치하게 되니 이것을 시각(始覺)이라고 한다.

본각이란 깨달음이 가능한 근거일 뿐만 아니라 그것의 완성태이기도 하다. 그렇다면 일심이 작동하여 시각이 나타나게 되는 그 원인, 단초는 어떻게 시작되는가. 원효는 이것을 본각이 가진 훈습의 힘으로 설명하고 있다. 본각 자체에 내재해 있는 회복력에 의해 불각에서 본각으로 돌아가게 되며 이것을 바로 시각이라고 한다. 즉, 시각을 통해 인간의 현실인 존재의 미혹한 모습을 떨쳐 버릴 수 있는 역동적인 계기가 마련된다.

구체적으로 그러한 시각이 일어나는 모습에 대해서는 다음과 같이 설명한다. 즉, 마음이 움직이는 네 가지 단계, 즉 마음이 일어나고, 머무르고, 변하고, 스러지는 과정을 역으로 거슬러서 각각을 관찰하여 망념이 실재하는 것이 아님을 깨닫도록 한다. 이리하여 최종적으로 무명에 의해서 마음이 최초로 움직이는 순간에 집중하여, 무명은 실재하는 것이 아니고 존재의 참모습, 즉 진여에 대한 무지에 다름 아니라는 것을 깨닫게 되는데 이것을 구경각(究竟覺)이라고 한다. 이 단계에서 시각은 자연히 본각과 합치되고 마음은 그 원천으로 돌아오게 되어 본래의 모습을 회복한다. 시각의 과정은 본각을 회복하는 과정이며, 번뇌가 헛되이 나타나는 모습을 파악하는 것이다. 올바른 인식이 곧 번뇌를 제거하는 것에 다름 아니며, 그것이 곧 깨달음이다.

그런데 본각이 있다면, 즉 이미 중생이 깨달아 있다면 시각이라는 것은 필요 없는 일 아닌가. 원효는 이러한 질문을 제기하고 다음과 같이 답변한다. 식(式)으로 표시해보면 다음과 같다.

묻기를, (a) 심체(心體, 마음의 본체)에 불각이 없는 것을 본각이라고 하느냐, (b) 아니면 심체에 각(覺)이 비추는 작용이 있는 것을 본각이라 하느냐?

이렇게 문제점을 제시한 후 원효는 다음과 같이 비유를 써서 답변한다.

(a) 만일 잠자고 있다가 깨어나는 것을 각(覺)이라고 한다면, 시각에는 각이 있고, 본각에는 각이 없다. (b) 만약 본래 깨어 있는 상태를 각이라고 한다면, 본각은 각이고 시각은 각이 아니다. 마치 (a) 앞에 존재하던 것이 뒤에 없어지는 것을 단(斷)이라고 한다면 시각에는 단이 있는 것이고 본각에는 단이 없다. (b) 본래 번뇌로부터 떠나 있는 것을 단이라고 한다면, 본각은 단이고 시각은 단이 아니다. 결국, (a) 본래 끊어져 있기 때문에 본래부터 범부(凡夫, 깨닫지 못한 일반 사람)란 없다. 모든 중생이 본래부터 열반과 진리의 세계에 상주한다고 하는 것과 같은 이치다. (b) 그러나 비록 본각이 있어서 본래 범부란 없는 것이라고 하나 아직 시각이 나타나기 전에는 본래부터 범부란 존재한다.

즉 각각의 주장은 논리적 모순을 가지고 있다. 원효는 따라서 결론적으로 본각과 시각이란 개념 모두가 이론적으로나 실천적으로 필요한 개념이라고, 다음과 같이 주장한다.

만약 네가 본각이 있기 때문에 본래 범부란 존재치 않는다고 한다면, 결국 시각이 열리지 않고 깨달음도 없을 테니 범부가 존재한다고 말할 수 있겠는가? 또한, 결국 시각이 없다면 곧 본각도 드러나지 않게 되니 어떠한 본각에 의거해서 범부가 없다고 말할 수 있겠는가?

본각은 마음에 본래 존재하는 깨달음 또는 그 지혜를 나타내 보이는 데 반해 시각은 그 깨달음의 과정을 강조하고 있다는 데 차이가 있다. 본각 과 시각은 관점의 차이일 뿐 동일한 각이다. 깨달음 그 자체를, 부처와 범부 를 망라하는 본래적인 모습으로 파악하는 관점과 그리고 수행에 의해 실현 된 것으로 파악하는 관점의 차이이다. 이것이 바로 원효가 의도하는 두 가 지 상반된 개념들 사이의 상호 의존성일 것이다. 본각과 시각이 상호 의존 하는 것도 마찬가지다. 본각은 만일 그것이 시각에 의해 드러나지 않는다 면 증명될 수 없는 것이고, 시각은 본각이라는 것이 없다면 시작될 수 없는 것이다.

원효는 이러한 두 개념 간의 차이를 선언하고 그 두 개념 사이의 화해 를 시도하고 있다. 깨달음을, 드러나는 것과 이미 드러나 있는 것으로 설명 한 후 그것들을 서로 일치시키거나, 본각과 시각을 서로의 관계 속에서 대 조한 후 본각이 곧 시각이라고 통합하고 있다. 본각은 깨달음의 근거이자 깨달음의 완성태이다.

진여의 세계와 현상 세계는 서로 다른 것이 아니다. 진여의 세계는 생 멸의 세계와 함께 일심의 두 가지 측면이다. 심진여는 곧 심생멸이며 현상 을 떠난 리(理)는 존재하지 않는다. 원효는 존재와 진리에 대해 실체론적 해 석으로 빠지기 직전에 다시 돌아와서 그것이 공하며 실체가 없다는 것을 설한다.

붓다와 중생의 관계, 각과 불각과의 관계도 마찬가지이다. 원효는 붓다의 세계는 파악할 수 없고 얻을 수 없음을 말하지만 종내에는 붓다의 세계가 바로 중생의 세계이며, 중생, 범부가 바로 붓다라고 말한다. 번뇌와 보리에 대해서도 마찬가지이다. 번뇌란 끊어져 없어지는 것이기도 하면서 구경의 입장에서는 실제로 번뇌는 아예 존재하지 않는 것이라고 한다.

9. 마무리 — 주체적 인간 선언

『열반종요』에서 원효는 중생과 부처가 하나이며, 진과 속이 하나 되는 거대한 인간관을 설파한다.

『열반경』은 둘이 없고 참된 성질 그것으로 종지를 삼는다. 참된 성품이란 모습이나 성질을 떠나 있는 것으로 서로 막히는 것이 없다. 또한 모습을 떠나 있기 때문에 더럽거나 깨끗하거나 하는 것도 없다. 원인도 아니며 결과도 아니다. 또한 서로 같지도 않고 다른 것도 아니다. 있는 것도 아니고 없는 것도 아니다. 성질을 떠나 있기 때문에 더러워지기도 하고 깨끗하기도 하고 원인도 되고 결과도 되며 동일하기도 하고 차이가 있기도 하며, 존재한다고도 하고 없다고도 한다. 더러워지기도 하고 깨끗해지기도 하므로 중생(衆生)이라고 부르기도 하고 생사(生死)라고 부르기도 하고 여래(如來)라고 부르기도 하고 법신(法身)이라고 부르기도 한다. [깨달음을 얻는데] 인(因)과 과(果)가 되므로 불성(佛性)이라고도 부르고 여래장(如來藏)이라고도 부르고 보리(菩提, 즉 깨달음)라고도 부르고 대열반(大涅槃)이라고도 부른다. 유(有)도 되고 무

(無)도 되기 때문에 진제(眞諦)와 속제(俗諦)의 이제가 된다 하며 유도 아니고 무도 아니기 때문에 중도(中道)라고 한다. 균일/동일한 것이 아니기 때문에 여러 다른 가르침들에 해당하기도 하지만, 다른 것이 아니기 때문에 여러 가르침은 한 맛(일미, 一味)이라고 한다.(『한불전』 01.0525c11-24)

이 세상의 모든 존재는 참된 성품을 지니고 있고, 염정, 무구, 상, 무상이며 하나도 아니고 둘도 아니므로, 그것을 중생, 열반, 생사, 여래, 법신, 불성, 여래장, 깨달음, 대열반, 이제, 중도 등의 이름으로 부를 수 있다는 것이다.

일심은 원효의 마음의 철학의 중심에 있는 개념이다. 일심은 식과 마찬가지로 알아차리는 성격, 이해하는 성격이 있다. 이것을 신해의 성질이라고 표현하고 있다. 원효는 『본업경소』에서 "본성이 스스로 신해(神解)하기 때문에 '심'이라 이름한다"(『한불전』 01.0511a03)고 말한다. 『열반종요』에서도, "마음은 염을 따라서 유전하여 생멸심을 만들어내지만 인식에 있어서는 항상 신해하는 성질을 잃지 않는다. 그러기 때문에 마음의 근원에 돌아갈 수 있다"(『한불전』 01.0538c19-21)고 한다. 이 구절은 「별기」와 「소」에도 나오는 구절이다.

일심은 그것을 통해서 자신의 마음의 본원에 돌아갈 수 있다고 하는, 고도의 종교적인 이념이 들어 있는 개념이다. 일심의 근원[一心之源]이라는 말은 원효의 저술 여러 곳에서 나타나는 바이다. 인간은 누구나 순수한 깨달음의 본성을 가지고 있다. 그 본성이 일심이고, 여래장이고, 본각이다.

원효의 일심이란, 모든 것의 근원이다. 평등 무차별하다고 한다. 모든 더러운 것에서 떠나 있고 무한한 공덕을 지닌 것이다.

일심은 그러나 중생의 마음이다. 따라서 수행하여 일심의 원천으로 돌아갈 것을 재촉한다. 일심이 무명에 의해 인연 따라 여러 모습으로 나타나지만 마치 바람이 그치면 파도와 물이 둘이 아니듯이 일심으로 돌아간다는 것이다.

원효가 주장하는 깨달음이란, 마음의 근원에 돌아가는 것이다. 그리고 일심은 깨달음의 근거가 된다. 마음에 나타나는 그 순간순간을 파악하고 마음이 법을 현현해 내는 이치를 깨달아, 마음이 일어나는 그곳으로 돌아가는 것이 귀일심원(歸一心原)이다.

원효의 일심은 포괄적이고 기능적인 것이다. 마음의 진여적인 측면 내지 깨달음이 의지하고 지향해야 할 대상 내지 목표(artha)는 다름 아닌 중생의 현재 마음이다.

일심이란 긍정적으로 완성해나가는 자기, 또는 인격(personhood)이다. 불교에서는 무아설을 이야기하지만, 나의 에고를 주장하고 내 것을 강조하는 소유적 자아를 부정하는 것이지, 주체적이고 긍정적으로 완성해가는 자기를 부정하는 것은 아니다. 원효의 일심이란 자기의 완성, 자신을 극복하고 자신의 커다란 모습을 완성해나가는 주체로서의 자기를 말한다. 일심이기 때문에 자유자재로 완성해나갈 수 있다. 어느 하나의 규정에 머물지 않고 자신은 끊임없이 변해갈 수 있다. 이러한 유연성이 있기 때문에 결국 일심을 통해 깨달음을 얻을 수 있다. 일심에서 드러나는 인간은, 실존적 결단을 하고 자기를 끊임없이 완성해나가는 주체적 인간이다.

조은수(趙恩秀)

서울대학교 철학과 명예교수. 서울대학교 약학과 학부를 졸업하고 전공을 바꾸어 철학과 대학원에서 석사학위를 한 후 박사과정 중 도미하여 미국 버클리대학에서 박사학위를 했다. 인도 아비달마 불교와 중국 불교를 비교하는 박사논문을 썼다. 미국 미시간대학교 아시아언어문화학과 조교수를 역임했으며 2004년 서울대학교 철학과 교수로 부임하여 2023년에 은퇴하였다. 현재 미국 예일대학교 초빙교수로 새로운 연구를 모색하고 있다. 재직 시절에 서울대학교 규장각 국제한국학센터 초대 소장, 유네스코 아시아 태평양지역 세계기록문화유산 출판소위원회 의장, 불교학연구회 회장 등을 역임하였으며 2022년에 제19차 세계불교학대회를 학내에서 주최하였다. 저술로 *Language and Meaning: Buddhist Interpretations of "the Buddha's word" in Indian and Chinese Perspectives*, 편저 *Korean Buddhist Nuns and Laywomen*, 『직지심경』(영문 공역), 『불교과문집』(공저), 『마음과철학』(공저), 『한국의 고전을 읽는다 5 — 문화 사상』(공저), 『21세기의 동양철학』(공저) 등이 있다.

달라이 라마:
자비와 관용으로 인류평화를 심다[1]

허우성(경희대학교 철학과 명예교수)

1. 티베트의 운명

14대 달라이 라마는 정치적 불교도다. 그의 전 생애에 걸쳐 불교는 정치와 분리될 수 없었다. 스스로도 종교적 은둔자가 될 수 없다고 했다. 여기에는 몇 가지 이유가 있다. 그가 대승불교 전통에 있다는 점, 최근 300여 년의 티베트 전통에서 달라이 라마의 직위가 동시에 종교적·현세적 지도자였다는 점, 하지만 그의 불교 이해와 실천에 가장 큰 영향을 준 것은 티베트의 슬픈 정치적 운명이었던 것으로 보인다.

티베트 현대사는 지극히 비극적이다. 중국의 티베트 점령과 폭압은 일본의 조선 탄압보다 수십 배 더 무자비해 보인다. 1950년 10월 중국이 한국전쟁에 개입하던 그 무렵, 8만의 인민해방군이 티베트 서부 지역을 침공했

---

1   이 글은 『불교평론』 제93호(2023년 봄호)에 실린 것을 확장한 것이다.

다. 달라이 라마는 1987년 미 의회 인권대회 연설(워싱턴 DC)에서, 과거 수십 년 동안 총인구의 6분의 1에 해당하는 100만 명 이상의 티베트인이 대학살을 당하고, 최소한 그만큼의 티베트인이 종교적 신념과 자유에 대한 사랑 때문에 수용소에 감금되었다고 말한다.[2]

1958년 캄과 암도 지역에서 티베트의 자유 투사와 중국군 사이에 전투가 일어났다. 달라이 라마는 자서전에서 중국군의 잔혹 행위를 이렇게 기록했다. "십자가형, 생체 해부, 희생자들의 창자를 들어내거나 손발을 자르는 일은 보통이었다. 심지어 그들은 머리를 베거나 태워 죽이고, 죽을 때까지 때리거나 산 채로 매장하기도 했다. 그리고 희생자들이 '달라이 라마 만세'를 외치는 것을 막기 위해 형장으로 가는 도중에 그들의 혀를 손으로 찢었다."[3]

저항군 가담자들의 아내와 자식들에게 무자비한 고문과 처형이 뒤따랐다. 이들에게 고문을 가한 사람들은 강요당한 승려였다. 이들은 대중 앞에서 독신 서약을 부정하도록, 심지어 다른 사람을 죽이도록 강요당하기도 했다. 비구니 승려에 대한 성적 고문도 있었다.[4]

1954년 베이징 방문 때 달라이 라마는 마오쩌둥을 열두 번 이상 만났다. 귀국 직전 마오는 달라이 라마의 면전에서 독신주의를 고수하고 물질

---

2   Dr. Subhash C. Kashyap ed., *The Political Philosophy of The Dalai Lama: Selected Speeches and Writings*(New Delhi: Rupa Publications, 2014, 이하 *PPDL*), 317쪽.

3   텐진 가초(심재룡 옮김), 『달라이 라마 자서전, 유배된 자유를 넘어서』(정신세계사, 2012), 196쪽.

4   위의 책, 387~388쪽 참조.

적인 발전을 무시하는 "종교는 독과 같다"고 말했다. 청년 출가승은 얼굴이 화끈거렸지만, "당신은 결국 다르마의 파괴자야"라고 속으로만 외쳤다고 한다. 그는 2010년의 한 성명서에서 티베트 내 불교 말살 정책을 비판했다.(*PPDL*, 420쪽 이하)

　달라이 라마는 왜 자서전을 썼을까? 티베트의 실제 상황을, 진실을 모르는 선량한 중국 인민들에게 알리기 위해, 앞으로의 일을 예비하기 위해서였다. 그에게 과거사 기록은 잔혹한 현실의 고발도 아니고 적폐 청산을 위한 것도 아니다. 공동의 미래를 건설하기 위한 초대이다. 이런 자세는 노벨 평화상 수락 연설(1989)에도 나타났다. 침략자 중국에 대한 분노나 원한, 무장봉기의 선동 대신, "나는 억압자와 친구를 포함한 우리 모두를 위해, 인간적인 이해와 사랑을 통해 보다 나은 세계를 건설하는 데, 우리 함께 성공할 수 있도록 기도한다"고 했다.(*PPDL*, 155쪽) 여기에 나오는 "함께 기도" 하는 '우리'에는 억압자 중국도 당연히 포함된다.

　이렇게 보다 나은 세계를 건설하는 일에 억압자도 초청한 것은 상호의존의 원리에 대한 깨달음, 즉 '적'이 바로 이웃이라는 깨달음과 관련이 있다. 이 원리는 "우리로 하여금 더 넓은 시각을 가질 수 있게 해주고, 더 넓은 마음으로, 분노 같은 파괴적인 감정에 덜 집착하게 해줍니다. 따라서 더 많이 용서하게 합니다. 오늘날의 세계에서는 각 나라는 깊이 상호 의존하고 있고, 상호 연결되어 있습니다. 이런 상황에서 당신의 적—바로 당신의 이웃—을 파괴하는 것은 결국 당신 자신을 파괴하는 것입니다."[5]

5　　달라이 라마·빅터 챈(유시화 옮김), 『용서』(오래된 미래, 2004), 141쪽; *The Wisdom of Forgiveness*(New York: The Penguin Group, 2004), 117~118쪽.

상호 의존의 깨달음은 종종 명상의 도움을 받는다. 달라이 라마는 자주 똥렌(ᨨᠠᠡᠠᠠ) 곧 '주고받기 명상'을 한다. '적'의 의심이나 분노는 받아들이고 대신 나의 신뢰와 자비를 준다는 명상이다. 그는 힘들어도 활짝 웃는다. 그런 그는 종종 분노를 슬픔으로 이겨내는 것 같다.

달라이 라마는 자서전 말미에서 마오의 총구에 자비의 빛을 맞세운다. "마오 주석은 정치적인 힘은 총구에서 나온다고 말한 적이 있다. 그는 부분적으로만 옳았다. 총구에서 나온 권력은 일시적일 뿐이다. 결국에는 진실과 정의, 자유와 민주주의를 향한 사람들의 사랑이 승리한다. 정부가 무슨 일을 하든지 인간의 정신은 승리하고야 만다. […] 나는 기도했다. 자비와 깨달음의 빛이 전 세계를 비추고 공포와 억압의 어둠을 쫓아내기를!"[6] 그는 여기에서 진실과 정의, 자유와 민주주의에 대한 사랑이 승리한다고 말하지만, 다른 곳에서는 그 사랑을 인간의 본성과 관련짓기도 한다.

중국은 지난 수십 년 동안 티베트의 독립 대신 명실상부한 자치라는 중도적 해법조차 거부해왔다. 마오쩌둥과 시진핑은 총구가 자비보다 한없이 강하다고 할 것이다. 무력 없이 자비만으로 자치, 자유, 평화를 지켜낼 수 있을까? 격변하는 세계사에서 무엇이 최후의 승자가 될까?

6   텐진 가초(심재룡 옮김), 앞의 책, 383쪽, 부분 수정.

2. 한국은 주권 국가인가?

한국 정부와 언론은 중국에 대한 달라이 라마의 비판을 종종 외면해왔다. 그를 세계적인 영적 스승으로 칭송하고, 보리심과 공성을 바탕으로 탐진치 삼독을 없애야 내면의 평화가 시작된다는 그의 불교 가르침을 말한다면 그냥 통과된다. 하지만 중국식의 중앙 집권적 민주주의 곧 반자유적 전체주의 체제에는 자유, 민주, 인권이 보장되지 않는다는 달라이 라마의 비판을, 한국 언론은 종종 기피해왔다. 중국과의 관계를 중시하는 현실을 고려해서란다.

이런 현실주의는 김대중 대통령 시절에도 있었다. 1959년 망명 이후 최근까지, 달라이 라마는 유럽과 미국, 남미, 소련, 일본과 대만 등 총 55개국을 방문한 것 같다. 대만은 세 번, 일본은 1967년부터 2018년까지 여섯 번 정도 방문했다.[7] 하지만 한국 불교도들의 요청에도 불구하고 한국 방문은 이뤄지지 않았다.

방한의 분위기가 가장 고조되었던 것은 2000년 노벨 평화상 수상자였던 김대중 대통령의 재임 기간이었을 것이다. 2000년 11월 16~22일, 이렇게 방한 일정까지 정했지만, 중국의 강력한 반대로 무산되었다.[8] 한마디로 '하나의 중국'이라는 중국의 정책 때문이었다. 하나의 중국이라고 하지만 한족 쇼비니즘(극단적 배외[排外]주의)에 불과하다.

---

7   Wikipedia, "List of overseas visits by the 14th Dalai Lama outside India",
     2022. 12. 16.
8   달라이 라마 방한추진위, 달라이 라마 방한추진위 활동백서』, 2019.

이런 중국 눈치 보기는 문재인 정권에서는 거의 당연시되었다. 문 정권은 중국몽(夢)에 취했던 것일까? 2023년 6월에는 도종환 의원을 단장으로 한 더불어민주당 의원들이 티베트에서 열린 중국 당국의 관제(官製) 박람회에 참석해서 논란이 되었다. 특히 이들은 티베트 인권 탄압 논란에 "잘 모른다", "70년 전 일"이라고 발언했다. 역사적 사실도 제대로 확인하지 않은 무지에서 나온 말이다. 방중 단장이었던 도종환 의원이 행사에서 축사를 하고, 티베트 당서기 왕쥔정(王君正) 등에게 허리를 굽혀 인사하는 순간의 사진이 한국의 신문 지면을 장식했다. 그 순간 그의 시 「접시꽃 당신」에 나오는 "부끄럼 없이 살아가야 한다"는 구절은 어디로 갔을까?

대중 관계에 있어서 한국은 역사적으로 일본에 비해 독립성에서 현저히 떨어져왔다는 지적을 받곤 한다. 달라이 라마처럼 중국 정부를 향해서 "우리 함께합시다"라고 초청하면서도, 당당하게 할 말을 하는 정부와 언론이 되어야 한다.

3. 자유민주주의가 중앙 집권적 민주주의보다 인간 본성에 더 맞다

이는 달라이 라마의 견해다. 그의 글에는 현대판 불성론이라고 불릴 만한 것이 반복된다. '불성'이란 단어 대신에 인간 본성, 마음, 정신, 열망, 사랑이라는 말을 세계사적인 맥락에서 사용한다. 하지만 그가 전통 불교도와 크게 다른 점은, 마음이 가장 잘 꽃피울 수 있는 곳이 자유, 민주, 인권을 보장해주는 정치 체제에서라 하고, 동유럽의 평화적 혁명을 그 사례로 제시하고 있다는 점이다. 깊이 감동하면서 말이다. 이런 태도는 역사의 진보를 믿는 철학자나 사학자와 비슷하다. 이런 점에서 그는 단순히 불교계의 스승이 아니라 역사와 정치 속에서 살아가는 일반 대중들의 스승이기도 하다. 아래는 1994년에 이스라엘에서 행했던 연설의 일부다.

수 세기 동안 인간 사회는 엄격한 권위주의적 규율에 의해서만 통치할 수 있다고 믿었는데, 세계 각지의 사람들은 민주주의의 미덕을 깨닫게 되었습니다. 그들은 마음으로부터 자유, 진실, 민주주의에 대한 열망(desire)이 인간 본성의 핵심(the core of human nature)에서 비롯되었음을 보여주었습니다. 최근의 사건들은 간단히 진실을 표현하는 것이 인간 마음의 막강한 힘이고, 그 결과 역사를 형성하는 데 막강한 힘으로 작용한다는 사실을 증명했습니다. 우리 모두에게 가장 큰 교훈 중 하나는 동유럽의 평화적 변화였습니다. 과거에, 억압받는 사람들은 자유를 얻기 위한 투쟁을 하면서 항상 폭력에 의지해왔습니다. 이제 간디와 마틴 루터 킹의 뒤를 이은 이 평화적 혁명은 미래 세대들에게 성공적인 비폭력적 변화의 엄청난 사례를 보여주었습니다. […] 우리의 후손들은 1989년을 평화 투쟁의 패러다임으로 되돌아볼 수 있을 것입니다. 즉, 6개 이상의 국가와 수억 명의 사람들이 참여하는 전례 없는 규모의 진정한 성공 스토리가 그것입니다. […] 사람들은 단순하게도, 괴롭히고, 속이고, 거짓말을 하는 사람이나 시스템을 좋아하지 않습니다. 이런 활동들은 본질적으로 인간의 정신(the human spirit)에 반합니다.(자연보호협회에서의 연설, 이스라엘, 1994년 3월 22일, *PPDL*, 437~438쪽)

달라이 라마는 자유, 진실, 민주주의에 대한 열망이 우리 인간 본성의 핵심에 있다고 한다. 20세기 말의 동유럽에서 일어난 평화적인 혁명은 그런 열망의 실현이다. 이 평화 혁명은 무의식중이겠지만, 자비, 정의, 평등이라는 불교 원리의 실천이기도 했다. 달라이 라마는 「티베트 대표자의회 연설」 (1992)에서 불교 원리와 자유민주주의가 둘이 아님을 밝히고 있다.

전 지구적으로 말하자면, 민주주의, 자유, 정의가 갖는 가치는 모든 곳에서, 특히 중앙 집권적 민주주의라는 이름의 전체주의 체제가 진정한 자유민주주의(true and free democracy)로 바뀌고 있는 동유럽 국가에서는 더욱 널리 인정되고 수용되고 있습니다. 그런 억압적인 체제 속에서 살아온 국민은 이제 자유와 독립을 얻고 있습니다. [⋯] 40년 넘게 티베트 본토의 우리 형제들은 기본권을 완전히 박탈당한 채 억압적이고 폭압적인 정권 아래에서 살아왔습니다. [⋯] 머지않아 중국인은 티베트를 떠나야 한다는 사실을 알게 될 것입니다. 그런 기쁜 날, 티베트에 있는 티베트인과 망명자들이 자유 티베트에서 재회하는 날이 오면, 중앙 집권적 민주주의로 불리는 현재의 전체주의 체제는 진정한 민주주의에 자리를 내줘야 할 것입니다. 그런 민주주의 아래에서 우창, 캄, 암도의 티베트 세 개 지역에 사는 인민들이 모두 사상, 표현, 행동의 자유를 누릴 수 있을 것입니다. [⋯] 저는 티베트 민주주의가 자비, 정의, 평등이라는 불교 원리들에서 영감을 얻기를 바랍니다. 미래의 티베트 정치 시스템은 의회라는 다당제를 비롯해서, 입법부, 행정부, 사법부 3개 기관을 가지고 있고, 각 기관은 다른 기관으로부터 독립적이며 모두 동등한 권력과 권한을 갖기를 바랍니다.(PPDL, 48~49쪽)

달라이 라마에게 중국식 중앙 집권적 민주주의는 전체주의의 다른 이름이다. 그래서 혁명 이전의 동유럽, 중국과 북한의 민주주의는 거짓 민주주의다. 중국식 민주주의는 중국 인민에게는 자유 없는 전체주의이며, 폭압적인 정권 아래 살아가는 티베트인과 같은 소수 민족에게는 한족(漢族) 우월주의가 겹쳐서 더욱 폭압적이 된다. 그런 곳에는 자비, 정의, 평등이라는 불교 원리도 없고, 삼권분립도 없고, 사상, 표현, 행동의 자유도 없다.

달라이 라마가 세계인권선언 50주년 기념일(다람살라, 1998년 12월 7일)에 메시지를 낸 적이 있다. 인권선언과 불교 원리가 상통한다고 본 것 같다. 세계인권선언은 UN이 1948년 12월 10일에 발표한 선언문이다. 그 안에는 인류 사회의 모든 구성원은 양도할 수 없는 고유의 권리를 누리는 것이 세계의 자유, 정의, 평화의 기초라 하고, 어떤 국가에 소속된 개인에게도 인권이라는 고유의 권리가 보장되어야 한다는 선언이다.

달라이 라마가 낸 위의 기념 메시지를 요약하면 다음과 같다. 자유, 평등, 존엄성을 바라는 것은 모든 인간 고유의 본성(inherent nature of all human beinigs)이다. 고로 모든 인간은 그것들을 쟁취할 권리가 있다. 인권보장은 제3세계 국가에도, 티베트인에게도 적용되어야 한다. 그것은 모든 인간이 행복을 원하고 고통을 원치 않는다는 사실 때문이다. 달라이 라마는 "세계인권선언에 명시된 원칙이 모든 국민과 정부가 따라야 할 자연법"이라고 천명하고, 다음과 같이 이어간다. "저는 티베트나 세계 어느 지역에서 일어나는 인권 침해든 그것에 대한 우려가 확산되어 용기를 얻습니다. 모든 사람이 인권의 크나큰 중요성과 가치를 깨닫게 되었습니다. 그것은 고통받는 많은 사람에게 구원의 희망을 줄 뿐만 아니라 인류의 발전과 성장을 보여주는 지표이기도 합니다. 인권 침해에 대한 우려와 인권 보호를 위한 노력은 현재와 미래 세대 모두를 위한 큰 봉사라고 생각합니다."(PPDL, 439~440쪽)

아래는 달라이 라마가 10년 뒤 세계인권선언 60주년 기념식(다람살라, 2008년 12월 10일)에서 낸 발표문의 일부다.

오늘날 전 세계적으로 민주주의, 열린 사회, 인권 존중, 평등을 보편적인 가치들로 인정하고 있습니다. 저는 민주주의적 가치들과 인간의 선함(human goodness)과 관련된 근본적인 가치들 사이에는 밀접한 관계가 있다고 생각합니다. 민주주의가 있는 곳에서는 국민이 자신의 기본적인 인간의 자질을 드러낼 수 있는 가능성이 더 크고, 이러한 기본적인 인간의 자질이 우세한 곳에서 민주주의를 강화할 수 있는 여지도 더 커집니다. 무엇보다 민주주의는 세계 평화를 지키는 가장 효과적인 토대이기도 합니다.(*PPDL*, 460~461쪽)

여기에서 달라이 라마는 세계사의 흐름을 인간의 선함이 늘어나는 역사로 보고 있다. 불교의 자비심(이는 불성의 표현)이나 기독교의 사랑이 바로 인간의 선함을 가리키는 말이라고 본다면, 세계사는 자비심과 사랑 그리고 인권이 확장해가는 역사인 것이다. 민주주의와 인권이 보장되는 사회에서는 그렇지 못한 사회에서보다 인간의 선함이 더 잘 드러날 것이고, 그 역도 성립한다는 뜻이다. 이 모든 것이 합해져서 세계 평화를 더 잘 지켜낼 수 있다고 한다.

가령, 세상에 이상적인 불교 승가, 자유, 평등, 인권을 실현한 자유민주사회, 공산 사회가 있다고 해보자. 불성이 가장 잘 구현된 사회는 이상적인 승가일 것이고, 그다음이 세속적 자유민주사회, 최악이 중앙 집권적 민주사회, 공산주의 사회일 것이다. 물론 승가도 불성이라는 이상을 실현하기 위해 부단히 노력해야 한다는 조건 아래에서다. 하지만 선함이 과연 인간 고유의 본성일까?

달라이 라마의 자유에 대한 염원은 사무쳐 보이고, 공산주의 체제에 대한 그의 비판은 매섭고 깊다. "공산주의 체제가 가정한 것처럼 사람들에게 단지 의식주를 제공하는 것만으로는 충분하지 않습니다. 이 모든 것을 가지고 있더라도 우리 속 더 깊이 있는 본성을 지탱할 소중한 자유의 공기 (air of liberty)가 부족하면, 우리는 그저 반쪽짜리 인간일 뿐입니다. 단지 신체적 욕구를 충족시키는 데만 만족하는 짐승과 같아요."(PPDL, 518쪽) 의식주를 제공하는 것도 중요하다. 그러나 거기에서 멈추면 우리는 짐승에 불과하다는 것이다. 짐승을 넘어가는 인간 고유의 성품, 자유가 꼭 필요한 그 성품을 '더 깊이 있는 본성(deeper nature)'이라고 불렀다.

4. 봄에는 행복해지고 가을에는 좀 우울해진다

아래는 계절에 대한 달라이 라마의 느낌을 표현하고 있다. 공감하지만 질문도 생긴다.

기본적으로, 우리는 모두 평온함(tranquility)을 소중히 여깁니다. 심지어는 폭력적인 버릇이 있는 사람들도요. 예를 들어 봄이 오면 해가 길어지고 햇빛이 많아져서, 풀과 나무가 살아나고 모든 것이 매우 생생합니다. 사람들은 행복해합니다. 가을에는 잎이 하나, 둘씩 떨어지고 아름다운 꽃들이 모두 죽어서 우리는 헐벗은 식물에 둘러싸이게 됩니다. 별로 즐겁지 않지요. 왜 그럴까요? 왜냐하면 우리 마음 깊은 곳에서 건설적이고 생산적인 성장을 원하기 때문입니다. 무너지거나 죽거나 파괴되는 것은 싫어하고요. 모든 파괴적인 행동은 우리의 본성에 반하며, 건설적인 것이 인간의 방식입니다. […] 사람은 힘으로 문제를 빨리 해결할 수 있습니다. 그러나 그와 동시에, 그런 성공은 종종 다른 사람들의 권리와 복지를 희생하게 됩니다. 그 결과 한 문제가 해결되어도 또 다른 문제의 씨앗이 심어진 것입니다.(*PPDL*, 519~520쪽)

사람은 모두 평온함을 소중하게 여긴단다. 봄에는 행복해하고, 가을에는 마음이 좀 우울해진다고 하면서, 봄을 평온에, 가을을 우울과 폭력에 빗대었다. 폭력적인 사람조차도 같은 기분을 느낀다고 한다. 사람은 무너지거나 죽거나 파괴되는 것은 싫어한단다. 여기에서 당연히 질문이 나온다. 폭력으로 사람을 괴롭히는 독재자들은 왜 존재하는가? 자유, 평등, 존엄성을 바라는 것이 과연 '모든 인간 고유의 본성'일까? 자신을 위해서라면 남을 괴롭히고 죽이기까지 하는 인간이 얼마나 많은가. 다시 성선설과 성악설의 문제다. 이성주의자라면 인간은 과연 이성적일까? 인류는 언제 칸트가 200여 년 전에 꿈꾼 영구 평화에 도달할 수 있을까? 이렇게 묻지 않을 수 없는 세상이 또 왔다.

북한, 중국, 러시아 등 전체주의적 성격의 국가는 왜 수시로 자국의 국민을 억압하고 전쟁을 일으켜 약소국을 괴롭히는가? 2023년 현재 자유주의 국가와 전체주의 국가들의 대결은 더욱 강화되는 것 같다. 동유럽 혁명의 추세는 이제 그 명을 다했는가? 달라이 라마는 113살까지 살 수도 있다고 말한 적이 있다. 그 나이가 되는 2048년 전에, 티베트의 봄은 과연 올까?

5. 정당한 전쟁: 제2차 세계대전과 한국전쟁

달라이 라마는 「전쟁의 현실」이라는 글에서 전쟁과 대규모 군사 시설, 군국주의, 핵전쟁에 대해 분명히 반대하고 핵 억제의 원리를 지지하고 있다. 이는 비폭력주의자, 평화주의자의 모습이다. 하지만 달라이 라마는 이 글에서 정당한 전쟁은 옹호한다.

> 제가 비록 전쟁에 깊이 반대하지만 유화 정책을 옹호하는 것은 아니라는 점을 분명히 하고 싶습니다. 부당한 공격에 대항하기 위해 종종 강경한 입장을 취할 필요도 있지요. 예를 들어, 2차 세계대전이 전적으로 정당했다는 것은 우리 모두에게 명백합니다. 윈스턴 처칠의 적절한 표현처럼, 그것은 나치 독일의 폭압으로부터 '문명을 구원'했습니다. 제가 볼 때, 한국전쟁 또한 한국이 민주주의를 점진적으로 발전시킬 기회를 주었기 때문에 정당했습니다. 그러나 우리는 지나고 나서(in hindsight) 어떤 갈등이 도덕적 근거로 정당화되었는지 판단할 수 있습니다.(*PPDL*, 509~510쪽)

제2차 세계대전은 나치 독일의 폭압으로부터 문명을 구원했으니 정당했고, 한국전쟁은 부당한 공격에 대항했고 민주주의를 발전시킬 기회를 주었으니 정당한(just) 전쟁이었다고 한다. 그런데 이는 예언이 아니라 사후 판단이다. 방한을 염두에 두고 한국 현대사를 세계사적인 맥락에서 좀 읽었던 것 같다. 한국전쟁은 북한과 중국의 침략으로부터 남한을 지키고, 그 이후 자유민주주의를 발전시켰으니 정당한 전쟁으로 본다는 것이다. 한반도 남쪽에서 한국인이 모두 함께 이룬 귀중한 성취로 여겼을 것이다.

6. 혼합 경제 시스템 선호

달라이 라마는 자유의 공기가 온전한 인간의 필수 조건이라 했지만, 자유에도 문제가 있다고 보았다. 그래서 그는 혼합 경제론을 주장한다. 한 연설에서 이렇게 말한다. 사회주의가 실제로 실현되기만 하면 불교에 가깝다. 그런데 현실을 보니, 노력의 결실이 자신에게 직접 오는 경우 개인적인 동기가 더 커진다. 그런데 사회 전체를 위하라고 하면 그런 동기는 부족하다. 그래서 그는 "미래 경제 시스템은, 우리가 양쪽 시스템의 좋은 점을 포함한 혼합 경제 시스템"이 되어야 한다고 했다.(*PPDL*, 1991, 42~43쪽) 「미래의 티베트 정책 지침」이라는 제목의 티베트 대표자 의회 연설에서(1992), 그는 티베트 경제 체제는 자본주의와 사회주의의 양극단을 피하고 조세 제도는 소득 기준에 근거할 것이라고 하고(*PPDL*, 53쪽), 티베트는 자유경제를 지향하겠지만, 경제 정책은 국가와 대중의 이익에 이바지하는 것을 목표로 할 것이라고 했다.(*PPDL*, 55쪽)

달라이 라마에게는 무조건의 자유도 문제가 있다. 하지만 반시장적 통제 경제에서 개인적 동기 무시와 비효율성보다 더 무서운 것은 기본적 인권의 박탈이다. 시장 통제는 정치 검열과 불가분의 관계에 있다고 본 것 같다.

7. 중국 정부에 협력하는 사람에 대한 태도 — 미래 지향적

앞에서 달라이 라마는 "우리 모두를 위해, 인간적인 이해와 사랑을 통해 보다 나은 세계를 건설"하는 데 '적'도 포함시켰다. 이런 태도는 중국 점

령 하의 티베트 정부에서 일하는 동족 티베트인에 대한 관용의 태도에도
잘 나타나 있다. 그들을 가리켜 '반민족적 매국노'라고 비난하는 대신 앞으
로 더 큰 책임을 지라고 이렇게 당부한다.

게다가 현재 중국 점령하에 있는 티베트 정부에서 재직 중인 티베트인 관
리들은 국정을 수행한 경험이 더 많기 때문에, 더 큰 책임을 지게 될 것입니
다. 그런 티베트 관리들은 불안과 회의감을 모두 멀리하는 것이 중요합니다.
대신 그들은 향후 티베트 행정의 질을 높이는 과업에 대한 결의를 강화하기
위해 노력하고, 티베트 독립의 대의에 다시금 헌신하도록 노력해야 합니다. 물
론 일부 티베트인은 중국인의 부추김을 받아 해로운 언행을 했습니다. 그들
은 무지해서, 혹은 두려운 마음에 이런 일을 했습니다. 그래서 저는 그들의 과
거 행위에 대해 복수하려는 것은 아무런 소용도 없다고 봅니다. 가장 중요한
것은 행복한 미래를 위해 단합하여 노력하는 것입니다.(티베트 대표자 의회
연설, 다람살라, 1992년 2월 26일, *PPDL*, 49~50쪽)

중국 점령 하의 티베트 정부에서 재직 중인 티베트인 관리들에게 불
안과 회의를 버리고, 티베트 행정의 질은 높이고 독립의 대의에 헌신하라고
권유한다. 그런데 티베트에 해로운 언행을 한 동족은 어떻게 해야 하나? 우
리로 치면 '악질적인 친일 분자'와 같은 자들이다. 그런데 달라이 라마에게
이런 낙인찍기는 아주 낯설다. 무지와 두려움에서 그런 일을 했으니까. "저
들은 자신들이 하는 일은 모릅니다"라는 식이다. 그래서 과거 행위에 대해
복수하지 말라고 한다. 『친일인명사전』 같은 것을 만들어 이름을 올려놓고
두고두고 비난하는 행위는 부단한 분열을 낳고 현재와 미래를 망칠 수 있

다. 그가 평생 싫어한 것은 이분법적 정치, 우리와 적을 나누는 행위다. 그는 티베트인의 행복한 미래를 위해 단합을 원하고 있다.

달라이 라마에게 가장 난처한 질문은 따로 있다. 분신자살자에 대한 질문이다. 〈분신자살〉이라는 제목의 NBC 인터뷰(2012년 10월 11일)에서,[9] NBC의 대담자가 이런 질문을 한다. "이틀 전 스스로 분신한 한 젊은 티베트인은 온라인에 '우리가 과거를 돌아보면 패배, 분노, 고뇌와 눈물의 흔적밖에 안 보인다'라는 글을 남겼다고 하면서, 그들이 분신자살하기로 한 걸 지지하는지, 분신하지 않길 바라는지 묻는다.(PPDL, 295쪽) "그들은 너무나 절박한 상황을 겪고 있어서 이런 결정을 합니다. 불교나 종교의 관점에서 볼 때, 부처님의 법을 위해, 그리고 국민의 안녕을 위해 진실한 동기로 목숨을 바친 사람들이 긍정적이라고 저는 확신합니다. 그러나 이러한 행위가 완전한 분노와 증오로 이루어진다면 그것은 잘못된 것입니다. 그래서 판단하기가 어렵습니다. 하지만 그것은 정말로 슬픕니다, 아주 슬픕니다."(PPDL, 295쪽) 2013년의 또 다른 인터뷰에 따르면 "불교 원칙에 따르면, 이것이 다르마와 국민의 안녕을 위해 행해진 것이라면, 그것은 유덕한 일"이라고 말하고 있다.(PPDL, 301쪽)

2012년 7월의 인터뷰에서는 달라이 라마 자신이 일종의 딜레마 처지에 놓여 있어서 중립을 지킬 수밖에 없음을 토로하기도 한다. 자살에 대해 긍정적인 말을 하면 중국인이 자신을 비난하고, 반대로 부정적인 말을

---

9   (원주)달라이 라마 성하는 2012년 10월 미국 방문 중 NBC의 앤 커리와 인터뷰했다.

하면 티베트인 가족이 너무나 슬퍼하므로 중립을 지킨다고 한다. 그는 이
들이 술이나 집안싸움 때문에 죽은 것이 아니라는 말을 덧붙인다.(*PPDL*,
291~292쪽)

8. 중국 정부에 대한 충고

달라이 라마는 종종 중국인에 대해서는 긍정적으로 말하고, 중국이
라는 국가는 비판한다.

> 중국인은 일반적으로 교양 있고 근면하며 그들의 문화에서는 항상 연장
> 자와 부모를 존경합니다. 하지만 그 문화유산은 파괴되었습니다. 이제 새롭게
> 형성된 문화유산은 무력 사용을 믿습니다. 마오 주석이 말했습니다. "권력은
> 총구에서 나온다"고. 그들은 정말로 총의 숭배자가 되고 있습니다. 이런 문화
> 가 슬프고 안타깝습니다.(*PPDL*, 254~255쪽)

그는 2002년의 한 성명에서 "중국인 형제자매가 자유와 민주주의, 번
영과 평화를 누리는 것"을 진심으로 소망하고 있다고 말한다.(*PPDL*, 387쪽)
그는 또 다른 성명에서(2011년) 중국 지도자들에게 다음과 같이 말한다. 지
구는 인류에 속하고, 중화인민공화국은 13억 국민에 속한다. 중국 국민에게
는 국내와 해외에서 일어나는 여러 사태에 대한 진실을 알 권리가 있다. 국
민이 충분히 알게 되면, 그들은 선악을 구분할 능력을 갖는다. 검열과 정보
제한은 인간의 기본적인 고귀함에 대한 모욕이다. 중국의 지도자들이 공산

주의 이데올로기와 그 정책이 옳다고 간주한다면, 그들은 이들 정책을 자신 있게 공표해야 하고, 정밀한 검토를 받아야 한다.(*PPDL*, 424쪽)

2012년 11월 시진핑 주석 취임(2013년 3월 14일) 넉 달 전, 달라이 라마는 한 연설에서 시 지도부에 대해 다음과 같이 기대했다. 세계의 흐름은 개방과 민주주의, 자유와 법치주의로 나아가고 있다. 중국 정부가 아무리 강력해도 세계 흐름을 따라야 한다. 중국의 새 지도부는 그러한 현실을 깨닫게 될 것이다. 덩샤오핑은 사실로부터 진실을 추구한다고 했다. 그들은 현실에 근거한 정책을 채택해야 한다. 비현실적인 정책은 문제를 해결하지 못할 것이다.(*PPDL*, 298쪽)

2022년 시 주석이 세 번째 연임에 성공한 일과 강화된 공산당 일당 독재에 대해, 달라이 라마는 이것이 덩샤오핑의 사실 존중의 원칙을 어겼다고 하고 크게 실망할 것 같다. 2022년 11월 청년을 중심으로 일어난, 코로나 봉쇄 반대를 외친 중국 내의 백지 시위는 진실과 정의, 자유와 민주주의를 향한 인간 본성이나 사랑의 표출일까? 이런 본성이나 사랑에서 나온 힘이 언젠가 독재 체제를 허물고, 진정한 삼권분립식 민주주의를 성취할 수 있을까?

9. 달라이 라마의 네 가지 책무

달라이 라마는 자신이 이렇게 슬픈 티베트에 태어난 사실을 두 가지로 해석한다. 하나는 전생에 나쁜 업을 지은 탓이다. 하지만 그는 "우리의 잠재력을 개발하고 사용할 수 있는 둘도 없는 기회"로 본다.(*PPDL*, 38쪽 참조) 그는 '이생망'이라는 한탄 없이 최소 네 가지 책무를 희망을 갖고 수행하고 있다.

첫 번째 책무는 자비심, 용서, 관용, 만족, 자기 훈련 같은 인간적 가치를 증진하는 것이다. 삶 속에서 이런 가치를 증진하는 것은, 이렇게 해서 얻어진 내면의 평화가 국가 간의 평화로 이어질 수 있다는 그의 믿음을 구현하는 첫걸음이기도 하다.(*PPDL*, 491쪽 참조)

두 번째 책무는 세계의 주요 종교적 전통들 간 종교적 화합과 이해를 증진하는 것이다. 그는 스트라스부르 유럽의회 연설(2001)에서 다음과 같은 취지로 말했다. 교리와 철학의 내용 간 차이와 상관없이, 세계 모든 주요 종교들은 한 개인을 선한 사람으로 변화시키는 데 도움을 준다. 모든 종교는 사랑, 자비, 인내, 관용, 용서, 겸손, 자기 훈련 등을 강조한다. 그러므로 우리는 종교 분야에서도 다원성의 개념을 받아들여야 한다.(*PPDL*, 190쪽)

세 번째는 티베트인에 대한 책무이다. 그는 티베트의 달라이 라마로서, "정의를 위한 투쟁에서 티베트인의 자유로운 대변인 역할을 할 책임이 있다"고 말했다. 그는 티베트인과 중국인 사이에 상호 호혜적인 해결책이 마련되면 그의 세 번째 책무는 더이상 존재하지 않을 것이라고 했다.(*PPDL*, 580~581쪽)

네 번째 책무는 불교와 과학의 공동 연구다. 그는 수십 년 동안 과학과 불교 수행 간에 존재하는 연관성에 집중해왔다. 이는 두 분야가 세상을 위해 무엇을 기여할 수 있는지 이해하고 그것을 증진시키기 위해서였다. 관련 연구 모임인 '마음과 생명 컨퍼런스(Mind and Life Conference)'는 1987년 다람살라에서 시작했다. 그는 인간의 심리와 감정을 다루는 방식을 연구하는 데, 티베트 불교 전통이 크게 기여할 수 있다고 본다.(오타와 연설, *PPDL*,

284~285쪽 참조.)

10. 결론

달라이 라마는 자비와 공을 가르친다. 하지만 그에게 진정한 자유민주 국가와 독재 국가의 차이는 허상(虛像)이 아니라 현실이고 진실이다. 자비, 정의, 평등을 불교 원리라 하고 이를 다당제와 삼권분립에 기초한 민주체제와 연결한 것은 불교 경전에서 배운 것이라기보다는 격동하는 세계사의 현장을 직접 돌아보며 얻은 관찰의 결과였을 것이다. 무엇보다도 티베트인으로서 그는 사람은 날 때부터 자유와 독립을 원하고 있음을, 그것들이 행복에 필수적임을 뼛속 깊이 깨달았던 것 같다.

한국인, 한국인 불자는 무슨 책무를 지는가? 자비심, 용서, 관용, 만족, 자기 훈련 같은 인간적 가치를 내 삶 속에서 증진하는 것이 첫째 책무이다. 두 번째는 다른 종교인과 잘 지내는 것이고, 세 번째는 자유, 평등, 민주, 인권이라는 보편 가치를 잘 지키고 발전시키는 것이다. 무엇보다도 평화를 도모하면서도 중국과 북한에 당당해지는 것이다.

달라이 라마가 인류의 스승인 것은 두 가지 차원에서다. 개인적 차원에서는 자신의 탐진치를 잘 다스려 자비심을 기르는 것이고, 세계적 차원에서는 그 자비심을 확장해서 세계의 자유와 평화를 이루려는 것이다. 그에게 자비심과 자유, 그리고 평화는 모두 하나다.

허공계가 존재하는 한

그리고 중생계가 존재하는 한

나 역시 그곳에 머물 겁니다.

세계의 고통을 물리칠 때까지.[10]

– 달라이 라마 성하의 기도

허우성

경희대학교 철학과 명예교수 및 비폭력연구소 소장이다. 서울대학교 철학과 및 동 대학원 철학과를 졸업하고, 미국 하와이대학교 대학원에서 철학 전공 박사 학위를 취득하였으며, 미국 뉴욕주립 대학교 객원교수(한국연구재단 강의파견교수, 1998), 일본 교토대학교 종교학 세미나 연구원, 도쿄대학교 외국인 연구원, 미국 UC 버클리대학교 방문교수, 한국 일본사상사학회 회장, 《불교평론》 편집위원장, 일본국 제문화교류센터 해외 연구원을 역임했다. 지은 책으로는 『근대 일본의 두 얼굴: 니시다 철학』, 『간디의 진리 실험 이야기』, 『西田哲学研究:近代日本の二つの顔』(岩波, 2022) 등이 있고, 옮긴 책으로는 『마하트마 간디의 도덕·정치사상』(3권), 『인도사상사』, 『초기 불교의 역동적 심리학』, 『달라이 라마의 정치철학』, 『인터비잉』(번역, 근간) 등이 있다.

---

10   산티데바(寂天)의 입보리행론 회향품에 나온다.

1부 노장(老莊)과 유가(儒家)의 진실

장자가 말한 성인의 '정 없음[無情]'의 의미에 관하여:
『장자(莊子)』「덕충부(德充符)」 편의 정(情) 개념을 중심으로

김명석

郭慶藩, 『莊子集釋』, 北京: 中華書局, 1961.

徐元誥, 『國語集解』 修訂本, 北京: 中華書局, 2002.

孫詒讓, 『墨子閒詁』, 北京: 中華書局, 2001.

孫希旦, 『禮記集解』, 北京: 中華書局, 1995.

王博, 『莊子哲學』, 北京: 北京大學出版社, 2004.

王先謙, 『莊子集解』 제2판, 北京: 中華書局, 2012.

劉武, 『莊子集解內篇補正』 제2판, 北京: 中華書局, 2012.

王叔岷, 『莊子校詮』 제2판, 臺灣: 臺灣商務印書館, 1994.

李滌生, 『荀子集釋』, 臺北: 學生書局, 1979.

陳鼓應, 『老莊新論』, 香港: 中華書局, 1991.

陳奇猷, 『呂氏春秋校釋』, 上海: 學林出版社, 1984.

何寧, 『淮南子集釋』, 北京: 中華書局, 1998.

왕보(김갑수 옮김), 『왕보의 장자강의』, 바다출판사, 2021.

박소정, 「악론(樂論)을 통해 본 장자(莊子)의 예술철학」, 연세대학교 철학과 박사학위 논문, 2001.

안병주·전호근 공역, 『譯註 莊子 1』, 전통문화연구회, 2001.

이강수·이권 역, 『장자 I』, 길, 2005.

천구잉(최진석 옮김), 『老莊新論』 제2판, 소나무, 2013.

김명석, 「『논어(論語)』의 정(情) 개념을 어떻게 이해할 것인가」, 《동양철학》 제29집, 한국 동양철학회, 2008.

김명석, 「선악, 호오, 가치판단 — 『논어』를 중심으로」, 송영배·신정근 외, 『제자백가의 다양한 철학흐름』, 사회평론, 2009.

김형중, 「도가적 감정 이해의 전형(典型): 장자(莊子)의 '성인무정(聖人無情)' 논의를 중심 으로」, 《동양철학》 제42집, 한국동양철학회, 2014.

Allinson, Robert E., *Chuang-Tzu for Spiritual Transformation: An Analysis of the Inner Chapters*, Albany: State University of New York Press, 1989.

Chong, Kim-chong, *Zhuangzi's Critique of the Confucians: Blinded by the Human*, Albany: State University of New York Press, 2016.

Fung, Yu-lan, *Chuang-Tzu: A New Selected Translation with an Exposition of the Philosophy of Kuo Hsiang*, Heidelberg: Springer, 2016.

Mair, Victor, *Wandering on the Way: Early Taoist Tales and Parables of Chuang Tzu*, Honolulu: The University of Hawai'i Press, 1994.

Shun, Kwong-loi, *Mencius and Early Chinese Thought*, Stanford: Stanford University Press, 1997.

Watson, Burton, *The Complete Works of Chuang Tzu*, New York: Columbia University Press, 1968.

Bruya, Brian, "*Qing* 情 and Emotion in Early Chinese Thought", *Ming Qing Yanjiu* (明清研究) 10, no. 1, 2001.

Graham, Angus C., "The Background of the Mencian [Mengzian] Theory of Human Nature", *Essays on the Moral Philosophy of Mengzi*, edited by Xiusheng Liu and Philip J. Ivanhoe, Indianapolis: Hackett, 2002.

주희의 왕안석 비판과 그의 정치적 사유

이원석

呂祖謙, 『宋文鑑』(文淵閣 四庫全書 電子版).

王弼, 『周易正義』(文淵閣 四庫全書 電子版).

程顥, 程頤, 『二程集』, 臺北: 漢京文化事業有限公司, 1983.

朱熹, 『朱子語類』, 北京: 中華書局, 1994.

朱熹, 『朱熹集』, 四川: 四川教育出版社, 1996.

陳璀, 『宋忠肅陳了齋四明尊堯集』, 上海: 上海古籍出版社, 1995.

위잉스(이원석 옮김), 『주희의 역사세계 상권』, 글항아리, 2015.

郭志安, 「陳璀研究」, 河北大學 碩士學位論文, 2004.

孔學, 「王安石『日錄』與『神宗實錄』」, 《史學史研究》, 2002年 四期.

심학적 도통론의 관점에서 본 퇴계의 출처관

정종모

1차 문헌

양시(楊時), 『양시집(楊時集)』.

정호(程顥)·정이(程頤), 『이정집(二程集)』.

주희(朱熹), 『주자어류(朱子語類)』.

이황(李滉), 『퇴계집(退溪集)』.

김성일(金誠一), 『학봉집(鶴峯集)』.

이덕홍(李德弘), 『간재집(艮齋集)』.

임영(林泳), 『창계집(滄溪集)』.

2차 문헌

이상은, 『퇴계의 생애와 학문』, 예문서원, 2011.

余英時(이원석 옮김), 『주희의 역사세계(상, 하)』, 글항아리, 2015.

이황(이익·안정복 엮음, 이광호 옮김), 『이자수어』, 예문서원, 2010.

정순우, 『공부의 발견』, 현암사, 2007.

최진덕 등, 『도산서원』, 한국학중앙연구원출판부, 2018.

한형조, 『성학십도, 자기 구원의 가이드맵』, 한국학중앙연구원출판부, 2018.

余英時, 『宋明理學與政治文化』, 允晨出版社, 2004.

안영상, 「퇴계가 도산에 은거하며 연평을 이었던 길」, 《퇴계학》 제15집, 안동대 퇴계학연구소, 2005.

이봉규, 「『연평답문』 논의를 통해 본 퇴계학의 지평」, 《동방학지》 제144권, 연세대 국학연구원, 2008.

전세영, 「퇴계의 출처와 정치적 고뇌」, 《한국정치학회보》 53집 4호, 한국정치학회, 2019.

이황의 양명학 비판 까닭과 그 영향

이해임

1. 고전 원문

『서애선생문집』.

『소재집』.

『실록』.

『십청선생집』.

『양명전서』.

『치재유고』.

『퇴계선생문집』.

2. 단행본 및 연구 논문

금장태, 『한국 양명학의 쟁점』, 서울대학교출판문화원, 2012.

강경현, 「宋季元明理學通錄의 구성과 의의」, 《한국학연구》 제32집, 2014.

고재석, 「조선 전기 심학의 전개에 관한 연구」, 《양명학》 제49호, 2018.

김경호, 「양명학의 전파와 조선지식인 사회의 대응」, 《동양철학》 제24집, 2005.

김민제·김희영·전수연·김용재, 「양명학의 전래 초기, 조선 성리학자들의 비판적 인식 검토」, 《양명학》 제52호, 2019.

김용재, 「조선시대 反양명학 문헌 조사 및 추출을 통한 양명학 비판 내용의 성향 분석과 反양명학 사조의 흐름에 나타난 특징 연구 (1)」, 《陽明學》 제31호, 2012.

신향림, 「16C 전반 양명학의 전래와 수용에 관한 고찰」, 《퇴계학보》 118호, 2005.

이상호, 「柳健休의 『異學集辨』에 나타난 퇴계학파의 상산학 비판」, 《영남학》vol. 26, 2014.

임종진, 「퇴계 이황의 『송계원명이학통록』에 대한 기초적 분석」, 《퇴계학논집》17호, 2015.

전수연, 김민재, 김용재, 「조선 성리학자들의 양명학에 대한 비판적 인식 검토 (2)」, 《양명학》제53호, 2019.

전재동, 「『四書釋義』成書 과정과 관련 자료의 書誌 분석」, 《퇴계학논집》제18권, 2016.

조지형, 「퇴계 논어석의의 편찬 의도와 성격」, 《국학연구》제19호, 2011.

홍원식, 「李滉과 그의 直傳 제자들의 『心經附註』연구」, 《퇴계학보》제121집, 2007.

이이의 철학, 이이의 현실

정원재

이이, 『율곡전서』(『한국문집총간』44, 45), 민족문화추진회, 1990.

이진영 외 옮김, 『국역 율곡전서』전 7책, 한국정신문화연구원, 1984~1988.

금장태, 『율곡평전』, 지식과교양, 2011.

한영우, 『율곡 이이 평전』, 민음사, 2013.

황준연, 『율곡철학의 이해』, 서광사, 1995.

황준연, 『이율곡, 그 삶의 모습』, 서울대 출판부, 2000.

정원재, 「지각설에 입각한 이이 철학의 해석」, 서울대 박사 학위 논문, 2001.

2부 불가(佛家)의 진의(眞義)

깨달음과 자비

홍창성

The Connected Discourses of the Buddha: A New Translation of the Samyutta Nikaya, trans. Bhikkhu Bodhi, Wisdom Publications, 2000.

Śāntideva, *Bodhicaryāvatāra*, trans. Kate Crosby and Andrew Skilton, Oxford: Oxford University Press, 2008.

홍창성, 『미네소타주립대학 불교철학 강의』, 불광출판사, 2019.

홍창성, 『연기와 공 그리고 무상과 무아』, 운주사, 2020.

홍창성, 『통도사승가대학의 불교철학 강의』, 운주사, 2022.

홍창성, 『무아, 그런 나는 없다』, 김영사, 2023.

Bacon, Francis, *Novum Organum*, 1620, from *The Philosophical Works of Francis Bacon*, ed. J. M. Robertson, repr. from the translation of Ellis and Spedding, London: Routledge, 1905.

Hume, David, *An Enquiry concerning Human Understanding*, 1748, ed. T. L. Beauchamp, Oxford: Oxford University Press, 1999.

원자와 허공: 인도 불교의 맥락에서

이규완

『맛지마 니까야』 MN. 140경, 「계분별경(Dhātuvibhaṇgasutta)」.

남수영 옮김, 『브리하다라냐카 우파니샤드』, 여래, 2009.

『사문과경』 DN 2.(각묵스님 옮김 『디가니까야 1』, 초기불전연구원, 2006.)

尊者世親(三藏法師玄奘奉 詔譯), 『阿毘達磨俱舍論』.

伍百大阿羅漢等(三藏法師玄奘奉 詔譯), 『阿毘達磨大毘婆沙論』.

尊者眾賢(三藏法師玄奘奉 詔譯), 『阿毘達磨順正理論』.

尊者世友(三藏法師玄奘奉 詔譯), 『阿毘達磨品類足論』

尊者法勝(僧伽提婆, 惠遠於廬山 譯), 『阿毘曇心論』.

Abhidharmakośabhāṣya. Pradhan, P., ed. *Abhidharmakośabhāṣyam of Vasubandhu*, 2nd ed. Tibetan Sanskrit Works Series 8, Patna: Kashi Prasad Jayaswal Research Institute, 1975.

Samyutta Nikāya(GRETIL-Göttingen Register of Electronic Texts in Indian Languages)

Chatterjee, S.C. & Datta, D.M.(김형준 옮김), 『학파로 보는 인도사상』, 예문서원, 1999.

Dhammajoti, *Sarvāstivāda Abhidharma* 5th Edition, Hong Kong: The Buddha-Dharma Centre of Hong Kong, 2015

거스리, W.K.C.(박종현 옮김), 『희랍 철학 입문: 탈레스에서 아리스토텔레스까지』, 서광사, 2000.

권오민, 『아비달마불교』, 민족사, 2003.

권오민, 『上座 슈리라타의 『經部毘婆沙』 연구 ② 上座 슈리라타의 經量部 사상』, 씨아이알, 2019.

那須 良彦, 「空界と虛空無爲との 区別」, 《印度學佛敎學硏究》 56巻(2007-2008), 2号, 2008.

유재민, 「현상을 구제하기 고대 원자론의 세계 설명에서 '진공'(kenon) 개념의 역할」, 《철학연구》, Vol. 133, 2021.

이규완, 「자이니즘의 paramāṇu와 pradeśa에 관하여」, 《인도철학》 54호, 2018.

이규완, 『세친의 극미론』, 씨아이알, 2018.

이규완, 「4사구생과 8사구생(八事俱生, aṣṭadravyaka)에 관하여」, 《보조사상》 52집, 2019.

이규완, 「5위75법체계의 성립과 경량부 해석에 관하여」, 《동아시아불교문화》 49집, 2022.

최봉수, 「공계 (akasa - dhatu)에 대한 일고찰」, 《한국불교학》 18권, 1993.

클로우스, 프랭크(이충환 옮김), 『보이드: 빅뱅 직전의 우주』, MID, 2014.

타가미 코이치·홍고 아사카 편(이규완 옮김), 『원자론의 가능성』, 씨아이알, 2023.

굽타 제국 황태자의 교사, 바수반두

이길산

Vyākhyāyukti(*VyY*, 『석궤론』); 堀内 俊郎, 『世親の大乘仏説論: 『釈軌論』 第四章を中心に』, 東京: 山喜房佛書林, 2009.

Abhidharmakośabhāṣya(*AKBh*, 『아비달마구사론』); Pradhan, Prachandra, *Abhidharmakośabhāṣya of Vasubandhu*, Patna: K.P. Jayaswal Research Institute, 1967

Viṁśikā(*Vś*, 『유식이십론』); Silk, Jonathan A, *Materials Toward the Study of Vasubandu's Viṁśikā (I) - Sanskrit and Tibetan Critical Editions of the Verses and Autocommentary, An English Translation and Annotations*(Harvard Oriental Series 81), Cambridge: Harvard University, Department of South Asian studies, 2016(2018 for the Open Access Edition: https://www.academia.edu/37086356).Frauwallner, Erich, *On the date of the Buddhist master of the law Vasubandhu*(Serie orientale Roma; 3), Roma: Is. M.E.O., 1951.

Siderits, Mark, *Buddhism as Philosophy*, Second edition, Indianapolis: Hackett Publishing Company, Inc., 2021.

船山徹, 『婆藪槃豆伝: インド仏教思想家ヴァスバンドゥの伝記』, 京都: 法藏館, 2021.

꿈에 대한 설명을 통해 본 유가행파 관념론의 특징

최성호

글에서 인용한 문헌 외에도, 불교 관념론에 대한 선행 연구를 확인할 수 있는 최근 한글 연구자료들을 소개하겠다.

강형철, 「『유식이십론』 2~4송의 재고」, 《동아시아불교문화》 45, 2021.

권오민, 『아비달마불교』, 민족사, 2003.

안성두, 「'唯識性(vijñaptimātratā)' 개념의 유래에 대한 최근의 논의의 검토 ── 슈미트 하우젠과 브롱코스트의 논의를 중심으로」, 《불교연구》 20, 2004.

안성두, 「유식(vijñaptimātra)에 대한 관념론적 해석 비판: 분별과 진여 개념을 중심으로」, 《철학사상》 61, 2016.

이길산, 「『유식이십론』 연구 ── 관념론적 해석을 중심으로」, 서울대학교 박사 학위 논문, 2021.

정현주, 「유식사상의 관념론적 해석 고찰 ── 근세 관념론적 해석을 중심으로」, 《범한철학》 88, 2018.

Bronkhorst, Johannes, *Karma and Teleology: A Problem and its Solutions in Indian philosophy*, Tokyo: International Institute for Buddhist Studies, 2000.

Buescher, *The Inception of Yogācāra-Vijñānavāda*, Vienna: Austrian Academy of Sciences Press, 2008.

Dhammajoti, Kuala Lumpur *Abhidharma Doctrines and Controversies on Perception* (3rd edition), Hongkong: Centre of Buddhist Studies, the University of Hong Kong. 2007.

Lusthaus, Dan, *Buddhist Phenomenology: A Philosophical Investigation of Yogācāra Buddhism and the Ch'eng Wei-shih lun*, London: Routledge Curzon, 2002.

Rhy Davids, Thomas William, *The Questions of the King Milinda*, translated from Pāli, Part II, Oxford: The Clarendon Press, 1894.

Schmithausen, Lambert, "Spirituelle Praxis und philosophische Theorie im Buddhismus", *Zeitschrift für Missionswissenschaftund Religionswissenschaft* 57, 1973.

Schmithausen, Lambert, *On the Problem of the External World in the Ch'eng wei shih lun*, Tokyo: International Institute for Buddhist Studies, 2005.

Schmithausen, Lambert, *The Genesis of Yogācāra-Vijñānavāda: Responses and Reflections*, Tokyo: International Institute for Buddhist Studies, 2014.

Siderits, Mark, *Buddhism as Philosophy: An Introduction*, Aldershot/Indianapolis: Ashgate Publishing Limited/Hackett Publishing Company, 2007.

Silk, Jonathan A., *Materials toward the study of Vasubandhu's "Viṁśikā" (I): Sanskrit and Tibetan critical edition of the verses and autocommentary, an English translation and annotations*, Cambridge: Harvard University Press, 2016.

Tseng, Vinita(自運, Bhikṣuṇī Vinītā), *A unique collection of twenty Sūtras in a Sanskrit manuscript* from the Potala Vol. 1,1–2, Peking/Vienna: China Tibetology Publication House/Austrian Academy of Sciences Press, 2010.

Watson, "Consciousness as the Fundamental Reality of the Universe: A Master Argument for Buddhist Idealism", *Cross-Cultural Approaches to Consciousness: Mind, Nature, and Ultimate Reality*, London: Bloomsbury Academic, 2022.

袴谷憲昭,「Bhavasaṃkrāntisūtra―解説および和訳」,《駒大佛論集》8, 1977.

袴谷憲昭,『唯識思想論考』, 東京: 大蔵出版, 2001.

여산 혜원(廬山慧遠)의 군주관과 인간론

이상엽

『高僧傳』, T50, no.2059.

『晉書』, 北京: 中華書局, 1974.

『弘明集』, T52, no.2102.

풍우란(馮友蘭)(박성규 옮김),『중국철학사(하)』, 까치글방, 1999.

이상엽(李尙曄),「혜원 신불멸론의 불교사상적 의의」,《철학논구: 현우 이명현 교수 정년 퇴임기념 특집호》35, 2007.

―――,「宝唱『名僧伝』に見られる「師」·「苦節」の区別について」,『印度学仏教学研究』69.2, 2021.

Lee, Sangyop, "Lushan Huiyuan" In *Brill's Encyclopedia of Buddhism*, vol. 2, edited by Jonathan A. Silk, Vincent Eltschinger, Richard Bowring, and Michael Radich, Leiden: Brill, 2019.

———, "The Invention of the 'Eminent Monk': Understanding the Biographical Craft of the *Gaoseng zhuan* through the *Mingseng zhuan*." *T'oung Pao* 106, 2020.

———, "The Soteriology of the Soul: The *Shen bumie* Discourse in Early Medieval Chinese Buddhism." PhD Dissertation, Stanford University, 2021.

Radich, Michael, "Ideas about 'Consciousness' in Fifth and Sixth Century Chinese Buddhist Debates on the Survival of Death by the Spirit, and the Chinese Background to *Amalavijñāna*", *A Distant Mirror: Articulating Indic Ideas in Sixth and Seventh Century Chinese Buddhism*, edited by Chen-kuo Lin and Michael Radich, Hamburg: Hamburg University Press, 2014.

초월과 현실은 언제나 짝을 이룬다: 고구려 승랑의 상관적 사유

조윤경

『仁王般若經疏』(『大正藏』33).

『新華嚴經論』(『大正藏』36).

『大般涅槃經集解』(『大正藏』37).

『淨名玄論』(『大正藏』38).

『中觀論疏』(『大正藏』42).

『二諦義』(『大正藏』45).

『高僧傳』(『大正藏』50).

『大乘四論玄義記』(『卍續藏』46).

『三論祖師傳集』(『大日本佛教全書』111).

慧均(최연식 校注), 『校勘 大乘四論玄義記』, 불광출판사, 2009.

江總, 「棲霞寺碑銘」, 葛寅亮, 『金陵梵刹志』上卷, 南京: 南京出版社, 2011.

김성철, 『승랑: 그 생애와 사상의 분석적 탐구』, 지식산업사, 2011.

조은수

로버트 버스웰 지음(김종명·조은수 옮김),『중국과 한국의 선사상 형성』(한국학중앙연구원 출판부, 2015). *이 책은 원효의『금강삼매경론』에 대한 광범위한 연구임.

서울대학교 철학사상연구소,『마음과 철학 불교편 – 붓다에서 성철까지』, 서울대학교 출판문화원, 2013.

허남진 외 편역,『한국철학자료집: 불교편 1 삼국과 통일신라의 불교사상』, 서울대학교 출판부, 2005.

조은수,「원효에 있어서 진리의 존재론적 지위」,《철학》89집 별책(한국철학회 편,『차이와 갈등에 대한 철학적 성찰』, 철학과현실사, 2007년 1월 10일): 95-121.

KI신서 12917

철학과 현실, 현실과 철학 3 : 인간 교화의 길
참인간을 향한 유불도 삼교의 진의

1판 1쇄 인쇄 2024년 7월 8일
1판 1쇄 발행 2024년 8월 1일

지은이 한형조, 김명석, 양일모, 이원석, 정종모, 이해임, 정원재, 홍창성, 이규완,
　　　　이길산, 최성호, 이상엽, 고승학, 조윤경, 이수미, 조은수, 허우성
엮은이 백종현
펴낸이 김영곤
펴낸곳 ㈜북이십일 21세기북스

인문기획팀 팀장 양으녕 **책임편집** 서진교 **마케팅** 김주현
디자인 최혜진
출판마케팅영업본부장 한충희
마케팅2팀 나은경 한경화
영업팀 최명열 김다운 권채영 김도연
제작팀 이영민 권경민

출판등록 2000년 5월 6일 제406-2003-061호
주소 (10881) 경기도 파주시 회동길 201(문발동)
대표전화 031-955-2100 **팩스** 031-955-2151 **이메일** book21@book21.co.kr

(주)북이십일 경계를 허무는 콘텐츠 리더

21세기북스 채널에서 도서 정보와 다양한 영상자료, 이벤트를 만나세요!
페이스북 facebook.com/jiinpill21　　**포스트** post.naver.com/21c_editors
인스타그램 instagram.com/jiinpill21　　**홈페이지** www.book21.com
유튜브 youtube.com/book21pub

당신의 일상을 빛내줄 탐나는 탐구 생활 〈탐탐〉
21세기북스 채널에서 취미생활자들을 위한 유익한 정보를 만나보세요!

ⓒ 이명현, 2024
ISBN 979-11-7117-695-3 (94100)